プリント形式のリアル過去問で本番の臨場感！

東京都

麻布中学校

2025年春受験用

解答集

本書は，実物をなるべくそのままに，プリント形式で年度ごとに収録しています。
問題用紙を教科別に分けて使うことができるので，本番さながらの演習ができます。

■ 収録内容

・解答集（この冊子です）

書籍ＩＤ番号，この問題集の使い方，最新年度実物データ，リアル過去問の活用，
解答例と解説，ご使用にあたってのお願い・ご注意，お問い合わせ

・2024（令和６）年度 ～ 2019（平成31）年度　学力検査問題

JN131996

○は収録あり　年度	'24	'23	'22	'21	'20	'19
■ 問題収録	○	○	○	○	○	○
■ 解答用紙(算数は書き込み式)	○	○	○	○	○	○
■ 配点						

全教科に解説
があります

注)国語問題文非掲載:2024年度の本文，2021年度の本文

問題文の非掲載につきまして

著作権上の都合により，本書に収録している過去入試問題の本文の一部を掲載しておりません。ご不便をおかけし，誠に申し訳ございません。

本文の一部を掲載できなかったことによる国語の演習不足を補うため，論説文および小説文の演習問題のダウンロード付録があります。弊社ウェブサイトから書籍ＩＤ番号を入力してご利用ください。

なお，問題の量，形式，難易度などの傾向が，実際の入試問題と一致しない場合があります。

教英出版

■　書籍ＩＤ番号

入試に役立つダウンロード付録や学校情報などを随時更新して掲載しています。
教英出版ウェブサイトの「ご購入者様のページ」画面で，書籍ＩＤ番号を入力してご利用ください。

書籍ＩＤ番号　114413

（有効期限：2025年9月30日まで）

【入試に役立つダウンロード付録】
「要点のまとめ(国語／算数)」
「課題作文演習」ほか

■　この問題集の使い方

年度ごとにプリント形式で収録しています。針を外して教科ごとに分けて使用します。①片側，②中央のどちらかでとじてありますので，下図を参考に，問題用紙と解答用紙に分けて準備をしましょう（解答用紙がない場合もあります）。

針を外すときは，けがをしないように十分注意してください。また，針を外すと紛失しやすくなりますので気をつけましょう。

① 片側でとじてあるもの

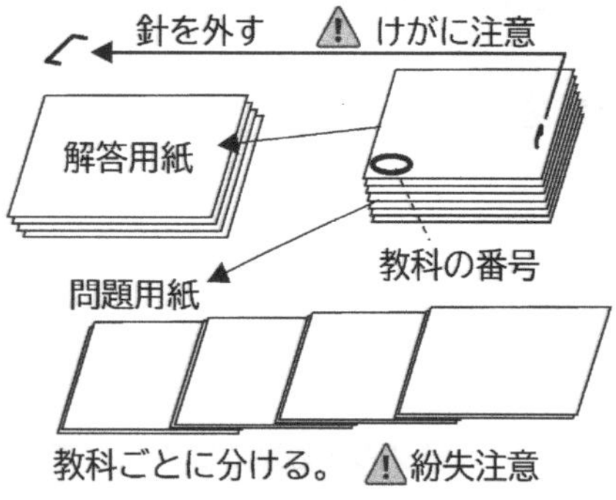

② 中央でとじてあるもの

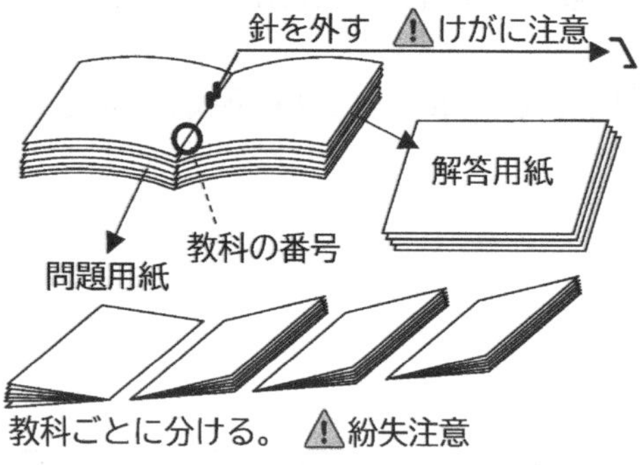

※教科数が上図と異なる場合があります。
解答用紙がない場合や，問題と一体になっている場合があります。
教科の番号は，教科ごとに分けるときの参考にしてください。

■　最新年度 実物データ

実物をなるべくそのままに編集していますが，収録の都合上，実際の試験問題とは異なる場合があります。実物のサイズ，様式は右表で確認してください。

問題用紙	Ｂ５冊子(二つ折り) 算：Ａ３片面プリント(書込み式)
解答用紙	国・理：Ａ３片面プリント 社：Ｂ４片面プリント

リアル過去問の活用

～リアル過去問なら入試本番で力を発揮することができる～

本番を体験しよう！

問題用紙の形式（縦向き / 横向き），問題の配置や余白など，実物に近い紙面構成なので本番の臨場感が味わえます。まずはパラパラとめくって眺めてみてください。「これが志望校の入試問題なんだ！」と思えば入試に向けて気持ちが高まることでしょう。

入試を知ろう！

同じ教科の過去数年分の問題紙面を並べて，見比べてみましょう。

① 問題の量

毎年同じ大問数か，年によって違うのか，また全体の問題量はどのくらいか知っておきましょう。どのくらいのスピードで解けば時間内に終わるのか，大問ひとつにかけられる時間を計算してみましょう。

② 出題分野

よく出題されている分野とそうでない分野を見つけましょう。同じような問題が過去にも出題されていることに気がつくはずです。

③ 出題順序

得意な分野が毎年同じ大問番号で出題されていると分かれば，本番で取りこぼさないように先回りして解答することができるでしょう。

④ 解答方法

記述式か選択式か（マークシートか），見ておきましょう。記述式なら，単位まで書く必要があるかどうか，文字数はどのくらいかなど，細かいところまでチェックしておきましょう。計算過程を書く必要があるかどうかも重要です。

⑤ 問題の難易度

必ず正解したい基本問題，条件や指示の読み間違いといったケアレスミスに気をつけたい問題，後回しにしたほうがいい問題などをチェックしておきましょう。

問題を解こう！

志望校の入試傾向をつかんだら，問題を何度も解いていきましょう。ほかにも問題文の独特な言いまわしや，その学校独自の答え方を発見できることもあるでしょう。オリンピックや環境問題など，話題になった出来事を毎年出題する学校だと分かれば，日頃のニュースの見かたも変わってきます。

こうして志望校の入試傾向を知り対策を立てることこそが，過去問を解く最大の理由なのです。

実力を知ろう！

過去問を解くにあたって，得点はそれほど重要ではありません。大切なのは，志望校の過去問演習を通して，苦手な教科，苦手な分野を知ることです。苦手な教科，分野が分かったら，教科書や参考書に戻って重点的に学習する時間をつくりましょう。今の自分の実力を知れば，入試本番までの勉強の道すじが見えてきます。

試験に慣れよう！

入試では時間配分も重要です。本番で時間が足りなくなってあわてないように，リアル過去問で実戦演習をして，時間配分や出題パターンに慣れておきましょう。教科ごとに気持ちを切り替える練習もしておきましょう。

心を整えよう！

入試は誰でも緊張するものです。入試前日になったら，演習をやり尽くしたリアル過去問の表紙を眺めてみましょう。問題の内容を見る必要はもうありません。どんな形式だったかな？受験番号や氏名はどこに書くのかな？…ほんの少し見ておくだけでも，志望校の入試に向けて心の準備が整うことでしょう。

そして入試本番では，見慣れた問題紙面が緊張した心を落ち着かせてくれるはずです。

※まれに入試形式を変更する学校もありますが，条件はほかの受験生も同じです。心を整えてあせらずに問題に取りかかりましょう。

麻布中学校

《国　語》

一　他に立候補者が出たら勝つ自信はなく、学級委員になれなかったらお母さんに怒られるから。

二　学級委員としてみんなにやさしくするために、特定の仲の良い友達を作ってはいけないということ。

三　みんなにやさしいという学級委員の適性が自分よりもある、見習うべき存在。

四　ア

五　両手に収まらないほど大きな空

六　菅平でしか見られない空を見た自分の感動を、来られなかった達哉くんにも味わってもらい、その気持ちを分かち合うために、できる限り忠実に青空を再現すること。

七　誰もこばまずみんなを受け入れる

八　イ

九　ウ

十　先生や親に怒られるから言わないようにしてきた本当の気持ちや、自分でもよくわからなくて今はまだうまく説明できない気持ちも、すぐに心の中から消し去る必要はなく、そのまま持っていてもいいのだと思えたから。

十一　1．先生や親から認められることだけを考えてそつのない言動をする姿勢から、説明が難しくても自分の思いや考えを何とか伝えようともがく姿勢に変化した。

2．それまで感じたことのなかった、自分の心の中に自然に生まれた気持ちに従って表現する喜びや、自分で自由に考えたり工夫したりする楽しさを知り、自分というものを見つめ直してアイデンティティを確立し始めたから。

十二　a．盛　b．縮　c．束　d．拡声

《算　数》

1　$\frac{4}{51}$

2　(1)6　(2)6.25

3　(1)53：43　(2)$116\frac{2}{3}$

4　(1)3925　(2)ア＝217　イ＝247　(3)412

5　(1)$12\frac{6}{13}$　(2)①13，14　②4，9.5

6　(1)710　(2)2889　(3)右図　(4)903

|1 0 0|⓪ 1 0|⓪ 1 1|⓪ 0 2|1 0 0|3

2 0|⓪ 0 2|⓪ 0 1|2 0 0|2 2 0|⓪ 3

3|⓪ 0 0|3 0 0|1 3 0|⓪ 2 3|⓪ 0 3|

※図・式・計算・考えなどは解説を参照してください。

《理　科》

1　問１．イ，エ　　問２．イ，オ　　問３．ア，ウ　　問４．水深 150m付近で体温が 14℃まで下がるのにかかる時間より，水面近くで体温が 17℃まで上がるのにかかる時間の方が長いから。　　問５．ア，エ

問６．記号…イ　理由…小さいマンボウの方が，潜水してから次に潜水するまでの時間が短いから。

問７．記号…イ　理由…マンボウは広い海にばらばらに広がって活動しているから。

2　問１．オ　　問２．下図　　問３．下図　　問４．ア　　問５．下図　　問６．(1)●…1.2　○…0.2　(2)１：２　(3)下図

3　問１．ア．×　イ．○　ウ．○　　問２．下図　　問３．290 mA　　問４．あ．４　い．150

問５．う．９　え．１　X．ｃとｄの長さの合計　お．99　か．１　き．90　く．９　け．１　　問６．カ

問７．水の流れの強さを強くするはたらき。　　問８．小さな電流を大きな電流にするため。

4　問１．ア　　問２．ａ．イ　ｂ．エ　　問３．ウ　　問４．ａ．ア　ｂ．エ　　問５．(1)オ　(2)0.14　　問６．イ

問７．ａ．水蒸気　ｂ．冷や　ｃ．ぎょう結〔別解〕液化　　問８．エ

2問２の図

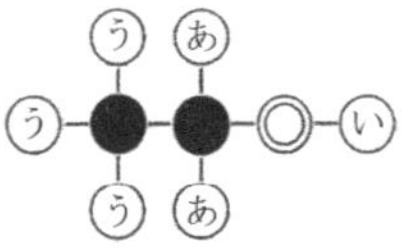

2問３の図

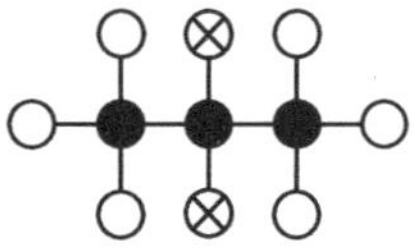

2問５の図

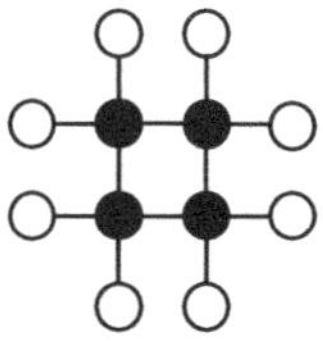

2問６(3)の図

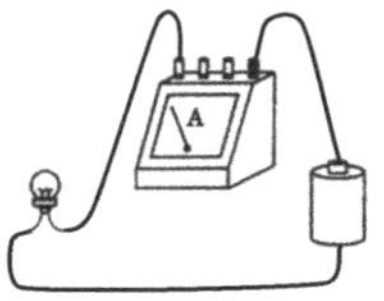

3問２の図

《社　会》

問１　(1)オランダ　(2)福沢諭吉　(3)教育勅語　(4)ソ連

問２　い

問３　自らの力／支配者や法

問４　う

問５　①い　②き　③え

問６　それぞれが希望する学問を学ぶために，身分や年齢の区別なく全国から集まった人びと。

問７　地域住民の費用負担が大きかったにもかかわらず，小学校が実情にあわないものであったから。

問８　欧米にならった教科を取り入れ，国民の知識を増やして近代化を図るため。

問９　女子にはより高度な学問や知識は必要ないとされ，良妻賢母を育成するための高等教育を行うべきとされたから。

問10　１人の教師が多くの子どもを受け持つことができ，効率的・計画的に教育を行いやすくなるため，政府の教育にかかる費用を節減できること。

問11　日本に住む外国籍の子どもに対して，日本国籍の子どもと同様の保障がなされなかったこと。

問12　正しい情報を選別するとともに，学習内容や学習の順序を検討して知識を体系化することで，子どもが知識を習得しやすいようにしている。

問13　画一的な学校教育により，世代ごとに共通の価値観が生まれ，協調性や周りと同じであることを求める社会が形成された。それによって，価値観の違い，個性的な考え方，少数派の意見などの受容が難しくなり，多様性を排除する傾向が生まれる。

《2024　国語　解説》

著作権上の都合により文章を掲載《けいさい》しておりませんので、解説も掲載しておりません。ご不便をおかけし、誠に申し訳ございません。

《2024　算数　解説》

1 与式 $=\{(\frac{21}{5}-\frac{7}{3})\times 2\frac{1}{4}-4\frac{1}{9}\}\div(\frac{179}{200}+\frac{13}{6}\div\frac{100}{11})=\{(\frac{63}{15}-\frac{35}{15})\times\frac{9}{4}-4\frac{1}{9}\}\div(\frac{179}{200}+\frac{13}{6}\times\frac{11}{100})=$
$(\frac{28}{15}\times\frac{9}{4}-4\frac{1}{9})\div(\frac{537}{600}+\frac{143}{600})=(\frac{21}{5}-4\frac{1}{9})\div\frac{680}{600}=(4\frac{9}{45}-4\frac{5}{45})\times\frac{15}{17}=\frac{4}{45}\times\frac{15}{17}=\mathbf{\frac{4}{51}}$

2 (1)　**【解き方】(三角形ＡＢＣの面積)－(三角形ＢＣＤの面積)を求めればよい。**

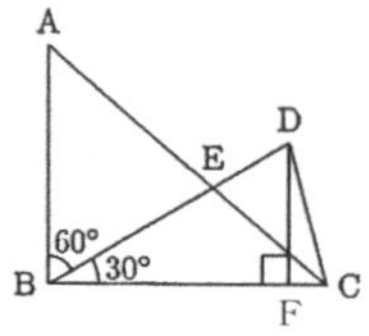

三角形ＡＢＣの面積は，６×５÷２＝15(㎠)

右のように作図すると，三角形ＢＤＦは１辺がＢＤの正三角形を半分にしてできる直角三角形となるから，ＤＦ＝ＢＤ÷２＝６÷２＝３(㎝)

三角形ＢＣＤの面積は，６×３÷２＝９(㎠)　　よって，求める面積は，15－９＝**６**(㎠)

(2)　**【解き方】(1)のように，３つの内角が30°，75°，75°の二等辺三角形の等しい辺の長さがわかっていれば，この三角形の面積を求められる。**
(2)では，ただ１つ長さがわかっているＱＳを利用してこの二等辺三角形を作図したいので，右のように作図する。

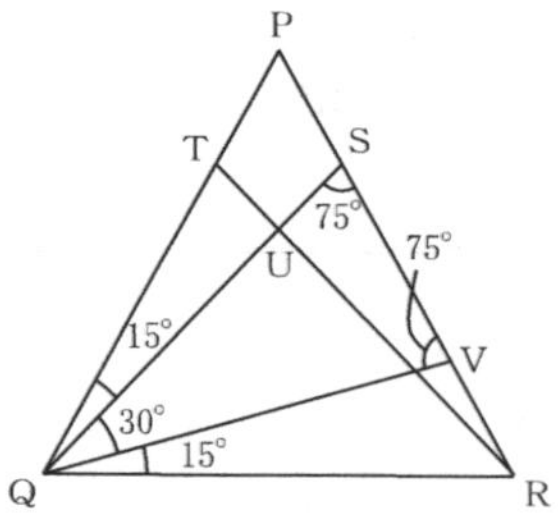

図形の対称性から，三角形ＴＵＱと三角形ＳＵＲ，三角形ＱＳＰと三角形ＱＶＲはそれぞれ面積が等しい。したがって，求める面積は，

(三角形ＱＳＲの面積)－(三角形ＱＳＰの面積)＝

(三角形ＱＳＲの面積)－(三角形ＱＶＲの面積)＝(三角形ＱＳＶの面積)である。

ＳからＱＶに垂直な線を引くと，長さが$\frac{ＱＳ}{2}=\frac{5}{2}$(㎝)となるから，求める面積は，$5\times\frac{5}{2}\div 2=\frac{25}{4}=$**6.25**(㎠)

3 (1)　**【解き方】船アの静水時の速さを㋐，船イの静水時の速さを㋑，川の流れの速さを(川)とすると，船アの下りの速さは㋐＋(川)，船イの上りの速さは㋑－(川)で，その和は㋐＋㋑となる。船アが上り，船イが下りの場合も，同様に川の流れの速さが打ち消し合って，２つの船の速さの和は㋐＋㋑となる。**

２つの船の出発地点が入れかわっても，速さの和が変わらないから，出発から出会うまでの時間は同じになる。この時間をｔ分とすると，船アはｔ分下ると4500ｍ進み，ｔ分上ると7200－3750＝3450(ｍ)進むから，この２つを合わせると川に流された分が打ち消され，船アが静水時にｔ×２(分)で4500＋3450＝7950(ｍ)進むとわかる。

同様に，船イは静水時にｔ×２(分)で(7200－4500)＋3750＝6450(ｍ)進む。

よって，静水時の船アと船イの速さの比は，7950：6450＝**53：43**

(2)　**【解き方】(1)より，船アが下って船イが上っているときであっても，静水時であっても，２つの船の速さの和が等しくなることから，２つの速さの比について，比の数の和をそろえて考える。**

船アが下って船イが上っているとき，速さの比は，4500：(7200－4500)＝５：３…①である。

静水時の船アと船イの速さの比は，53：43…②である。

①の比の数の和の５＋３＝８を，②の比の数の和の53＋43＝96にそろえるために，①に96÷８＝12をかけると，(５×12)：(３×12)＝60：36…③となる。②と③の比の数の１は同じ速さを表すから，船Ｂの上りの速さと川の

流れの速さの比は，36：(43－36)＝36：7である。

①より，船アがAからBまで行くのにかかる時間と，船イがBからAまで行くのにかかる時間の比は，3：5であり，この比の数の5－3＝2が，4分48秒＝$\frac{24}{5}$分にあたるので，船イがBからAまで行くのにかかる時間は，$\frac{24}{5}\times\frac{5}{2}$＝12(分)である。したがって，船イの上りの速さは，7200÷12＝600より，分速600mである。

よって，川の流れの速さは，600×$\frac{7}{36}$＝$\frac{350}{3}$＝116$\frac{2}{3}$より，分速**116$\frac{2}{3}$**mである。

4 (1) **【解き方】n段目の右端《みぎはし》の数は，n×nになる。**

12段目の右端の数は12×12＝144，13段目の右端の数は13×13＝169である。

よって，145から169までの169－144＝25(個)の整数の和を求めればよいので，$\frac{(145+169)\times25}{2}$＝**3925**

(2) **【解き方】白と黒の三角形を合わせた図形をひし形と考え，各段の右端にあるひし形(右図の○で囲んだもの)の中の2つの数の和を基準に考える。**

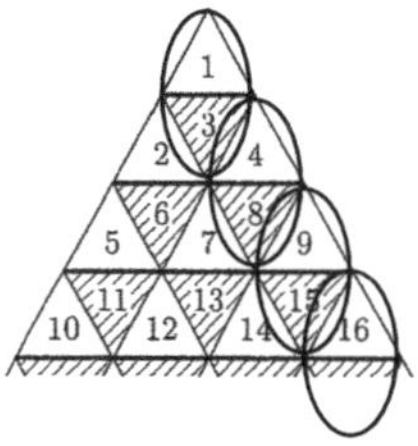

ひし形のうち白の三角形がある段をもとに，そのひし形の段と考える。例えば1段目の右端のひし形の2つの数の和は1＋3＝4，2段目の右端のひし形の2つの数の和は4＋8＝12である。

アに入る数は，464÷2＝232より小さい。右端の数で232に近い数は，

14段目の右端の14×14＝196，15段目の右端の15×15＝225，16段目の右端の16×16＝256である。

14段目の右端のひし形の2つの数の和は，196＋(225－1)＝420，15段目の右端のひし形の2つの数の和は，225＋(256－1)＝480だから，アは15段目にある。

ひし形を左に1つずらすごとに，2つの数の和が2＋2＝4小さくなるから，2つの数の和が464になるひし形は，15段目の右端のひし形から左に，(480－464)÷4＝4(つ)ずらしたところにある。

よって，アは15段目の右端から左に4×2＝8(つ)ずれたところにあるから，ア＝225－8＝**217**，イ＝255－8＝**247**

(3) **【解き方】ウ，エ，オ，カの平均が1608÷4＝402であることから，オがある段のあたりをつける。また，上下に並ぶ数の差の規則性を考える。**

上下に並ぶ数の差は，1段目と2段目が2，2段目と3段目が4，3段目と4段目が6，……と，連続する偶数になっている。ウ，エ，オ，カのうちエ，オ，カは1ずつ大きくなっているが，ウとオの差は2桁の数と予想できるので，ウ，エ，オ，カの平均である402はオよりもいくつか小さい。したがって，ウは402より小さく，オは402より大きい数である。

右端の数で402に近い数は，20段目の右端の20×20＝400，21段目の右端の21×21＝441だから，ウは20段目と予想できる。20段目と21段目の上下の数の差は，20番目の偶数の40だから，ウに40を足すと，ウ，エ，オ，カの和は，1608＋40＝1648となり，オ＝1648÷4＝412となる。この場合，ウ＝412－40＝372，エ＝412－1＝411，オ＝**412**，カ＝412＋1＝413となり，確かにウは20段目，エ，オ，カは21段目になるから，条件に合う。

5 (1) 2人が1回すれ違うごとに，A君は1×$\frac{9}{9+4}$＝$\frac{9}{13}$(km)進む。よって，$\frac{9}{13}$×18＝$\frac{162}{13}$＝**12$\frac{6}{13}$**(km)

(2)① **【解き方】最初からA君の速さが2倍だった場合，2人が18回すれ違うまでにA君が何km進むか調べる。**

A君の速さが2倍になると2人の速さの比は，(9×2)：4＝9：2になるから，2人が1回すれ違うごとに，A君は1×$\frac{9}{9+2}$＝$\frac{9}{11}$(km)進む。したがって，18回目にすれ違うまでに，A君は$\frac{9}{11}$×18＝$\frac{162}{11}$＝14$\frac{8}{11}$(km)進む。

よって，A君が進む道のりの合計は，12$\frac{6}{13}$kmより多く14$\frac{8}{11}$kmより少ないから，2人が18回目にすれ違ったときに，A君はコースを**13**周か**14**周していたことになる。

② **【解き方】A君の速さが最初のままのときと，速くなったときとで，2人が合わせて1周進む間にA君が進**

む道のりの差を求め，それを基準にＡ君が合計で進む道のりを調整していく。

最初の速さだと，２人で合わせて１周進む間にＡ君は$\frac{9}{13}$km進み，速くなった後だと，２人で合わせて１周進む間にＡ君は$\frac{9}{11}$km進むから，その差は，$\frac{9}{11}-\frac{9}{13}=\frac{18}{143}$(km)である。

２人が合わせて 18 周進む間にＡ君が 13 周したとすると，Ａ君が進んだ道のりは，(1)のときより，$13-12\frac{6}{13}=\frac{7}{13}$(km)増えたから，Ａ君が速くなっていた間に２人が進んだ道のりは合わせて，$\frac{7}{13}\div\frac{18}{143}=\frac{77}{18}=4\frac{5}{18}$(周)である。

したがって，Ａ君が最初の速さで進んでいたのは，２人で合わせて$18-4\frac{5}{18}=13\frac{13}{18}=\frac{247}{18}$(周)する間だから，この間にＡ君は，$\frac{9}{13}\times\frac{247}{18}=9.5$(km)進んだ。

２人が合わせて 18 周進む間にＡ君が 14 周したとすると，Ａ君が進んだ道のりは，(1)のときより，$\frac{7}{13}+1=1\frac{7}{13}$(km)増えたから，Ａ君が速くなっていた間に２人が進んだ道のりは合わせて，$1\frac{7}{13}\div\frac{18}{143}=\frac{110}{9}=12\frac{2}{9}$(周)である。

したがって，Ａ君が最初の速さで進んでいたのは，２人で合わせて$18-12\frac{2}{9}=5\frac{7}{9}=\frac{52}{9}$(周)する間だから，この間にＡ君は，$\frac{9}{13}\times\frac{52}{9}=4$(km)進んだ。

よって，求める道のりは，**4km**と**9.5km**である。

6 (1) **【解き方】Ａを３つの数字ごとに区切ったとき，3×1000＝3000(個目)の数字が何かを調べる。**

Ａに並ぶ数字の個数は，もとが１けたの整数の部分は，1×9＝9(個)

もとが２けたの整数の部分は，2×(99－10＋1)＝180(個)

もとが３けたの整数の部分は，3×(999－100＋1)＝2700(個)

ここまでで，9＋180＋2700＝2889(個)である。あと 3000－2899＝111(個)であり，この先はもとが４けたの整数だった数字が並ぶから，111÷4＝27 余り 3 より，1000 から数えて 28 番目の整数の上から３けた目がＡの 3000 個目の数字である。つまり，1027 の上から３けた目の２が 3000 個目である。その後の数字は，71028…と並ぶから，Ｂの 1001 番目の整数は，**710** である。

(2) **【解き方】Ａに並ぶすべての数字の個数から，０以外の数が現れる回数を引く。**

Ａに並ぶ数字の個数は，もとが４けたの整数の部分は，4×(9999－1000＋1)＝36000(個)

したがって，(1)より，Ａに並ぶすべての数字の個数は，2889＋36000＝38889(個)

9999 以下の整数について，□□□□の４つの□１つごとに０～９の 10 通りの数を入れて作ると考える。このとき，０以外の数が入った□のうち最も左にある□よりも左の□に０が入った場合は，その０をなくして整数を作ると考える。例えば，0109 から 109 が，0040 から 40 ができる。

このように考えると，一番左の□に１が入る整数は 10×10×10＝1000(個)あり，左から２番目の□に１が入る整数も 1000 個あり，左から３番目の□，一番右の□に１が入る整数も 1000 個ずつある。つまり，１から 9999 までの整数のうち，１は 1000×4＝4000(回)現れる。同様に，２～９も 4000 回ずつ現れる。

よって，Ａに並ぶ数字のうち１～９は 4000×9＝36000(回)現れるから，０が現れる回数は，38889－36000＝**2889**(回)

(3) **【解き方】(1)より，Ａに並ぶ数字のうちもとが３けたの整数の部分までに 2889 個の数字が並ぶ。**

2889 は３の倍数だから，Ａを３つの数字ごとに区切ると，３けたの数字で最大の 999 のすぐ右で区切られる。

したがって，1000 からの並びは，ちょうど区切られた直後からのスタートなので，100｜010｜011｜002｜100｜3 となる。1000 から 1999 までにＡに並ぶ数字は，4×(1999－1000＋1)＝4000(個)ある。4000÷3＝1333 余り 1 より，1999 の一番右の位の９の直前で区切られる。したがって，2000 からの並びは，20｜002｜001｜200｜220｜03 となる。2000 からの並びは，1000 からの並びと比べて区切りの位置が１つ左にずれたので，3000 からの並びも 2000 からの並びから１つ左にずれて，3｜000｜300｜130｜023｜003｜となる。

あとは，縦線のすぐ右にある０だけを丸で囲めばよい。

⑷　**【解き方】⑶の方法で０に丸をつけると考えると，丸をつけたところが100未満の数になるから，丸をつく０の個数を求める。もとが４けたの整数の部分については，⑶でかいた答えの図をよく見て，０を数える工夫を考える。**

もとが１けたの整数の部分では，丸がつく０はない。

次に，もとが２けたの整数の部分について考える。10から39までは図Ⅰのようになり，丸がつく０は１個だけである。
39の直後に縦線が入るので，40から69までも同様になり，70から99までも同様になる。したがって，もとが２けたの整数の部分では，丸がつく０は３個ある。

図Ⅰ

101｜112｜131｜415｜161｜718｜19
2｜021｜222｜324｜252｜627｜282｜9
30｜313｜233｜343｜536｜373｜839｜

もとが３けたの整数の部分では，３けたの整数がすべてもとの整数のまま区切られるので，丸がつく０はない。

最後に，もとが４けたの整数の部分について考える。⑶で書いた答えから，4000からの整数の並びは1000からの並びと同じように区切られるとわかるから，丸がつく０の個数は，1000から3999まで，4000から6999まで，7000から9999まで，それぞれで同じ個数になる。

1000から3999までについて，⑶の答えの図から丸がつく０を数える方法を考える。

⑶の答えの図で，０のある位置は，1000から始まる一番上の段と，2000から始まる真ん中の段と，3000から始まる一番下の段で同じ位置にある。また３(区切る個数)と４(けた)の最小公倍数は12だから，左からの数字12個で図Ⅱのように点線で囲むと，12個の数字のどの位置であっても，３つの段のどこかで必ず縦線のすぐ右になるとわかる。つまり，1000から1999までに存在する０の位置は，段がちがっても必ずどこかの段で○がつくので，1000から3999までで丸がつく０の個数は，1000から1999までに存在する０の個数と等しい。

図Ⅱ

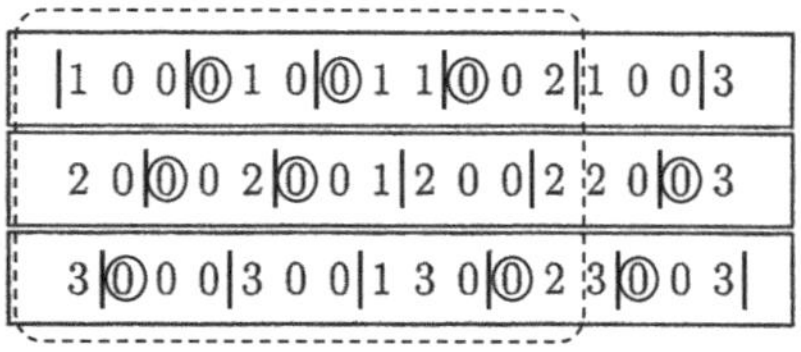

⑵と同様に，1000から1999までを１□□□と表すと，一番左の□に０が入る整数は10×10＝100(個)，真ん中の□に０が入る整数も100個，一番右の□に０が入る整数も100個ある。したがって，1000から3999までで丸がつく０の個数は，100×３＝300(個)だから，もとが４けたの整数の部分では，丸がつく０は300×３＝900(個)ある。

以上より，求める回数は，３＋900＝**903**(回)

《2024　理科　解説》

1　**問１**　イ○…ペンギン(鳥類)は肺呼吸である。　エ○…エサがほとんどないところを長い時間探すと，エサがとれない上に疲《つか》れてしまう。

問２　表より，体重が重いほど，潜水《せんすい》最大深度は深く，潜水時間は長い(息が長く続く)ことがわかる。

問３　ア○…マンボウ(魚類)はエラ呼吸である。　ウ○…問題文に，「エサの多い水深150m付近の…」とある。

問４　マンボウの体温はまわりの水温の影響《えいきょう》をうけて変化する。また，マンボウの体温とまわりの水温との差が大きいほど変化するのがはやいから，マンボウの体温(14℃～17℃)より水温がとても低い，水深 150m付近では体温が下がりやすい(体温が下がるのにかかる時間が短くなる)。

問5　体が小さい方がまわりの水温の影響を受けやすいから，小さいマンボウほど水深 150m付近にいる時間も水面付近にいる時間も短くなる。

[2]　**問1**　ア～エは，２個の●のそれぞれに２個の○と１個の⊗が結びついているが，オは１個の●に３個の○，もう１個の●に１個の○と２個の⊗が結びついている。

図 i
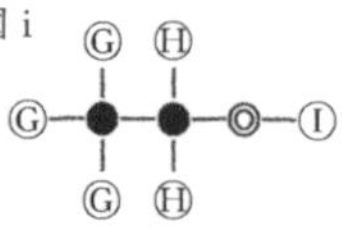

問3　図 i 参照。６個の○はⒼ～Ⓘの３種類に分類でき，Ⓖ：Ⓗ：Ⓘ＝３：２：１となる。

問4　ア○…８個の○は２種類に分類でき，信号の強さの比は６：２＝３：１となる。　イ×…８個の○は３種類に分類でき，信号の強さの比は３：２：３となる。　ウ×…６個の○は区別できないため，信号は１種類しか現れない。　エ×…10 個の○は２種類に分類でき，信号の強さの比は６：４＝３：２となる。

問5　６個の○が区別できないことから，物質が対称的な結びつき方をしていると考えられる。

問6(1)　A内のすべての●が◎と結びついて 4.4ｇのBになった。Bは●と◎が重さの比３：８で結びついているから，●だけをすべて集めると $4.4\times\frac{3}{3+8}=1.2$(ｇ)になる。また，○だけをすべて集めると 1.4－1.2＝0.2(ｇ)になる。　(2)　(1)より，Aは●と○が重さの比 1.2：0.2＝６：１で結びついている。●と○の１個あたりの重さの比は 12：１だから，A内の●と○の個数の比は$\frac{6}{12}:\frac{1}{1}=1:2$である。　(3)　○が区別できなくて，●と○の個数の比が１：２だから，１個の●に対して２個の○が結びついている。また，図１～４より，●が他のつぶと結びつくとき，つぶ同士を結ぶ直線は水平方向と垂直方向の２種類だから，Aは解答例のような４個の●と８個の○が結びついた物質と考えられる。

[3]　**問2**　0.2A→200 mAの電流をはかるためには，－端子《たんし》を 500 mAに接続する。また，電流計の－端子が電池の－極側，電流計の＋端子が電池の＋極側につながるように回路を接続すればよい。なお，流れる電流の大きさがわからないときは，最も大きな電流をはかれる－端子(５A)に接続する。

問3　最大値が 500 mAだから，１目盛りは 10 mAである。よって，290 mAと読み取れる。

問4　あ．表より，電流計１と２が示す値の和は電源装置から流す電流に等しく，電流計１と２が示す値の比はａとｂの長さの逆比になっているとわかる(例えば，ａの長さが 20 cmのとき，ａとｂの長さの比は２：１，電流計１と２が示す値の比は１：２である)。図４において，長さ８cmの金属線と長さ２cmの金属線に流れる電流の比は２：８＝１：４だから，電源装置から 20 mAの電流を流したとき，メーターには $20\times\frac{1}{1+4}=4$ (mA)の電流が流れる。　い．メーターのふれ角が最大となる(メーターに 30 mAの電流が流れる)とき，電源装置から流した電流の大きさは $30\times\frac{1+4}{1}=150$ (mA)である。

問5　う，え．300 mAの－端子に 300 mAの電流を流したときに，メーターが 30 mAを示せばよい。問４解説より，ｃの長さとｄとｅの長さの合計の比は(300－30)：30＝９：１となる。　お，か．３A→3000 mAだから，ｃとｄの長さの合計とｅの長さの比は(3000－30)：30＝99：１となる。　き，く，け．ｅの長さを１とすると，ｃとｄの長さの合計は 99 となり，ｃとｄとｅの長さの合計は１＋99＝100 となる。したがって，ｃの長さは $100\times\frac{9}{9+1}=90$ となり，ｄの長さは 99－90＝９となる。よって，ｃとｄとｅの長さの比は 90：９：１となる。

問6　1 μA→$\frac{1}{1000}$mA→$\frac{1}{1000000}$Aである。

問8　トランジスタでは電池からの電流が，図７(装置Ｔ)のＱの上部から流れてくる水と同じはたらきをすると考えればよい。

[4]　**問3**　Ⅰは北から何度の方向かを測定するから，クリノメーターの長辺を南北方向と平行に置いたときに０度になる。Ⅱは水平面から何度傾《かたむ》いているかを測定するから，クリノメーターを水平面に置いたときに０度になる。

問4　ａ．岩石をけずるためには，含《ふく》まれる鉱物よりもかたいものを使う。　ｂ．粒子《りゅうし》が小さいものほどなめらかにけずれる。

問5⑴　1インチ(2.54 cm)をx本の糸で分割しているから，網目《あみめ》の幅《はば》と糸1本の太さの和は 2.54÷x(cm)である。糸1本の太さは$y$cmだから，網目の幅は2.54÷x－y(cm)と求められる。　**⑵**　0.11 mm→0.011 cmより，100メッシュのふるいの網目の幅は2.54÷100－0.011＝0.0144(cm)→0.144 mm→0.14 mmになる。

問6　イ○…研磨《けんま》した場合も，水でぬらした場合も，でこぼこによる効果(光がまざって白く見える)を減らすことができるから，もとより黒っぽく見える。

問8　エ○…水滴《すいてき》が蒸発するときに水アカができやすいため，水滴をふき取るとよい。

《2024　社会　解説》

問1　⑴＝オランダ　⑵＝福沢諭吉　⑶＝教育勅語　⑷＝ソ連　　⑴江戸時代，8代将軍の徳川吉宗がヨーロッパの書物の輸入禁止をゆるめたころから，西洋の学問をオランダ語で研究する蘭学が発達し始めた。⑵豊前国(現在の大分県)中津藩出身の福沢諭吉は，『学問のすゝめ』を著したことで知られる。

⑶「教育勅語」には，忠君愛国の思想や父母への孝行などの道徳が示されていた。⑷ソ連がスプートニク1号の打ち上げに成功したとき，自国が宇宙開発の最先端であることを自負していたアメリカ合衆国はショックを受けたと言われている。その後宇宙開発競争が起きる中で，計画を見直したアメリカ合衆国は，アポロ計画による月面着陸に成功した。

問2　い　　村で年貢の取り立てや犯罪の取り締まりを行うのは地頭である。守護は，御家人の統率や軍事・警察を担った。

問3　室町時代や戦国時代は，一揆を結んで実力行使によって自らの要求を通したり，自らが自治を行ったりしていた。江戸時代になって幕藩体制が確立すると，幕府や藩に介入を求めるようになり，法の制定や法に基づく裁判などによって解決するようになっていった。

問4　う　　自分で消費するのではなく，販売を目的として栽培する作物を商品作物という。

問5　①＝い　②＝き　③＝え　　①「白虎隊」は，戊辰戦争において旧幕府軍についた会津藩(現在の福島県)の武家男子で組織された部隊である。②漂流してアメリカに渡った中浜万次郎(ジョン万次郎)は，琉球に着き，その後薩摩藩・長崎などを経由して，地元の土佐に戻ることができた。その後教授館で，後藤象二郎や岩崎弥太郎などを指導したと言われている。③徳川御三家は，尾張(現在の愛知県)，紀伊(現在の和歌山県)，水戸(現在の茨城県)だから，愛知県にある**え**を選ぶ。

問6　設問文に「藩校と比べて」とあることに着目し，文章で藩校がどのようなものであったと書かれているかを確認する。藩校では「各藩」の「武士の子どもたち」が「漢文の学習や武術を中心に」学んでいた。対して，私塾は「子どもだけでなく」→さまざまな年齢，「西洋の学問がすすんで取り入れられることもあった」→さまざまな学問，と考える。藩校が藩士の子を対象としているのに対して，私塾には全国から塾生が集まったことは理解しておきたい。自らが究めた学問を門弟に教授する私塾には，その学問を修めるために全国からさまざまな身分の人々が集まり，そこから幕末の思想家や志士が育っていった。

問7　公立小学校の収入の約4割が学区内集金であることに着目する。学区内集金は，住民が収入に応じて各戸に割り当てられたもので，負担の重さが打ちこわしなどの抗議行動につながった。

問8　明治時代，西洋の強国に対抗できる国家を建設するために，当時の先進国の新しい制度を取り入れ，国力の充実を図ろうとし，学制・徴兵制の実施や地租改正などの改革が行われた。中でも近代化の基礎は教育による国民意識の向上にあるとして，欧米の学校教育制度を取り入れ，６歳以上の男女はすべて小学校に通うものとした。

問９　高等女学校は良妻賢母を育成するための教育機関であり，家事・裁縫・手芸などを中心とした女子教育が行われ，数学や外国語などの履修内容は男子の中学校の内容より程度が低いものであった。また，男子の中学校のようにその上の高等学校・大学へ続く教育機関としての性格を持っていなかった。

問 10　等級制では，等級ごとの人数のちがいや，同等級内での年齢のちがいが生じ，計画的・効率的な教育を行うのが難しかった。明治時代になって急速に学校制度を進める中，効率的に小学校を運営するには，学級制による大人数の指導は都合がよかった。

問 11　日本国憲法においても，第 26 条で「すべて国民は，法律の定めるところにより，その保護する子女に普通教育を受けさせる義務を負ふ。義務教育は，これを無償とする。」とあり，この「子どもに教育を受けさせる義務」を負っているのは日本国民だけである。現在，国際人権規約などの規定を踏まえ，外国籍の子どもの教育を受ける権利を保障するためにさまざまな取り組みが行われているが，外国籍の子どもは希望しないと教育を受けられず，学校に通えていない子どもも一定数いるという問題がある。

問 12　インターネットで得た情報には信頼性の低いものもあり，子どもたちがその真偽を確かめるのは難しい。学年に合わせて必要な知識を教えることで，知識を身につけやすくなる。

問 13　教室内に多くの子どもを集めて，必要な知識だけを教え込む教育は，世代ごとに共通する価値観を定着させた。そのため，「まわりと同じがいい」「脱個性」などの感覚が一般的になり，「異端を許さない」という考え方が，いじめなどにつながっていると考えられる。多様性が認められる現在，個人の考え方や価値観を尊重し，個人の能力を引き出す教育の必要性が叫ばれる一方で，学力偏重の受験制度を変えることを不安視する声も大きい。

2023 解答例 令和５年度　麻布中学校

《国　語》

一　a．習慣　b．包装　c．操縦　d．垂

二　イ

三　ウ

四　何か突出した長所があって、クラスになじみ、その中で強い立場に立っている人。

五　ほとんどしゃべらず、孤独やさみしさを感じる状況。

六　自分の精神的な命綱のようなもの

七　エ

八　家庭や学校での人間関係にわずらわしさを感じていて、食べる食べられるの関係がなくただ静かに生きているだけのエディアカラ紀の生物がうらやましかったから。

九　草児が泣いた理由を訊かず、ただそのつらさに共感してくれた男に対して安心感を覚え、気を許したから。

十　自分には、もし自分が戻ってこなければ悲しむ母がいて、そんな母はだいじな存在であるということ。

十一　これまで感じていた孤独感がやわらぎ、他の人と関わることに喜びや心地よさを感じ始めている。

十二　人間関係に悩んでいた草児にとっては、自分の好きなものを見て現実逃避できる場所だったが、周囲の人との関わりを持ち始めたことで、必要としなくなっていった場所。

十三　1．孤独感が原因で味が分からなくなっていたのに、コーラの甘さを感じたことで、学校や家での人間関係が変わり始め、他の人と関わり合う現実の世界を生きるようになっているという実感がわき、うれしくなったから。

2．だいじな人と過ごしている時には互いに関わらない方がよいという男の考えは尊重するが、せっかく心が通った相手と話せず、その幸せを願うだけなのはさびしかったから。

《算　数》

1　(1)12，30　(2)2，5

2　(1)7.5　(2)8.75

3　ア．114　周…5.652

4　(1)A：C＝3：7　濃さ…21.2　(2)B：C＝3：2　濃さ…22.4　(3)1：4：5

5　(1)4　(2)[245，1，1，1]　[49，5，1，3]　[35，7，1，4]　[7，7，5，9]

6　(1)ア．8125　イ．9375　ウ．625　エ．6875　オ．3125　カ．9375　(2)15，31，47，63　(3)64，1024　(4)219

※図・式・計算・考えなどは解説を参照してください。

《理　科》

1　問1．ア，オ　問2．重要な器官の温度が上がりすぎるのを防ぐことができる。
問3．あ．熱さ　い．冷える　問4．料理の温度を43℃より低くする。　問5．あ．体温　い．痛み
問6．イ，オ　問7．ア

2　問1．左眼…エ　右眼…ア　問2．a．ア　b．ウ　c．オ　問3．a．イ　b．エ
問4．(1)20　(2)9　(3)11　(4)1.4　問5．1.9　問6．オ

3　問1．膜が振動しなかったから。　問2．エ　問3．a．ア　b．オ　c．カ　問4．ウ
問5．a．ア　b．ウ　c．カ　問6．(1)イ　(2)エ　問7．磁石とコイルを使わないから。
問8．コンデンサーに電気をためる必要があるから。

4　問1．53　問2．342　問3．3.98　問4．890　問5．9.02　問6．a．139.7　b．水　c．ウ
問7．食塩は燃えないから。　問8．2　理由…体内で消化・吸収されにくいから。

《社　会》

問1　(1)伊達政宗　(2)肥料

問2　(1)北上　(2)い

問3　え

問4　税の負担感が公平である。／所得の格差を小さくすることができる。／好不況に対応して平均税率を調整でき，景気を安定させることができる。などから2つ

問5　(1)西洋の技術や文化を取り入れて近代産業を育成し，西洋諸国に近代化を示すため。　(2)産業革命が進み，エネルギー資源として石炭の需要増加が見こめたから。

問6　海を埋め立てた土地なので，井戸水が塩分をふくみ，飲用に適さなかったから。／外国人居留地がつくられて人口が急増し，まちが急速に発展していったから。

問7　か

問8　市街地が複数の市町村にまたがって拡大したとき，水道の供給・管理をする市町村を決めるのが難しくなる。
〔別解〕同じ市街地でも，水道の供給方法や料金が異なり，サービスに違いが生じる可能性がある。

問9　耐用年数をこえた水道管の割合が増えているのにつけかえが進んでおらず，今後つけかえ費用がかさむのに加え，人口が減少するのに対して，世帯数はあまり減少しないことから，料金収入に対して，より多くの維持管理費用がかかるようになる。

問10　(1)水道事業は公共性が高く，生活に欠かせないものであるため，継続性が必要であるから。　(2)地方公共団体による監視が行き届かなくなり，値上げやサービス低下の可能性がある。

問11　(例文)収入が少なく，病院にかかることができない人がいる。そのような人にも等しく医療サービスを提供できるようにするために，高所得者の医療費負担割合をさらに増やし，低所得者の負担を無償にするなど，医療費負担に対しての累進性を高めればよい。

《2023　国語　解説》

二　6～24 行目に、文ちゃんとの関係が書かれている。文ちゃんとは保育園からのつきあいで、四年生になると、二人は毎日百円を持ってスーパーマーケットに行くようになる、学校で顔を合わせると肩《かた》を組んでくるなど、親しい関係であった。文ちゃんは「金が足りないなあと言いながら横目でちらちら」草児を見るなど、おこづかいを暗に求め、草児はその要求をどうしても拒《こば》めなかった。そして、135 行目にあるように、どうしても文ちゃんに嫌《いや》だと言えなかった自分を、草児は恥《は》ずかしく思っていた。よって、これらの内容をまとめたイが適する。

三　前書きにあるように、草児は転校した学校で孤立《こりつ》している。そして「分厚い透明《とうめい》ななにか」で、「世界と自分がくっきりと隔《へだ》てられている」と感じている。しかし、自分がクラスで孤立しているという現実は受け入れがたいので、「自分はこの学校になじめないのではなくて、ただ～透明の仕切りごしに彼《かれ》らを観察しているだけ」だと思うことで「どうにか顔を上げていられる」、つまり、現実から目をそらして過ごすことができている。よって、ウが適する。

四　直後に「勉強も運動も、できないわけではないが突出《とっしゅつ》してできるわけではない。クラスにもなじめていない」とある。このことから考えて、――線③の「食べる側」というのは、クラスでの立場を表している。弱肉強食という言葉があるように、生き物の「食べたり食べられたり」する関係では、「食べる側」が強いというイメージがある。これを、クラスメイト同士の関係にあてはめると、クラスになじめている上に、勉強や運動などが「突出してできる」者が強者、強い立場にあり、「食べる側」だと言える。

五　――線④の前後に「同じ家の中にいても、ほとんど言葉を交《か》わさない」「誰《だれ》かと同じ空間にいても、人間は簡単に『ひとり』になるものだ」とある。前書きにあるように、草児は祖母となじめず、学校でも孤立している。周りに人はいてもほとんどしゃべらず、他の人と関わりをもてずにいるため、孤独やさみしさを感じ、これが原因で味がわからなくなっていると考えられる。

六　草児が「なんで、そんなにいっぱいお菓子《かし》持ってるの」と問いかけると、「男」は新幹線に乗っていた時の体験を話して始め、「お菓子というものは自分の精神的な命綱《いのちづな》のようなものだと思った」と言っている。

七　131～141 行目で、文ちゃん、父、クラスメイト、先生、母、祖母と、どの人間関係もうまくいっていないことにふれ、これらをふまえて、142 行目で「いつも自分はここにいていいんだろうかと感じている」、つまりどこにも居場所がないと感じていることにふれている。よって、エが適する。

八　162～164 行目に、「草児は、そういう時代のそういうものとして生まれたかった～静かな海の底の砂の上で静かに生きているだけの生物として生まれたかった」とある。人間関係にわずらわしさを感じ、自分が教室で「食べる側」になれるとは思えない草児は、食べたり食べられたりする関係がなく、ただ静かに生きているだけの生物しかいなかったエディアカラ紀の生物がうらやましく、この時代に興味をいだいているのである。

九　ここより前で、「男」は泣いている草児を見て、ただ「いろいろ、あるよね」とだけ言い、草児の「いろいろ」をくわしく訊《き》こうとはしなかった。草児は、そんな「男」の反応を見て、涙《なみだ》がとまってしまった。草児は、自分が泣いた理由を訊こうとせず、ただ共感してくれた「男」に対して警戒《けいかい》心を解き、気を許して、思わずふだんは話さないことまでしゃべったのである。

十　この後、バスに乗ってエディアカラ紀にタイムスリップしたことを想像した草児は、「もし行けたとしても、戻《もど》ってこられるのかな？」と呟《つぶや》いた。そして、自分が戻ってこなかったら母は心配し、きっと泣くだろうと思った。草児は、「そうか。だいじな人がいるんだね」という「男」の言葉を聞き、現実の世界では孤独で居場所がないと感じていても、その現実の世界にいる母は、自分にとって「だいじな人」なのだと気付いた。

十一　草児にとって体育館は、「床《ゆか》は傷だらけで冷た」く、「うっすらと暗い気持ちになる」場所である。杉田くんと並んで立つことで、体育館の床の冷たさが「ほんのすこしだけ」「ましに感じられる」ということは、他の人といっしょにいることを心地よく感じているということである。このことから、教室で孤立しているという現実から目をそらしつつも孤独を感じていた草児が、他の人と関わることに喜びや心地よさを感じ始めていることがわかる。

十二　草児は「男」に「なんでいつも博物館にいるの？」と尋《たず》ねられるほど、よく博物館に通っている。家や学校に居場所がなく、昔の生き物が好きな草児にとっては、博物館が休みだと知って動けなくなるほどに、博物館は大事な場所だった。また、エディアカラ紀の生物のように他の生き物と関わらずに生きたいと思っていた草児にとって、昔の生き物も展示されている博物館は、現実の人間関係のわずらわしさを忘れられる、現実逃避《とうひ》が可能な場所だった。しかし、現実の世界には母という「だいじな人」がいることに気づき、学校では杉田くんという話し相手ができたことで、博物館に行く回数は減っていった。それは、現実の人間関係に目を向け、周囲の人々と関わりを持ち始めたことで、現実逃避の場としての博物館を必要としなくなっていったからである。

十三１　──線④の直後に「誰かと同じ空間にいても、人間は簡単に『ひとり』になるものだと、こんなふうになるずっと前から知っていた」とある。家でも教室でも、周りに人がいるのに孤独を感じることで、草児は味覚を失ったのである。コーラが甘かったのは、そんな孤独感がやわらぎ始めたからである。杉田くんと話すようになり、祖母が自分に問いかけているとわかるようになるなど、人間関係が変わり始め、現実の世界と向き合うようになり、そのことに幸せを感じている。草児は、コーラが「しっかりと甘いこと」でこうしたことを実感し、うれしくなったのである。

２　博物館で知り合った「男」は、首を横に振《ふ》ることで、お互いに「だいじな人」と過ごしているこの場で話をすることを拒んだ。草児は「男」の意思を尊重し、「男」に話しかけることなく席に戻り、「男」と「やっかいだけどだいじな人」の幸せを願った。草児は、自分が孤独な時に知り合い、つらさに共感してくれて心が通った相手と話せないことをさびしく思っている。さらには、自分が現実の世界や人間関係と向き合い始めたことで、もうこの「男」と話したり会ったりすることはないかもしれないという予感めいたものを感じ、さびしくなった可能性もある。

《2023　算数　解説》

1　(1)　**【解き方】蛇口２つと排水口２つを開けておくときに水そうに水がたまる割合は，蛇口１つと排水口１つのときの２倍である。**

水がたまる割合が２倍になると満水になるまでにかかる時間は$\frac{1}{2}$倍になるから，求める時間は，
$25\times\frac{1}{2}=12.5$(分)，つまり **12 分 30 秒**である。

(2)　**【解き方】蛇口３つと排水口２つを開けておくと，(1)の場合と比べて時間が$\frac{2.5}{12.5}=\frac{1}{5}$(倍)になったから，水そうに水がたまる割合は５倍になったとわかる。**

蛇口１つと排水口１つだと，水がたまる割合は毎分$\frac{100}{25}$L＝毎分４Lだから，蛇口２つと排水口２つだと，毎分(４×２)L＝毎分８Lとなる。したがって，蛇口３つと排水口２つだと毎分(８×５)L＝毎分 40Lとなるから，蛇口１つから注がれる水の量は，毎分(40－８)L＝毎分 32Lである。

蛇口４つと排水口４つだと，水がたまる割合は毎分(４×４)L＝毎分 16Lだから，蛇口５つと排水口４つだと，毎分(16＋32)L＝毎分 48Lとなる。よって，求める時間は，$\frac{100}{48}=2\frac{1}{12}$(分)，つまり **２分５秒**である。

2 ⑴　**【解き方】正八角形の１辺の長さをａとし，三角形ＰＡＢ，ＰＥＦの底辺をそれぞれＡＢ，ＥＦとする。右の図①のように作図し，ＩＪの長さをｂとすると，２つの三角形の面積の和は，ａ×ｂ÷２と表せる。**

図①

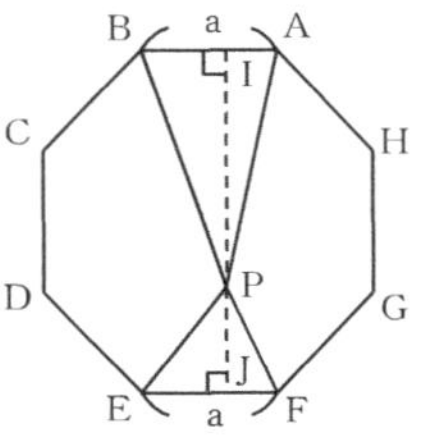

図②

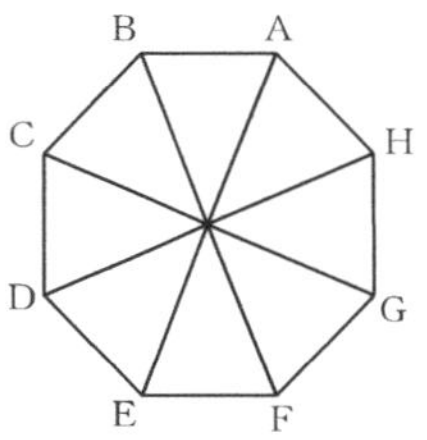

正八角形は対角線を引くことで図②のように面積を８等分できる。図②で向かい合う２つの三角形の面積の和はいずれもａ×ｂ÷２と表せる。

よって，求める面積は，正八角形の面積の$\frac{2}{8}=\frac{1}{4}$だから，$30\times\frac{1}{4}=$**7.5**(㎠)

⑵　**【解き方】右のように作図する。⑴より，三角形ＱＡＢと三角形ＱＥＦの面積の和と，三角形ＱＢＣと三角形ＱＦＧの面積の和は，いずれも7.5㎠である。**

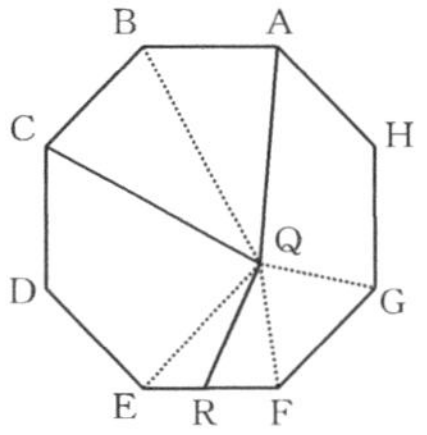

四角形ＱＡＢＣと四角形ＱＥＦＧの面積の和は，7.5×２＝15(㎠)

四角形ＡＢＣＱの面積は，30÷３＝10(㎠)

したがって，四角形ＱＥＦＧの面積は，15－10＝５(㎠)

よって，三角形ＱＥＲの面積が，$5\times\frac{1}{1+3}=\frac{5}{4}$(㎠)だから，四角形ＱＣＤＥの面積は，$10-\frac{5}{4}=\frac{35}{4}=$**8.75**(㎠)

3　**【解き方】ＡとＯは折り目あについて対称だから，右図の曲線ＥＯＦはＡを中心とする半径１cmのおうぎ形の曲線部分である。**

同様に，曲線ＨＯＤはＢを中心とし，曲線ＧＯＨはＣを中心としていて，ともに半径は１cmである。長さを求める曲線はすべて半径１cmのおうぎ形の曲線部分だから，中心角の和を求める。

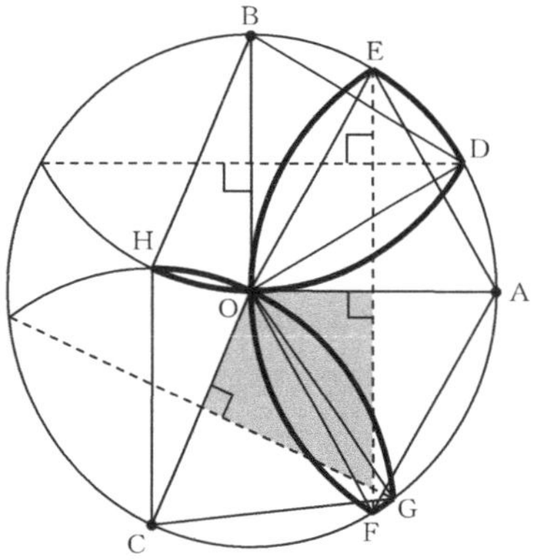

折り目と対称な２点を結んだ直線は垂直に交わるから，図のように90°の角度がわかる。角アの大きさは色をつけた四角形の内角の和から，360°－90°×２－66°＝**114°**とわかる。

三角形ＡＥＯ，ＡＦＯ，ＢＤＯ，ＣＧＯはすべて正三角形である。

したがって，角ＥＡＦ＝60°×２＝120°…①

ＢＯとＥＦが平行なので，角ＢＯＡ＝90°だから，角ＢＯＣ＝360°－90°－114°＝156°

四角形ＯＢＨＣはひし形(平行四辺形にふくまれる)であり，平行四辺形のとなりあう内角の和は180°だから，

角ＯＢＨ＝角ＯＣＨ＝180°－156°＝24°　　したがって，角ＨＢＤ＝角ＨＣＧ＝60°＋24°＝84°…②

角ＯＤＥ＝60°＋60°－90°＝30°…③，角ＯＦＧ＝60°＋60°－114°＝６°…④

①，②，③，④より，長さを求める曲線部分の中心角の和は，120°＋84°×２＋30°＋６°＝324°

よって，求める長さは，$1\times2\times3.14\times\frac{324°}{360°}=\frac{9}{5}\times3.14=$**5.652**(cm)

4 ⑴　**【解き方】水溶液の問題なので，うでの長さを濃さ，おもりを水溶液の重さとしたてんびん図で考える(うでの長さの比とおもりの重さの比がたがいに逆比になる)が，この問題は濃さのかわりに100ｇあたりの原価をあてはめてもよい。**

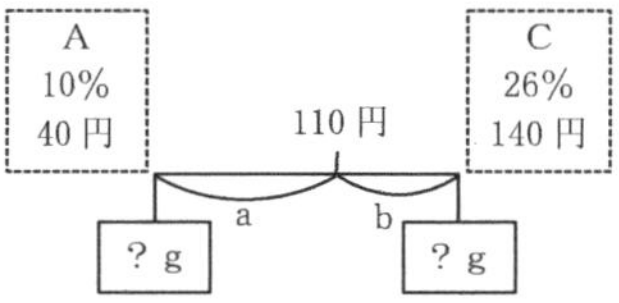

右のようなてんびん図がかける。ａ：ｂ＝(110－40)：(140－110)＝７：３

よって，混ぜ合わせるＡとＣの重さの比はこの逆比の**３：７**である。

また，できる水溶液の濃さは，$26-(26-10)\times\frac{3}{7+3}=$**21.2**(%)

⑵　⑴と同様にてんびん図をかくと右のようになる。

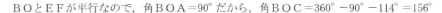

ｃ：ｄ＝(110－90)：(140－110)＝２：３だから，ＢとＣの重さの比は**３：２**である。また，できる水溶液の濃さは，$20+(26-20)\times\frac{2}{2+3}=$**22.4**(％)

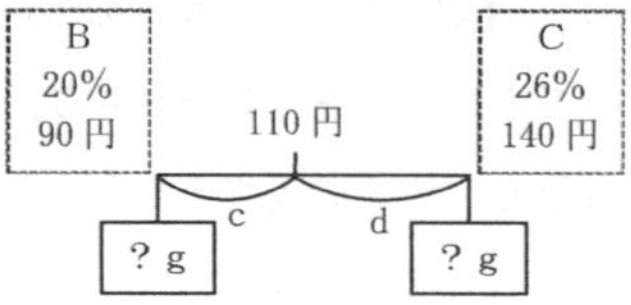

⑶　**【解き方】⑴より，ＡとＣを３：７で混ぜてできる，濃さ21.2％，100ｇあたりの原価110円の水溶液をＸとする。また，⑵より，ＢとＣを３：２で混ぜてできる，濃さ22.4％，100ｇあたりの原価110円の水溶液をＹとする。ＸとＹをどのように混ぜ合わせても100ｇあたりの原価は110円のままである。**

ＸとＹを濃さが22％になるように混ぜればよいから，右のてんびん図がかける。

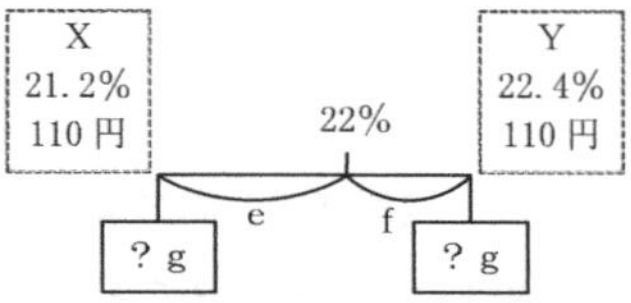

ｅ：ｆ＝(22－21.2)：(22.4－22)＝２：１だから，ＸとＹを１：２の比で混ぜ合わせればよい。したがって，例えばＸを100ｇとＹを100×２＝200(ｇ)で混ぜ合わせればよいから，Ａを$100\times\frac{3}{10}=30$(ｇ)，Ｂを$200\times\frac{3}{5}=120$(ｇ)，Ｃを$100\times\frac{7}{10}+200\times\frac{2}{5}=150$(ｇ)で混ぜ合わせればよい。よって，求める比は，30：120：150＝**１：４：５**

5　⑴　立方体の図に取り除かれる順番を数字でかきこむと，右図のようになる。

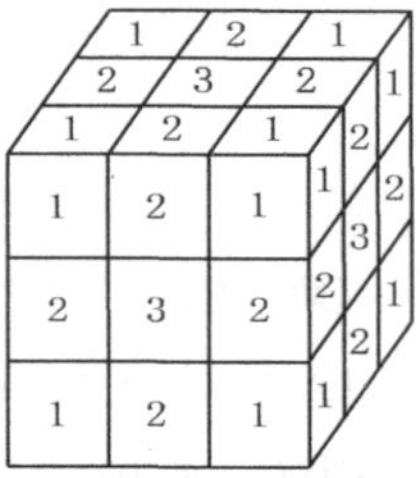

３回の【操作】のあとに残っているのは，最初見えていない中心にある１個の立方体だけだから，【操作】は全部で**４**回行われる。

⑵　**【解き方】245＝７×７×５をもとにして，かけて245になる３つの整数の組を考える。【操作】の回数については，１回目，２回目，３回目，……と【操作】をくり返すことで，取り除く立方体の位置がどのように変化するかという規則性を考える。**

直方体の３辺の長さの組み合わせは，㋐**245㎝，１㎝，１㎝**と，㋑**７×７＝49(㎝)，５㎝，１㎝**と，㋒**７×５＝35(㎝)，７㎝，１㎝**と，㋓**７㎝，７㎝，５㎝**の４種類である。

下線部㋐の直方体は立方体を１列に並べただけなので，【操作】は**１**回で終わる。

㋑の直方体は，縦49㎝，横５㎝の長方形の面で考える。【操作】が１回行われるごとに縦と横の長さが２㎝ずつ短くなる。したがって，【操作】を２回行うと縦49－２×２＝45(㎝)，横５－２×２＝１(㎝)の長方形になり，あと１回で【操作】が終わるから，全部で２＋１＝**３**(回)行われる。

㋒も㋑と同様に考えると，７－２×３＝１より，３回の【操作】で立方体を一列に並べた立体になるから，全部で３＋１＝**４**(回)行われる。

㋓については規則性を考える。これまでの【操作】から，取り除かれる立方体の位置は，１回目が直方体の頂点にあたる立方体で，次がそのとなりの立方体，その次がさらにとなりの立方体，……と，１つずつ直方体の中心に向かって移動していることがわかる。

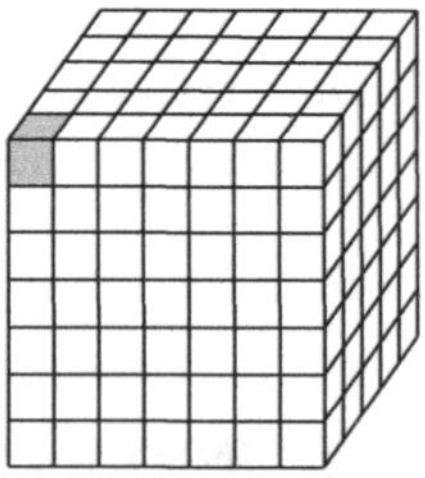

㋓の直方体において，右図の色をつけた立方体からスタートすると考えると，中心にある立方体に移動するまでに，右に３回，下に３回，奥に２回移動する必要がある。

よって，【操作】は最初の１回を入れて全部で，１＋３＋３＋２＝**９**(回)行われる。

6　⑴　**【解き方】分母が16の列を縦に見ていくと，分子が１のときは625×１，分子が３のときは625×３，分子が５のときは625×５，……となっているので，１つ下に進むごとに数は625×２＝1250増えていく。分母が32の列については，すぐ左の数との関係も考える。**

ア＝6875＋1250＝**8125**，イ＝8125＋1250＝**9375**

$\frac{a}{16}\times\frac{1}{2}=\frac{a}{32}$だから，〈$\frac{1}{16}$〉＝625を２で割ってできる数の下４けたが，〈$\frac{1}{32}$〉の値になるはずである。実際に計算してみると，625÷２＝312.5だから，〈$\frac{1}{32}$〉＝3125と合っている。

つまり，〈A〉の値は，表の中ですぐ左にある数を２で割った商の下４けたとなる。

ア＝8125 で，8125÷２＝4062.５より，ウ＝**625**　　イ＝9375 で，9375÷２＝4687.５より，エ＝**6875**

オについては，分母が 16 の列のときにしたように，エに 3125×２＝6250 を足す。6875＋6250＝13125 より，オ＝**3125**

これは分子が１のときと同じ数だから，カは分子が３のときと同じ数となるので，カ＝**9375**

⑵　**【解き方】分母が 32 の列で縦の数の並びが周期となったように，横の数の並びも周期になっていると考えて，規則性を探す。**

分子＼分母	16	32	64	128	256	…
1	625	3125	5625			
3	1875	9375				
5	3125	5625				
7	4375	1875				
9	5625	8125				
11	6875	4375				
13	ア 8125	ウ 625				
15	イ 9375	エ 6875				
17	／	オ 3125				
19	／	カ 9375				
⋮	⋮	⋮	⋮	⋮	⋮	⋮

4375 は分母が 32，分子が 11 の欄《らん》に現れているから，4375 の左は 6875 とわかる。したがって，エ 6875 の右が 4375 となるから，[あ]に当てはまる最小の奇数は **15** である。

⑴で，分母が 32 の列は分子が１から 15 までの８つの数がくり返されるとわかった。したがって，すぐ右に並ぶ分母が 64 の列でも分子が１から 15 までの８つの数がくり返される。つまり，同じ数が現れるのは表で下に８つ進んだところだから，分子が２×８＝16 増えたときである。

[あ]に当てはまる数は 63 以下だから，[あ]に当てはまる 15 以外の奇数は，15＋16＝**31**，31＋16＝**47**，47＋16＝**63**

⑶　**【解き方】分子が１の段と９の段と 13 の段から，625→3125→5625→8125→625 という数の並びがくり返されるとわかる。**

分子が９の段の数は左から順に，5625，8125，625，3125 がくり返される。したがって，[い]に当てはまる最小の分母は **64** である。また，さらに右に４つ進んだとき再び 625 になり，そのときの分母は，64×２×２×２×２＝**1024**

⑷　**【解き方】分子が３，15，11，７の段から，1875→9375→6875→4375→1875 がくり返されるとわかる。また，$\frac{[う]}{2048}$ の小数第一位が１だから，[う]は 2048×0.１＝204.８以上なので，205 以上である。**

分母が 2048 の列は分母が 16 の列を１つ目とすると，左から８つ目の列である。したがって，分母が 2048 の列で数が 9375 となる段では，数が左から順に，6875，4375，1875，9375，6875，4375，1875，9375 と並ぶ。つまりこの段は分子が 11 の段である。したがって，[う]には 11 に 16 の倍数を加えた数が当てはまる。

(205－11)÷16＝12 余り２だから，[う]＝11＋16×13＝**219**

《2023　理科　解説》

[1]　**問１**　①の現象が起こるのは，水が蒸発するときにまわりから熱をうばっていくためである。よって，水が水蒸気に変化するアとオを選べばよい。なお，イとウは体の熱が温度の低いものに直接伝わることで冷たく感じる。このような熱の伝わり方を伝導という。また，エはコップのまわりの空気が冷やされて水蒸気が水滴《すいてき》に変化することで起こる現象である。

問２　脳や心臓など，人間が生きていくうえでなくてはならない器官が近くにあることから考える。

問４　高温と辛《から》みの刺激《しげき》が重なると，脳に伝わる刺激がより大きくなるから，この２種類の刺激が重ならないようにすればよい。辛みを感知したときに反応する感覚神経は43℃以上を感知する感覚神経と同じだから，料理の温度が43℃より低ければ，辛みの刺激だけが脳に伝わる。

問５　い．舌で感知した場合には高温・辛み・痛みを感じるが，皮ふで感知した場合には高温・痛みを感じる。

問6　イ○…マウスAは左半分の温度を20℃にした5分間のうちほぼ半分の2分25秒を20℃の床で過ごしているので，30℃の床との違《ちが》いを区別できていないと考えられる。　オ○…正常なマウスは合計で10分間の観察のうち，20℃の床に滞在したのは10秒だけだから，残りの9分50秒を30℃の床で過ごしたことになる。

問7　お風呂で体が温まると汗《あせ》をかき，そこに風が当たるなどして体が冷えることを湯冷めという。湯冷めしにくいということは，お風呂で温まっても汗をかきにくいということである。また，メントールには実際に体を冷やす効果があるわけではなく，冷たくなくても冷たいと感じさせる効果があるだけだから，アが正答となる。

2　**問1**　どちらの眼で見ても↑が右側にあるように見えるが，xとyの角ではxの角の方が大きいので，右眼で見たときの方が2本の棒の間隔《かんかく》が広く見える。

問2　右眼から棒までの距離《きょり》が遠くなるにしたがって，右眼と2本の棒を結んだ2本の直線は平行に近づく。つまり，xの角の大きさが小さくなっていく（2本の棒の間隔がせまくなって見える）ということである。左眼についても同様のことが起こり，xとyの角の大きさの差が小さくなっていく。

問3　遠くにあるものを見るときは問2のような理由で奥行きをつかみづらくなっているのだから，xとyの角の大きさの差が大きくなるときを考えればよい。例えば，図2で，右眼の位置を1マス左眼に近づけたときと1マス左眼から遠ざけたときでは，遠ざけたときの方がxにあたる角の大きさが大きくなり，xとyの角の大きさの差が大きくなると考えられる。

問4(1)　AB間の距離が18光年，ガスのかたまりの速さが1年あたり0.9光年だから，18÷0.9＝20(年)が正答となる。　**(2)**　zの角の大きさが60度のとき，AB：AH＝2：1だから，18÷2＝9(光年)が正答となる。

(3)　光がBC間を進む時間とHC間を進む時間は同じだから，ガスのかたまりがAを出発してからBに着くまでの時間(20年)と光がAからHに進むまでの時間の差が求める時刻の差である。AH間の距離は9光年で，光がAからHに進むまでの時間は9年だから，20－9＝11(年)が正答となる。　**(4)**　AB：HB＝2：1.7だから，HB間の距離は18×$\frac{1.7}{2}$＝15.3(光年)である。この距離を11年で動くように見えるから，その速さは1年あたり15.3÷11＝1.39…→1.4光年である。

問5　問4と同様に考える。zの角の大きさが30度のとき，HB：AH：AB＝1：1.7：2だから，HB間の距離は9光年，AH間の距離は15.3光年である。このとき，ガスのかたまりがAを出発してからBに着くまでの時間が20年，光がAからHに進むまでの時間は15.3年である。よって，HB間の9光年を20－15.3＝4.7(年)で動くように見えるから，その速さは1年あたり9÷4.7＝1.91…→1.9光年である。

問6　問4と5より，見かけの運動の速さはzの角の大きさが60度のとき方が30度のときよりもおそいから，アかウかオのいずれかが適当である。ここで，zの角の大きさが90度のときを考える。このとき，AとHは重なり，AB＝HB＝18光年となる。つまり，見かけの運動の速さは実際の運動の速さと等しく，1年あたり0.9光年となるから，オが正答となる。

3　**問2**　音を出すには膜が振動《しんどう》しなければならない。エのように短時間で電流の大きさが周期的に変わると，図2の弱い電池のときと強い電池のときの膜の位置を行ったり来たりするような動きになり，膜が振動する。

問3　マイクの近くで声を出すと，振動が空気を伝わってマイクの膜を振動させる(膜が出っ張ったり引っ込《こ》んだりする)。マイクの膜に取り付けた磁石がコイルに近づいたり遠ざかったりすることでコイルに電流が流れるが，磁石がコイルに近づくときとコイルから遠ざかるときでは，コイルに流れる電流の向きが逆になるので，スピーカー側の膜もそれに合わせて出っ張ったり引っ込んだりするため，音が出る。

問4　実験2より，金属板の間隔《かんかく》が近いときほど多くの電気をためられることがわかる。ただし，2枚の金属板の距離を近づけるには限度があるため，金属板の間隔を限界まで近づけた状態でさらに多くの電気をためるには，下線部にあるように金属板の面積を大きくしていくしかない。

問５　実験２より，金属板の間隔を近づけるとためられる電気の量が増えるから，乾《かん》電池からコンデンサーに電流が流れ込むようになる。電流は乾電池の＋極から流れる。

問６　問５の電流の向きを説明する文の最後に，金属板の間隔をはなしたときは，すべて逆のことが起こるとあるので，流れる電流の向きは図７の→の向きである。また，スピーカーの膜は，図７の←の向きに電流が流れたときには何も接続していないときよりも出っ張っていたから，図７の→の向きに電流が流れたときには何も接続していないときよりも引っ込むと考えられる。

問８　金属板の間隔の変化にともなって，電源から電流が流れたりコンデンサーから電流が流れたりする。このように，向きが変わる電流が流れることで，スピーカーの膜が振動する。金属板の間隔が近づくときに，コンデンサーにためる電流が流れるようにしなければ，コンデンサーマイクを使用することはできない。

４　**問１**　１ｇの水を１℃上昇《じょうしょう》させるのに必要な熱量が１calだから，１kg(1000ｇ)の水を１℃上昇させるのに必要な熱量は１kcal(1000cal)である。よって，33kcalは１kgの水を33℃上昇させることができる熱量だから，20＋33＝53(℃)になる。

問２　ブドウ糖の分子と水の分子の１個あたりの重さの比は10：１だから，ブドウ糖の分子２個と水の分子１個の重さの比は20：１である。ブドウ糖の分子２個がつながって麦芽糖ができるとき水の分子１個分の重さだけ小さくなるから，ブドウ糖の重さと，そのブドウ糖からできる麦芽糖の重さの比は，20：(20－１)＝20：19である。よって，360ｇのブドウ糖から生じる麦芽糖の重さは$360\times\frac{19}{20}=342$(ｇ)である。

問３　180ｇのブドウ糖を燃やしたときの発熱量は669kcalだから，180ｇの２倍の360ｇのブドウ糖を燃やしたときの発熱量は669×２＝1338(kcal)である。問２より，360ｇのブドウ糖が麦芽糖になるときにとれる水の重さは360－342＝18(ｇ)だから，342ｇの麦芽糖を燃やしたときの発熱量は24kcal大きくなって，1338＋24＝1362(kcal)になる。よって，麦芽糖１ｇあたりの発熱量は1362÷342＝3.982…→3.98kcalである。

問４　852ｇの脂肪《しぼう》酸を３か所に分けると考えると，１か所あたり852÷３＝284(ｇ)となる。それぞれの分子１個あたりの重さの比が92：284：18であることに着目すると，92ｇのグリセリンに対し，852ｇの脂肪酸が３か所に分かれてつながり，３か所から18ｇの水がとれたと考えればよいので，92＋852－18×３＝890(ｇ)が正答となる。

問５　炭水化物と同様に考えると，油脂890ｇを燃やしたときの発熱量は，グリセリン92ｇと脂肪酸(284×３＝)852ｇをそのまま燃やしたときよりも，水18ｇが３か所からとれた分だけ発熱量が多くなるから，406＋2516×３＋24×３＝8026(kcal)となる。よって，油脂１ｇあたりの発熱量は8026÷890＝9.017…→9.02kcalである。

問６　ａ．４×7.0＋９×8.1＋４×9.7＝139.7(kcal)　ｂ，ｃ．エネルギーの計算にふくめる必要がなく，食品に多くふくまれる成分としては水が考えられる。この食品は約９割が水で，タンパク質や脂質が炭水化物と同じくらいふくまれることから，牛乳だと考えられる。

問７　食品から得るエネルギーは，それを燃やしたときに発生する熱量を目安として用いるから，燃やすことができない食塩から得るエネルギーは計算することができない。

問８　１食分あたりのエネルギーからタンパク質と脂質と糖質のエネルギーを引くと，食物繊維《せんい》2.5ｇのエネルギーを求めることができるから，食物繊維１ｇあたりでは(437－４×11.0－９×22.0－４×47.5)÷2.5＝２(kcal)である。食物繊維の発熱量は他の炭水化物と同様に４kcal/ｇだから，2.5ｇあれば４×2.5＝10.0(kcal)になるはずだが，ここでは２kcalとして計算されている。このことから，食物繊維は体内で十分に燃やされていない，つまり，食物繊維はヒトの体内では消化・吸収されにくいものだと考えられる。

《2023　社会　解説》

問１(1)　伊達政宗　　伊達政宗は，豊臣秀吉の死後に徳川家康に従い，関ヶ原の戦いのときには東軍につき，東北地方で西軍と戦った。戦いが終わると，家康から許可を得て，城と城下町を建設して居城を仙台に移し，仙台藩を開いた。

(2)　肥料　　近郊に住む百姓は，江戸に糞尿を買いに来て，それを肥料にして栽培した野菜を江戸のまちで売った。町人たちが住む江戸の長屋では，共同便所の糞尿を，大家が売って収入にしていた。

問２(1)　北上川　　東西に流れる河川が多い東北地方で，北上川は岩手県北部から宮城県北部にかけて南北に流れる河川である。　(2)　い　　閖上の記憶はＤ，３がつ11にちをわすれないためにセンターはＣ，気仙沼向洋高校(旧校舎)はＡにある。

問３　え　　「みんなで分かち合う」には，公共性が必要だが，友達と勉強会をすることに公共性はない。

問４　担税者を対象にすると「税の負担感が公平であること」や「所得の格差を小さくすることができる」のような，富の再分配についての内容が考えられる。また，政府側を対象とすると「好不況に対応して平均税率を調整でき，景気を安定させることができる」のような解答が考えられる。

問５(1)　表１から，ガラス・ビール・ブドウ・オリーブなど，日本になかった商品を製造していることが読み取れる。殖産興業政策の下，政府は，西洋からお雇い外国人を呼び，西洋の文化や技術を取り入れた官営施設を建築し，政府がかけた金額よりはるかに安い価格で民間に払い下げた。　(2)　石炭が当時の動力源として使われていたことに着目する。太平洋戦争後，エネルギーが石炭から石油にかわるとともに，日本の石炭産業は傾いていったことからも考えられる。

問６　日米修好通商条約によって開かれる港は，東海道沿いの神奈川湊が予定されていた。しかし，日本人と外国人の接触をおそれた政府は，神奈川宿からはなれた横浜村に巨額を投じて港を建設した。新しい町となった横浜の上下水道の整備は，古くから発達した街への整備よりはるかに容易であったことがうかがわれる。

問８　基本的に水道事業は市町村単位で行われるので，市街地の中でもＢ町に属する地域は，Ｂ町の水道の供給を受けることになる。Ａ市とＢ町では取水方法も異なるため，水道整備の状況が異なり，供給方法や水道料金に差が生じる可能性がある。その差を補うために，本来市町村が担う水道事業を都道府県が担当し，一体的処理を行う場合もある。

問９　図３から，管路更新率が低下し，管路経年化率が上昇していることから，新しくつけかえる必要のある水道管の数は増加していることが読み取れる。水道料金は使用量に応じて決まり，水道の維持管理費用は家屋や建物の数に関わるため，今後，人口が減少するにつれて水道の料金収入も減少するが，世帯数はさほど減らないことから，水道の維持管理費用はほぼ変わらず必要となることが読み取れる。

問10(1)　契約には，議会の承認を必要とするため，短期契約をすると，そのたびに承認作業が必要となり，スムーズな運営ができない危険性がある。また，地方公共団体の公務員は定期的に部署替えがあるため，水道事業の担当者が交代になるたびにスムーズな運営が行われない危険性もある。民間企業と長期の運営契約をすることで，水道使用者に安定した水供給を行うことができる。　(2)　水道事業担当の公務員より，民間企業の方が長く水道事業に携わっている状況においては，地方公共団体による管理監督が行き届かない危険性がある。また，民間企業の経営が悪化して，水道料金の値上げを求めた場合，水道利用者への負担を増やさないためには，地方公共団体が値上げ分を負担する必要があり，地方公共団体が値上げ分を負担しない場合には，水道利用者が負担することになる。

問11　医療・教育・食などの面で，個人で抱えている問題を「みんな」で支えることで解決できるものが考えられる。これらは一般に経済格差から生じることが多いため，経済格差をどのようにして補うかがポイントとなる。

★麻布中学校

《国　語》

一　a．自負　b．謝罪　c．写実　d．金管

二　普通ではない揺れに不安やおそろしさを感じ、「大丈夫」と自分に言い聞かせて落ち着こうとしたから。

三　津波の映像に大きな衝撃を受け、すぐには現実のものとして受け止められないでいる。

四　イ

五　ウ

六　被災地に向けた前向きなメッセージをこめて描いたのだという話を聞けると思っていたのに、期待通りの答えが返ってこないから。〔別解〕伊智花から期待していたような話を聞き出せず、欲しい答えに誘導するための質問を考えているから。

七　技法や構図などの、絵そのもののすぐれた点。

八　1．絵そのものの良さには注目してもらえず、自分の本心とは異なる思いを記事にされたことを思い出すため。

2．ニセアカシアの絵に関するいやな気持ちを消し去るという意味。

九　絵を描いている間、自分の内側にある怒りや悲しみといった気持ちをずっと意識していた点。

十　リアルな滝の絵やタイトルが津波を連想させ、審査員に、世間の風潮に合わないと判断されたから。

十一　ア

十二　1．震災直後は、集大成の滝を描き、必ず賞を獲りたいと思っていたが、ニセアカシアの絵に関する新聞記事を読んでからは、絵のもつメッセージ性ばかりが注目され、絵そのものを評価してもらえなかったことなどへの怒りや悲しみをぶつけ、忘れようという思いで描くようになっていた。　2．周囲の評価は低くても、全力で描いた自分の集大成であり、世間の風潮に合わせるのではなく、自分の価値観を大切にして描いた、自分の分身のような絵がいとおしくなっていること。

《算　数》

1　9，260

2　(1)5，$13\frac{1}{23}$　(2)23，$4\frac{8}{13}$

3　(1)288　(2)324　(3)126

4　(1)$4\frac{2}{7}$　(2)7.5

5　(1)$\frac{2}{3}$　(2)$\frac{2}{21}$　(3)$1\frac{2}{7}$

6　(1)7個の数は…2，6，10，14，18，22，26　最初に手札を捨てるときに引いたのは…18

(2)29　(3)C，39　(4)99

※図・式・計算・考えなどは解説を参照してください。

《理　科》

1 問１．①ウ　②ア　③ウ　④ア　⑤ウ　⑥ア　　問２．⑦上側の表面　⑧内部
⑨上側の表面　⑩大きくなる　　問３．⑪ウ　⑫ア　⑬オ　　問４．右側
問５．右図　　問６．⑭問５で答えた矢印の向き　⑮水のていこうを受ける
問７．役立つこと…ヨットが転ぷくしにくくなる。　理由…重心の位置が低くなるから。

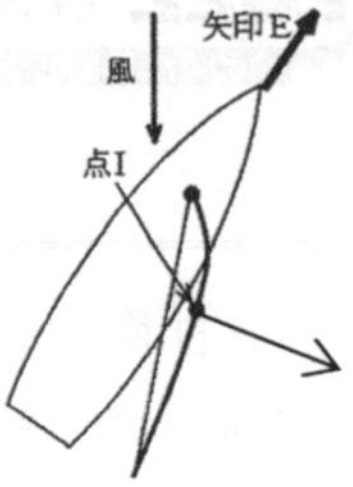

2 問１．ビタミン　　問２．甘味…炭水化物　旨味…たんぱく質　　問３．微生物が炭水化物やたんぱく質を分解するから。　　問４．塩分の濃度が高く，腐敗を行う微生物が死滅するから。　　問５．X．1　Y．0　Z．2　Bの名前…二酸化炭素　　問６．90：23：22
問７．ブドウ糖の重さ…110　エタノールの濃度…4.8

3 問１．カ　　問２．180　　問３．X．C　Y．D　　問４．イ　　問５．新月　　問６．イ　　問７．(あ)30　(い)27.7　(う)2.3　(え)157　(お)13

4 問１．エ　　問２．イ，エ　　問３．A．表面たんぱく質　B．遺伝物質　　問４．ウ　　問５．(7)
問６．ウイルスは細胞内に侵入するから。　　問７．増える速さが非常に速い。
問８．手指は，目，鼻，口などにある生きた細胞にふれることがあるから。　　問９．イ，エ，キ

《社　会》

問１　あ．台湾　　い．サンフランシスコ　　う．アフガニスタン

問２　イラン…う　　ブラジル…お

問３　あ，い，う

問４　(1)キリスト教の布教活動をしない国だったから。　　(2)貿易の権利と海外の情報を幕府が独占するため。

問５　選挙権を持つ在日朝鮮人が多く住んでいたから。

問６　(1)う　　(2)特別永住者の高齢化によって亡くなる人が増え，帰化する人も増えたから。

問７　地方の中学，高校を卒業した若者を集団就職として雇い入れた。

問８　(1)え　　(2)あ

問９　４を選んだ場合の問題点…日本国憲法で保障されている結社や表現について質問している点。
５を選んだ場合の問題点…難民認定を申請している最中の人は，仕事をすることができないのに，その質問をしている点。

問10　①愛知県　　②東京都

問11　技能の修得に時間がかかり，人手が不足しやすい職種だから。

問12　(例文)ボランティアの数が増えず，支援活動が広がらないこと。／ボランティアからの寄付だけでは，活動資金が不足すること。

問13　(例文)無償で日本語を教える公的施設が必要だと考える。日本語修得のための経済的支援だけでなく，言葉の壁を取り除くことは，閉鎖的になりがちな外国人労働者の精神的ストレスの緩和にもつながるからだ。

←解答例は前のページにありますので，そちらをご覧ください。

《2022　国語　解説》

二　直前に「頭では冷静なことを思っても、鼓動《こどう》が耳のそばでばくばくと聞こえた。揺《ゆ》れが収まった後もしばらくどきどきして」とある。心臓が早く激しく鼓動していることから、「あまりにも普通《ふつう》ではない揺れ」に不安やおそろしさを感じていることがわかる。

三　──線②は、テレビで津波の映像を見た時の反応である。津波が「いくつもの家を飲み込《こ》む映像」を初めて見て、伊智花《いちか》は大きな衝撃《しょうげき》を受けたと思われる。すぐ後に「ＣＧか、映画かと思った。波があまりに大きくて、遠近感がよくわからない」ともあり、津波の映像を、すぐには現実のものとして受け止められないでいることが読み取れる。

四　新学期が始まっても、学校や世間はまだ混乱の中にあった。「自分のからだのなかに一本の太い滝を流すような」という表現からは、自分を支える太くて力強い滝を描《か》こうという思いが読み取れる。また、「必ず賞を獲《と》りたい。獲る」という表現からは、自分の絵を評価してほしいという思いが読み取れる。よって、イが適する。

五　──線部④の前に、「絆《きずな》って、なんなんですかね」「本当に大変な思いをした人に、ちょっと電気が止まったくらいのわたしが『応援《おうえん》』なんて、なにをすればいいのかわかんないですよ」とある。伊智花は、震災《しんさい》でたいした被害《ひがい》を受けなかった自分が、安易に被災地の人々を応援する絵を描くことに違和感《いわかん》を覚えている。また、──線部⑤の３行前に、「時間がない中で、結構頑張《がんば》って描いたのにな」とあり、当時の伊智花は、滝の絵を描くのにいそがしかったことが読み取れる。よって、ウが適する。

六　伊智花は記者の質問から、「この人たちは、絵ではなくて、被災地に向けてメッセージを届けようとする高校生によろこんでいるんだ」と感じた。記者は、伊智花の答えを聞いてもメモをとらず、──線部⑥のような仕草をして何かを考えていた。そのあと記者は、「でも、この絵を見ると元気が湧《わ》いてきて、明るい気持ちになって、頑張ろうって思えると思うんですよ。この絵を見た人にどんな思いを届けたいですか？」と質問した。この質問は、期待通りの答え、つまり被災地に向けたメッセージを答えてくれない伊智花に対し、先ほどとは異なる答えを求めるもの、あるいは、欲しい答えに誘導《ゆうどう》しようとするものである。

七　少し前で、みかちゃんは絵の構図や技法など、絵そのもののすぐれた点をほめている。その言葉を聞いて、伊智花はうれしく思い、──線部⑦のように感じたのである。

八(1)　新聞に載《の》った記事は、なかば誘導されて話した内容であり、伊智花の思いとは異なるものだった。また、取材の時には、絵そのものの良さには注目してもらえず、がっかりした。ニセアカシアの絵のことを考えると、そうしたことへの怒りや悲しみがわいてくるのである。　(2)　少しあとに「流れろ。流れろ。流れろ。念じるように水の動きを描き加える。この心につかえる黒い靄《もや》をすべて押し流すように」「私は気持ちを真っ白に塗りなおすように、絵の前に向かった」とある。伊智花は、滝の絵を描きながら、(1)の解説にある怒りや悲しみを消し去ろうとしている。

九　最優秀賞を受賞した生徒は、「絵を描いている間、わたしはわたしの内側にあるきもちと対話をすることができました～泣いて、怒って、悲しんでいたはずの～わたし」と言っている。絵を描いている間、自身の気持ちを意識していたことと、その気持ちが怒りや悲しみであることが、伊智花との共通点である。

十　世界史の教師である榊《さかき》は、滝の絵を見て、「今このご時世で水がドーンっと押し寄せてきて、おまけにタイトルが『怒濤《どとう》』ってのは、ちょっときつすぎるけど」と言った。この言葉で伊智花は、自分の絵が賞を獲れなかった理由は、この絵とタイトルが津波を連想させるからだと気付かされた。震災直後の「このご時世」に、「作品と作者の不遇《ふぐう》を紐《ひも》づけてその感動を評価に加点」した審査員たちは、絵そのものを評価して最優秀賞をあたえる作品を選んだわけではない。これと同様に、審査員たちは、津波を連想させる伊智花の絵を見て、おそらく世間の風潮を考慮《こうりょ》に入れて評価をしたのである。

十一　直前に「黙ってニセアカシアの絵を描けばよかったんだろうか。心が安らぐような～描けば」とある。この部分は、滝の絵が、津波を連想させるがゆえに賞を獲れなかったのであれば、賞を獲るために世間が求める絵を描けばよかったのだろうかと自問していることを表している。――線部⑪の「この絵を見て元気が湧いたり～うれしいです」という部分は、新聞記事になった、自分の本心とは異なる言葉である。伊智花は、もし賞を獲るために世間が求める絵を描けば、本心を偽《いつわ》ることになると思っている。よって、アが適する。

十二(1)　震災の直後、新学期が始まったころは、――線部③をふくむ段落にあるように、「集大成の滝を描こう」「必ず賞を獲りたい。獲る」と思っていた。しかし、八の解説にあるように、ニセアカシアの絵に関する新聞記事を読んでからは、怒りや悲しみを消し去ろうとして滝の絵を描いている。この時、「亡くなった祖母のことや賞のことは、もはや頭になかった」。　(2)　伊智花は滝の絵を蹴《け》ろうとして蹴れなかった。滝の絵は、世間が求めるものではなく、津波を連想させるという理由で不当に低く評価された。しかし、絵そのものは自分の集大成であり、返却《へんきゃく》された絵を改めて見ても「いい絵だ」と感じた。そしてこの絵は、世間の求めに応じて描いたニセアカシアの絵とは異なり、自分の描きたいものを描きたいように描いた絵である。伊智花は、ある意味で自分の分身のようなこの絵に、いとおしさを感じている。

―《2022　算数　解説》―

1　**【解き方】右のような面積図で考える。大型トラックで運んだ回数より1回少ない回数を□回とすると，20×5＝100(個)と12×□(個)の差は，0より大きく10個以下になる。**

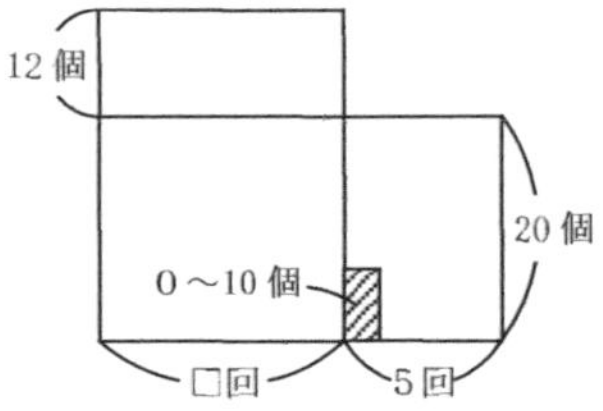

12×□は，100－10＝90以上，100未満になるから，□には8があてはまる。

よって，大型トラックで運んだ回数は，8＋1＝9(回)

荷物の個数は，20×(9＋4)＝260(個)

2　(1)　**【解き方】右図のように，2時ちょうどから長針が進んだ角度を角ア，短針が進んだ角度を角イ，角アと角イにはさまれた角を角ウとする。**

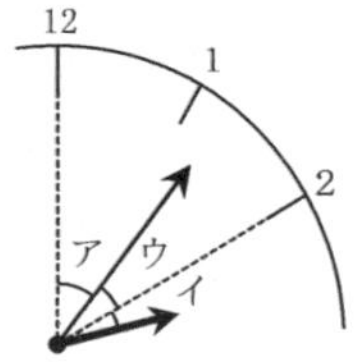

長針は1分間に6°，短針は1分間に0.5°進むから，長針と短針が同じ時間に進む角度の比は，6°：0.5°＝12：1だから，角ア：角イ＝12：1

角ア＝角イ＋角ウだから，角ア：角ウ＝12：(12－1)＝12：11

比の数の和の12＋11＝23が$360° \times \frac{2}{12} = 60°$にあたるから，角ア＝$60° \times \frac{12}{23} = \frac{720}{23}°$

長針が$\frac{720}{23}°$進むのに，$\frac{720}{23}° \div 6° = \frac{120}{23}$(分)かかる。

$\frac{120}{23}$分＝$5\frac{5}{23}$分，$\frac{5}{23}$分＝$(\frac{5}{23} \times 60)$秒＝$\frac{300}{23}$秒＝$13\frac{1}{23}$秒より，求める時刻は，2時5分$13\frac{1}{23}$秒

(2)　**【解き方】右図のように，1時15分から長針が進んだ角度を角エ，短針が進んだ角度を角オ，角エと角オにはさまれた角を角カとする。**

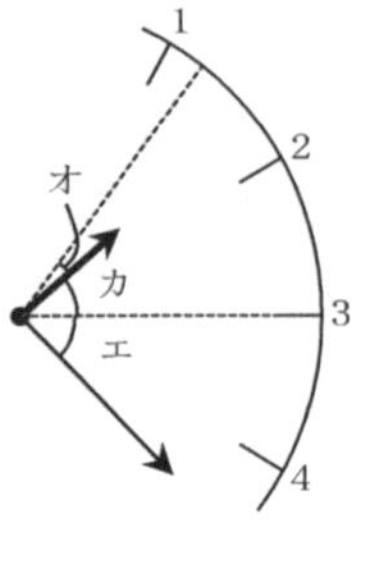

1時から1時15分までに短針が進んだ角度は，0.5°×15＝7.5°だから，

角オ＋角カは，60°－7.5°＝52.5°になる。

角エ：角オ＝12：1で，角カ＝角エだから，角オ：角カ＝1：12

比の数の和の１＋12＝13が52.5°にあたるので，角エ＝52.5°×$\frac{12}{13}$＝$\frac{630}{13}$°

長針が$\frac{630}{13}$°進むのに，$\frac{630}{13}$°÷６°＝$\frac{105}{13}$(分)かかる。$\frac{105}{13}$分＝$8\frac{1}{13}$分，$\frac{1}{13}$分＝($\frac{1}{13}$×60)秒＝$\frac{60}{13}$秒＝$4\frac{8}{13}$秒より，

求める時刻は，１時15分の８分$4\frac{8}{13}$秒後の１時23分$4\frac{8}{13}$秒

3 (1) **【解き方】(数字の選び方)×(数字の並べ方)で求めていく。**

１から９までの数字のうち，３個使う数字の選び方は９通り，１個使う数字の選び方は３個使う数字を除く８通りだから，数字の選び方は，９×８＝72(通り)ある。

１個使う数字の位置は，千の位から一の位までの４通りあるから，数字の並べ方は，４通りある。

よって，どの桁の数字も０でないものは，72×４＝288(個)

(2) **【解き方】(1)をふまえて，０を含む４桁の整数の個数を求める。０を３個使う場合と１個使う場合に分ける。**

０を３個使うとき，１個使う数字の選び方は９通りある。数字の並べ方は，１個使う数字を千の位に使う１通りあるから，０を３個使った４桁の整数は，９×１＝９(個)ある。

０を１個使うとき，３個使う数字の選び方は９通りある。数字の並べ方は，０を百の位，十の位，一の位に使う３通りあるから，０を１個使った４桁の整数は，９×３＝27(個)ある。

よって，４桁の整数は全部で，288＋９＋27＝324(個)

(3) **【解き方】３の倍数は，各位の数字の和が３で割り切れる。同じ数を３個使うので，３個使った数字の和は必ず３で割り切れるため，１個使う数字が３で割り切れればよい。**

１個使う数字は，０，３，６，９が考えられる。

(2)より，０を１個使った４桁の整数は27個ある。

３を１個使う場合について，３個使う数字が０のときと，０以外のときに分けて考える。

０を３個使った数は3000の１個ある。

３を１個，０以外の数字を３個使った数字の選び方は，８通りあり，数字の並べ方は，３を並べる場所の４通りあるから，３を１個，０以外の数字を３個使った４桁の整数は，８×４＝32(個)ある。

３を１個使った４桁の整数は１＋32＝33(個)ある。

６，９を使った場合も３を使った場合と同じく33個あるから，３の倍数は全部で，27＋33×３＝126(個)

4 (1) **【解き方】右図のように，縦軸をゴールまでの道のり，横軸を時間としたグラフをかくとわかりやすい。**

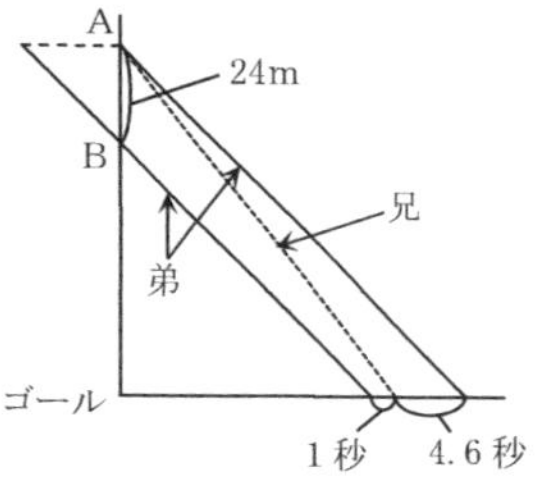

弟は，１＋4.6＝5.6(秒)で24m進むから，その速さは，

秒速(24÷5.6)m＝秒速$\frac{30}{7}$m＝秒速$4\frac{2}{7}$m

(2) **【解き方】兄がＡ地点から出発したとき，弟が同時にゴールするために出発する地点をＥ地点とする。**

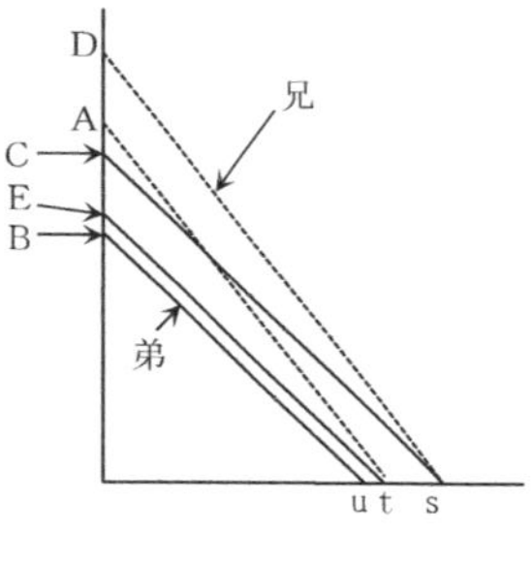

右図で，ｕ－ｔ間は１秒だから，ＥＢの長さは$\frac{30}{7}$×１＝$\frac{30}{7}$(m)

ＣＥ＝24－$\frac{30}{7}$－６＝$\frac{96}{7}$(m)だから，ｔ－ｓ間は，$\frac{96}{7}$÷$\frac{30}{7}$＝$\frac{16}{5}$(秒)

よって，兄は$\frac{16}{5}$秒で24mを進むから，その速さは，秒速(24÷$\frac{16}{5}$)m＝秒速7.5m

5 (1) **【解き方】正六角形の中に合同な正三角形が６個できるから，１個の正三角形の面積は６÷６＝１(㎠)である。**

右図で，高さの等しい三角形の面積比は底辺の長さの比に等しいので，

三角形ＡＣＦと三角形ＡＯＦの面積比は，ＣＦ：ＯＦ＝２：１

三角形ＡＣＦの面積は，$1\times2=2$(㎠)

三角形ＡＣＧと三角形ＡＣＦの面積比は，ＡＧ：ＡＦ＝１：３だから，

三角形ＡＣＧの面積は，$2\times\frac{1}{3}=\frac{2}{3}$(㎠)

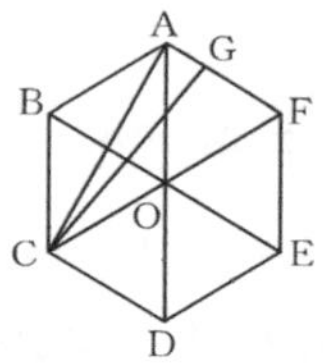

⑵　**【解き方】ＪＧ：ＣＧがわかれば，三角形ＡＣＧの面積から三角形ＡＪＧの面積を求めることができるので，右のように作図する。また，正三角形の１辺の長さを３とする。**

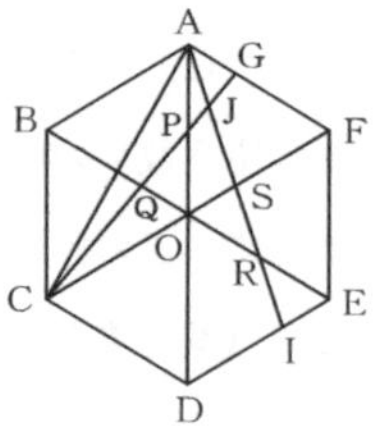

三角形ＡＰＧと三角形ＤＰＣは同じ形だから，ＡＰ：ＤＰ＝ＡＧ：ＤＣ＝１：３

$AP=AD\times\frac{1}{1+3}=6\times\frac{1}{4}=\frac{3}{2}$

$DP=6-\frac{3}{2}=\frac{9}{2}$で，ＯＤ＝３だから，$OP=\frac{9}{2}-3=\frac{3}{2}$　　よって，ＡＰ＝ＤＰ

したがって，三角形ＯＰＱと三角形ＡＰＧは合同な三角形になるから，ＯＱ＝ＡＧ＝１

三角形ＯＲＳと三角形ＥＲＩも合同になるから，$OR=ER=OE\times\frac{1}{2}=\frac{3}{2}$

三角形ＡＪＧと三角形ＲＪＱは同じ形で，$JG:JQ=AG:RQ=1:(1+\frac{3}{2})=2:5$

ＪＧ：ＧＱ＝２：７であり，ＱはＣＧの真ん中の点になるから，ＪＧ：ＣＧ＝２：(７×２)＝１：７

よって，三角形ＡＪＧの面積は，$\frac{2}{3}\times\frac{1}{7}=\frac{2}{21}$(㎠)

⑶　**【解き方】右図の色を付けた部分の面積３個分を，正六角形の面積から引けばよい。**

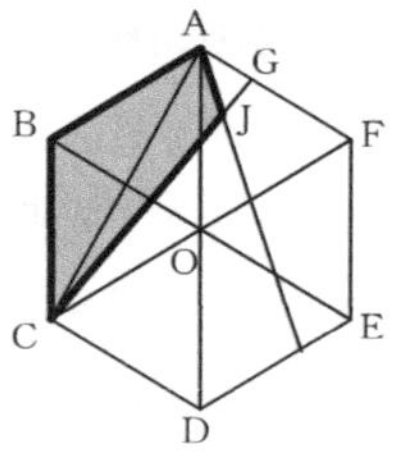

三角形ＡＣＪの面積は，$\frac{2}{3}-\frac{2}{21}=\frac{4}{7}$(㎠)

三角形ＡＢＣの面積は三角形ＡＢＯの面積に等しく１㎠だから，

色をつけた四角形の面積は，$\frac{4}{7}+1=\frac{11}{7}$(㎠)

よって，三角形ＪＫＬの面積は，$6-\frac{11}{7}\times3=\frac{9}{7}=1\frac{2}{7}$(㎠)

$\boxed{6}$　⑴　**【解き方】Ｂさんは４で割ると２余る数の書かれたカードを引く。**

４で割ると２余る数は，小さい方から２，６，10，14，18，22，26　　和を調べると，２＋６＝８，８＋10＝18，18＋14＝32，32＋18＝50より，最初に手札を捨てるときに引いたのは18のカードである。

⑵　**【解き方】Ａさんは４で割ると１余る数の書かれたカードを引く。**

４で割ると１余る数は，小さい方から１，５，９，13，17，21，25，29，33，37，…

和を調べると，１＋５＝６，６＋９＝15，15＋13＝28，28＋17＝45，45＋21＝66，66＋25＝91，91＋29＝120

よって，Ａさんが最初に手札を捨てるときに引いたのは29のカードである。

⑶　**【解き方】実際に調べてみる。○をつけた数のカードを引いたときに手札を捨てることになる。**

Ａ…１，５，９，13，17，21，25，㉙，33，㊲，

Ｂ…２，６，10，14，⑱，22，26，30，34，㊳，

Ｃ…３，⑦，11，15，19，23，27，31，35，㊴，

Ｄ…４，８，12，⑯，⑳，24，28，32，㊱，　　　　よって，Ｃさんが39のカードを引いたときである。

⑷　**【解き方】４人全員の一の位の数の和が０でそろうので，40までを１つの周期として考える。□で囲んだ数のカードを引いたときに全員が少なくとも１枚以上の手札を持っている。**

Ａ…１，$\boxed{5}$，９，$\boxed{13}$，17，21，$\boxed{25}$，㉙，$\boxed{33}$，㊲，

Ｂ…２，$\boxed{6}$，10，$\boxed{14}$，⑱，22，$\boxed{26}$，30，$\boxed{34}$，㊳，

Ｃ…３，⑦，$\boxed{11}$，$\boxed{15}$，19，23，$\boxed{27}$，31，$\boxed{35}$，㊴，

D…[4]，8，[12]，⑯，⑳，[24]，[28]，32，㊱，㊵，

40までのカードを引くとき，４人全員が１枚以上の手札を持っているのは16回ある。

250÷40＝６余り10より，作業を６周期と10回行うと，16×６＋３＝99(回)

《2022　理科　解説》

[1] **問１**　⑤⑥…ⓑの状態からⓒになるのは，Ｂ側からＡ側に向かって力がはたらくときである。風の速さが速い方では気圧が低くなり，遅《おそ》い方では気圧が高くなるため，遅い(気圧が高い)方から速い(気圧が低い)方に向かって力がはたらく。

問２　問１と同様に考えると，風の速さが遅い方の側から速い方の側に向かって力がはたらく。

問３　図３の傘《かさ》と同様に考えれば，翼《つばさ》の下側を進む風の方が遅くなれば，翼に上向きの力がはたらく。

問４　図２のⓑの状態を図８にあてはめると，図２のⓑのＡ側にあたる図８の帆《ほ》の右側の風の方が速い。

問５　図５の風の向きと翼の向きを図８の風の向きと帆の向きにあてはめて，図５のオの矢印と同じような向きに矢印をかけばよい。

問６　図５で答えた力は，図Ｉのように，Ｊに平行な向き(矢印Ｅの向き)の力とＪに垂直な向きの力に分けることができる。Ｊがあることで，Ｊに垂直な向きの力が水の抵抗《ていこう》によって打ち消され，矢印Ｅの向きに進む。

図Ｉ

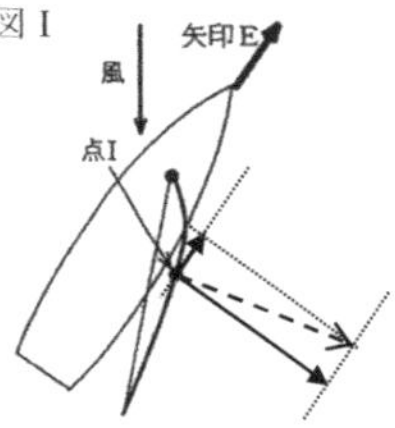

問７　物体の重さがすべてある一点にかかると考えるとき，その点を重心という。重心の位置を低くすることで，おきあがりこぼしのように倒《たお》れにくくなる。

[2] **問５**　ブドウ糖の分子１つに含《ふく》まれる原子からエタノール分子２つに含まれる原子を引くと，(Ｂ)の分子２つに含まれる原子がわかる。よって，(Ｂ)の分子２つに含まれる原子は，[炭]が６－２×２＝２(個)，[水]が12－６×２＝０(個)，[酸]が６－１×２＝４(個)だから，(Ｂ)の分子１つに含まれる原子は，[炭]が２÷２＝１(個)，[水]が０個，[酸]が４÷２＝２(個)である。炭素原子〔C〕１個と酸素原子〔O〕２個からなる分子は二酸化炭素〔CO_2〕である。

問６　それぞれの原子１個あたりの重さの比の数値を用いると，ブドウ糖１分子の重さは12《炭素》×６＋１《水素》×12＋16《酸素》×６＝180，エタノール１分子の重さは12×２＋１×６＋16×１＝46，(Ｂ)１分子の重さは12×１＋16×２＝44と表せる。よって，ブドウ糖：エタノール：(Ｂ)＝180：46：44＝90：23：22となる。

問７　全体の重さが１kg→1000ｇ，濃度《のうど》が20％の水溶液《すいようえき》に含まれるブドウ糖の重さは1000×0.2＝200(ｇ)である。また，ブドウ糖の分子１つが反応すると(Ｂ)の分子２つができるから，反応したブドウ糖と発生した(Ｂ)の重さの比は90：(22×２)＝90：44であり，ここでは発生した(Ｂ)が44ｇだから，反応したブドウ糖は90ｇ，できたエタノールは90－44＝46(ｇ)である。よって，まだ残っているブドウ糖の重さは200－90＝110(ｇ)，エタノールの濃度は〔濃度(％)＝$\frac{\text{エタノールの重さ(g)}}{\text{全体の重さ(g)}}$×100〕より，$\frac{46}{1000-44}$×100＝4.81…→4.8％である。全体の重さには，まだ残っているブドウ糖の重さが含まれることに注意しよう。

[3] **問１**　南の空で図１のような右半分が光った月(上弦《じょうげん》の月)が見えるのは夕方であり，このとき太陽は地平線付近にある。９月半ばは，秋分の日(９月20日ごろ)に近いので，太陽がしずむ方角はほぼ真西である。

問２　最もふくらんだ形の月とは満月のことである。満月は，太陽，地球，月の順に一直線に並んだときに見える。

問３　地球から金星までの距離《きょり》が近いときほどＡのように大きく欠けて見え，地球から金星までの距離が遠いときほどＥのように満ちて見える。また，地球と金星を結んだ直線と，太陽と金星を結んだ直線が垂直に交わるＸのとき，地球から見た金星はＣのように半分が光って見えるから，Ｘよりも少し遠くにあるＹのときには，Ｃよりも少

し満ちたDのように見える。

問4　ア～エのすべてで地球から金星までの距離が変化するから，条件２が成り立つ。よって，条件１が成り立つものを選べばよい。３つの天体の並び方に着目すると，アとウとエでは，真夜中に満月が見えるときと同じように，太陽，地球，金星の順に一直線に並ぶ可能性があるから，条件１が成り立たない。

問5　金星が地球に最も近づくとき，太陽，金星，地球の順に一直線に並ぶ。これは，太陽，月，地球の順に一直線に並ぶ新月のときと同じ位置関係である。

問6　地球よりも太陽から遠いところを公転する木星は，太陽，木星，地球の順に一直線に並ぶことがない。このため，最も明るくなるのは，地球と最も近づく(太陽，地球，木星の順に一直線に並ぶ)ときである。よって，図５から最も明るくなる周期を読み取ると，およそ13か月である。

問7　(あ)360÷12＝30(度)　(い)360÷13＝27.69…→27.7度　(う)地球は１か月に30度動き，地球と木星が動く角度の差は１か月で27.7度だから，木星が１か月で動く角度は30－27.7＝2.3(度)である。　(え)360÷2.3＝156.5…→157か月　(お)157÷12＝13.0…→13年

4　**問1**　(3)は生きている細胞《さいぼう》の一部でのみ行われる(生きている細胞のすべてで行われるわけではない)。

問2　ア，ウ×…感染しても症状《しょうじょう》がみられないこともある。よって，症状がない人でも，その病原体をもっている可能性があるので，一緒にいれば感染する可能性がある。

問4　ア，イ×…ウイルスは生きた細胞の(1)～(3)のはたらきを利用して増えるので，死んだ細胞に侵入《しんにゅう》した場合はウイルスがつくられることなく，感染細胞にならない(ウイルスが侵入した細胞がすぐに死んでしまうのであれば，ウイルスによる感染症になることはない)。　エ×…感染細胞が(1)～(3)のはたらきを行うから，大量のウイルスがつくられる。(1)のはたらきが呼吸である。

問5　病原体を体内からとりのぞこうとするはたらきによって症状が起こるから，病原体がとりのぞかれれば，症状はやわらぐ。

問6　抗体は細胞内に入れない。このため，細胞内に侵入するウイルスをやっつけることができない。

問9　ア，カ×…使わずに休ませすぎることになる。　ウ，オ×…激しく使いすぎることになる。

《2022　社会　解説》

問1(あ)　日清戦争に勝利した日本は，下関条約で多額の賠償金や台湾・澎湖諸島・遼東半島(後の三国干渉で清に返還された)を獲得した。　**(い)**　1951年締結のサンフランシスコ平和条約は，アメリカを中心とする48か国と結んだ条約で，これによって日本は独立を回復した。同時に日本国内にアメリカ軍が駐留することを認めた日米安全保障条約も結ばれた。　**(う)**　2001年9月11日の同時多発テロを受けて，アメリカはアフガニスタンを攻撃してタリバン政権を倒し，2003年にイラク戦争を強行した。

問2　イランは「う」，ブラジルは「お」を選ぶ。「あ」はトルコ，「い」はサウジアラビア，「え」はコロンビア，「か」はアルゼンチン。

問3　「あ」と「い」と「う」を選ぶ。「え」の場合はアメリカ国籍を持つことはできるが，日本国籍を持つことはできない。

問4(1)　徳川家光は，キリスト教の布教を行うポルトガルやスペインの船の来航を禁止した。その後，キリスト教の布教を行わないオランダの商館を出島に移し，キリスト教と関係のない中国と２か国のみ，長崎での貿易を認めた。

(2)　オランダや中国には，ヨーロッパやアジアの情勢を報告することを義務づけられた(風説書)。

問5　日本各地の炭鉱や鉱山で働く在日朝鮮人が多かった。ハングルは15世紀に李氏朝鮮が制定した文字である。**問6(1)**　2008年以降に減少したから，「う」がふさわしい。世界金融危機は，2008年のリーマンショックによって起こった。バブル経済の崩壊は1990年代初頭，阪神・淡路大震災は1995年，東日本大震災は2011年。　**(2)**　在日朝鮮人や在日台湾人などの特別永住者は，高齢化による死亡や帰化申請によって毎年1万人ほど減少している。

問7　高度経済成長期に都市部に働きに出た若い世代が，そのまま都市部で暮らし続けることが多かったので，農村部の過疎化・都市部の過密化が進んでいった。特に1940年代後半に生まれた団塊の世代が中学卒業と同時に上京する時には，「金の卵」と呼ばれた。

問8(1)　ブラジルへは20世紀初頭に移住を開始したので②，アメリカへの移住は太平洋戦争開始(1941年)前後に移住が止まったので①と判断できる。よって，ロシア(ソ連)は③となるので，「え」が正しい。　**(2)**　「あ」が誤り。日露戦争後のポーツマス条約の締結でロシアから譲渡された長春・旅順間の鉄道を，1906年に南満州鉄道株式会社として運営し始めた。よって，1932年よりも前の出来事である。

問9　5を選んだ場合，4ページの「難民認定を申請している最中の人は仕事をすることもできず」が手掛かりになる。また，1や2の質問には，難民の壮絶な経験によるトラウマから，記憶が前後することや話せない心情になる恐れがあるなどの問題点がある。

問10　①は自動車の製造が盛んな愛知県，②はサービス業や情報通信業(第三次産業)が盛んな東京都と判断する。

問11　少子高齢化が進んでいるので，生産年齢人口の減少を補うために，外国人労働者を積極的に受け入れている。

問12　ボランティア活動が無償で自発的に行われていることから考える。

問13　4ページの最後の段落から問題点を読み取り，その解決方法を考えよう。解答例の他，「就職や入居などにおける差別を禁じる法律が必要だと考える。外国にルーツを持つ人々が等しく人権を保障され，全ての市民が共生できる地域社会を創造することにつながるからだ。」なども考えられる。

★麻布中学校

《国　語》

一　a．着実　b．思案　c．友好　d．面

二　1．彼がガゼルを「ものすごく好き」であること　2．ガゼルに何を呼びかければよいかわからない上に、ガゼルが呼びかけを望んでいるかどうかも不確かだから。

三　エ

四　ガゼルに関する情報や記録には興味がなく、ただガゼルと過ごす時間を大切にしようとしていること。

五　イ

六　学校に行きたくないのは自分も同じであり、少年が自分の思いを代弁してくれたように感じたということ。

七　いつまでもガゼルを河川敷にいさせるべきではないという意見が噴出し、このままでは町の評判が下がると判断したから。

八　ガゼルがいなくなると、ＳＮＳでの発信ができなくなり、世間の自分への注目度が下がってしまうので困るという思い。

九　これまで知りたかった、ガゼルはどうしたいのかという少年の問いかけに、初めてガゼルが答えてくれたように感じたから。

十　女性は自分の考えを押し付けようとしているが、少年はガゼルの意思を尊重し、望み通りにすればいいと思っている。

十一　1．どの場所も場違いで居心地が悪いのであれば、自由に生きられる柵の外を選ぼうと思ったのだろうと考えている。　2．大学に居場所を見つけられない「私」と同じように、少年とガゼルは、今いる場所に居心地の悪さを感じている。「私」は少年の言葉を聞いて、居場所を求めて飛び出したガゼルに少年や自分の姿を重ね、自らが望むように生きればいいという少年の思いに共感し、応援したいと思ったから。

《算　数》

1　23.75

2　(1)210　(2)144

3　(1)370　(2)$219\frac{5}{8}$

4　(1)43　(2)209，262，315

5　(1)1，2，3，4，5，6　(2)2→4→6　(3)1→2→3→5→7

6　(1)6，12　(2)10　(3)86

※図・式・計算・考えなどは解説を参照してください。

《理　科》

1 問1．タンポポ…イ，カ　センダングサ…イ，エ

問2．ア，エ，キ　　問3．ウ，エ，オ，カ

問4．記号…b　理由…鳥の仲間はカプサイシンによる辛さをほとんど感じないから。　　問5．イ，ウ，エ

2 問1．a．ア　b．エ　c．カ　　問2．d．ア　e．ウ　X．二酸化炭素　　問3．1500　　問4．右図　　問5．イ

問6．あ．イ　い．ウ　う．イ　え．ウ　お．ウ　　問7．エ

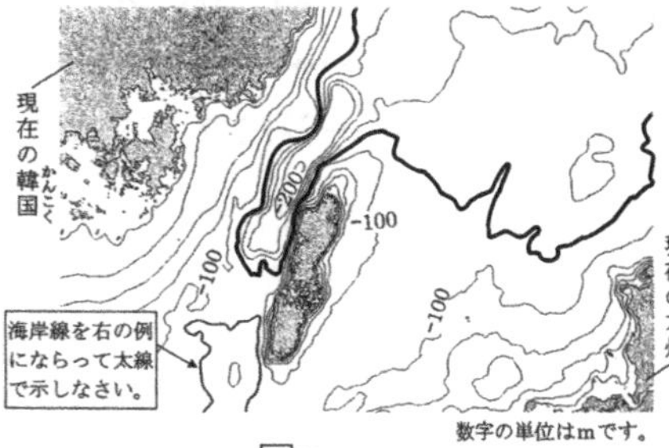

2問4の図

3 問1．ウ　　問2．エ，カ　　問3．エ　　問4．28　　問5．ウ　　問6．a．ア　b．ウ

問7．c．ア　d．エ　　問8．e．ア　f．ウ　g．オ　h．ク　　問9．ウ

4 問1．多くの電気が必要で，持ち運ぶ必要がないから。　　問2．住宅(の屋根)

問3．⑴ア　⑵エ　⑶ウ　　問4．イ　　問5．右図　　問6．⑴イ　⑵ウ

問7．エ　　問8．オ　　問9．あ．イ　い．ウ　う．イ

問10．a．減少　b．増加　c．増加する

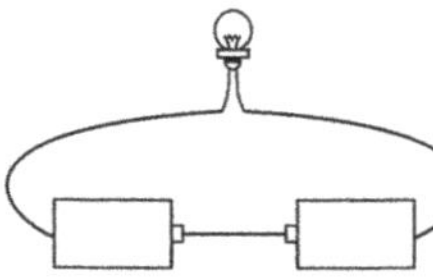

4問5の図

《社　会》

【1】問1．あ　　問2．お　　問3．え　　問4．町おこし　　問5．都市の中に空き地や空き家が点々と増えていく現象。　　問6．消費者…調理する手間が省け，食べる分だけを購入できるから。　農家…店頭に並べることができないふぞろいな野菜を活用できるから。　　問7．え　　問8．えさや薬品の大量投与で海を汚すことなく，天然の魚貝の数を減らすことなく行われる養殖。　　問9．国内…食卓から消えつつある和食の文化を保護し，次世代に受け継ぐこと。　海外…和食の良さを知ってもらうことで，日本の農作物の輸出量を増やすこと。

〔別解〕和食を食べ，日本の文化にふれるために来日する観光客を増やすこと。

【2】問10．①長期保存する　②農業の効率化と生産量を増やす　　問11．ポルトガル　　問12．大きな高坏に盛りつけた料理を小さな高坏に取り分ける食器として使った。　　問13．獣肉を食べる習慣がなく，宗教的にも獣肉食は禁じられていたから。　　問14．い　　問15．みんなで食べることで，食事の楽しさや重要性を知ること。／集団生活の中の自分の役割と人とのふれあいの重要性を知ること。　　問16．(例文)現在の学校給食はクラス単位で，一年間決まった人たちと食事をする。給食を多くの人との交流の場とするために，給食のグループ分けを縦割りにしたり，地域の人たちと会食する場にしたりすればよい。

麻布中学校

←解答例は前のページにありますので，そちらをご覧ください。

《2021　国語　解説》

著作権に関係する弊社《へいしゃ》の都合により、本文を非掲載《ひけいさい》としておりますので、解説を省略させていただきます。ご不便をおかけし申し訳ございませんが、ご了承《りょうしょう》ください。

《2021　算数　解説》

1　**【解き方】９秒後は右図のようになる。１×９＋２×９－20＝７より，ＣＦ＝７cmであることを利用して，重なっている部分の面積を，(五角形ＡＢＣＤＥの面積)＝(台形ＢＣＤＧの面積)－(三角形ＡＥＧの面積)で求める。**

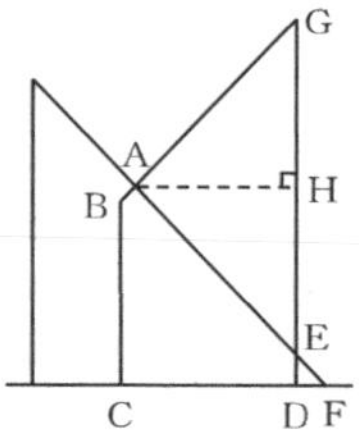

台形ＢＣＤＧの面積は，(ＢＣ＋ＧＤ)×ＣＤ÷２＝(６＋12)×６÷２＝54(cm²)

三角形ＥＤＦは直角を挟《はさ》む辺の長さがＤＥ＝ＤＦ＝ＣＦ－ＣＤ＝７－６＝１(cm)の直角二等辺三角形だから，ＧＥ＝ＧＤ－ＤＥ＝12－１＝11(cm)

三角形ＡＥＧは直角二等辺三角形だから，三角形ＡＨＧも直角二等辺三角形であり，ＡＨ＝ＧＥ÷２＝5.5(cm)

よって，三角形ＡＥＧの面積は，ＧＥ×ＡＨ÷２＝11×5.5÷２＝30.25(cm²)

したがって，求める面積は，54－30.25＝23.75(cm²)

2　(1)　**【解き方】スタートからＰ地点までとＰ地点からゴールまでについて，速さの比と道のりの比をそれぞれ求めることで，かかった時間の比を求める。**

速さの比は２：１であり，道のりの比は3.6：(６－3.6)＝3.6：2.4＝３：２だから，かかった時間の比は，(３÷２)：(２÷１)＝３：４

したがって，スタートからＰ地点までの3.6km＝3600ｍで40×$\frac{3}{3+4}$＝$\frac{120}{7}$(分)かかったのだから，スタートしたときの速さは，分速(3600÷$\frac{120}{7}$)ｍ＝分速210ｍ

(2)　**【解き方】(1)をふまえ，まこと君のスタートから速さを変えるまでと速さを変えてからたかし君を追いぬくまでについて，速さの比とかかった時間の比をそれぞれ求めることで，進んだ道のりの比を求める。**

速さの比は，１：2.5＝２：５

まこと君は速さを変えるまでに，$\frac{120}{7}$＋15＝$\frac{225}{7}$(分)進んだ。たかし君のＰ地点からゴールまでの速さは，分速(210÷２)＝分速105ｍであり，ゴールの0.6km＝600ｍ手前でまこと君がたかし君を追いぬくから，追いぬいたのはスタートしてから40－600÷105＝40－$\frac{40}{7}$＝$\frac{240}{7}$(分後)である。よって，まこと君は速さを変えてからたかし君を追いぬくまでに，$\frac{240}{7}$－$\frac{225}{7}$＝$\frac{15}{7}$(分)進んだ。よって，かかった時間の比は，$\frac{225}{7}$：$\frac{15}{7}$＝15：１

したがって，道のりの比は(２×15)：(５×１)＝６：１であり，スタートからたかし君を追いぬくまでは，６－0.6＝5.4(km)，つまり5400ｍ進んだから，まこと君は5400×$\frac{6}{6+1}$＝5400×$\frac{6}{7}$(ｍ)進むのに$\frac{225}{7}$分かかった。

よって，スタートしたときの速さは，分速(5400×$\frac{6}{7}$÷$\frac{225}{7}$)ｍ＝分速144ｍ

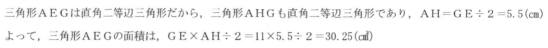

3 (1) **【解き方】右図のように，重なり合う部分を黒色と白色でわけて，それぞれの数を考える。**

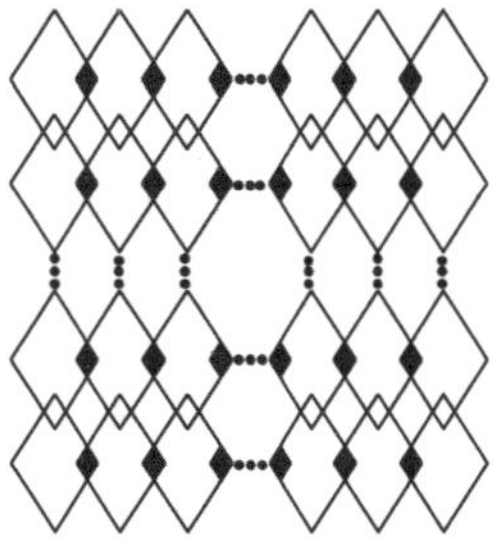

黒色は縦に10か所，横に20－1＝19(か所)ずつあるので，全部で10×19＝190(か所)

白色は縦に10－1＝9(か所)，横に20か所ずつあるので，全部で9×20＝180(か所)

したがって，重なり合う部分は全部で190＋180＝370(か所)ある。

(2) **【解き方】図形をａ倍に縮小(または拡大)した図形の面積は，ａ×ａ(倍)になることを利用し，ひし形の紙1枚の面積を1として，太線の内側の面積を，**

(ひし形の紙の面積の合計)－(紙が重なり合う部分の面積の合計)＋(紙のない所の面積の合計)で求める。

ひし形の紙は全部で10×20＝200(枚)ある。

重なり合う部分1か所の面積は，ひし形の紙の面積の$\frac{1}{4}\times\frac{1}{4}=\frac{1}{16}$(倍)だから，$\frac{1}{16}$である。

紙のない所のひし形の1辺の長さは，元のひし形の$1-\frac{1}{4}-\frac{1}{4}=\frac{1}{2}$(倍)なので，紙のない所1か所の面積は，

ひし形の紙の面積の$\frac{1}{2}\times\frac{1}{2}=\frac{1}{4}$(倍)だから，$\frac{1}{4}$である。紙のない所は全部で(10－1)×(20－1)＝171(か所)ある。

よって，太線の内側の面積は，$1\times200-\frac{1}{16}\times370+\frac{1}{4}\times171=219\frac{5}{8}$だから，ひし形1枚の面積の$219\frac{5}{8}$倍である。

4 (1) **【解き方】つるかめ算の考え方を利用する。整数部分の合計は整数部分にのみ影響するので，小数部分の合計を考えるときは，整数部分を0として計算すると考えやすい。**

Ａを32枚取り出した場合，0.07×32＝2.24より，書かれた数の合計の小数部分は0.24である。

ここから，Ａ1枚をＢ1枚に置きかえると，0.13－0.07＝0.06より，小数部分は0.06だけ大きくなる。

最初に小数部分が0.78となるのは，(0.78－0.24)÷0.06＝9より，Ｂが9枚のときであり，このときＡは32－9＝23(枚)だから，1.07×23＋2.13×9＝24.61＋19.17＝43.78より，整数部分は43である。

また，1÷0.06＝16.6…，2÷0.06＝33.3…，3÷0.06＝50より，0.06×50＝3.00だから，Ｂが9枚のときから，Ｂが50枚多くなるごとに，小数部分が0.78となる。

ＡとＢは合わせて32枚なので，条件に合うのはＢが9枚のときだけだとわかる。

(2) **【解き方】(1)と同様に考える。1つ条件に合う組み合わせを見つけたら，Ｂの枚数を50枚ずつ多くすればよい。**

Ａを160枚取り出した場合，0.07×160＝11.20より，書かれた数の合計の小数部分は0.20である。

よって，最初に小数部分が0.36となるのは，(0.36－0.20)÷0.06＝2.6…，(1.36－0.20)÷0.06＝19.3…，(2.36－0.20)÷0.06＝36より，Ｂが36枚のときであり，このときＡは160－36＝124(枚)だから，

1.07×124＋2.13×36＝132.68＋76.68＝209.36より，整数部分は209である。

次に条件に合う組み合わせは，Ｂが36＋50＝86(枚)，Ａが160－86＝74(枚)のときだから，

1.07×74＋2.13×86＝79.18＋183.18＝262.36より，整数部分は262である。

次に条件に合う組み合わせは，Ｂが86＋50＝136(枚)，Ａが160－136＝24(枚)のときだから，

1.07×24＋2.13×136＝25.68＋289.68＝315.36より，整数部分は315である。

条件に合う組み合わせはこれ以外ないので，求める数は，209，262，315である。

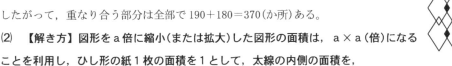

5 ⑴　右図のように点灯と消灯が切りかわるので，点灯しているライトの数字は，1，2，3，4，5，6である。

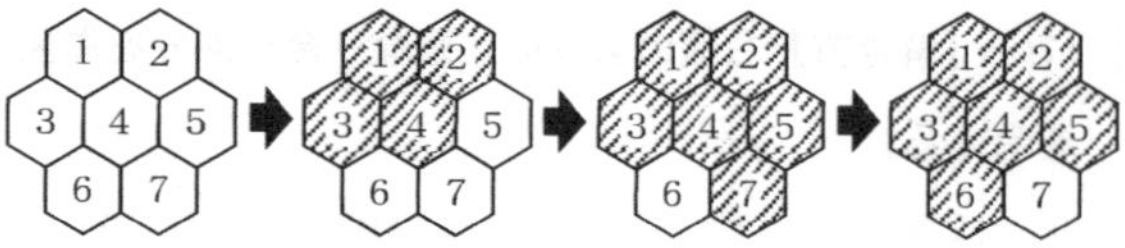

⑵　**【解き方】押されたライトより小さい数のライトは点灯と消灯が切りかわることはない。よって，消灯したいライトを小さい順に押していくと考えやすい。**

まず，2を消灯させるために1か2を押すが，1を押すと1が点灯してしまい，その1を消灯させるために再び1を押すと，再び2が点灯するので，最初は2を押せばよいとわかる。

図 i

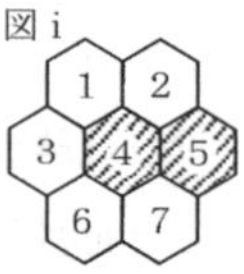

2を押すと図 i のようになるので，次は4を消灯させるために4を押す。

図 ii

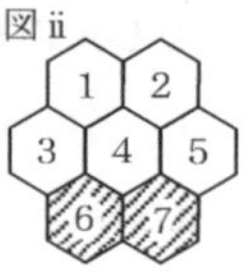

4を押すと図 ii のようになるので，次は6を消灯させるために6を押すと，すべてのライトが消灯する。よって，押し方は2→4→6が考えられる。

また，押されたライトの番号に対して点灯と消灯が切りかわるライトは決まっているので，4→2→6のように押す順番を入れ替《か》えてもよい。

⑶　⑵と同様に考えると，下図のように1→2→3→5→7と押せばよいとわかる(押す順番を入れ替えても良い)。

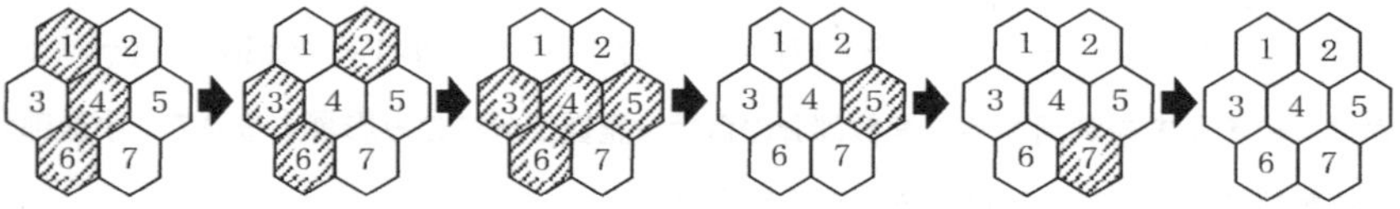

6 ⑴　**【解き方】A×Bの値を表にまとめて考える。**

まとめると右表のようになる。4通りあるのは，A×Bの値が6，12のときだから，アにあてはまる数は6と12である。

A×Bの値

		B					
		1	2	3	4	5	6
A	1	1	2	3	4	5	6
	2	2	4	6	8	10	12
	3	3	6	9	12	15	18
	4	4	8	12	16	20	24
	5	5	10	15	20	25	30
	6	6	12	18	24	30	36

⑵　⑴の表より，2通りあるのは，A×Bの値が2，3，5，8，10，15，18，20，24，30のときだから，イにあてはまる数は10個ある。

⑶　**【解き方】⑴の表をふまえる。A×Bの値が①1，9，16，25，36となるような目の出方は1通り，②2，3，5，8，10，15，18，20，24，30となるような目の出方は2通り，③4となるような目の出方は3通り，④6，12となるような目の出方は4通りあるから，これらを場合分けして考える。**

下線部①について，例えばA×B＝C×D＝1となるようなA×Bの出方は1通り，C×Dの出方は1通りあるので，A，B，C，Dの出方は1×1＝1(通り)ある。①は5個だから，①となるようなA，B，C，Dの出方は全部で1×5＝5(通り)ある。

下線部②について，例えばA×B＝C×D＝2となるようなA×Bの出方は2通りあり，その2通りに対してC×Dの出方が2通りあるので，A，B，C，Dの出方は2×2＝4(通り)ある。②は10個だから，②となるようなA，B，C，Dの出方は全部で4×10＝40(通り)ある。

同様に考えると，③は1個だから(3×3)×1＝9(通り)，④は2個だから(4×4)×2＝32(通り)ある。

したがって，求める目の出方は全部で，5＋40＋9＋32＝86(通り)ある。

《2021　理科　解説》

1 **問1**　タンポポの種は風によって，センダングサの種は動物のからだについて運ばれる。それぞれの種が運ばれやすいようにもっている特徴を答えるので，タンポポはイとカ，センダングサはイとエが正答となる。

問2　ア，エ，キ○…問題文の「他の大きな草たちが生えやすいところでは，オオバコがたくさん生えていることはありません」よりア，「大きな葉はしなやかで，ふまれても簡単にちぎれたりしません」よりエ，「種は小さいのですが，吸水すると表面にゼリー質ができてねばつきます」よりキが正答となる。

問3　ア，イ×…辛いときの種の数が最大で 139 だから正しくない。　ウ○…辛いときの種の数が最大で 139 だから正しい。　エ○…辛いときの種の数が最小で 25 でとても辛いときの種の数が 21 だから正しい。　オ○…調べた中で，種の数が一番多い 210 は辛くない。　カ○，キ，ク×…例外もあるが，一般的に種の数が少ないほど辛い傾向が読み取れる。

問4　b○…問題文より，ネズミやタヌキはカプサイシンをふくむものを積極的には食べないが，鳥の仲間はカプサイシンによる辛さをほとんど感じないので，鳥の仲間に食べられやすい。

問5　ア×，イ○…鳥はネズミやタヌキよりも遠くに移動できるので，種を遠くまで運んでくれる。　ウ，エ○…歯があるネズミやタヌキに食べられるよりも，歯がない鳥に食べられる方が，種がかみくだかれなくてよい。
オ，カ×…ネズミ，タヌキは辛いものを好まず，鳥は辛いものを好むかどうかわからない。　キ，ク×…ネズミ，タヌキ，鳥はいずれも種を消化しない。

2　**問1**　aア，bエ，cカ○…氷期が始まると数万年続くしくみだから，寒さが継続する理由となるものを選ぶ。つまり，氷が増えて，太陽光が反射されやすくなり，熱が地球にとどまらず，気温が下がると考えられる。

問2　dア，eウ○…氷期の終わりからは気温が上がるしくみだから，気温が上がる説明をしているものを選ぶ。つまり，水温が上がって水にとける二酸化炭素の量が少なくなり，空気中に二酸化炭素が出てくると，温室効果によって気温が上がると考えられる。

問3　海水面が 120m高くなったので，同じ面積に氷があったとすると厚さは$\frac{11}{10}$倍の $120\times\frac{11}{10}=132$(m)となる。陸の２割をおおう氷が水になったので，氷があった部分の面積：水になった部分の面積＝$(3\times\frac{2}{10})$：７＝３：35 となり，高さ(厚さ)は面積に反比例するので，$132\times\frac{35}{3}=1540$→1500mとなる。

問4　－120mの線をなぞる。線は 20mごとに引かれている。

問5　イ○…最後の氷期が終わった約 15000 年前は，旧石器時代から縄文時代にあたる。この時期日本で土器がつくられるようになったと考えられている。

問6　北から北海道，本州(イ)，沖縄(ウ)の順に並ぶので，北海道に住むアイヌは本州の人々と近縁であり，似た特徴をもつと予想できるが，図２より，アイヌは沖縄の人々と似ていることがわかる。また，本州の人々は沖縄の人々や大陸の人々と似ていることがわかる。

問7　エ○…約 3000 年前の本州にはアイヌの祖先が定住していたから，本州の人々が 3000 年よりも前に枝分かれしているイは誤り。また，本州の人々は大陸の人々の子孫でもあるからエが正答となる。

3　**問1**　ウ○…〔濃度(%)＝$\frac{\text{とけているものの重さ(g)}}{\text{水溶液の重さ(g)}}\times100$〕より，アは$\frac{10}{100+10}\times100=9.0\cdots$(%)，イは$\frac{100}{1000+100}\times100=9.0\cdots$(%)，ウは$\frac{10}{100}\times100=10$(%)となる。エは食塩水１Ｌの重さが 1000ｇより重いので，濃度は 10%よりも小さくなる。

問2　エ×…水溶液の体積は，とけている物の体積と水の体積の合計よりも小さくなる。　カ×…ろ過では，とけ残っている物と水溶液を分けることはできるが，とけている物と水を分けることはできない。

問3　エ○…覆水盆に返らずは一度起こったことは，二度と元に戻らないことを表すことわざである。

問4　４層目に●が入る状態を考える。４層目の左右に１個ずつ入る状態が６通りずつあり，４層目に２個入る状態が１通りあるから，全部で６×２＋１＝13(通り)である。これと，３層目までに２個入る状態の 15 通りを足して，13＋15＝28(通り)となる。

問5　ウ○…野菜の内部にある水分が外部に移動するが，外部の食塩が内部に移動することはないため，野菜に食塩をかけて塩もみすると，野菜から水分が出て，野菜がしおれてやわらかくなる。

問6　食塩が水にとけると，食塩が存在できる空間が広がり，水分が移動する直前と比べて状態の数が増えるため，野菜の内部にある水分が食塩のある外部に移動する。

問7　キャベツの外部は水だから，外部の方が濃度が低い。このため，外部から内部に水が移動して，シャキシャキとした食感になる。

問8　雪がとけると液体の水が増加して，とけている物が存在できる空間が広がる。このため，粉をまかないときと比べて，雪がとけやすくなり，粉をまいたときは雪がとけて液体になり始める温度が低くなる。雪国では，道路に積もった雪に塩化カルシウムなどの粉をまくことで，より低い温度でも雪がとけやすくなる。

問9　ア×…エタノールがこおる温度は水よりも低いが，下線部④の現象とは関係がない。　イ×…水温よりも気温の方が低いので，空気と接する湖の表面がこおりやすく，中深くの湖水はこおりにくいが，下線部④の現象とは関係がない。　ウ○…海水には食塩などのさまざまな物質がとけているため，0℃を下回ってもこおらない。
エ×…氷におもりを乗せると圧力によって早くとけるが，下線部④の現象とは関係がない。　オ×…氷を細かくくだくと，空気と接する部分の面積が大きくなってとけやすくなるが，下線部④の現象とは関係がない。

4　**問1**　電池を入れる電気製品にはスマートフォンなど，コンセントでつなぐ電気製品にはテレビや冷蔵庫などがある。コンセントでつなぐ電気製品の特ちょうから，コンセントを使う理由を考えてみよう。

問2　近年では，発電所以外でも，各家庭の住宅の屋根などに設置されているソーラーパネルでも電気が作られている。

問3(1)　ア○…電池２個の向きが反対だから，光らない。　(2)　エ○…電池２個の直列つなぎだから，電池が１個のときより明るく光る。　(3)　ウ○…電池２個の並列つなぎだから，電池が１個のときと同じ明るさで光る。

問4　イ○…手回し発電機を回せば電流が流れるが，5mAのような非常に小さい電流では豆電球が光らない。豆電球が光り始めてからは，電流が大きくなるほど，豆電球は明るくなる。

問5　実験Ⅱでは豆電球が消えていたので，回路に電流は流れず，２つの電池が反対向きにつながれていたと考えられる。

問6(1)　イ○…実験Ⅱでは，豆電球が完全に消えたので，流れる電流は減ったと考えられる。
(2)　ウ○…Bは，Aと反対向きの電流をほぼ同じ大きさで流そうとしたため，豆電球が消えたと考えられる。したがって，実験Ⅱでは，実験ⅠよりもBの電池としてのはたらきは大きくなったと考えられる。

問7　エ○…Bが回転することで，Aによって流れる電流と反対向きの電流を流そうとする。このため，Bを回転しないようにすると，回路を流れる電流が大きくなり，豆電球は明るくなる。

問8　オ○…それぞれの手回し発電機を電池として考える。電池を直列に同じ向きにつないだときに電流が最も大きくなり，豆電球が一番明るく光るので，Bの手回し発電機を回転を始めた向きと逆向きに回せばよい。

問9　あ．イ○…手回し発電機がモーターとして回転する速さが速いほど，回路に流れる電流が小さくなる。
い．ウ○…150gでは10×6＝60(秒)，180gでは，12×5＝60(秒)でどちらも同じになる。　う．イ○…電流が流れる時間が同じとき，流れる電流が大きい180gの方が，電池の消耗度合いは大きい。

問 10　洗濯物を 10 割程度に増やすと，洗濯機が回転する速さが減少し，その分，回転する時間を増加させる必要がある。問９解説より，洗濯機(モーター)が回転する速さが減少すると，回路に流れる電流が増加する。

《2021　社会　解説》

【１】

問１　「あ」が正しい。Aは黒潮沿いの静岡県や三重県などで漁獲量が多い暖流魚のカツオ類，Bは北海道の漁獲量が圧倒的に多いサケ類，Cは日本海側の鳥取県や島根県で漁獲量が多いアジ類と判断する。

問２　「お」が正しい。低緯度ほど冬でも生産量が多くなり，高緯度になるほど夏場の生産量が多くなる。Aは冬でも暖かい気候を利用してきゅうりを栽培している宮崎(促成栽培)，Bは大消費地向けの農作物を栽培している埼玉(近郊農業)と判断し，Cは福島となる。

問３　「え」が誤り。しょうゆの原料は大豆である。

問４　地域活性化にあたる内容を書けばよい。解答例のほか，「地域おこし」「地域振興」などもよい。

問５　都市内に使われない空間が生じ，密度が下がっていくことから「都市のスポンジ化」とよばれる。

問６　消費者は，野菜を切り刻む手間が省ける。また，食べ残しを減らせるので，家庭内の食品ロスを減らせる。農家は，廃棄処分せずに規格外の農作物を売れるため，利益を生みだせる。

問７　「え」が誤り。競りでは最高値をつけた人に売るので，「値段が安くなる」が不適切。

問８　「海のエコラベル」とも呼ばれる，環境に配慮した養殖場で生産された，持続可能な水産物の認証である。認証ラベルの付けられた商品を選んで購入することで，次世代にも豊かな水産資源を残していける。また，トレーサビリティについて書くこともよい。

問９　海外の和食レストランや，海外で開催されるイベントで和食を味わってもらうことで，日本を訪れる外国人観光客を増やす取組みなどが進められている。

【２】

問10①　冷蔵庫で，腐りやすい食品を冷蔵・冷凍できるようになったため，長期保存が可能になった。

②　農機具の導入により，作業の効率化や人件費の低コスト化が進み，大規模な生産が可能になった。

問 11　16 世紀にポルトガルと行われた南蛮貿易で輸入された食べものである。南蛮貿易は，キリスト教布教を目的にした宣教師や貿易商人と行われていた。

問 12　家族の人数と同じぐらいの高坏は小ぶりなもので，大きな高坏が少ないことから考える。食べものの盛り付け皿や，取り皿として高坏が使われていたことを盛り込むこと。

問 13　江戸幕府５代将軍徳川綱吉が生類憐みの令を発令すると，動物の殺生が禁止されたため，肉の隠語として植物名を使用した。

問 14　「い」が正しい。江戸時代には海上交通が盛んになり，江戸と大阪を結ぶ南海路，酒田から日本海沿岸をまわって大阪まで運ぶ西廻り航路，酒田から太平洋沿岸の房総半島をまわって江戸まで運ぶ東廻り航路が発達した。

問 15　食事の調理・準備から後片付け，遊びなどをコミュニケーションの場として捉え，子どもたち一人ひとりがそれぞれにあった役割を持ち，地域社会を支える人に成長できるように工夫している。

問 16　７ページ四段落より，現在では地域で共食する機会が減っているため，結びつきが弱まっているという問題点を読み取る。給食を年上の人たちと食べることで，低学年の生徒には食事のマナーやルール，中学年の生徒には残さず食べる意欲，高学年の生徒には食事に関する知識などを学ばせることもできる。

2020 解答例
令和２年度

★麻布中学校

《国　語》

一　a．積　b．適当　c．不思議

二　朝倉くんは、花を活けている姿がいちばん凛々しいということ。

三　姉たちに一方的に面倒を見てもらって可愛がられ、紗英はそのことを喜び、気楽に過ごせたという関係。

四　朝倉くんの作品を見たことで、自分の目指す花は自分の思ったところを超えたところにあると考え、あえて何も考えず、型も意識せずに活けてみようとしたから。

五　習った型の通りに活けることが活け花ならば、自分らしさは出せず、自分で活ける意味がないと感じたから。

六　ウ

七　長い間、多くの先人たちが考え尽くし、いちばんを突き詰めた結果生まれたものである型を身に付けること。

八　周囲が気軽につき合える存在であり、笑顔でふわふわとしていて、何かを主張して波風を立てることのない自分。

九　エ

十　１．まだ甘えていられるという思いから、自分の未熟さを自覚し、もっと成長しなければならないという思いに変化している。　２．型をしっかりと身に付けた上で、その型を自分にしかできない形で破った花を活けられるようになることで自分の魅力を高め、今は姉に好意を寄せている朝倉くんに認めてもらいたいということ。　３．自分が成長することで、一方的に面倒を見てもらっている関係から、対等な関係に変えていきたいと思っている。

《算　数》

1　$2\frac{23}{24}$

2　(1)7.125　(2)6.25

3　(1)72　(2)12

4　A．8.8　B．3.8　X．5.8

5　(1)42，2　(2)30，1

6　(1)7　(2)1：14，2：13，4：11，7：8
(3)11，5　(4)1：12，2：11，3：10，4：9，5：8，6：7，1：13，3：11，5：9

※図・式・計算・考えなどは解説を参照してください。

《理　科》

1　問1．イ，カ　　問2．記号…ア／海流に乗って移動しやすくなる。　　問3．ウナギのかくれ場所となる細長い穴ができにくいから。　　問4．エ　　問5．エ　　問6．ウ　　問7．イ，エ，オ　　問8．ア

2　問1．バター／生クリーム／牛乳　　問2．エ　　問3．⑴10　⑵244　　問4．イ　　問5．ウ
問6．a．イ　b．エ　c．オ　d．キ　　問7．a．ア　b．エ　c．カ　d．ク　　問8．エ

3　問1．きょり／時間　測定が困難なのは…時間　　問2．ウ　　問3．E
問4．⑴電球から後方へ進んだ光を前方に反射させるため。　⑵太陽の光が反射して，信号が見えにくくなる。　　問5．100：99　　問6．右図
問7．イ，オ，カ　　問8．エ

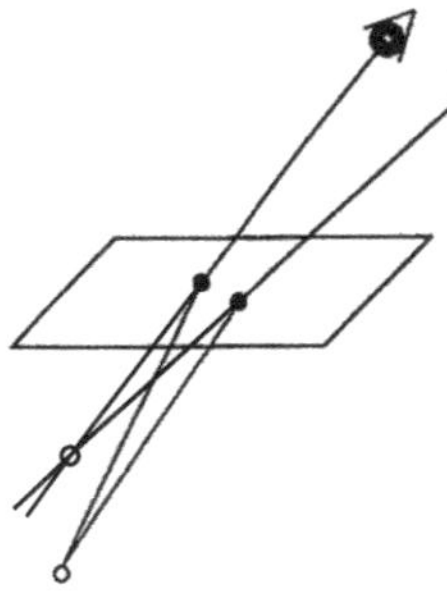

4　問1．エ　　問2．レゴリスは…角ばっている。　川砂は…丸みをおびている。
問3．ア，ウ　　問4．ウ　　問5．48　　問6．イ　　問7．21600
問8．a．ア　b．エ　c．カ　　問9．ウ，イ，ア，エ

《社　会》

問1　あ．イスラム教　　い．世界恐慌　　う．配給

問2　①あ　　②え　　③う

問3　①え　　②う　　③い

問4　流行の最先端をいく服装や髪型が表現されていたから。

問5　外見だけを西洋風にして，内面がともなっていない点。

問6　アメリカの文化が入ってきて，日本の若者の間で流行したから。／家庭用ミシンの普及によって，洋裁が女性の間で広まったから。

問7　高価な衣服を直しながら長い期間着るという考えから，安価な洋服を流行に応じて買い替えるという考えに変わった。

問8　人口の多い中国は重要な大消費地だから。

問9　廃棄される衣服が増えること。／低賃金・長時間労働が発展途上国で行われること。

問10　流行が長期化すると消費が落ちこむ可能性があるから。

問11　スカートが女性らしい，ズボンが男性らしいという考え方。

問12　流行にあわせて衣服をかえる人が多い日本は，自分の考えや意見を大事にし，自己主張をしっかりする人が少ない社会である。

問13　⑴(例文)選んだ例の番号…１／日本では，反社会勢力をイメージさせ，まわりの人に不安を感じさせるものだから，目につく場への出入りは禁止すべきと考えられ，海外では，自己を表現するためのファッションの一部で，制限されるものではないと考えられている。
⑵個性を尊重する考えと，統一・調和を尊重する考えは，正反対の考えだから。

麻布中学校

←解答例は前のページにありますので，そちらをご覧ください。

《2020　国語　解説》

二　――線①の「気づかなかった」ことは、次の文に書かれている。「朝倉くんは、クラスで勉強していた姿より、校庭でボールを追いかけていた姿より、ここで花を活《い》けている背中がいちばん凛々《りり》しい」とある。

三　「お豆さん」の説明は、63～66 行目に書かれている。ここから「私」が、「姉たち」に面倒《めんどう》を見てもらう立場であること、いつまでもその立場でいられることを喜んでいること、「姉たち」が何でも引き受けてくれて、自分自身はのほほんと楽しく過ごしていたことがわかる。このあたりを利用してまとめる。

四　――線③の「基本形を逸脱《いつだつ》しためちゃくちゃな花」を「私」が活けた経緯《けいい》は、86～88 行目に書かれている。「朝倉くん」は「思った通りに活ける」と言う。しかし「朝倉くんの花」を見た「私」は、自分の「思うこと」は「たかが知れている（29 行目）」と思い、「私なんかの思ったところを超《こ》えてあるのが花だ」と感じた。そこで、そんな花を目指して「なるべくなんにも考えないようにして活けてみよう」となったのである。

五　101～102 行目に「またいつもみたいに、習った型の通り順番に差していくんだろうか。型通りなら誰《だれ》が活けても同じじゃないか」とある。ここから、型通りでは自分らしさが出ず、自分が活ける意味や意義が見いだせないと考えていることがわかる。

六　「ひとが思う私らしさ」とは、142 行目の「ふわふわと、気持ちのいいところだけ掬《すく》って」や、152 行目の「わあ、このお花、上手ですねぇ、きれいですねぇ、なんて適当に誉《ほ》めて逃《に》げる」ような態度を指す。ここでいう「私らしくない」姿とは、華道部《かどうぶ》の生徒の作品を「面白《おもしろ》くありません」と言ったこと。――線⑥の「ぐんぐんと根を張っていた」という表現は、地上からは根を張る姿が見えないように、見えないところで育っていたということを表している。つまり、――線⑥は、「ひとが思う私らしさ」とは違うものが、見えないところで知らず知らず育ち、それが華道部の生徒の作品に対する否定的な感想として表に現れたということ。よって、ウが適する。「無理をしておさえこんできた」場合は、このような表現は使われないので、アとイは適さない。エについては、「反抗《はんこう》的な表情として現れた」が適さない。――線⑥の５行前に「なぜか笑い出したくなった」とあるが、この時点で本当に笑っているかどうかはわからない。また、その前の表情は描かれていない。たとえ笑っていたとしても、それは「反抗的な表情」にはあたらない。

七　169～206 行目の「母」や「姉」、「祖母」との会話で「(華道の）型」「(将棋《しょうぎ》の）定跡《じょうせき》」「(囲碁《いご》の）定石」といった、それぞれの世界での「型」にあたるものの説明がなされている。ここから、「型」とは「長い歴史の中で切磋琢磨《せっさたくま》して」「数え切れないほどの先人たちの間で考え尽《つ》くされた」ものであり、「いちばんを突《つ》き詰《つ》めていくと、これしかない、というところに行きあた」ったものだとわかる。そして、「型を意識して、集中して活ける。型を身体に叩《たた》き込《こ》むよう、何度も練習する」ことを通して、「型を身につける（208 行目）」ことが、「型を自分のものに」するということである。

八　Aの「さえこ、さえこ、と気軽に愛称《あいしょう》で呼べて、さえこはいいよなあ、なんていえる存在」や、Bの「いいなあ、さえこの屈託《くったく》のない笑顔《えがお》、つられて笑いたくなっちゃうよ。いつもみんなにそういわれる」から、周囲から気軽に愛称で呼ばれ、笑顔でいる「自分」であることが読み取れる。また、Bの「あたたの普段の姿は演技ってわけ」という細谷先生の言葉から、「ふわふわと、気持ちのいいところだけ掬って」いて、何かを強く主張したり否定的なことを言ったりしない「自分」であることが読み取れる。

九　「朝倉くん」がこの日の「私」の花を見た感想を拾っていくと、212 行目の「本気になったんだ」、215 行目の「さえこが本気になると、ああいう花になるんだ」、219行目の「意外だったけど、面白くなりそうだ」、225行目の「さえこが本気になるなんて」、――線⑨、238 行目の「俺《おれ》、ちょっとどきどきした」などがある。「朝倉くん」は「本気になった」と3回繰《く》り返しているが、これは「『私』の活け花に対する姿勢の変化」に気づいたということである。また「面白くなりそうだ」「これからどこかに向かおうとする勢いがある」「どきどきした」からは、「私」の作品の「可能性に魅力《みりょく》を感じ」て、この先どうなるかを楽しみにしていることが読み取れる。よって、エが適する。

十(1)　66〜67 行目に「少なくとも、『まだまだ』を厳しい意味で使ったことはなかった」とある。「厳しい意味で使った」のが、――線⑩の「私もまだまだだ」である。66 行目の「まだまだ」は、当分は下の立場でいられることを喜び、まだしばらくは甘えていられるという意味で使われている。一方、――線⑩の「まだまだ」は、「私だけの花」を活けられるように成長したいと思うようになったことで、まだその段階に達していない、自分の未熟さを表現する意味で使われている。変化したのは、楽しさだけを求めて成長を考えなかった「私」が、成長を意識し、成長した先の自分に向かって歩き始めたということ。　(2)　196〜197 行目の「祖母」の言葉、「型があるから自由になれるんだ」「型があんたを助けてくれるんだよ」から、「型」は自由になることを助けてくれるものであることがわかる。また、208〜209 行目の「今は型を身につけるときなのかもしれない。いつか、私自身の花を活けるために」や、211 行目の「型を自分のものにしたい。いつかその型を破るときのために」、235 行目の「紗英《さえ》の花は、じっとしていない。今は型を守って動かないけど、これからどこかに向かおうとする勢いがある」などから、「私だけの花」とは、型を身につけた上で、その型を破って初めて活けられるようになるものであることが読み取れる。つまり、どのように「型を破る」のかに「私」が反映されると考えられる。「はっとさせたい」の意味は、こうした「私だけの花」を活けることで、「姉」の顔を見ただけで真っ赤になっている「朝倉くん」に、「姉」ではなく「私」の魅力に気づいてもらいたいということである。

(3)「姉のことなんか目にも入らないくらい」からは、「私」が「姉」と張り合おうとしていることがわかる。三の解説にあるように、「姉」と「私」の関係は、「私」が一方的に甘《あま》やかされる関係である。張り合おうとしているということは、対等に勝負ができるような関係を望んでいるということである。

《2020　算数　解説》

1　「＝」の右側の比の数の差が 31－21＝10 だから，「＝」の左側の比の数の差を 10 にすると，左右の比の数の 1 が同じ大きさとなる。最初は差が，$4\frac{1}{4}-3\frac{5}{6}=\frac{5}{12}$だから，「＝」の左側の式に $10\div\frac{5}{12}=24$ をかけると，
$\{(4\frac{1}{4}-\square)\times 24\}:\{(3\frac{5}{6}-\square)\times 24\}=(102-\square\times 24):(92-\square\times 24)$ となる。
したがって，$102-\square\times 24=31$ より，$\square\times 24=102-31$　　$\square=71\div 24=\frac{71}{24}=2\frac{23}{24}$

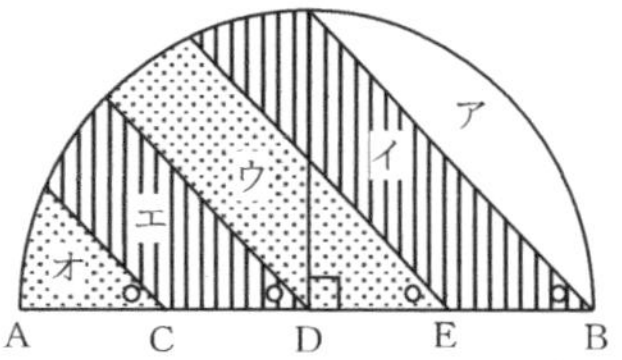

2　(1)　右図のように角ＢＤＦ＝90 度となるから，おうぎ形ＤＢＦの面積から直角二等辺三角形ＤＢＦの面積を引けばよいので，
$5\times 5\times 3.14\times\frac{1}{4}-5\times 5\div 2=\frac{78.5}{4}-\frac{50}{4}=\frac{28.5}{4}=7.125$(cm²)

(2)　右のように作図する。ＣとＧ，ＨとＥはそれぞれ，直線ＩＪについて対称なので，ＫとＬも直線ＩＪについて対称である。したがって，コとケの面積は等しい。また，ＡとＦも直線ＩＪについて対称なので，サとクの面積は等しい。
よって，カとキの面積の差を求めればよい。

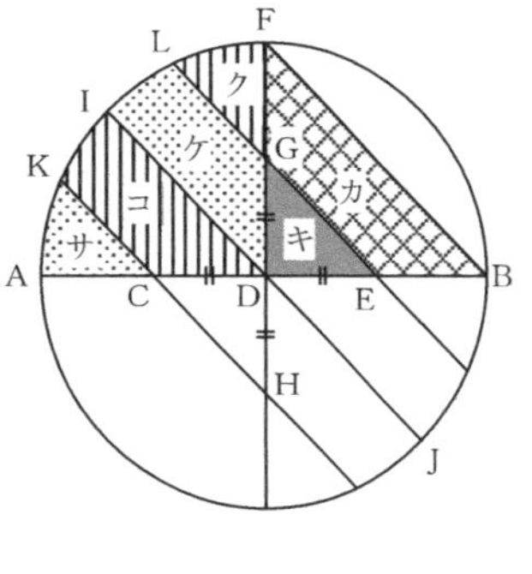

三角形ＤＢＦとキはともに直角二等辺三角形で，三角形ＤＢＦの面積が
$5\times 5\div 2=\frac{25}{2}$(cm²)，キの面積が，$\frac{5}{2}\times\frac{5}{2}\div 2=\frac{25}{8}$(cm²)だから，カの面積は，
$\frac{25}{2}-\frac{25}{8}=\frac{75}{8}$(cm²)なので，求める面積は，$\frac{75}{8}-\frac{25}{8}=\frac{25}{4}=6.25$(cm²)

3 (1)　1～6の整数は，2で割った余りによって右表のように分類できる。

2で割った余り	
0	2，4，6
1	1，3，5

偶数《ぐうすう》を「ぐ」，奇数を「き」と表すと，6桁の数の各位の数が，「ぐきぐきぐき」となる場合と，「きぐきぐきぐ」となる場合の2パターンがある。

「ぐきぐきぐき」となる場合，偶数の当てはめ方が，$3\times2\times1=6$(通り)，奇数の当てはめ方が同様に6通りあるから，$6\times6=36$(個)の整数ができる。「きぐきぐきぐ」となる場合も同様に36個できる。

よって，求める個数は，$36+36=72$(個)

(2)　1～6の整数は，3で割った余りによって右表のように分類できる。

3で割った余り	
0	3，6
1	1，4
2	2，5

(1)の解説で6桁の整数が「ぐきぐきぐき」となる場合，奇数だけを_1_3_5と当てはめたとする。このとき，3で割った余りが同じになる数がとなり合わないようにするためには，612345とするしかない。つまり，奇数の当てはめ方を決めると，条件に合う6桁の整数が1通りに決まるから，奇数の並べ方を数えればよい。

6桁の整数が「ぐきぐきぐき」となる場合も「きぐきぐきぐ」となる場合も，奇数の並べ方は6通りずつだから，求める個数は，$6+6=12$(個)

4 作業1でできた食塩水には，$(120+180)\times\frac{7}{100}=21$(g)の食塩がふくまれているはずだったが，実際はそれよりも，$120\times\frac{3}{100}=3.6$(g)少ない，$21-3.6=17.4$(g)しかふくまれていなかった。作業2でできた食塩水には，$(300+200)\times\frac{7}{100}=35$(g)の食塩がふくまれているので，Aの食塩水200gにふくまれている食塩は，$35-17.4=17.6$(g)である。したがって，Aの食塩水の濃さは，$\frac{17.6}{200}\times100=8.8$(%)である。

作業1でAの食塩水から入った食塩は，$120\times\frac{8.8}{100}=10.56$(g)だから，Bの食塩水から入った食塩は，$17.4-10.56=6.84$(g)なので，Bの食塩水の濃さは，$\frac{6.84}{180}\times100=3.8$(%)である。

また，作業1でXにできた食塩水の濃さは，$\frac{17.4}{300}\times100=5.8$(%)である。

〔別の解き方〕

Bの食塩水よりAの食塩水の方が薄《うす》いとすると，作業1でXにできた食塩水の濃さは，7%よりも薄く，Aのラベルの濃さよりも濃い。これにAのラベルの濃さよりも薄い食塩水を加えても7%の食塩水はできないので，Bの食塩水よりAの食塩水の方が濃いとわかる。Aの実際の食塩水の濃さをA%，Bの食塩水の濃さをB%とすると，右図Iのようなてんびん図にまとめられる。

図I

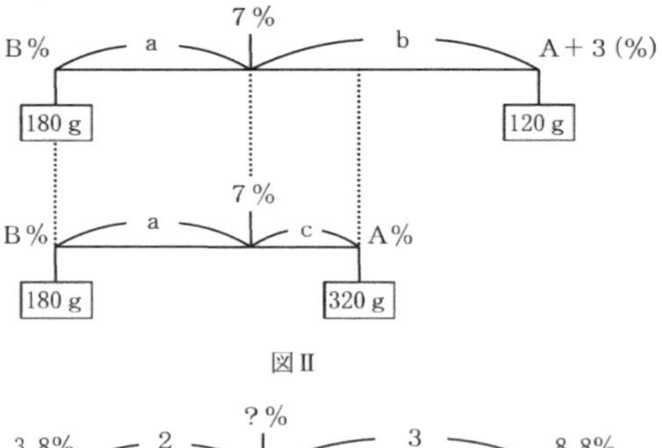

a：bは180：120＝3：2の逆比の2：3であり，

a：cは180：320＝9：16の逆比の16：9である。

aを2と16の最小公倍数の⑯とすると，b＝⑯$\times\frac{3}{2}$＝㉔，c＝⑯$\times\frac{9}{16}$＝⑨だから，b－c＝㉔－⑨＝⑮が3%にあたるので，①は$\frac{3}{15}=0.2$(%)にあたる。

よって，$A=7+0.2\times9=8.8$(%)，$B=7-0.2\times16=3.8$(%)であり，作業1のてんびん図は図IIのようになるので，Xにできた食塩水の濃さは，$3.8+(8.8-3.8)\times\frac{2}{2+3}=5.8$(%)

図II

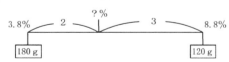

5 (1) 青く塗られた部分は，右図の色をつけた部分である。

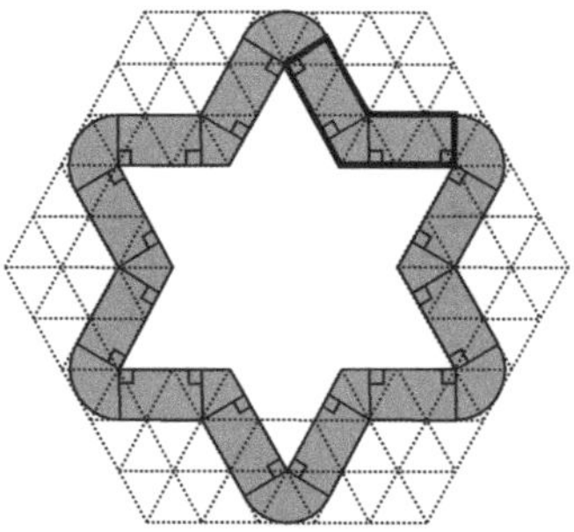

太線の部分の面積は，Ⓐ×７(㎠)であり，これが６つあるので，

Ⓐ×７×６＝Ⓐ×42(㎠)

おうぎ形部分１つの中心角は，360－90×２－60＝120(度)だから，６つのおうぎ形の中心角の和は，120×６＝720＝360×２(度)なので，６つのおうぎ形の面積の和は，Ⓑ×２(㎠)

よって，青く塗られた部分の面積は，42×Ⓐ＋２×Ⓑ(㎠)

(2) 赤く塗られた部分は，右図の色をつけた部分である。

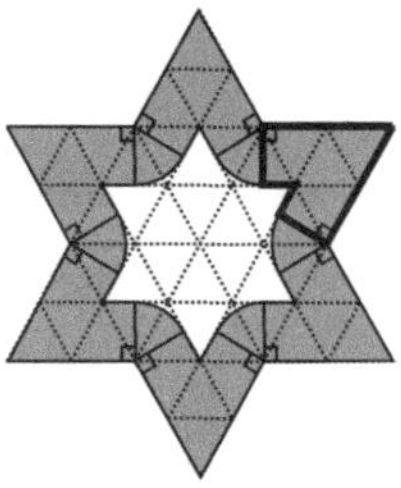

太線の部分の面積は，Ⓐ×５(㎠)であり，これが６つあるので，

Ⓐ×５×６＝Ⓐ×30(㎠)

おうぎ形部分１つの中心角は，60×４－90×２＝60(度)だから，６つのおうぎ形の中心角の和は，60×６＝360(度)なので，６つのおうぎ形の面積の和は，Ⓑ×１(㎠)

よって，赤く塗られた部分の面積は，30×Ⓐ＋１×Ⓑ(㎠)

6 (1) 出発してから同時に地点Ｐに戻るまでにＡとＢが進んだ道のりの比は，速さの比に等しく，３：５である。その間にＡが円を何周したかを表す数とＢが円を何周したかを表す数はともに整数だから，Ａは３周，Ｂは５周し，Ａは３ｍ，Ｂは５ｍ進んだとわかる。ＡとＢが進んだ道のりの和は３＋５＝８(ｍ)である。ＡとＢがすれ違うのは，２点が進んだ道のりの和が１ｍになるごとだから，ＡとＢは８÷１＝８(回)すれ違った。このうち最後の１回は地点Ｐでのすれ違いであり，これはふくめないのだから，求める回数は，８－１＝７(回)

(2) ア：イは最も簡単な整数比だから，(1)の解説より，ア＋イが14＋１＝15になればよいとわかる。

アとイが１以外に公約数を持たないようにするので，ア：イ＝１：14，２：13，４：11，７：８

(3) (1)の解説と同じような考え方をするが，気をつけなければならないのは，ＡとＢがすれ違うのは，２点が進んだ道のりの和が２ｍになるごとであるということである。

ＡとＢが地点Ｐに同時に戻ってくるまでに，Ａは３ｍ(円を３周)，Ｂは８ｍ(円を８周)進んだので，動いた道のりの合計は，３＋８＝11(ｍ)である。すれ違った回数は，11÷２＝5.5(回)という計算になる。ここで，0.5回という小数点以下の数が出た意味を考える。５回すれ違うまでにＡとＢが進んだ道のりの和は，２×５＝10(ｍ)であり，このあとは11－10＝１(ｍ)進んで同時に地点Ｐに着いた。つまり，右図のように１つの円上で５回目にすれ違ったＡとＢが，その円上を動いて６回目に地点Ｐですれ違ったということである。そのため0.5回という端数《はすう》が出たのである。よって，求める回数は，５回である。

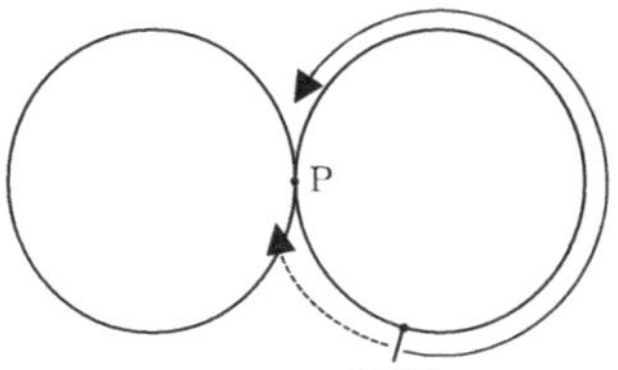

(4) ここまでの解説をふまえる。ウ＋エはＡとＢが進んだ道のりの和であり，奇数か偶数になる。

奇数の場合，地点Ｐ以外でＡとＢがすれ違う回数は，(ウ＋エ)÷２－0.5(回)である。

偶数の場合，例えば８の場合，ＡとＢは８÷２＝４(回)すれ違い，最後の１回は地点Ｐでのすれ違いなので，地点Ｐ以外でＡとＢがすれ違う回数は，４－１＝３(回)である。つまり，偶数の場合，(ウ＋エ)÷２－１(回)である。したがって，地点Ｐ以外で６回すれ違うのは，ウ＋エが，(６＋0.5)×２＝13か，(６＋１)×２＝14のときである。ウ＋エ＝13のとき，ウ：エ＝１：12，２：11，３：10，４：９，５：８，６：７

ウ＋エ＝14のとき，ウ：エ＝１：13，３：11，５：９

《2020　理科　解説》

1　問１　アとウとエとキはふつう一生淡水《たんすい》で過ごし，オは川で卵からふ化した後，海で育ち，再び川にもどってくる。

問２　イのような棒状の形よりも，アのような板状の形の方が，海流の影響《えいきょう》を受けやすい。

問４　エ○…広い方からせまい方へは移動しやすいが，せまい方から広い方へは移動しにくい。この筒《つつ》の入り口にあるつくりを弁といい，血液が逆流するのを防ぐためのつくりとして，ヒトの心臓や静脈などでも見られる。

問５　「いけす」にやってくるのはシラスウナギになった後であり，オスだけを選んで捕《つか》まえているとは考えられないので，「いけす」で育てる条件によって，ほとんどすべてオスになってしまうと考えられる。つまり，ウナギの性別が決まるのはシラスウナギになった後だと考えられるから，エが正答となる。

問６　ウ×…(仮に両方の卵が手に入ったとして，)養殖《ようしょく》をするにあたって，養殖のウナギの卵か天然ウナギの卵かを見分ける必要はない。

問７　ア×…ウナギを人工的にふ化させ成体まで育てる大量養殖の技術はまだ確立されていない。　ウ×…養殖ウナギもシラスウナギを捕まえて育てたものである。

問８　ア×…養殖ウナギを海に大量に放流することで，養殖ウナギが病気をもちこんだり，エサを大量に食べたりするなどして，海の生態系に悪影響をあたえる可能性がある。

2　問１　油は水に浮《う》くので，牛乳を放置したときに表面に浮かび上がってきた層(生クリーム)には牛乳よりも大きい割合で油が含《ふく》まれていると考えられる。また，生クリームから大量の水分が離《はな》れて現れた固形の油がバターだから，バターには生クリームよりも大きい割合で油が含まれている。

問２　エ○…回転させて遠心力をはたらかせることで，水と油などの密度が異なるものを効率的に分離《ぶんり》することができる(遠心分離)。

問３　図１～３より，パイ生地の層の数はバターの段の数より１大きいことがわかる。２回三つ折りすると，バターの段は３×３＝９(段)になるから，パイ生地は９＋１＝10(層)になる。同様に考えて，５回三つ折りするとパイ生地は３×３×３×３×３＋１＝244(層)になる。

問４　イ○…水が液体から気体に変化するときには体積が非常に大きくなる。このとき，パイ生地をふくらませる。

問５　ウ○…水蒸気がパイの中にとじこめられた状態で体積が大きくならないと，パイはふくらまない。したがって，水蒸気が出ていかないように，パイ生地を高温で素早く焼き上げて，かたくする必要がある。

問７　高温にすると，ふくらむ前にかたまってしまう。低温にすると，気体が出ていきやすく，ふくらみにくい。

問８　エ○…小麦粉と水を混ぜると，タンパク質どうしがつながってグルテンができ，そのまま焼くとかたくなる。バターの中の油には，これを防ぐ役割がある。

3　問１　ガリレオの方法では，測定した時間が「二つの山の頂上《ちょうじょう》の間を光が往復した時間」と，それぞれの人の「光を確認してから反応が起こるまでの時間」を合わせたものであり，光が往復した時間だけを求めるのは困難である。他にも，時間を正確に測定する道具がなかったり，二つの山の頂上の間の距《きょり》離が(光の速さに対して)近すぎたりすることなどにより，時間の測定が困難であったと考えられる。

図Ⅰ

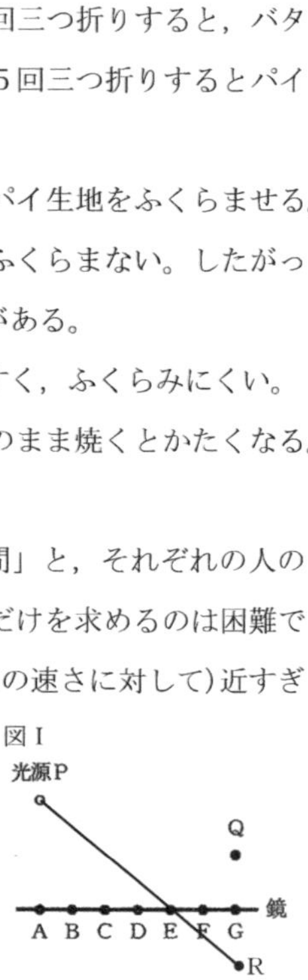

問２　ウ×…もともとの星の明るさが非常に明るければ，遠くにある星でも近くにある星よりも明るく見える。

問３　図Ⅰ参照。鏡に対してQと対称《たいしょう》なRをとり，PとRを直線で結べば，Eで反射したことがわかる。

問5　空気中での光の速さを1，水中での光の速さを$\frac{3}{4}$とすると，〔時間＝距離÷速さ〕より，P→R→Qの時間は$(25.2\div 1)+(33.6\div\frac{3}{4})=70$，P→S→Qの時間は$(29.7\div 1)+(29.7\div\frac{3}{4})=69.3$となる。したがって，70：69.3＝100：99が正答となる。

問6　実際の光の道すじは，水中から空気中に出てくるときに曲がるが，光は(曲がらずに)まっすぐ進んで目に入ってきたように見えるので，光源Pは，空気中の２本の光の道すじを水中の方向に延長し，それらが交わる位置にあるように見える。

問7　虫メガネのような中央がふくらんだガラスを図７の点線部分に置くと，ＡとＣからの光はｂに近づくように進む。これが，進むのにかかる時間が最も短くなる経路であり，中央がふくらんだガラスの表面では，ガラスに入るときと出るときの両方で，光がｂに近づくように曲がるということである。これに対し，イのように中央がへこんだガラスの表面では，光がｂから遠ざかるように曲がる。また，表面のふくらみ方やへこみ方が大きいときほど曲がり方が大きくなるので，一方がふくらんでもう一方がへこんでいるもののうち，オとカのようにふくらみ方よりへこみ方のほうが大きいガラスでは，光がｂから遠ざかるように曲がる。なお，図５のＰ→Ｓと空気中を進む光を，図７のＡから進む光にあてはめると，図Ⅱのようになる。図Ⅱでは，光が下に曲がるように進んでいて，このときの水面のかたむきから，ガラスの表面は点線のように中央がふくらんでいると考えられる。同様に，図７のＣから進む光について考えたものが図Ⅲであり，このときのガラスの表面は中央がへこんでいると考えられる。

図Ⅱ

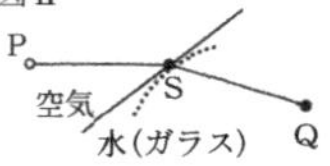

図Ⅲ

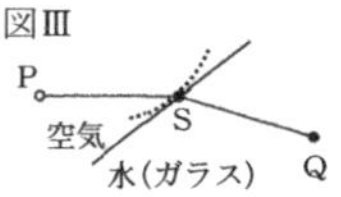

問8　エ○…図８で，真上から見た経路ではウが最短だが，実際には図９のように球に近いところほど大きくへこんでいて，へこんでいる部分を通ると移動する距離は長くなることがわかる。

4　**問1**　エ○…2019年４月，はやぶさ２が小惑星《しょうわくせい》リュウグウの地表に人工クレーターをつくることに成功した。

問3　イ×…さいせつ物は，空気や流れる水のはたらきによって粒《つぶ》が小さくなる。これらのはたらきを盛んに受けたものほど粒が小さくなるのであり，できた年代が古いものほど粒が細かいわけではない。　エ×…粒の色は含まれる鉱物《こうぶつ》などによって決まる。

問4　ウ×…川の水や地下水でも化学的風化が起こり，カルシウムやナトリウムなどのミネラルが含まれる。

問5　同じ大きさの８個の立方体を組み立てて１つの大きな立方体をつくるとき，８個の小さな立方体のすべてで６面のうちの３面がかくれる(３面が見えている)ことになる。したがって，８個の小さな立方体の表面積の合計は，１つの大きな立方体の表面積の２倍になるから，24×２＝48(㎡)が正答となる。

問6　イ×…問４の上の文章の５～６行目に，「風化によって生成されたさいせつ物は，多くの場合，もとの岩石とは含まれる成分や鉱物の割合が変化します。」とある。

問7　１辺が２ｍ→200㎝の立方体の体積は200×200×200＝8000000(㎤)である。花こう岩が１㎤あたり2.7ｇだから，2.7×8000000＝21600000(ｇ)→21600kgが正答となる。

問8　気候が温暖化すると，化学的風化が進みやすくなる。化学的風化は，岩石中の鉱物が水や空気中の二酸化炭素と結びつくことだから，大気中から取り除かれる二酸化炭素の割合は増加する。温室効果ガスである二酸化炭素が取り除かれるということは，温暖化が進みにくくなる(気候を一定に保とうとする)ということである。

問9　等高線のようすから，標高の高い順に「ウ，イ，ア，エ」か「エ，ア，イ，ウ」になる。麻布中学校が周辺より標高の高いところにあることに着目すれば，「ウ，イ，ア，エ」が正答となる。

問１(あ)　肌の露出を禁じられているイスラム教徒の女性は，ブルカやヒジャブなどの衣装で体を覆っている。

(い)　ニューヨークのウォール街で株価が大暴落したことから世界恐慌が始まり，日本国内では，多くの会社が倒産して失業者があふれ，アメリカへの生糸の輸出が激減したことなどを受け，農家の生活が苦しくなった(昭和恐慌)。

(う)　戦時体制下では軍需品の生産が優先され，日本国内では生活必需品が不足したため，1938 年の国家総動員法をきっかけに配給制が導入されて衣服は切符，食料は通帳による配給となった。

問２①　年較差が小さいことから低緯度と判断し，気温が低いことから，高山気候の「あ」を選ぶ。高度 3000～5000mのアンデス地方では夜に冷え込むため，アルパカの毛をポンチョの材料にしている。　②　年間を通して降水量が少ないことから乾燥帯砂漠気候と判断し，「え」を選ぶ。　③　年間を通して気温が高く雨季と乾季があることから熱帯サバナ気候と判断し，「う」選ぶ。

問３　①の小千谷ちぢみは新潟県の伝統工芸品だから「え」，②の結城紬は茨城県の伝統工芸品だから「う」，③の西陣織は京都府の伝統工芸品だから「い」を選ぶ。「あ」は佐賀県，「お」は山形県辺りに位置する。

問４　評判の美人の髪型や化粧法は女性たちの間で流行となった。また，人気があった歌舞伎役者の服装は大きな影響力を持ち，佐野川市松という歌舞伎役者が着ていた袴の模様から「市松模様」が生まれた。

問５　左の絵には日本人が猿まねをしていること，右の絵には日本人の振る舞いが下品であることが風刺されている。

問６　戦後の物資不足のため，手持ちの着物や生地をミシンで仕立て直す洋裁ブームが起こった。高度経済成長期に入ると，生活が豊かになっていくのにつれて衣食住にアメリカの影響が見られるようになり，ジーンズファッションなどが流行となった。

問７　ファスト・ファッションによって，流行の既製品を安く買い，ワンシーズンだけ着て廃棄するという考え方が主流となった。

問８　アジア各国に進出する日本企業が多い要因として，これらの国で賃金が安いこと，製品を売る市場として適していることが挙げられる。

問９　大量の廃棄物は焼却時に大量の二酸化炭素を排出するため，地球温暖化の要因となっている。また，バングラディシュの縫製工場の崩壊事故で，低賃金で酷使されていた女性労働者が多く犠牲となり，生産に関わるすべての人と地球環境に配慮した「エシカル・ファッション」が重視されるようになった。

問 10　流行が長期化すると供給量が需要量を上回るようになり，売れ残りが生じて商品の価格も下落していく。

問 11　性別による固定観念にとらわれないで選べるように，女子用のスラックスを制服として導入する学校が増えてきている。

問 12　「みんなと同じ服を着なくてはいけない」という制限によって，自分の意思がなくなってしまう。個性よりも統一調和を尊重する日本社会を映し出していると言える。

問 13(1)　２を選んだ場合は，「校則では，学校は勉強するところでファッションを見せる場ではないから，頭髪は黒色でなければならないと考えられ，生徒では，本人の意思によることのない身体的特徴を違反として指導することは人権侵害にあたると考えられている。」などの解答が考えられる。　(2)　画一的に管理する考え方と，個々の人間への配慮を求める考え方の対立を読み取ろう。

★麻布中学校

《国　語》

一　a．肥料　b．粉　c．保存　d．口調

二　1．父親の仕事の都合　2．ヒナコは父やこの町に不満を持ち、納得していないが、母は大変でもがんばるしかないと思っている。

三　ア

四　前に住んでいた街が本来の居場所だと思っているから。

五　多恵さんのことをあまり好きになれず、宮前太鼓にもまったく興味がわかないので、行くつもりはなかったから。

六　三人を見ると、かわいかったころの娘のことを思い出すから。

七　169

八　おじさんのことをばかにして笑った上に、家に帰る電車賃もないにもかかわらず、ヒナコのために飲み物などを買ってきてくれたのを無視して帰った自分を責めていたから。

九　1．改札の前で、父親の帰りを待っているらしい女の子を見たこと。　2．たとえ仕事がうまくいかなくても、電車の運賃さえ払えなくても、大好きな父に早く帰ってきてほしいという思い。

十　多恵さんの厚意を大事にして、彼女の父への思いがつまった宮前太鼓の演奏をいっしょに見に行こうと思ったから。

十一　この町への不満をますますつのらせたかもしれないヒナコのことを気づかい、受け入れ、近くで温かく見守ろうとする姿。

十二　まずは、この町で暮らしていくことを受け入れ、この町の人たちとも積極的に付き合ってみればよいということ。

十三　1．いやだという思いから受け入れようという思いに変わっている。　2．父を待ち続ける多恵さんや、娘のことを思いながらも家に帰れないおじさんの思いにふれたことで、家族がいっしょに暮らせることの幸せに気づき、仕事がうまくいかなかった父への不満がうすれ、この町が、家族や、多恵さんのように自分を気づかってくれる人たちがいるかけがえのない場所であると思うようになったから。

《算　数》

1　(1)A．7　C．1　(2)10.6

2　(1)1：10　(2)1.2

3　22：19

4　(1)105　(2)1701　(3)11550　(4)506

5　(1)右図　(2)28　(3)84　(4)242550

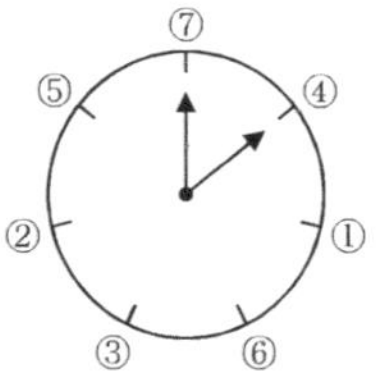

※図・式・計算・考えなどは解説を参照してください。

《理　科》

1　問１．あ．生物　い．二酸化炭素　う．植物　　問２．卵／精子　　問３．性

問４．［うめるもの／生殖方法］　チューリップ…［球根／Ａ］　ひまわり…［種子／Ｂ］　　問５．５

問６．卵が大きい…子が大きくなる。　卵が多い…生き残る個体数が多くなる。　　問７．卵にたくわえるための栄養が大量に必要になるから。　　問８．イ

2　問１．焙煎の度合いが均一になる。　　問２．ア　　問３．粉にすると表面積が大きくなり，空気に触れやすくなるから。　　問４．苦味は強く，酸味は弱くなる。　　問５．コーヒー豆に触れていない湯が混ざるので，味がうすくなる。　　問６．１：１　　問７．６：７　　問８．極細挽き

問９．右図

3　問１．ア　　問２．温度が高くなりすぎたときに，自動で回路を切断する役割。

問３．エ　　問４．Ｘの部分の一部が油から出て，正確な温度を測れなくなる。

問５．あ．３　い．２　　問６．50　　問７．250　　問８．液体が固体になってしまうから。　　問９．－150

4　問１．イ　　問２．エ　　問３．ウ　　問４．①ウ　②エ　　問５．Ａ，ｇ／Ｃ，ｅ　　問６．223　　問７．ウ

問８．ア　　問９．伊能忠敬　　問10．イ

《社　会》

問１　文部科学

問２　い．ギリシャ　　う．イタリア

問３　場所…エ　　説明…１

問４　やぶさめ

問５　相手を倒すための訓練から，技術や強さを競う武芸へと変化した。

問６　スポーツの原型は町・村を単位とし，近代的なスポーツは国を単位として認識されるという違い。

問７　富国強兵に役立て，強い軍隊をつくるための集団行動や規律を守ることができる人材を育てようとした。

問８　政治や世の中に対する不満を行動に起こそうとする人々のエネルギーをそらすことができる点。

問９　ナチスの思想を宣伝する効果。

問10　ソ連のアフガニスタン侵攻に反発したアメリカに賛同したから。

問11　試合終了まで中継放送ができ，番組編成がしやすい点。

問12　日本の経済をリードする輸出産業と優勝チームの移り変わりが，ともにせんい→鉄鋼→機械と共通している。

問13　ケガによる休業中や引退後も企業内に残ることができる点。

問14　(例文)健康の維持や増進を目的とした生涯スポーツを広めることで，働く世代や高齢者の心と体を健康にすることができる。そうすれば，健康な高齢者が増え，継続雇用年齢の引き上げが可能になり，少子高齢化による社会保障費の財源不足の解消につながる。

←解答例は前のページにありますので，そちらをご覧ください。

《2019　国語　解説》

二　1　33～36 行目を参照。「『仕事は勝ち負け～うまいことといかなかったんでしょ。だったら』　やっぱり負けたのではないか～いきなり引っ越《こ》すのだと聞かされた～仕事の都合でやむを得ないとパパに説明されて」とあることから、父親の仕事の都合で引っ越したのだと読み取れる。　**2**　母は、39 行目で「確かにね、新しいところに慣れるのって、簡単じゃないわよ」と言いながらも、44 行目で「でもまあ、前はよかったとか、振《ふ》り返っててもはじまらないからね、ここでがんばるしかないってことよね」と言っているので、前向きに気持ちを切りかえていることがわかる。一方、その母の言葉を聞いたヒナコは、45～46 行目で「うっかり反論して、パパの仕事の事情もわかってやりなさいなどと説教されるのはたまらない」と思ってだまっている。「うっかり反論」なので、心の中では反論しているということ。つまり、前の街にいたほうがよかった、ここでがんばる気になどなれないという気持ちなのである。そして、この町に引っ越す原因をつくった父親に対して、「うまいことといかなかったんでしょ～やっぱり負けたのではないか」(33～34 行目)と、不満な気持ちをかかえたままなのだ。35 行目に「引っ越すのだと聞かされたとき、一番抵抗《ていこう》したのはこのヒナコだ」とあること、13～15 行目で前の友だちの名前を言って「口を～ほころばせる」こと、23 行目で「こんな朝早くに～入ってきちゃうの？　知らないおばさんが」とやや不満げに言っていること、49 行目以降の多恵《たえ》さんとのやり取りなどからも、前の街のほうを良く思っていて、この町の暮らしになじめず、この町の人たちにも好感を持っていないことがうかがえる。

三　とうてい自慢《じまん》できなさそうな父親のことを「すごくうまかったんだよ、あたしの父さん」と照れながらほめた多恵さんに、「なんで照れるの～自慢なわけ？」と思い、いらっとしている(＝反発を覚えている)様子である。同時に、それにひきかえ「自分はたった今、父親の悪口を言っていた」こと(30～34 行目)を思い出して、「下を向いた」とある。さらに、74 行目に「目をふせたままで」とあることに着目する。父親のことを自慢できる多恵さんをまぶしく思い、気が引けているのだ。つまり、自分が父親を悪く思っていることに、気がとがめた(＝うしろめたさを感じている)ということ。よって、アが適する。

四　「帰る」は、自分の家や元いた場所などにもどること。この町を自分の町だと思っていない、前の街を自分のホームグラウンドだと思っているヒナコの心理が表れている。

五　「見もしないで」に興味のなさが、「つっこんだ」に多恵さんをぞんざいにあつかう気持ちが表れている。少しでも興味があれば、チケットに書かれた情報を見るはず。また、さそってくれた多恵さんにありがとうという気持ちがあれば、ていねいにあつかうはず。58 行目以降を参照。「ヒップホップのダンスが好きで～スクールに通っていた」ヒナコは「音楽や踊《おど》り」が好きだ。しかしそれは「太鼓《たいこ》～竜《りゅう》の舞《まい》」とは全然ちがう。「チケットを返そうかと思った」とあるので、まったく行く気がないということがわかる。また、多恵さんと会話を続けながら「なんで照れるの」「そこまで聞くかな」「それはやってはいけないことなんだよ」などといら立ちや不満をおぼえ、「かみあわない話を続けるよりも、これから出かけることを思い出してもらおう」と早く帰らせ、多恵さんが帰ると「ドアを閉めて鍵《かぎ》をかけた」。これらの様子から、多恵さんのことをうっとうしく思っていることが読み取れる。

六　――線⑤の直後で「おらちにも娘《むすめ》っ子がいだんだ～おめだぢ見てると、家さ帰《け》えりたくなるだ。まだめんこい娘っ子のまんま、家でおらのこと待っててくれる気がしてならねえでなあ」と言っていることから、三人の姿に、娘のかつての姿を重ねているということ。

八　寒さや痛さを感じることで、いけない自分をばっするような気持ち。それは、221～222 行目の「下を向いてくちびるをかんだ。痛くなるまでかまなければいけなかった」という思いと同じ。おじさんに申し訳ないことをしたと、心が痛んでいるということ。おじさんは、自分こそ寒そうなのに、ヒナコのことを「さんぶいで風邪《かぜ》ひかねんでの」と思いやり、求職中で服を買ったり帰省したりするお金もないのに、ヒナコのために自販機《じはんき》にココアを買いに行き、売り切れだったのでわざわざコンビニまで行ってくれた。しかも「肉まんかなんか」も追加してくれたようだ。そのように気がよくて親切なおじさんの善意を、ふみにじってしまったのだ。せっかく買ってきたのにヒナコたちが消えていて、寒い公園でひとりになったおじさんは、どんなにさみしく悲しい気持ちになっているだろう。いけないことだと気になりながらも、おじさんをからかう杏《あんず》とサトちゃんに合わせて、一緒《いっしょ》に笑ったり知らん顔をして帰ってきたりしてしまったが、ひとりになって、そのような自分の言動をくやみ、反省しているということ。

九　1　231～236 行目を参照。「母親らしき人が、女の子の手をひいて改札の前に立っている。女の子は～乗客の顔を見定めている。きっとお父さんを待っているのだろう～まなざしが真剣《しんけん》」という様子を見て、「ふっと、多恵さんの言葉」を思い出していることから。また、240～241 行目に「父親を待つ女の子に、多恵さんの小柄《こがら》な姿が重なった」とあるのを参照。　2　──線⑧の直後で、多恵さんの言葉(86～87 行目、91～92 行目)の意味を解釈《かいしゃく》している。「あれは～父親に伝えたい言葉だったのだ。たとえ仕事がうまくいかなくても、電車の運賃さえも稼《かせ》げなかったとしても、この駅ならば帰ってこられる～(多恵さんがこの駅を)好きなのは、きっとここがお父さんの帰ってくる駅だからだ」と気がついた。

十　この招待券は、多恵さんからもらって行く気のなかった演奏会のチケット(五の解説参照)。働きに出たまま帰らずホームレスになっているかもしれない父親の帰りを待っている多恵さん。多恵さんの父親は、さきほど会ったおじさんのようになっているかもしれない。あのおじさんのように、多恵さんの父親も、多恵さんのことを思いながら、家に帰りたいと思っているだろう。その父親を待っている多恵さんの気持ちが、チケットをもらった時にはわからなかったが、今はよく理解できるようになった。おじさんの善意をふみにじって帰ってきたことを反省しているヒナコは、太鼓の演奏会にさそってくれた多恵さんの善意をふみにじるようなことをしてはいけないと思ったはず。そして、父親に対する多恵さんの気持ちを、尊く温かいものだと見直しているはず。自分が父親に対して不満をもっていたこと、おじさんにひどいことをしたこと、それらへの反省をこめて、家族とこの町、この町の人を大事にしていこうと思い始めているのだ。その第一歩として、多恵さんと一緒に演奏会に行くことを決意した。

十一　「前の街から帰ってくるヒナコ」はどのような心境になっているだろう。この町の暮らしになかなかなじもうとしないヒナコが、前の街の友だちに会いに行った。家族としては、ヒナコがますますこの町を不満に思いながら帰ってくるのではないか、これからもこの町で友だちをつくろうとしないのではないかなどと心配するだろう。姉が駅まで迎《むか》えに行き、父親の大きな傘《かさ》に二人で肩《かた》を寄せ合って入る。ここに、ヒナコの気持ちに寄りそい、支えようとする家族の思いが象徴《しょうちょう》されている。雨から守る一本の大きな傘が、一つにまとまる家族をイメージさせる。

十二　〈語注〉を参照。～～線Aは「その土地に住もうとする人は、その土地の文化に従うべきである」、～～線Bは「馬が良いか悪いか～、人柄《ひとがら》が良いか悪いかは付き合ってみなければわからないので、何事も経験してみないとわからない」という意味。この町にとけこもうとすること、この町の人と交流しようとすることをすすめて、多恵さんのことを友だちだと思い始めたヒナコの背中をおしている。

十三　1　122 行目までのヒナコは、前の街のほうを良く思っていて、この町の暮らしになじめず、この町の人たちにも好感を持っていない(二の(2)の解説参照)。しかし、前の街から帰ってきてからは、家族とこの町、この町の人を大事にしていこうと思っている(十の解説参照)。この変化を簡潔にまとめる。　2　父親の仕事がうまくいかず都会から田舎《いなか》に引っ越すことになったヒナコの家族。父親が働きに出たまま帰ってこない多恵さんの家族。仕事もお金もなく青森の家に帰れないと言っていたおじさんの家族。それぞれに事情をかかえて暮らしている。とてもつらい思いをしているのに、多恵さんもおじさんも、家族や身近な人、出会った人のことを思いやり、大切にしながら暮らしている。ヒナコの家族も、慣れない生活の中で前を向こうと努力しながら、ヒナコのことを気にかけてくれる。そのような人たちの生き方にふれて、うまくいかないことがあっても、住む場所がはなれても、おたがいのことを思い合っているのが家族なのだと気づいたのだろう。だから、この町での暮らしに不満をかかえていたヒナコも、家族や周囲の人を大事にしていきたいと思うようになった。そして、そのような人たちとの気持ちのつながりの中にこそ、自分の居場所があるとわかったのだ。

《2019　算数　解説》

1 (1)　Ｂの室温を最も高くしたいので，ＡとＣに入る人数をなるべく少なくしたい。したがって，最少の人数でＡとＣの室温を等しくすることを考える。

Ａの室温がＣの最初の室温をこえるのは，$(9-7)\div0.3=6$ 余り 0.2 より，Ａに７人入ったときであり，そのときのＡの室温は，$7+0.3\times7=9.1$(度)である。Ｃに１人入ると，Ｃの室温も 9.1 度になる。

よって，求める人数は，Ａが７人，Ｃが１人である。

(2)　(1)の状態，つまりＡに７人，Ｂに $41-(7+1)=33$(人)，Ｃに１人入っている状態から，ＡとＣの室温が等しい状態を維持しながら，Ｂの生徒をＡとＣに振り分けていき，ＡとＢの室温が等しくなるところをつるかめ算の要領で探せばよい。

(1)の状態だと，ＡとＣの室温は 9.1 度，Ｂの室温は $8+0.2\times33=14.6$(度)であり，$14.6-9.1=5.5$(度)の差がある。Ｂから，Ａに１人，Ｃに３人振り分けるとＡとＣの室温は等しいままである。この合計４人の移動を１回の操作とすると，１回の操作でＡとＢの室温の差は $0.3\times1+0.2\times4=1.1$(度)ちぢまるから，この操作を $5.5\div1.1=5$ (回)行えば，３つの教室の室温が等しくなる。よって，求める室温は，$9.1+0.3\times5=10.6$(度)

2 (1)　太朗君がバスに追い抜かれた地点をＰ地点とする。ＰからＡまで進むのにかかる時間は，歩いている太朗君が８時＋３分－７時 59 分 40 秒＝３分 20 秒＝200 秒，バスが８時－７時 59 分 40 秒＝20 秒だから，同じ道のりを進むのにかかる時間の比は，200：20＝10：１である。

よって，太朗君の歩く速さとバスの速さの比は，10：１の逆比の１：10 である。

(2)　太朗君の歩く速さと走る速さの比は $1:\frac{5}{2}=2:5$ だから，同じ道のりを進むのにかかる時間の比は，この逆比の５：２である。太朗君が歩くと家からＡまで８時－７時 50 分＝10 分かかるので，走ると $10\times\frac{2}{5}=4$ (分)かかる。したがって，太朗君が走った日，太朗君は７時 53 分＋４分＝７時 57 分にＡを通過した。

(1)より，太朗君の走る速さとバスの速さの比は，$(1\times\frac{5}{2}):10=1:4$ だから，同じ道のりを進むのにかかる時間の比は，この逆比の４：１である。

7時57分から，バスが太朗君を追い抜くまでの様子

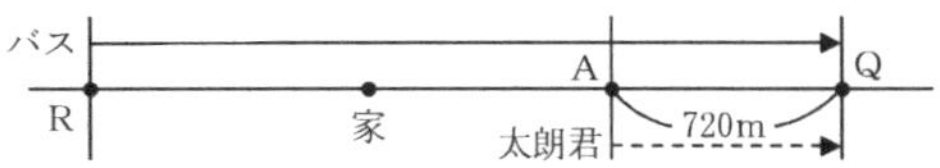

太朗君がバスに追い抜かれた地点をＱ地点，バスが７時 57 分に通過した地点をＲ地点とすると，ＲＱ：ＡＱ＝４：１だから，ＲＡ：ＡＱ＝３：１である。バスはＲＡ間を８時－７時 57 分＝３分で走るのだから，ＡＱ間を $3\times\frac{1}{3}=1$ (分)で走る。したがって，バスの速さは分速 720m だから，太朗君の歩く速さは，分速 $\frac{720}{10}$m＝分速 72m，つまり，秒速 $\frac{72}{60}$m＝秒速 1.2m

3　Ｑを通りＰＲに平行な直線を引き，立方体の辺と交わる点をＳとする。

Ｐを通りＲＳを平行な直線を引き，立方体の辺と交わる点をＴとする。

すると，切り口は右図の太線のようになるとわかる。切断面のうち白いもちは平行四辺形ＳＱＵＲであり，赤いもちは台形ＱＴＰＵである。ＳＲ，ＱＵ，ＴＰが平行でＱがＣＤの真ん中の点だから，平行四辺形ＳＱＵＲの底辺をＱＵとしたときの高さと，台形ＱＴＰＵの高さは等しい。したがって，平行四辺形ＳＱＵＲの面積を台形の面積の公式を用いて求めると考えれば，切断面の白いもちと赤いもちの面積比は，(ＳＲ＋ＱＵ)：(ＱＵ＋ＴＰ)と等しい。

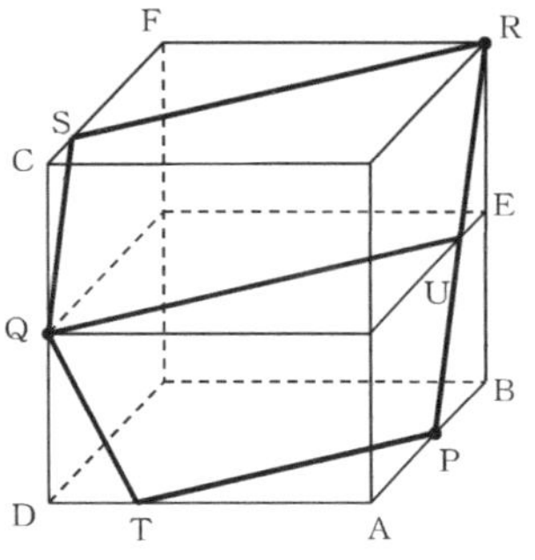

ＡＰ＝８，ＰＢ＝６とすると，立方体の１辺の長さは８＋６＝14 である。

三角形ＲＵＥは三角形ＲＰＢを $\frac{1}{2}$ 倍に縮小した三角形だから，ＵＥ＝ＰＢ×$\frac{1}{2}$＝$6\times\frac{1}{2}=3$

三角形ＱＳＣは三角形ＲＵＥと合同だから，ＳＣ＝ＵＥ＝３，ＳＦ＝14－３＝11

三角形ＳＦＲと三角形ＰＡＴは同じ形で，辺の比がＳＦ：ＰＡ＝11：８だから，ＳＲ：ＰＴ＝11：８

平行四辺形の向かい合う辺の長さは等しいから，ＳＲ＝ＱＵ

よって，(ＳＲ＋ＱＵ)：(ＱＵ＋ＴＰ)＝(11＋11)：(11＋８)＝22：19

4 (1) ３＋６＋７＋９＋12＋14＋15＋18＋21＝

３×１＋３×２＋７×１＋３×３＋３×４＋７×２＋３×５＋３×６＋３×７＝

$3\times(1+2+3+4+5+6+7)+7\times(1+2)=3\times\frac{(1+7)\times 7}{2}+7\times 3=84+21=105$

(2) ３と７の最小公倍数は３×７＝21 だから，この数の列は 21 の倍数が現れるたびに，つまり９個の数ごとに１つの周期が終わる。したがって，２周期目(10 番目～18 番目)は，１周期目の各数に 21 を足した数となり，３周期目(19 番目～27 番目)は，２周期目の各数に 21 を足した数となる(下表参照)。77 番目から 85 番目までに数は 85－77＋１＝９(個)あるから，この周期の規則性を利用して 77 番目から 85 番目までの数の和を求める。

１周期目	３×１	３×２	７×１	３×３	３×４	７×２	３×５	３×６	21
２周期目	21＋３×１	21＋３×２	21＋７×１	21＋３×３	21＋３×４	21＋７×２	21＋３×５	21＋３×６	42
３周期目	42＋３×１	42＋３×２	42＋７×１	42＋３×３	42＋３×４	42＋７×２	42＋３×５	42＋３×６	63
⋮	⋮	⋮	⋮	⋮	⋮	⋮	⋮	⋮	⋮

(1)より，１番目から９番目までの数の和が 105 であり，この９個の数から１番目の数を取り除いて 10 番目の数を加えると，数の和は 21 大きくなる。つまり，９個の数のまとまりを大きい方に１つずらすたびに数の和は 21 大きくなる。１番目から９番目までの９個から，77 番目から 85 番目までの９個にずらすためには，大きい方に 77－１＝76(回)ずらせばよいから，77 番目から 85 番目までの数の和は，105＋21×76＝1701

(3) (2)の解説をふまえる。99 番目の数は 99÷９＝11(回目)の周期の最後の数だから，その和は

105＋{105＋21×(２－１)×９}＋{105＋21×(３－１)×９}＋…＋{105＋21×(11－１)×９}＝

105×11＋21×９×(１＋２＋…＋10)＝1155＋189×55＝1155＋10395＝11550

(4) (2)，(3)の解説をふまえる。１番目から 99 番目までの数のまとまりから大きい方に数のまとまりをずらしていき，和が 128205 になるところを見つければよい。

99 番目の数(11 周期目の最後の数)は 21×11＝231 だから，100 番目の数は１番目の数に 231 を加えた数である。したがって，１番目から 99 番目までの 99 個の数のまとまりを大きい方に１つずらすたびに，数の和は 231 大きくなる。１番目から 99 番目までの数の和は 128205 に 128205－11550＝116655 足りない。したがって，大きい方に 116655÷231＝505(回)ずらせばよいので，和が 128205 になる 99 個の数のまとまりの中で最も小さい数は，１＋505＝506(番目)の数である。

5 (1) 図３以降の変化を，順を追って調べていくとよい。最初から７回の【操作】が終わるまでをまとめると，下図のようになる。

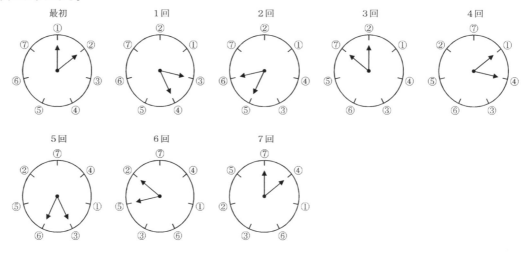

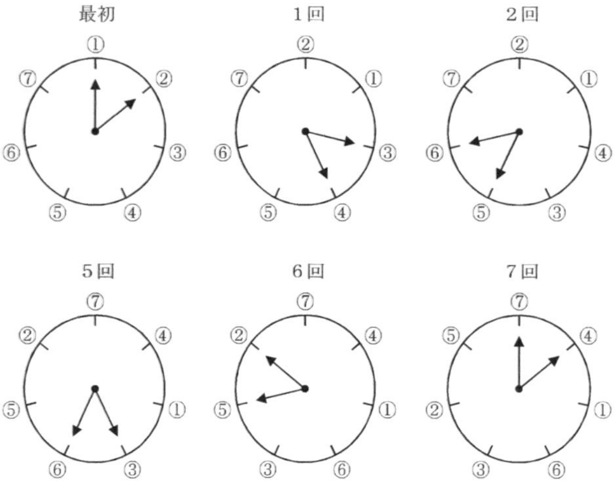

(2)　(1)の解説の図より，①のコインは１目盛りずつ時計回りに動いていくとわかる。５回目のあとは９回目のときに動くから，①が動く【操作】は，１回目，５回目，９回目，…と１から始まり４回ずつ増えているとわかる。したがって，①が最初の位置から７目盛り動いて最初と同じ位置に戻《もど》るのは，$1+4\times 6=25$(回目)の【操作】のときである。

また，(1)の解説の図より，２本の矢印は【操作】の回数が７の倍数になるたびに元の位置に戻るとわかる。25回目の【操作】以降で①が動くのは$25+4=29$(回目)であり，その前に28回目のときに２本の矢印が元の位置に戻るから，求める回数は28回である。

(3)　(1)の解説の図より，奇数《きすう》のコインは時計回りに１目盛りずつ動き，①，③，⑤，⑦の順に１回ずつ【操作】がずれて動いていることがわかる。したがって，最初の位置に戻る【操作】の回数は，①，③，⑤，⑦の順に，25回目，26回目，27回目，28回目だから，28回終えたところですべて元の位置に戻る。これは28回を１つの周期とする動きだから，【操作】の回数が28の倍数になるたびにすべて元の位置に戻る。

偶数《ぐうすう》のコインは反時計回りに１目盛りずつ動いている。②に注目すると，②が動く【操作】は，１回目，４回目，７回目，…と１から始まり３回ずつ増えているとわかる。したがって，②が最初の位置から７目盛り動いて最初と同じ位置に戻るのは，$1+3\times 6=19$(回目)の【操作】のときである。奇数のコインと同様に，20回目に④が，21回目に⑥が元の位置に戻る。つまり，偶数のコインはすべて【操作】の回数が21の倍数になるたびに元の位置に戻る。

よって，奇数のコインと偶数のコインと２本の矢印が同時に元の位置に戻る最初のときは，28と21と７の最小公倍数が84だから，【操作】を84回終えたときである。

(4)　数字が大きくなっただけで，考え方は(3)の解説と同様である。

まず，２本の矢印の周期を考える。最初左側にある矢印が$99+99=198$(目盛り)進んで２周したときに，２本の矢印は元の位置に戻るから，【操作】を$198\div 2=99$(回)終えるごとに元の位置に戻る。

次に奇数のコインについて考える。７等分のときと同様に奇数のコインは時計回りに移動する。最初に左にいた矢印が，１回目に①が動いた先の位置(最初に②がある位置)に移動してくるのは，最初の位置から100目盛り進んだときだから，$100\div 2=50$(回目)の【操作】のときである。したがって，①が動くのは51回目のときだから，①が動く【操作】は，１回目，51回目，101回目，…となる。このため，①が元の位置に戻るのは，１回目の【操作】が終わったあと$99-1=98$(回)進んだときだから，$1+50\times 98=4901$(回目)である。このあとに①が動くのは$4901+50=4951$(回目)だから，その１つ前の4950回目には奇数のコインがすべて同じ位置に戻ることになる。つまり，奇数のコインの周期は4950回である。

最後に偶数のコインについて考える。偶数のコインは反時計回りに移動する。最初に右にいた矢印が，１回目に②が動いた先の位置(最初に①がある位置)に移動してくるのは，最初の位置から$99-1=98$(目盛り)進んだときだから，$98\div 2=49$(回目)の【操作】のときである。したがって，②が動くのは50回目のときだから，②が動く【操作】は，１回目，50回目，99回目，…となる。このため，②が元の位置に戻るのは，１回目の【操作】が終わったあと$99-1=98$(回)進んだときだから，$1+49\times 98=4803$(回目)である。このあとに②が動くのは$4803+49=4852$(回目)だから，偶数のコインの周期は$4852-1=4851$(回)である。

以上より，99，4950，4851の最小公倍数を求めればよく，右の筆算より，$9\times 11\times 50\times 49=242550$(回)である。

$$\begin{array}{r|rrr} 9 & 99 & 4950 & 4851 \\ \hline 11 & 11 & 550 & 539 \\ \hline & 1 & 50 & 49 \end{array}$$

《2019　理科　解説》

1　**問1**　植物が日光のエネルギーを利用して二酸化炭素と水から栄養を作り出すはたらきを光合成という(このとき酸素が放出される)。自ら栄養を作り出せない生物は他の生物を食べて栄養を得ている(草食動物は植物を食べ，肉食動物は草食動物を食べる)。よって，(あ)は生物，(い)は二酸化炭素，(う)は植物である。すべての生物は酸素を吸収し二酸化炭素を放出する呼吸を行っているが，呼吸を行うのは酸素を使って栄養を分解し生きるためのエネルギーを得るためであり，このエネルギーは，日光のエネルギーが姿を変えたものといえる。

問2～4　Aでは，単細胞《さいぼう》生物が分裂《ぶんれつ》したり，体の一部から分かれたイモや球根などから芽が出たりして成長する(無性生殖《せいしょく》という)。Bでは，雌《めす》がつくる卵と雄《おす》がつくる精子が合体し，新たな子となる(有性生殖という)。

問5　1個体の病原菌《びょうげんきん》は20分で1回分裂して2個体になるから，1時間後には3回分裂して2×2×2＝8(個体)になる。その後，2時間後には8×8＝64(個体)，3時間後には64×8＝512(個体)，4時間後には512×8＝4096(個体)，5時間後には4096×8＝32768(個体)，6時間後には32768×8＝262144(個体)になるから，5時間後までにお弁当を食べれば，食中毒にならない。

問8　Aの生殖では子の遺伝情報は親と全く同じだが，Bの生殖では両親からそれぞれ異なる遺伝情報を受け継ぎ，子が両親のどちらとも異なる遺伝情報を持つことがある。

2　**問1**　焙煎《ばいせん》を回転式穴あきドラムを使って行えば，どのコーヒー豆にも同じように熱が伝わり，むらなく仕上がる。

問2　苦味成分は焙煎が進むと増加するので，最も苦味が強いのは深煎《い》りである。また，深煎りには酸味の原因である有機酸が少量しか含《ふく》まれていないので，最も酸味が弱いのは深煎りである。よって，アが正答である。

問3　粉にすると表面積が大きくなり，空気と触《ふ》れやすく(酸化しやすく)なるので，味が変化しやすくなる。

問4　高速でハンドルを回すと，摩擦《まさつ》によって熱が多く発生し，酸化がはやまり，深煎りに近づくと考えられる。

問5　直接ペーパーフィルターに触れた湯は，コーヒーの成分が抽出《ちゅうしゅつ》されずに下の容器にたまる。

問6　コーヒーの粉1gに残っている『粒《つぶ》』の数と，触れていた熱湯1gあたりに溶《と》けた『粒』の数の比が9：1になるから，触れていた熱湯が9gであれば，コーヒーの粉1gに残っている『粒』の数と，9gの熱湯に溶けている『粒』の数の比は，9：(1×9)＝1：1となる。

問7　1回だけ抽出する場合，コーヒーの粉1gに残っている『粒』の数と，27gの熱湯に溶けている『粒』の数の比は，9：(1×27)＝1：3だから，27gの熱湯に溶けている『粒』の数は，コーヒーの粉1gに含まれている『粒』の$\frac{3}{1+3}=\frac{3}{4}$である。3回抽出する場合，1回目が終わった後のコーヒーの粉1gに残っている『粒』の数と，9gの熱湯に溶けている『粒』の数の比は，問6より，1：1だから，この方法では，コーヒーの粉1gに含まれている『粒』が，コーヒーの粉1gと9gの熱湯にそれぞれ$\frac{1}{2}$ずつになって分かれると考えればよい。2回目が終わった後のコーヒーの粉1gには，1回目が終わった後に残っていた$\frac{1}{2}$がさらに半分になって$\frac{1}{4}$が残り，3回目が終わった後のコーヒーの粉1gには，2回目が終わった後に残っていた$\frac{1}{4}$がさらに半分になって$\frac{1}{8}$が残る。つまり，3回分の27gの湯には，コーヒーの粉1gに含まれている『粒』の$1-\frac{1}{8}=\frac{7}{8}$が溶けていることになる。したがって，熱湯(1回)：熱湯(3回)＝$\frac{3}{4}:\frac{7}{8}$＝6：7となる。

問8　豆を細かく挽《ひ》くほど表面積が大きくなるので，コーヒーの成分が抽出されやすく，濃厚なコーヒーになる。

問9　下の部分に入れた水が熱せられて沸とうして水蒸気が発生すると，水蒸気によって水がおされて熱湯が管を上がっていき，真ん中に入れた粉に触れて抽出が行われ，できたコーヒーが管から出てきて，上の部分にたまる。

3　**問1**　体積が変化しやすい金属aの方がよく伸《の》びるので，金属aがカーブの外側になるように曲がる。

問2　図2の回路で，バイメタルPの温度が高くなったとき，バイメタルPが接点から離《はな》れるように曲がると，回路に電流が流れなくなる。火災《かさい》などを防ぐために，このような仕組みが利用されている。

問3　図3では，あたためたときの方がカーブがゆるやかになっているので，問1とは逆に，カーブの内側が体積が変化しやすい金属aになっている。

問5　白金の個数が1個のとき，0℃ならば120mA，125℃ならば80mAの電流が流れる。また，表2より，電流の大きさは直列につなぐ白金の個数に反比例することがわかるから，125℃のときの電流は表Iのようになる。表2と表Iより，0℃の白金3個のときと，125℃の白金2個のときで，流れる電流の大きさが等しいことがわかる。

表I

白金の個数	電流(mA) 125℃
1	80
2	40
3	約27
4	20

問6　0℃の白金を24個直列つなぎにしたときの電流は120÷24＝5(mA)で，これが350℃の白金を10個直列つなぎにしたときの電流と等しい。よって，350℃の白金1個では5×10＝50(mA)である。

問7　0℃の白金を10個直列につないだときの電流が120÷10＝12(mA)で，その半分の6mAになるのは0℃の白金を20個直列につないだときである。表3より，白金10個の温度が25℃高くなるごとに0℃の白金の個数が1個ずつ増えていることがわかるから，0℃の白金20個を直列につないだときと同じ電流になるのは，175℃のときより0℃の白金の個数が3個多い，つまり，25×3＝75(℃)高い250℃のときである。

問9　白金1個に流れる電流が300mAになるのは，白金を10個直列につないだときの電流が30mAになるときである。表2より，0℃の白金を4個直列につないだときの電流が30mAだから，問7と同様に考えて，0℃の白金の個数が10個のときより6個少ない，つまり，25×6＝150(℃)低い－150℃が正答である。

4　**問2**　月食は，太陽，地球，月(満月)の順に一直線上に並び，月が地球のかげに入ることで起こる。

問3　地球と月が公転する面どうしにかたむきがなければ，新月のたびに日食が，満月のたびに月食が，必ず見える。

問4①　地球からは，右半分が光って見える半月(上弦《じょうげん》の月)が見える。　**②**　地球からは，太陽の光が当たっている面は見えないから，新月である。

問5　太陽，月(新月)，地球の順に一直線上に並び，地球が公転する面上に月があるとき，皆既《かいき》日食が生じる可能性がある。地球が公転する面上に月があるのはeとgであり，eが新月になるのは地球がCにあるとき，gが新月になるのは地球がAにあるときである。

問6　18年11日は365×18＋11＝6581(日)で，29.5日ごとに新月になるから，6581÷29.5＝223.0…→223回目の新月で皆既日食が生じる。

問7　問5で答えた2つの組み合わせのうちの1つで，約18年11日ごとに皆既日食が見えるのだから，もう1つの組み合わせでの皆既日食がその間に1回見えるはずである。つまり，問5で答えた組み合わせで1回ずつ，合計2回の皆既日食が見える。さらに，地球と月が問5で答えた位置から少しずれていても，地球のどこかで皆既日食が見えるとあるので，約18年11日の間の皆既日食の回数は2回より大きい。また，皆既日食の回数が新月の回数より大きくなることはなく，図3で，地球の位置がBやDのときの新月では皆既日食が見えないので，皆既日食の回数は新月の回数よりは小さくなる。よって，ウが正答である。

問8　ア．日本と中国では経度の差が大きく，中国で図4のように太陽，月，観測者の順で一直線に並んでも，日本では観測者の位置がずれて，月のかげに入らない。

問10　日食・月食の時刻を測ることで東西の位置を決めたとある。日食や月食は，位置の条件がそろうだけでなく，天気がよくなければ見ることができない。よって，イが正答である。

《2019　社会　解説》

問1　スポーツ庁は，それまで複数の省庁が別々に行っていた仕事を効率化するため，文部科学省の外局として設置され，2020年開催の東京オリンピック・パラリンピックに向けた競技力の向上などの活動に取り組んでいる。

問2(い)　「オリンピア」からギリシャと判断する。　**(う)**　「ギリシャの西にある」「ローマ」からイタリアと判断する。

問3　地図について，鹿嶋市は茨城県にあるからエを選ぶ。アは大分市，イは岡山市，ウは名古屋市，オは室蘭市。説明文について，鹿島臨海工業地域は鹿島港を中心に広がり，太平洋岸の鹿島砂丘を掘り込んで造られたので，1を選ぶ。鹿島港は，原材料や製品の海上輸送基地として工業生産拠点となっている。

問4　鎌倉幕府は，馬に乗って矢を射る「流鏑馬《やぶさめ》・笠懸《かさがけ》・犬追物《いぬおうもの》(騎射三物《きしゃみつもの》)」の鍛錬を奨励した。

問5　江戸時代は，武力で支配しようとする政治から，学問や教育の奨励で人心をおさめていく政治へと転換していった。江戸幕府初代徳川家康から３代家光までの武力を背景とした政治を武断政治，４代家綱から７代家継までの安定政権を文治政治という。

問6　「世界に広がるスポーツ」の１段落に「サッカーやラグビーの原型であるフットボールは村や町同士で行うもの」，３段落に「近代的なスポーツはヨーロッパから…世界中に広がっていき…こうしたなかで 1896 年には第１回の近代オリンピックが開催され…参加国も増え，大規模なスポーツの祭典になっていった」とある。

問7　「富国」は資本主義経済を発展させて国の財政をゆたかにすること，「強兵」は軍備を充実させて，欧米列強に負けない武力をもつこと。明治政府は近代国家建設のスローガンとして「富国強兵」を掲げ，徴兵令を制定して近代的な軍隊をつくった。

問8　年表の「米騒動」「第二次護憲運動」「普通選挙法」「治安維持法」から，民衆が政治や世の中に対して不満を持ち，暴動や運動を起こしていたことを導く。米騒動は，シベリア出兵を見こした大商人らが米を買い占めたことから，米不足による米価高騰が起こり，暴動に発展した騒動である。第二次護憲運動は，藩閥政治を否定し，国民の意思を反映した政党政治を目指した運動である。普通選挙法で選挙権を持つようになった一般の労働者や農民に，政治体制の変革につながる思想が広まることを懸念した政府は，同時に治安維持法を制定し，社会主義の動きを取り締まった。

問9　「オリンピア」のように，政治的思想へ誘導する意図を持った宣伝を「プロパガンダ」という。ヒトラー率いるナチスは，放送，出版，歌などにもプロパガンダを用いて，独裁体制を維持した。

問10　第二次世界大戦終結後，ソ連を中心とする社会主義陣営とアメリカを中心とする資本主義陣営で，実際の戦火をまじえない冷戦(冷たい戦争)が始まった。冷戦時，日本はアメリカ側(西側陣営)の国であったため，モスクワ大会をボイコットした。

問11　制度が共通して，規定の試合時間を終了して決着がつかなかった際に行うものであることから考える。

問12　日本は1950年代後半から1970年代初めにかけて，技術革新や重化学工業の発展によって高度経済成長を遂げ，産業構造が軽工業中心から重化学工業中心にうつっていった。また，高度経済成長期，太平洋沿岸を帯状に結ぶ工業地域(太平洋ベルト)がつくられて経済発展の中心的な役割を果たしてきたため，優勝チームの都市と共通している。

問13　プロチームの選手と，企業内のチーム所属の選手との大きな違いは，企業との雇用契約の有無である。そのことから，労災保険制や終身雇用制，給料制などの利点を導く。

問14　スポーツの役割を考えてから，それに関連する社会問題と結びつけると書きやすい。解答例のほか，スポーツの役割として「空き家や廃校を利用したスポーツ施設による地域活性化」を考えて，「地方の過疎化」や「世代間交流の減少」といった問題解決に役立てるのも良い。

■ ご使用にあたってのお願い・ご注意

（1）問題文等の非掲載

著作権上の都合により，問題文や図表などの一部を掲載できない場合があります。

誠に申し訳ございませんが，ご了承くださいますようお願いいたします。

（2）過去問における時事性

過去問題集は，学習指導要領の改訂や社会状況の変化，新たな発見などにより，現在とは異なる表記や解説になっている場合があります。過去問の特性上，出題当時のままで出版していますので，あらかじめご了承ください。

（3）配点

学校等から配点が公表されている場合は，記載しています。公表されていない場合は，記載していません。

独自の予想配点は，出題者の意図と異なる場合があり，お客様が学習するうえで誤った判断をしてしまう恐れがあるため記載していません。

（4）無断複製等の禁止

購入された個人のお客様が，ご家庭でご自身またはご家族の学習のためにコピーをすることは可能ですが，それ以外の目的でコピー，スキャン，転載（ブログ，ＳＮＳなどでの公開を含みます）などをすることは法律により禁止されています。学校や学習塾などで，児童生徒のためにコピーをして使用することも法律により禁止されています。

ご不明な点や，違法な疑いのある行為を確認された場合は，弊社までご連絡ください。

（5）けがに注意

この問題集は針を外して使用します。針を外すときは，けがをしないように注意してください。また，表紙カバーや問題用紙の端で手指を傷つけないように十分注意してください。

（6）正誤

制作には万全を期しておりますが，万が一誤りなどがございましたら，弊社までご連絡ください。

なお，誤りが判明した場合は，弊社ウェブサイトの「ご購入者様のページ」に掲載しておりますので，そちらもご確認ください。

■ お問い合わせ

解答例，解説，印刷，製本など，問題集発行におけるすべての責任は弊社にあります。

ご不明な点がございましたら，弊社ウェブサイトの「お問い合わせ」フォームよりご連絡ください。迅速に対応いたしますが，営業日の都合で回答に数日を要する場合があります。

ご入力いただいたメールアドレス宛に自動返信メールをお送りしています。自動返信メールが届かない場合は，「よくある質問」の「メールの問い合わせに対し返信がありません。」の項目をご確認ください。

また弊社営業日（平日）は，午前９時から午後５時まで，電話でのお問い合わせも受け付けています。

2025 春

株式会社教英出版

〒422-8054　静岡県静岡市駿河区南安倍３丁目 12-28

TEL　054-288-2131　　FAX　054-288-2133

URL　https://kyoei-syuppan.net/

MAIL　siteform@kyoei-syuppan.net

神奈川県

①［県立］相模原中等教育学校
　　　　平塚中等教育学校
②［市立］南高等学校附属中学校
③［市立］横浜サイエンスフロンティア高等学校附属中学校
④［市立］川崎高等学校附属中学校
✿⑤聖光学院中学校
✿⑥浅野中学校
⑦洗足学園中学校
⑧法政大学第二中学校
⑨逗子開成中学校（1次）
⑩逗子開成中学校（2·3次）
⑪神奈川大学附属中学校（第1回）
⑫神奈川大学附属中学校（第2·3回）
⑬栄光学園中学校
⑭フェリス女学院中学校

新潟県

①［県立］村上中等教育学校
　　　　柏崎翔洋中等教育学校
　　　　燕中等教育学校
　　　　津南中等教育学校
　　　　直江津中等教育学校
　　　　佐渡中等教育学校
②［市立］高志中等教育学校
③新潟第一中学校
④新潟明訓中学校

石川県

①［県立］金沢錦丘中学校
②星稜中学校

福井県

①［県立］高志中学校

山梨県

①山梨英和中学校
②山梨学院中学校
③駿台甲府中学校

長野県

①［県立］屋代高等学校附属中学校
　　　　諏訪清陵高等学校附属中学校
②［市立］長野中学校

岐阜県

①岐阜東中学校
②鶯谷中学校
③岐阜聖徳学園大学附属中学校

静岡県

①［国立］静岡大学教育学部附属中学校
　　　　（静岡·島田·浜松）
②［県立］清水南高等学校中等部
　［県立］浜松西高等学校中等部
　［市立］沼津高等学校中等部
③不二聖心女子学院中学校
④日本大学三島中学校
⑤加藤学園暁秀中学校
⑥星陵中学校
⑦東海大学付属静岡翔洋高等学校中等部
⑧静岡サレジオ中学校
⑨静岡英和女学院中学校
⑩静岡雙葉中学校
⑪静岡聖光学院中学校
⑫静岡学園中学校
⑬静岡大成中学校
⑭城南静岡中学校
⑮静岡北中学校
⑯常葉大学附属常葉中学校
　常葉大学附属橘中学校
　常葉大学附属菊川中学校
⑰藤枝明誠中学校
⑱浜松開誠館中学校
⑲静岡県西遠女子学園中学校
⑳浜松日体中学校
㉑浜松学芸中学校

愛知県

①［国立］愛知教育大学附属名古屋中学校
②愛知淑徳中学校
③名古屋経済大学市邨中学校
　名古屋経済大学高蔵中学校
④金城学院中学校
⑤椙山女学園中学校
⑥東海中学校
⑦南山中学校男子部
⑧南山中学校女子部
⑨聖霊中学校
⑩滝中学校
⑪名古屋中学校
⑫大成中学校
⑬愛知中学校
⑭星城中学校
⑮名古屋葵大学中学校
　（名古屋女子大学中学校）
⑯愛知工業大学名電中学校
⑰海陽中等教育学校（特別給費生）
⑱海陽中等教育学校（I·II）
⑲中部大学春日丘中学校
新刊⑳名古屋国際中学校

三重県

①［国立］三重大学教育学部附属中学校
②暁中学校
③海星中学校
④四日市メリノール学院中学校
⑤高田中学校
⑥セントヨゼフ女子学園中学校
⑦三重中学校
⑧皇學館中学校
⑨鈴鹿中等教育学校
⑩津田学園中学校

滋賀県

①［国立］滋賀大学教育学部附属中学校
②［県立］河瀬中学校
　　　　守山中学校
　　　　水口東中学校

京都府

①［国立］京都教育大学附属桃山中学校
②［府立］洛北高等学校附属中学校
③［府立］園部高等学校附属中学校
④［府立］福知山高等学校附属中学校
⑤［府立］南陽高等学校附属中学校
⑥［市立］西京高等学校附属中学校
⑦同志社中学校
⑧洛星中学校
⑨洛南高等学校附属中学校
⑩立命館中学校
⑪同志社国際中学校
⑫同志社女子中学校（前期日程）
⑬同志社女子中学校（後期日程）

大阪府

①［国立］大阪教育大学附属天王寺中学校
②［国立］大阪教育大学附属平野中学校
③［国立］大阪教育大学附属池田中学校

④[府立]富田林中学校
⑤[府立]咲くやこの花中学校
⑥[府立]水都国際中学校
⑦清風中学校
⑧高槻中学校（A日程）
⑨高槻中学校（B日程）
⑩明星中学校
⑪大阪女学院中学校
⑫大谷中学校
⑬四天王寺中学校
⑭帝塚山学院中学校
⑮大阪国際中学校
⑯大阪桐蔭中学校
⑰開明中学校
⑱関西大学第一中学校
⑲近畿大学附属中学校
⑳金蘭千里中学校
㉑金光八尾中学校
㉒清風南海中学校
㉓帝塚山学院泉ヶ丘中学校
㉔同志社香里中学校
㉕初芝立命館中学校
㉖関西大学中等部
㉗大阪星光学院中学校

兵庫県

①[国立]神戸大学附属中等教育学校
②[県立]兵庫県立大学附属中学校
③雲雀丘学園中学校
④関西学院中学部
⑤神戸女学院中学部
⑥甲陽学院中学校
⑦甲南中学校
⑧甲南女子中学校
⑨灘中学校
⑩親和中学校
⑪神戸海星女子学院中学校
⑫滝川中学校
⑬啓明学院中学校
⑭三田学園中学校
⑮淳心学院中学校
⑯仁川学院中学校
⑰六甲学院中学校
⑱須磨学園中学校（第1回入試）
⑲須磨学園中学校（第2回入試）
⑳須磨学園中学校（第3回入試）
㉑白陵中学校
㉒夙川中学校

奈良県

①[国立]奈良女子大学附属中等教育学校
②[国立]奈良教育大学附属中学校
③[県立] 国際中学校
　　　　 青翔中学校
④[市立]一条高等学校附属中学校
⑤帝塚山中学校
⑥東大寺学園中学校
⑦奈良学園中学校
⑧西大和学園中学校

和歌山県

①[県立] 古佐田丘中学校
　　　　 向陽中学校
　　　　 桐蔭中学校
　　　　 日高高等学校附属中学校
　　　　 田辺中学校
②智辯学園和歌山中学校
③近畿大学附属和歌山中学校
④開智中学校

岡山県

①[県立]岡山操山中学校
②[県立]倉敷天城中学校
③[県立]岡山大安寺中等教育学校
④[県立]津山中学校
⑤岡山中学校
⑥清心中学校
⑦岡山白陵中学校
⑧金光学園中学校
⑨就実中学校
⑩岡山理科大学附属中学校
⑪山陽学園中学校

広島県

①[国立]広島大学附属中学校
②[国立]広島大学附属福山中学校
③[県立]広島中学校
④[県立]三次中学校
⑤[県立]広島叡智学園中学校
⑥[市立]広島中等教育学校
⑦[市立]福山中学校
⑧広島学院中学校
⑨広島女学院中学校
⑩修道中学校
⑪崇徳中学校
⑫比治山女子中学校
⑬福山暁の星女子中学校
⑭安田女子中学校
⑮広島なぎさ中学校
⑯広島城北中学校
⑰近畿大学附属広島中学校福山校
⑱盈進中学校
⑲如水館中学校
⑳ノートルダム清心中学校
㉑銀河学院中学校
㉒近畿大学附属広島中学校東広島校
㉓AICJ中学校
㉔広島国際学院中学校
㉕広島修道大学ひろしま協創中学校

山口県

①[県立] 下関中等教育学校
　　　　 高森みどり中学校
②野田学園中学校

徳島県

①[県立] 富岡東中学校
　　　　 川島中学校
　　　　 城ノ内中等教育学校
②徳島文理中学校

香川県

①大手前丸亀中学校
②香川誠陵中学校

愛媛県

①[県立] 今治東中等教育学校
　　　　 松山西中等教育学校
②愛光中学校
③済美平成中等教育学校
④新田青雲中等教育学校

高知県

①[県立] 安芸中学校
　　　　 高知国際中学校
　　　　 中村中学校

福岡県

①[国立]福岡教育大学附属中学校（福岡・小倉・久留米）
②[県立]育徳館中学校
門司学園中学校
宗像中学校
嘉穂高等学校附属中学校
輝翔館中等教育学校
③西南学院中学校
④上智福岡中学校
⑤福岡女学院中学校
⑥福岡雙葉中学校
⑦照曜館中学校
⑧筑紫女学園中学校
⑨敬愛中学校
⑩久留米大学附設中学校
⑪飯塚日新館中学校
⑫明治学園中学校
⑬小倉日新館中学校
⑭久留米信愛中学校
⑮中村学園女子中学校
⑯福岡大学附属大濠中学校
⑰筑陽学園中学校
⑱九州国際大学付属中学校
⑲博多女子中学校
⑳東福岡自彊館中学校
㉑八女学院中学校

佐賀県

①[県立]香楠中学校
致遠館中学校
唐津東中学校
武雄青陵中学校
②弘学館中学校
③東明館中学校
④佐賀清和中学校
⑤成穎中学校
⑥早稲田佐賀中学校

長崎県

①[県立]長崎東中学校
佐世保北中学校
諫早高等学校附属中学校
②青雲中学校
③長崎南山中学校
④長崎日本大学中学校
⑤海星中学校

熊本県

①[県立]玉名高等学校附属中学校
宇土中学校
八代中学校
②真和中学校
③九州学院中学校
④ルーテル学院中学校
⑤熊本信愛女学院中学校
⑥熊本マリスト学園中学校
⑦熊本学園大学付属中学校

大分県

①[県立]大分豊府中学校
②岩田中学校

宮崎県

①[県立]五ヶ瀬中等教育学校
②[県立]宮崎西高等学校附属中学校
都城泉ヶ丘高等学校附属中学校
③宮崎日本大学中学校
④日向学院中学校
⑤宮崎第一中学校

鹿児島県

①[県立]楠隼中学校
②[市立]鹿児島玉龍中学校
③鹿児島修学館中学校
④ラ・サール中学校
⑤志學館中等部

沖縄県

①[県立]与勝緑が丘中学校
開邦中学校
球陽中学校
名護高等学校附属桜中学校

もっと過去問シリーズ

北海道

北嶺中学校
7年分（算数・理科・社会）

静岡県

静岡大学教育学部附属中学校
（静岡・島田・浜松）
10年分（算数）

愛知県

愛知淑徳中学校
7年分（算数・理科・社会）
東海中学校
7年分（算数・理科・社会）
南山中学校男子部
7年分（算数・理科・社会）
南山中学校女子部
7年分（算数・理科・社会）
滝中学校
7年分（算数・理科・社会）
名古屋中学校
7年分（算数・理科・社会）

岡山県

岡山白陵中学校
7年分（算数・理科）

広島県

広島大学附属中学校
7年分（算数・理科・社会）
広島大学附属福山中学校
7年分（算数・理科・社会）
広島学院中学校
7年分（算数・理科・社会）
広島女学院中学校
7年分（算数・理科・社会）
修道中学校
7年分（算数・理科・社会）
ノートルダム清心中学校
7年分（算数・理科・社会）

愛媛県

愛光中学校
7年分（算数・理科・社会）

福岡県

福岡教育大学附属中学校
（福岡・小倉・久留米）
7年分（算数・理科・社会）
西南学院中学校
7年分（算数・理科・社会）
久留米大学附設中学校
7年分（算数・理科・社会）
福岡大学附属大濠中学校
7年分（算数・理科・社会）

佐賀県

早稲田佐賀中学校
7年分（算数・理科・社会）

長崎県

青雲中学校
7年分（算数・理科・社会）

鹿児島県

ラ・サール中学校
7年分（算数・理科・社会）

※もっと過去問シリーズは
国語の収録はありません。

教英出版

〒422-8054
静岡県静岡市駿河区南安倍3丁目12−28
TEL 054-288-2131
FAX 054-288-2133
詳しくは教英出版で検索
教英出版 検索
URL https://kyoei-syuppan.net/

国語

（二〇二四年度）

（60分）

麻布中学校

《注意》

一　試験開始の合図があるまでは、問題用紙を開けてはいけません。

二　問題用紙は十五ページまであります。解答用紙は一枚です。

試験開始の合図があったら、まず、問題用紙、解答用紙がそろっているかを確かめ、次に、解答用紙に「受験番号」「氏名」「整理番号」を記入しなさい。

三　試験中は、試験監督《かんとく》の指示に従いなさい。

四　試験中に、まわりを見るなどの行動をすると、不正行為《こうい》とみなすことがあります。疑われるような行動をとってはいけません。

五　試験終了《しゅうりょう》の合図があったら、ただちに筆記用具を置きなさい。

六　試験終了後、試験監督の指示に従い、解答用紙は裏返して置きなさい。

七　試験終了後、書きこみを行うと不正行為とみなします。

次の文章を読み、設問に答えなさい。

お詫び
著作権上の都合により、文章は掲載しておりません。
ご不便をおかけし、誠に申し訳ございません。
教英出版

お詫び

著作権上の都合により、文章は掲載しておりません。

ご不便をおかけし、誠に申し訳ございません。

教英出版

お詫び

著作権上の都合により、文章は掲載しておりません。
ご不便をおかけし、誠に申し訳ございません。

教英出版

お詫び

著作権上の都合により、文章は掲載しておりません。
ご不便をおかけし、誠に申し訳ございません。

教英出版

お詫び

著作権上の都合により、文章は掲載しておりません。
ご不便をおかけし、誠に申し訳ございません。

教英出版

お詫び

著作権上の都合により、文章は掲載しておりません。
ご不便をおかけし、誠に申し訳ございません。

教英出版

お詫び

著作権上の都合により、文章は掲載しておりません。

ご不便をおかけし、誠に申し訳ございません。

教英出版

２０２４年度

算　数

（その１）

受験番号	
氏　名	

※60点満点
（配点非公表）

1 次の計算をし，分数で答えなさい．

$$\left\{\left(4.2-\frac{7}{3}\right)\times 2.25-4\frac{1}{9}\right\}\div\left(0.895+2\frac{1}{6}\div 9\frac{1}{11}\right)$$

答

2 以下の問いに答えなさい．

(1) 右の図において，AB = 5 cm であり，BC = BD = 6 cm です．三角形 ABE の面積から三角形 CDE の面積を引くと何 cm^2 になりますか．

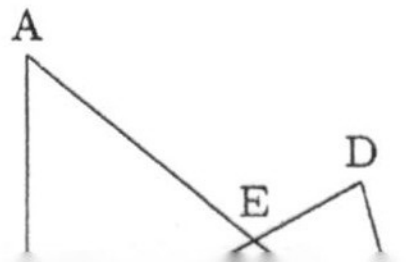

3 川に船着き場 A があり，A から 7200 m 下流の地点に船着き場 B があります．船アが A を出発して B へ向かい，船アの出発と同時に船イが B を出発して A へ向かうと，2 そうの船は A から 4500 m 下流の地点ですれ違《ちが》います．また，船イが A を出発して B へ向かい，船イの出発と同時に船アが B を出発して A へ向かうと，2 そうの船は A から 3750 m 下流の地点ですれ違います．ただし，川の流れの速さはつねに一定で，静水時の船ア，イの速さもそれぞれ一定であるものとします．以下の問いに答えなさい．

(1) 静水時の船ア，イの速さの比を最も簡単な整数の比で答えなさい．

２０２４年度
算　数
（その２）

受験番号	
氏　　名	

4 右の図のように白黒２色の正三角形をしきつめて，

- １段目の三角形に１
- ２段目の三角形に 2, 3, 4
- ３段目の三角形に 5, 6, 7, 8, 9

⋮

というように規則的に数を書きこみます．

以下の問いに答えなさい．

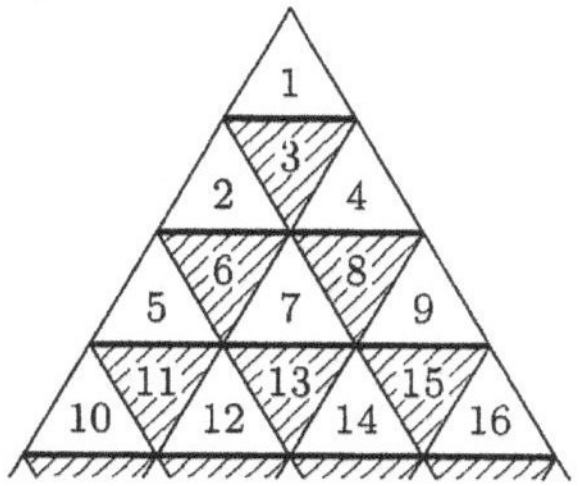

(1) 13 段目の三角形に書きこまれたすべての数の和を答えなさい．

答

(2) しきつめられた三角形の中から，右の図のように上下に並んだ２つの三角形を考えます．ア＋イ＝464 であるとき，数 ア，イを答えなさい．

5 １周 1 km の円形のコースがあります．A 君と B 君はコース上の P 地点を同時に出発し，A 君は自転車に乗って反時計回りに，B 君は歩いて時計回りに，それぞれコースを周回します．２人はこれを２日行いました．以下の問いに答えなさい．

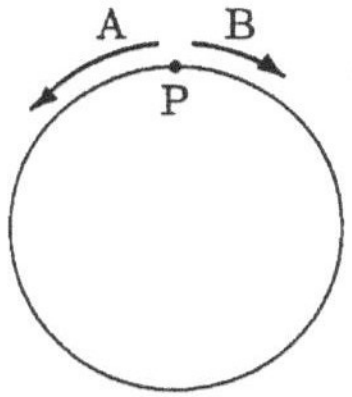

(1) １日目，A 君の進む速さと B 君の進む速さの比は 9 : 4 でした．２人が 18 回目にすれ違《ちが》うまでに A 君が進んだ道のりは何 km ですか．

答　　　　km

(2) ２日目，A 君の進む速さと B 君の進む速さの比は，出発してしばらく 9 : 4 でしたが，途中《とちゅう》で A 君だけが速さをそれまでの２倍に変えました．すると，２人が 18 回目にすれ違った場所は P 地点でした．

① ２人が 18 回目にすれ違ったのは，A 君がコースを何周したときですか．考えられるものをすべて答えなさい．ただし，解答欄《らん》はすべて使うとは限りません．

2024年度
算　数
（その３）

受験番号	
氏　　名	

6 1から9999までの整数を小さい順につなげて書き並べ，数字の並び A を作ります．

数字の並び A　　123456789101112…99989999

この数字の並び A を左から順に3つの数字ごとに区切り，整数の列 B を作ります．

整数の列 B　　123, 456, 789, 101, 112, …, 999

ただし，3つの数字の一番左が0である場合には，左の0を取って2桁《けた》や1桁の整数にします．例えば，021は整数21，007は整数7になります．また，000は整数0にします．

以下の問いに答えなさい．

(1) B の1001番目の整数を答えなさい．

(3) A の中で，20から30までを書き並べた部分に注目し，B を作るときに区切られる位置に縦線を書きました．このとき，縦線のすぐ右にある数字0をすべて丸で囲むと，以下のようになります．

2|⓪ 2 1|2 2 2|3 2 4|2 5 2|6 2 7|2 8 2|9 3 0|

これにならって，解答欄《らん》にある

- 1000から1003までを書き並べた部分
- 2000から2003までを書き並べた部分
- 3000から3003までを書き並べた部分

に，それぞれ B を作るときに区切られる位置に縦線を書き入れ，縦線のすぐ右にある数字0をすべて丸で囲みなさい．ただし，0が2個以上続いている場合も，縦線のすぐ右にある0だけを丸で囲みなさい．

答

1 0 0 0 1 0 0 1 1 0 0 2 1 0 0 3

2 0 0 0 2 0 0 1 2 0 0 2 2 0 0 3

3 0 0 0 3 0 0 1 3 0 0 2 3 0 0 3

問4　下の文章中の空欄《くうらん》［　あ　］と［　い　］に入る正しい数値を書きなさい。

30mA の電流が流れると振れ角が最大となるメーターを用いて、図4の回路をつくりました。図3の回路の実験結果から、図4の回路で電源装置から 20mA の電流を流したときは、メーターには［　あ　］mA の電流が流れて、その分だけメーターの針が振れます。また、電源装置から［　い　］mA の電流を流したときは、メーターの振れ角が最大となります。よって、図4の点線部分全体を1つの電流計とみれば、最大［　い　］mA の電流まで測定できる電流計になったと考えることができます。ただし、メーターを導線に置きかえても流れる電流は変化しないものとします。

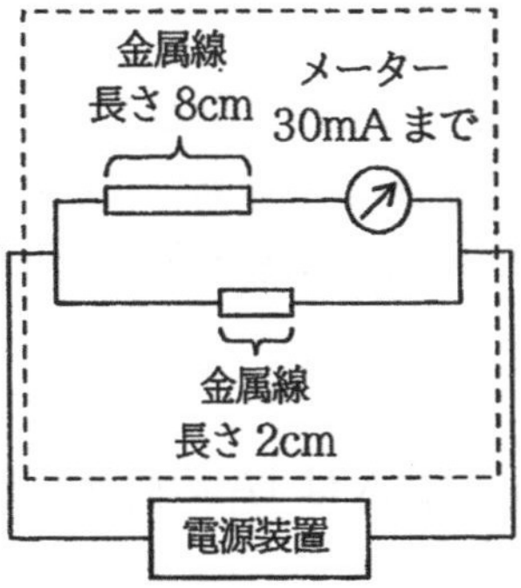

※2つの金属線の材質と太さは同じです。

図4

問5　下の文章中の空欄［　う　］～［　け　］に入る正しい数値と、空欄【　X　】に入る適当な語句を書きなさい。ただし、比の数値はもっとも簡単な整数比となるように答えなさい。

図1のような電流計では、−端子をつなぎかえることで測定範囲《はんい》を変えることができます。この仕組みを理解するため、図4の回路で使ったものと同じメーターを用いて、図5のように−端子をつなぎかえることで、最大 300mA や最大 3A まで測ることができる電流計をつくることを考えてみます。

図5の＋端子と 300mA の−端子に電源装置を接続して、電源装置から 300mA の電流を流したとします（3A の−端子には何も接続しません）。このときにメーターの針の振れ角が最大となるようにしたいので、図5の3つの金属線の長さの間には

c の長さ ： d と e の長さの合計 ＝［　う　］:［　え　］

の関係が満たされるようにしなければならないことが分かります。また、同様に＋端子と 3A の−端子に電源装置を接続して、電源装置から 3A の電流を流すことを考えれば

【　X　】： e の長さ ＝［　お　］:［　か　］

の関係も満たされるようにしなければならないことが分かります。よって、3つの金属線の長さの比を

c の長さ ： d の長さ ： e の長さ ＝［　き　］:［　く　］:［　け　］

とすれば、目的の電流計をつくることができます。

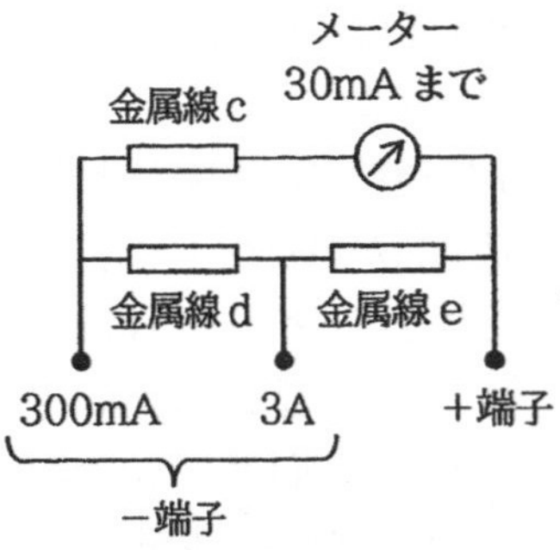

※3つの金属線の材質と太さは同じです。

図5

回路を流れる電流が非常に小さくなると、図2のようなメーターを用いた電流計で正確に電流を測ることが難しくなります。そのときには、図6のようなデジタルマルチメーターを使用することで、電流をより正確に測ることができます。デジタルマルチメーターは電池を入れると作動し、回路を流れる電流が数μA（マイクロアンペア）のときにも計測に使用できます。なお、1000μA＝1mAです。

図6

問6　1μAは1Aの何分の1の電流ですか。正しいものを次のア～クから1つ選び、記号で答えなさい。

ア．10分の1　　イ．100分の1　　ウ．1000分の1　　エ．1万分の1
オ．10万分の1　　カ．100万分の1　　キ．1000万分の1　　ク．1億分の1

デジタルマルチメーターの内部では、半導体でできたトランジスタと呼ばれる部品が重要なはたらきをします。ここで、回路に流れる電流を水の流れにたとえると、トランジスタのはたらきは次のように説明できます。

図7は連結された管Pと管Qに対して、頑丈《がんじょう》なひもでつながれた板1と板2からなる装置Tを設置したときに、どのように動作するかを示しています。管Qの上部からは水が供給されていて、板2の高さより上側は常に水で満たされています。ここで、管Pの左側から少量の水を流すと、水の流れの強さ（1秒あたりに通る水の量）に応じて板1が回転し、水はその先にある管Qまで到達《とうたつ》します。一方、板1と板2をつなぐひもは定滑車《ていかっしゃ》にかけられていて途中《とちゅう》で向きが変わるため、板1の回転角度に応じて板2は左向きに動きます。すると、水は管Qの上部からも流れてくるようになります。

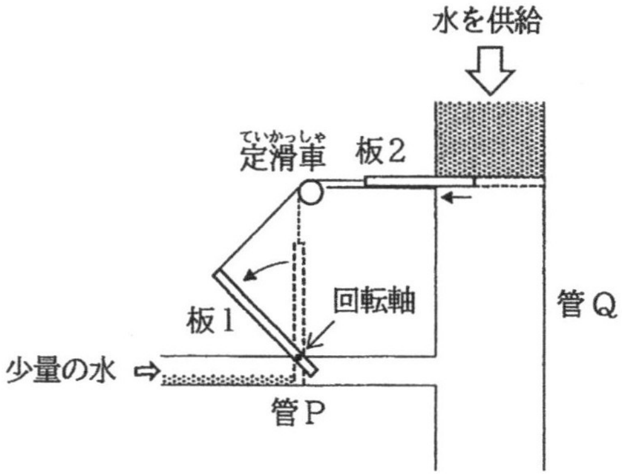

（管と水以外が装置T）
図7

トランジスタは、水の流れにたとえたときの図7の装置Tのはたらきをしていて、パソコンやスマートフォンなどの日常的に目にする機器の内部にもたくさん使用されています。

問7　図7において、管Pを通ってきた少量の水の流れの強さを直接測定することが難しい場合でも、管Qの下部から流れ出た水の流れの強さを測定することで、管Pを通ってきた水の流れの強さを調べることができると考えられます。それは、図7の装置Tが水の流れに対してどのようにはたらく装置であるといえるからですか。そのはたらきを簡単に説明しなさい。

問8　図1のような電流計とはちがって、デジタルマルチメーターには電池が必要です。この電池は、画面に測定値を表示するためだけではなく、電流を測定すること自体にも使われます。トランジスタの仕組みを考えた上で、電流の測定に電池が必要な理由を説明しなさい。

4 昨年は大正関東地震《じしん》から 100 年の節目でした。地震は大地の変動のひとつです。大地が何によって、どのように成り立っているかを知ることは、災害への備えの一歩となります。

問1 大地の変動について断層の動きをブロックで考えます。2つで1組のブロック2種類を右図のように置き、図中の矢印のように上下方向にのみ押《お》したとき、ブロックの動き方としてもっとも適当なものを次のア～エから選び、記号で答えなさい。

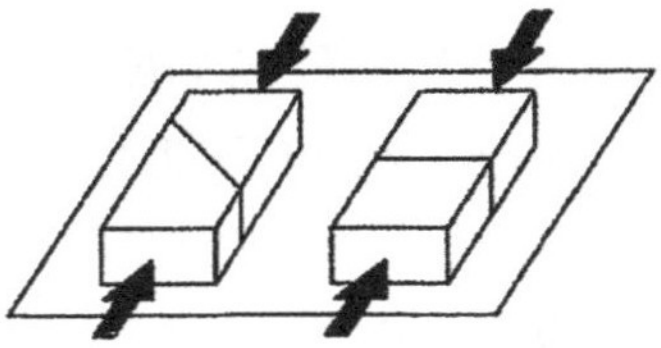

ア.　　　イ.　　　ウ.　　　エ.

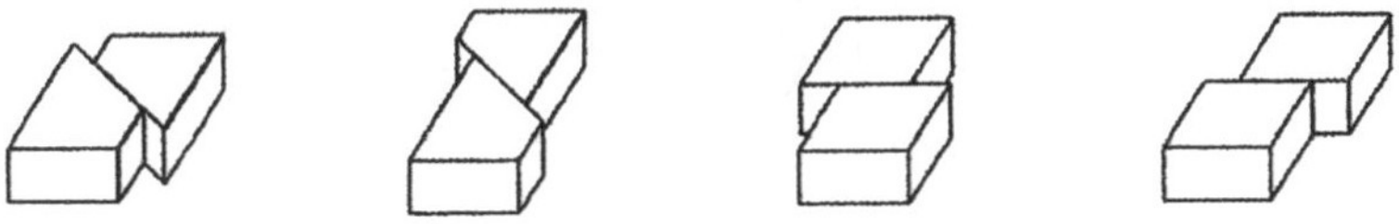

問2 水平な地面に右図のような地層の縞模様《しまもよう》が現れていました。これは、古い方からA、B、Cの順に水平に堆積《たいせき》した地層が、大地の変動によって曲げられた後にけずられてできたものです。この地層の曲げられ方について述べた次の文中の空欄《くうらん》a、b に入る適当な語句を、それぞれア～エから1つずつ選び、記号で答えなさい。

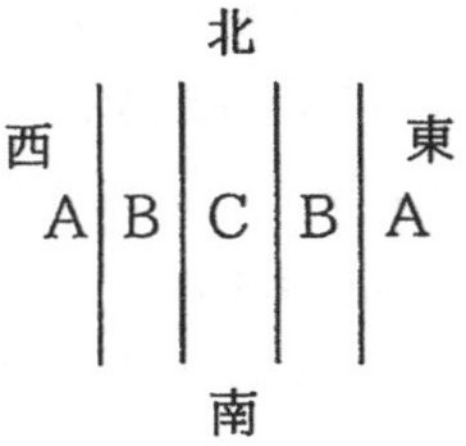

地層はａ〔ア. 南北　イ. 東西〕方向に押されることで、ｂ〔ウ. 山折りのように上に盛り上がる形　エ. 谷折りのように下にへこむ形〕に曲げられた。

地層の縞模様が続く方向や、地層の傾《かたむ》きを調べるには、クリノメーターという図1のような道具が用いられます。クリノメーターは手のひらサイズで、文字盤《もじばん》に2種類の針がついていることが特徴《とくちょう》です。地層の縞模様が続く方向を調べるときは、水平にしたクリノメーターの長辺が縞模様の向きと平行になるようにして、方位磁針が示す目盛りを読みます（図2のⅠ）。地層の傾きを調べるときは、クリノメーターの側面を地層の面に当てて、傾きを調べる針が示す目盛りを読みます（図2のⅡ）。この針は、必ず下を向くようになっています。

図1

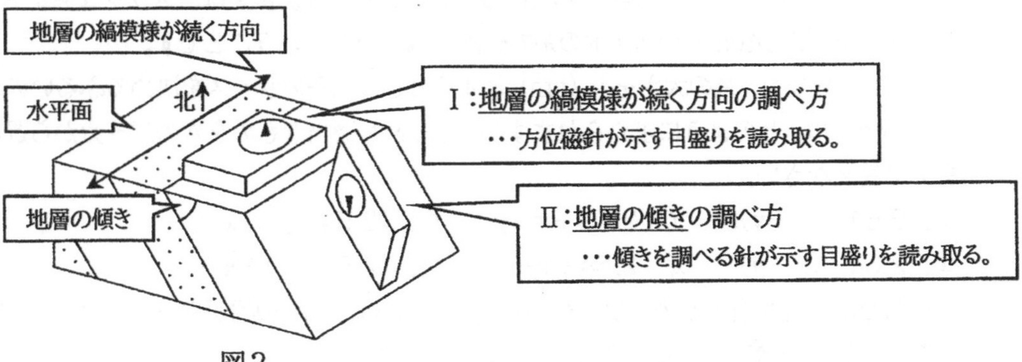

図2

問3　地層の縞模様が続く方向を調べるとき（図２のⅠ）は、水平面内で北から何度の方向かを測定します。また、地層の傾きを調べるとき（図２のⅡ）は、水平面から何度傾いているかを測定します。ⅠとⅡについて前ページの図２のように測定を行うとき、目盛りの数値をそのまま読み取ればよいようにするため、文字盤の目盛りはそれぞれどうなっていると考えられますか。もっとも適当なものを次のア～エから選び、記号で答えなさい。ただし、下のＡとＢは、前ページの図１の向き（クリノメーターの短辺を上とした向き）に文字盤を見たものとします。また、目盛りの数値は角度を表します。

ア．ⅠもⅡもＡ
イ．ⅠもⅡもＢ
ウ．ⅠはＡでⅡはＢ
エ．ⅠはＢでⅡはＡ

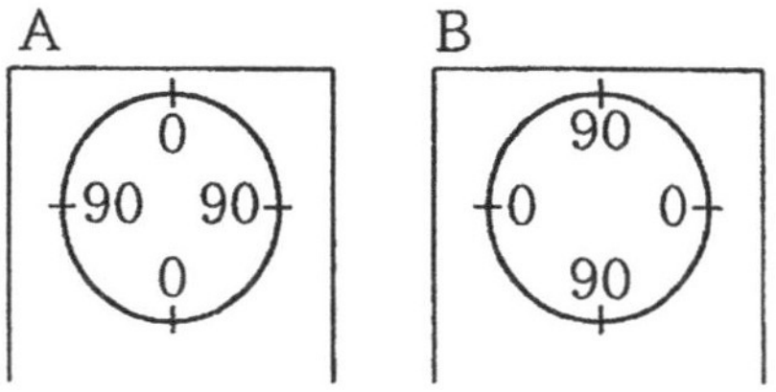

採集した岩石を調べる場合、岩石薄片《はくへん》（プレパラート）を作成して顕微鏡《けんびきょう》で観察します。岩石をつくっている鉱物の多くは薄《うす》くすると光を通すので、特別な顕微鏡で見ると、光の通り方で鉱物の種類を調べることができます。岩石の厚さが均一になるように薄くするため、岩石薄片は次の過程で作成します。
「岩石のかけらの片面が平らになるように、研磨剤《けんまざい》という粉を使ってけずって磨《みが》く（研磨する）→ スライドガラスに貼《は》りつける → 反対側を研磨してより薄くする → カバーガラスをかぶせる」

問4　岩石のかけらの表面を効率的に平らにするためには、どのような研磨剤をどのように使用するとよいですか。それについて述べた次の文中の空欄ａ、ｂに入る適当な語句を、それぞれア～エから１つずつ選び、記号で答えなさい。

岩石に含《ふく》まれる鉱物よりもａ〔ア．かたい　イ．やわらかい〕粒子《りゅうし》からなる研磨剤を、粒子の大きさがｂ〔ウ．小さなものから大きなもの　エ．大きなものから小さなもの〕へと順に使って研磨する。

問5　市販《しはん》されている研磨剤の粒子の直径には、粒子を大きさごとに分けるふるい（目の細かいざるのような道具）のメッシュ数で表されているものがあります。例えば、メッシュ数が80の場合、１インチ（2.54cm）が80本の糸で分割《ぶんかつ》されているということです。

（１）メッシュ数をｘ、糸の太さをｙ（cm）とするとき、粒子のサイズを決めるふるいの網目《あみめ》の幅《はば》（cm）は、どのように求められますか。もっとも適当なものを次のア～カから選び、記号で答えなさい。

ア．$2.54\div(x+y)$　　イ．$2.54\div x+y$　　ウ．$(2.54+y)\div x$
エ．$2.54\div(x-y)$　　オ．$2.54\div x-y$　　カ．$(2.54-y)\div x$

（２）0.11mmの糸で作られた100メッシュのふるいは、網目の幅が何mmになりますか。小数第三位を四捨五入して小数第二位まで答えなさい。

岩石の表面を平らに研磨することは、岩石の本来の色を見やすくする効果もあります。太陽や蛍光灯《けいこうとう》の光は、様々な色の光がまざって白色になっていますが、それが物体に当たると、それぞれの物体で特定の色の光が吸収されたり反射されたりすることで、見える物体の色が決まります。ただし、物体の表面に細かいでこぼこがたくさんあると、様々な色の光がいろいろな向きに反射してしまい、それらの光がまざって白色に見えます。くもりガラスが白くくもって奥《おく》が見えないようになっていることはその一例です。研磨すると、そのでこぼこによる効果を減らすことができます。また、野外で岩石を観察するときに水をかけることがあるのですが、細かいでこぼこの表面を水の膜《まく》がおおうので、でこぼこによる効果を減らすことができ、観察しやすくなるのです。

問6　灰色の岩石を平らに研磨した場合と、水をかけてぬらした場合、岩石の表面の見た目はどのようになりますか。もっとも適当なものを次のア～オから選び、記号で答えなさい。

ア．研磨した場合もぬらした場合も、もとより白っぽく（明るく）見える。
イ．研磨した場合もぬらした場合も、もとより黒っぽく（暗く）見える。
ウ．研磨するともとより白っぽく見えるが、ぬらした場合はもとより黒っぽく見える。
エ．研磨するともとより黒っぽく見えるが、ぬらした場合はもとより白っぽく見える。
オ．研磨してもぬらしても、表面の見た目はまったく変化しない。

ところで、研磨剤は、水場の鏡などにできてくもりのもとになる、水アカのそうじにも使われます。水アカは、水道水に含まれる物質が沈殿《ちんでん》したり、水道水中の成分と空気中の成分がくっついて沈殿したりすることで生成されます。できてしまった水アカを取り除くのはなかなか大変なので、水アカがつかないように使用することを心がけたいですね。

問7　鏡に水アカがついていなくても、お風呂《ふろ》のフタを開けるだけで鏡がくもってしまう場合があります。その現象を説明する次の文の空欄a～cに入る適当な語を答えなさい。

空気中の［　a　］が、鏡の表面で［　b　］されて、［　c　］する。

問8　鏡の水アカを予防するには、浴室など水場の使用後にどのようなことを心がければよいですか。もっとも適当なものを次のア～オから選び、記号で答えなさい。

ア．鏡に光が当たらないように暗くする。
イ．なるべく新鮮《しんせん》な空気が鏡にあたるように換気《かんき》をする。
ウ．空気中の細かいホコリを取り除くために換気をする。
エ．鏡についている水滴《すいてき》が残らないようにふき取る。
オ．鏡の全体をぬらしてムラがないようにする。

〈 問題はここで終わりです 〉

問9　下線部**ク**について。女子の場合、なぜ男子の「中学校」にあたる学校が「高等女学校」とされたのでしょうか。説明しなさい。

問10　下線部**ケ**について。同じ程度の学力を持つ子どもたちが年齢にかかわりなくともに学び、知識の習得をより効率よくおこなえる「等級制」ではなく、学力にかかわりなく同じ年齢の子どもたちがともに学ぶ「学級制」が採用されました。「等級制」と比べて「学級制」の方が実現しやすいことはどのようなことですか。そして、それは政府にとってなぜ都合がよかったのでしょうか。あわせて説明しなさい。

問11　下線部**コ**について。教育基本法ではすべての子どもへの教育が保障されているわけではないという意見があります。たとえば下の文は制定当時の教育基本法第 10 条の一部です。この条文にある「国民全体」という語は、ＧＨＱによる原案では「全人民 (the whole people)」と書かれていました。これは「日本に住むすべての人びと」を意味します。それを日本政府があえて「国民全体」としたことで、どのような問題が生じたと考えられますか。説明しなさい。

第 10 条　教育は、不当な支配に服することなく、国民全体に対し直接に責任を負って行われるべきものである。

問12　下線部**サ**について。何かを知りたいときに、自ら本で調べたりインターネットで検索《けんさく》したりすればたいていのことはわかります。それでも学校で学ぶことは大切だと考えられています。それは学校で知識が提供されるときに、どのような配慮《はいりょ》がなされているからでしょうか。説明しなさい。

問13　下線部**シ**について。本文にあるように、学校教育は社会の求めによって、大きな影響《えいきょう》を受けてきました。他方で、学校教育も人びとの価値観や考え方に大きな影響をあたえてきました。学校教育は人びとの価値観や考え方に影響をあたえることで、どのような社会をつくってきましたか。そして、そのような人びとによってつくられた社会にはどのような問題がありますか。あわせて 100 字以上 120 字以内で説明しなさい。ただし、句読点も１字分とします。

〈問題はここで終わりです〉

地図1

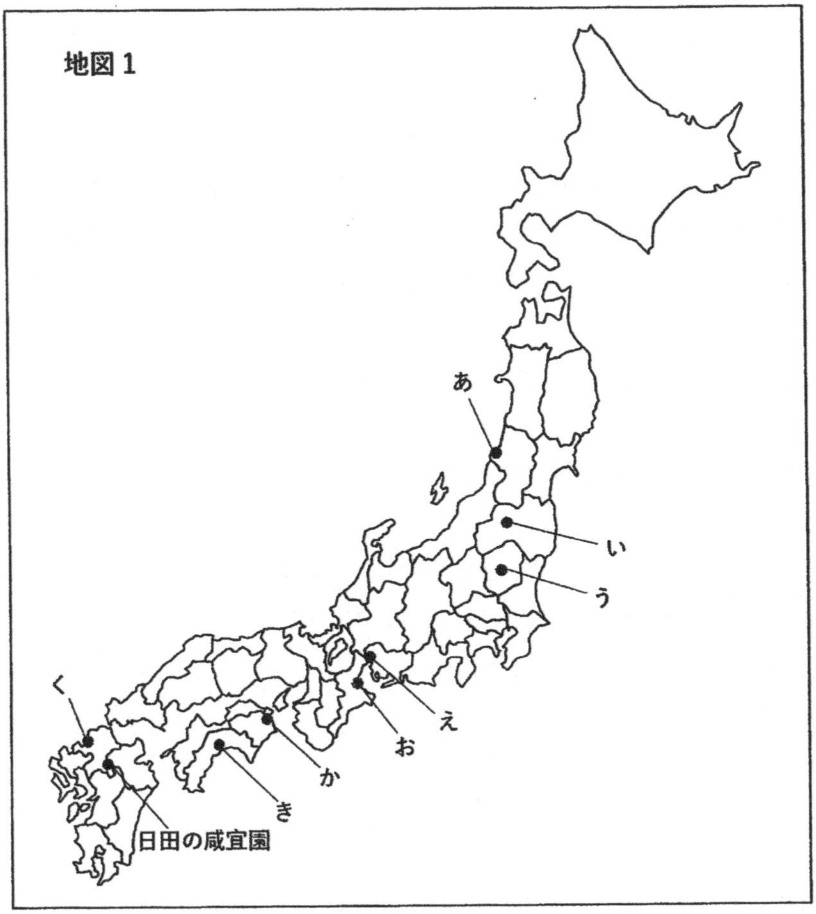

問7　下線部**カ**について。明治時代の初めには、小学校の校舎が打ちこわされたり、新たに雇《やと》われた教員が追い返されるといったことが起きました。それはなぜですか。次の**図1**を参考にして説明しなさい。

図1　公立小学校の収入の内訳（1873年度）

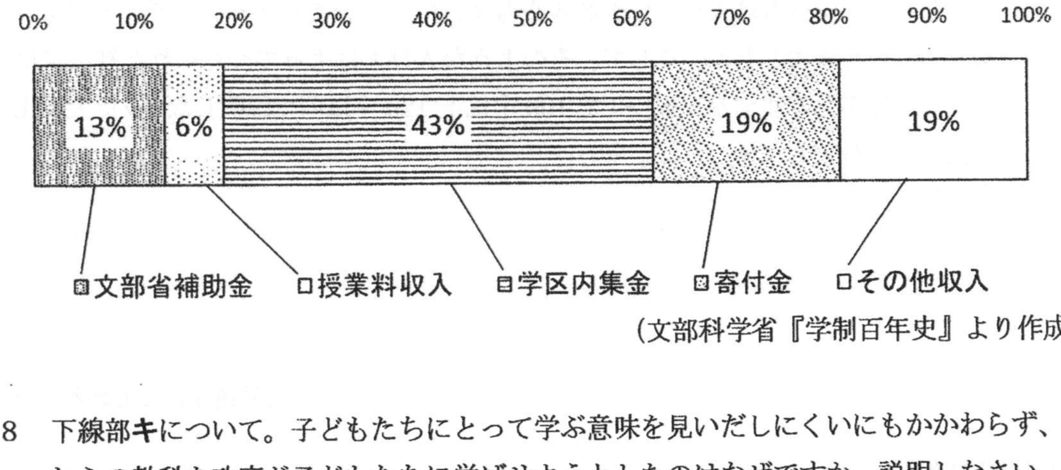

（文部科学省『学制百年史』より作成）

問8　下線部**キ**について。子どもたちにとって学ぶ意味を見いだしにくいにもかかわらず、これらの教科を政府が子どもたちに学ばせようとしたのはなぜですか。説明しなさい。

問１　文中の空らん（**１**）～（**４**）に当てはまる語句を入れなさい。

問２　下線部**ア**について。鎌倉時代について述べた次の**あ**～**え**の文のなかから**誤っているもの**を１つ選びなさい。

あ　源頼朝《みなもとのよりとも》は、朝廷《ちょうてい》から征夷大将軍《せいいたいしょうぐん》に任命され全国の武士を従えた。

い　守護は、村で年貢《ねんぐ》の取り立てや犯罪の取りしまりをおこなう役職であった。

う　武士たちは、博多《はかた》に攻《せ》めてきたモンゴル軍を撃退《げきたい》した。

え　武士たちが、主君から新たな領地をもらうことを「御恩《ごおん》」とよんだ。

問３　下線部**イ**について。江戸時代の往来物のなかには、農民たちが幕府に生活の苦しさを訴《うった》えた書状や、村同士の争いにおけるやりとりをまとめた書状などがありました。このことから、この時代の前後で、民衆の問題解決の方法がどのように変化してきたといえるでしょうか。解答らんに合うように答えなさい。

問４　下線部**ウ**について。そのような作物として**適当でないもの**を次の**あ**～**お**のなかから１つ選びなさい。

あ　綿花　　**い**　なたね　　**う**　さといも　　**え**　茶　　**お**　たばこ

問５　下線部**エ**について。以下の**表１**に挙がっているのは、江戸時代の藩校の例です。表のなかの藩校①～③があった場所を、次のページにある**地図１**の記号**あ**～**く**からそれぞれ選びなさい。

表１

藩校の名前	藩校の特徴《とくちょう》
①　日新館《にっしんかん》	上級武士の子どもへの教育に重点が置かれ、白虎隊《びゃっこたい》隊士を生み出した。
②　教授館《きょうじゅかん》	この地から漂流《ひょうりゅう》して外国を見聞した中浜万次郎《なかはままんじろう》が帰国後教授になった。
③　明倫堂《めいりんどう》	徳川御三家《とくがわごさんけ》の藩主が設立し、儒学中心の学問が教えられた。

問６　下線部**オ**について。幕府領だった九州の日田《ひた》という町（現在の大分《おおいた》県日田市）で、廣瀬淡窓《ひろせたんそう》という儒学者が1817年に咸宜園《かんぎえん》という私塾を開き、儒学や漢文を中心に教えました。この私塾は当時の日本で最大となり、閉塾した1897年までに約5000人が入門しました。藩校と比べて私塾に集まったのはどのような人びとだと考えられますか。説明しなさい。

子どもにとって教育は義務ではなく、権利であると考えられるようになりました。教育内容についても子どもたちが生きる社会や身のまわりの生活の課題を解決する能力を育成することが重視されました。たとえば、クラスの問題をみんなで話し合って解決するための場として学級会がつくられたのもこのころです。

しかし一方で、敗戦から立ち直るために産業の復興が重視され、教育もそれに貢献《こうけん》するべきだと考えられるようになりました。1957年になると、社会主義国の（　**4**　）が人工衛星の打ち上げに成功し、アメリカや日本は科学技術で社会主義国におくれをとってはいけないと危機感を持ちました。そのため政府はとくに理科・数学の教育に力をいれました。さらに高度経済成長期には、教育内容や授業時間数も増やされました。

やがて高校や大学への進学率が上昇《じょうしょう》すると、「受験戦争」とよばれるほどに競争が過熱し、学校は受験勉強の場所となっていきました。このころになると学校がかかえる問題が社会のなかで注目されるようになりました。たとえば厳しすぎる校則による子どもたちの管理、校内暴力やいじめ、学校に適応できない子どもたちの不登校などです。

1980年代になると、授業時間数を減らし、子どもの自発性を重視した教育がめざされることになります。これが「ゆとり教育」とよばれる改革です。しかし、やがて「ゆとり教育」は学力低下の原因であるとされ、批判されるようになりました。そのため2010年代には授業時間数の増加など「脱《だつ》ゆとり」といわれる改革がおこなわれていきました。

これからの教育

現代社会は急速な勢いでめまぐるしく変化しています。それにともない学校に求められる役割も変化しており、さまざまな提言にもとづいて多くの改革がおこなわれ、よりよい教育がめざされてきました。たとえばＩＴ化が進展するなかで、**サ**．<u>子どもたちがインターネットを使いこなせるようになるためとして、学校のインターネット環境が整備されてきました</u>。またグローバル化に対応するためとして、小学校でも英語が教えられるようになり、さらに「アクティブ・ラーニング」といった参加型の授業が重視されるようになりました。しかし、そのような改革で今後すべてがよくなるとは思えません。改革に次ぐ改革の結果、学校は疲《つか》れ果てていくでしょう。

学校教育の目的は子どもを社会に適応させるだけではありません。むしろ子どもが自分とは違《ちが》うさまざまな考え方を学ぶことで、よりよい社会をつくっていくことに役立つということもあるでしょう。**シ**．<u>いまいちど教育とは何か、そして学校がどのような役割を果たすべきかについて考え直さなければならないときかもしれません</u>。

国語解答用紙

（２０２４年度）

受験番号	
氏　名	

一

二

三

四

五

六

七

八

九

【解答用

受験番号	
氏　名	

（２０２４年度）

理　科　解　答　用　紙

1

問１			問２		問３	
問４						
					問５	
問６	記号		理由			
問７	記号		理由			

小　計

2

問１		問２		問３	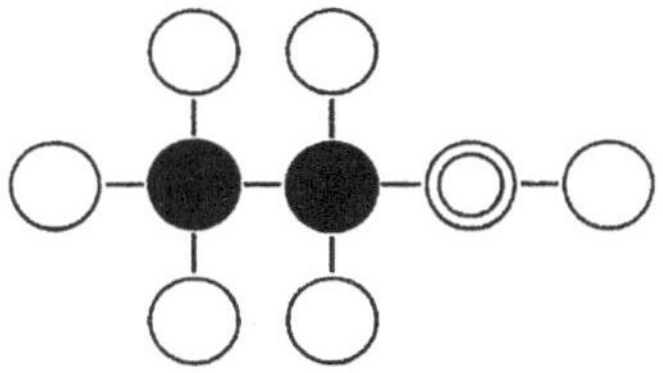	問４	

問５				(1)	●　　g	(3)	

小　計

【解答用

受験番号	
氏　　名	

（2024年度）

※40点満点
（配点非公表）

社会解答用紙　（その１）

問１　（１）［　　　　］　（２）［　　　　］

（３）［　　　　］　（４）［　　　　］

問２　［　　　］

問３　［　　　　］による解決から［　　　　］による解決へと変化した

問４　［　　　］

【解答

受験番号	
氏　　名	

（2024年度）

社会解答用紙　（その２）

問９

問10

問11

問13

(100)

(120)

小　計

（整理番号）

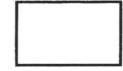

問５　①　　　②　　　③

問６

問７

問８

小　計

（整理番号）

3

問1	ア		イ		ウ		
問3		問4	あ		い		

問2

問5	う		え		X					
	お		か		き		く		け	
問6		問7								
問8										

小　計

4

問1		問2	a		b		問3		問4	a		b	
問5	(1)		(2)	mm	問6						
問7	a		b		c		問8				

小　計

整理番号

合　計
※40点満点 （配点非公表）

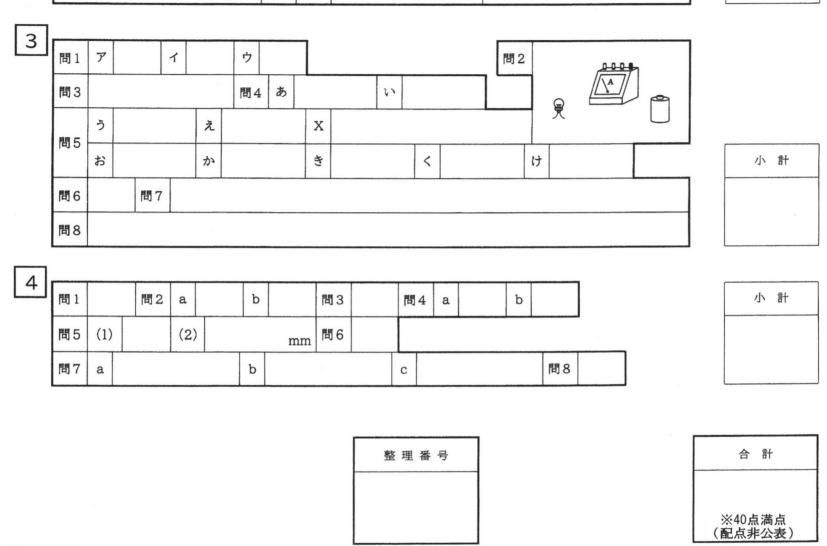

十

十一

1

2

十二

a

b

c

d

（合計）

※60点満点
（配点非公表）

（整理番号）

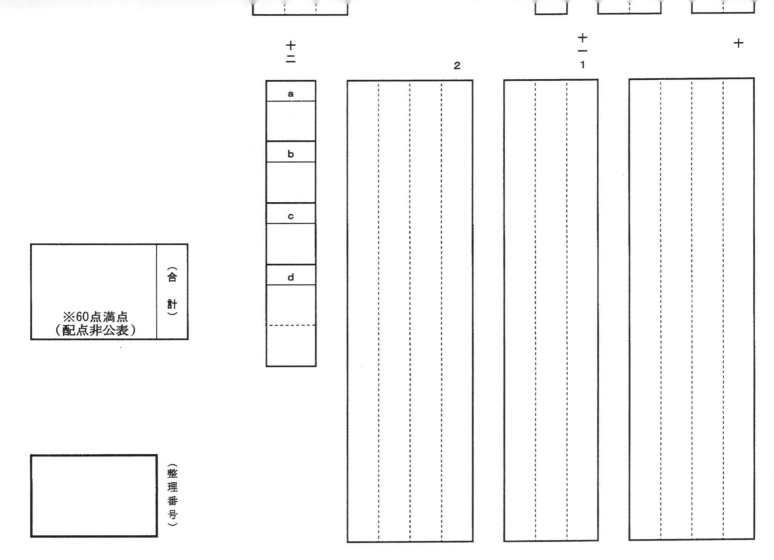

びとが集まる私塾《しじゅく》という民間の教育機関が各地で発展しました。そこでは西洋の学問がすすんで取り入れられることもありました。たとえば大坂《おおさか》にあった適塾《てきじゅく》では、ヨーロッパからもたらされる最新の知識、技術がおもに（　1　）語で学ばれました。のちに慶應義塾《けいおうぎじゅく》を開いた九州出身の（　2　）も適塾に学びました。私塾で学んだ人びとが明治《めいじ》時代の近代化に大きな役割を果たしました。

明治時代以降の教育

明治時代になると、新政府は日本中のすべての子どもを学校に通わせることを目標としました。1871年に政府は文部省を新設し、カ．翌年から全国で学校の設置を進め、学問が立身出世のための手段であることを強調しました。1879年には、小学校では読書・習字・算術・地理・歴史・修身を基本としながら、罫画《けいが》（美術）・唱歌・体操や、物理・生理・博物（あわせて理科）などを教えることとしました。また女子には裁縫《さいほう》を教えることもありました。教室では多数の子どもに対して同じ内容の知識を教えこむ仕組みがつくられましたが、キ．これらの教科の多くは生活上の必要とは離れたものであり、子どもたちにとっては学ぶ意味を見いだしにくいものでした。それでもしだいに教育制度がととのえられていき、1886年には小学校での教育が義務化されました。小学校を卒業するとほとんどの子どもは仕事に就《つ》きましたが、一部の子どもはク．男子であれば中学校、女子であれば高等女学校に進学しました。さらに男子のなかには上級の学校である高等学校や軍の学校に進学する人もいました。

1890年には「（　3　）」が出され、天皇を中心とする国家への忠誠と、国民としての道徳を身につけることが教育の目標とされました。1891年には小学校で学級制が始まりました。それまでは知識の習得の度合いに応じて進級し、さまざまな年齢《ねんれい》の子どもが同じ教室で学ぶ等級制がとられていましたが、ケ．学級制では同じ年齢の子どもたちが授業をいっせいに受ける形での教育がおこなわれました。

小学校就学率は、1873年には28.1％でしたが、その後授業料が無償《むしょう》になるなど制度がととのえられていくなかで就学率は上がっていき、1910年ころには小学校の就学率は90％を超《こ》えました。この時代になると一部の学校では、子ども自身の経験や体験を重視して、個性や自発性を伸《の》ばそうとする教育がおこなわれました。

しかし、戦争が近づくと、こうした子どもの自発性を重視する教育が政府に利用されるようになりました。とくに1940年代に小学校が国民学校とよばれるようになったあとは、国家や天皇のために尽《つ》くした人たちの物語を読み聞かせるなどして、子どもの関心をひきつけながら、戦争に協力する国民を生み出そうとする教育がおこなわれました。

第２次世界大戦後の教育

第２次世界大戦後、ＧＨＱ（連合国軍総司令部）による教育の民主化の指令を受けて、軍国教育が一掃《いっそう》されました。そしてコ．1947年に教育基本法が成立し、教育の目的は人格の完成にあるとされ、すべての子どもが能力に応じて等しく学ぶ機会が保障されました。男女共学も進み、

次の文章をよく読んで、４ページから６ページの問いに答えなさい。

今日は麻布中学校の入学試験日です。ところで、なぜいま君は試験を受けているのでしょうか。その理由はさまざまだと思います。いろいろな学校を見たり調べたりして麻布中学校が自分に合うと思ったとか、親や先生にすすめられてここで学校生活を送りたいと考えたからかもしれません。しかし、なぜ子どもは学校に通うものとされているのでしょうか。おとなが子どものための学びの場を用意することは古くからありましたが、現在のようにだれもが当たり前に学校に通い、決まったクラスで時間割に従って授業を受けていたわけではありませんでした。

奈良《なら》時代から鎌倉《かまくら》時代までの教育

かつて子どもはどのように学んでいたのでしょうか。奈良時代には貴族の子どもを役人に育てるために儒学《じゅがく》などを教える場所がありました。**ア**．鎌倉時代になり、政権をとった武士は教育のための特別な場所をつくらず、日常生活のなかで礼儀《れいぎ》作法や武芸を学ばせました。また、一部の武士は子どもを寺院に一定期間住まわせて、読み書きの基礎《きそ》などを身につけさせました。武士のなかには子どもに仏教を熱心に学ばせる者もおり、難しい仏典（仏教の書物）を読むことが教育の目標とされることもありました。この時代、教育を受けたのは貴族や武士など一部の人たちだけであり、身分に応じた内容を学んだのでした。

江戸《えど》時代の教育

江戸時代になると民衆のなかにも、子どもに教育を受けさせる人が増えましたが、あくまで生活の必要に応じて学ばせるものでした。当時、都市や農村で商品の売り買いが広まっていき、読み書きの能力を身につけることが民衆にも求められるようになりました。そのため、民衆の手で寺子屋がつくられました。

寺子屋では現在の学校のように共通の学習進度などは設定されていませんでした。子どもたちは自由に持ち運びできる机を使用して好きな場所に移動し、先生に字を直してもらったり読み方を教えてもらったりしながら、個別に学んでいました。基本的には通い始める時期も定まっておらず、上級の学校に進む機会もないため、学ぶ必要があることを学んだらすぐに寺子屋を離《はな》れることもできました。また子どもたちが文字の読み書きの手本とする書物は、**イ**．もともと手紙文例集であったものが教科書として発展した「往来物《おうらいもの》」とよばれるものでした。

読み書きを身につけた農民は、農業の技術についての書物を読んで、品種改良や肥料のくふう、新田開発などをおこなって穀物を増産したほか、**ウ**．現金収入を増やすための作物もつくるようになりました。また契約書《けいやくしょ》や送り状などを書くために、商人にも読み書きの能力が求められるようになっていきました。

一方で、**エ**．各藩《はん》は政治の担《にな》い手である武士の子どもたちのために藩校をつくりました。そこでは漢文（中国語で書かれた文章）の学習や武術を中心に教育がおこなわれました。

また江戸時代も後期になると、子どもだけでなく、**オ**．若者を中心として学ぶ意欲を持つ人

社　会　(50分)

（２０２４年度）

《注　意》

１．試験開始の合図があるまでは、問題用紙を開けてはいけません。

２．問題用紙は６ページまであります。♯解答用紙は２枚です。試験開始の合図があったら、まず、問題用紙、解答用紙がそろっているかを確かめ、次に、すべての解答用紙に「受験番号」「氏名」「整理番号」を記入しなさい。

３．試験中は、試験監督《かんとく》の指示に従いなさい。

４．試験中に、まわりを見るなどの行動をすると、不正行為《こうい》とみなすことがあります。疑われるような行動をとってはいけません。

５．試験終了《しゅうりょう》の合図があったら、ただちに筆記用具を置きなさい。

６．試験終了後、試験監督の指示に従い、解答用紙は書いてある方を表にして、上から、（その１）（その２）の順に重ね、全体を一緒《いっしょ》に裏返して置きなさい。

７．試験終了後、書きこみを行うと不正行為とみなします。

♯教英出版 編集部　注
編集の都合上、枚数が異なることがあります。

3

理科室にある図1のような電流計のメーター部分には、図2のようにコイルが含《ふく》まれています。コイルに流れる電流が大きいほど、より強力な電磁石となるため、メーターの針が振《ふ》れる角度（振れ角）も大きくなります。このため、振れ角の大きさから電流を測ることができます。

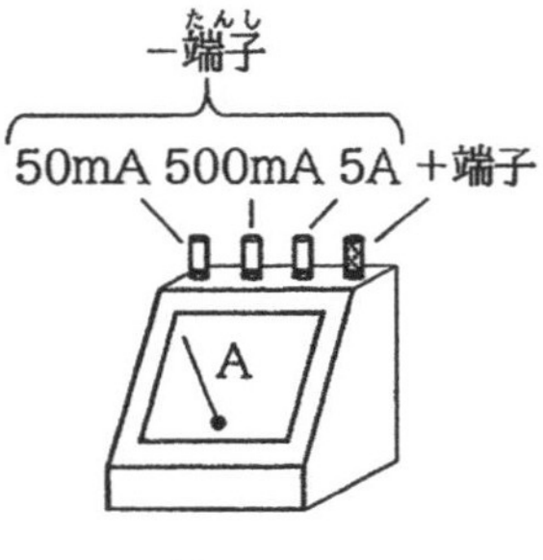

図1

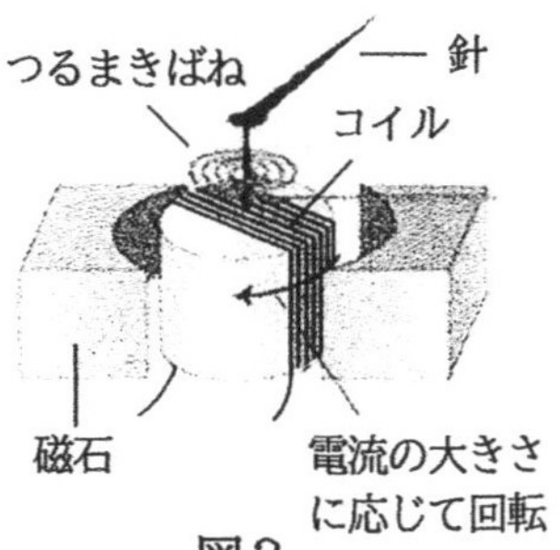

図2

問1　次のア～ウのうち、電磁石を利用しているものには○、利用していないものには×と答えなさい。

ア．太陽光発電所の光電池　　イ．扇風機《せんぷうき》のモーター　　ウ．消火栓《しょうかせん》のベル

問2　乾電池《かんでんち》と接続すると、おおよそ0.2Aの電流が流れる豆電球があります。図1の電流計を用いて、この豆電球に乾電池を接続したときに流れる電流を、もっとも正確に調べることができる導線のつなぎ方を、解答欄《かいとうらん》の図に線をかいて答えなさい。

問3　問2の正しい回路において、電流計の－端子《たんし》の接続位置をかえずに、乾電池を1つではなく2つ直列に接続したところ、電流計の針は右図の位置まで振れました。このとき、回路に流れた電流はいくらと読み取れますか。単位をつけて答えなさい。

電流計のメーターに最大の振れ角をこえる電流を流しても、その電流を測ることはできません。では、用いるメーターはかえずに、より大きい電流を測定するにはどうすればよいでしょうか。これについて考えるため、電源装置、材質と太さが同じ金属線a、bと2つの電流計を用いた図3の回路で実験を行いました。金属線a、bをともに長さ10cmにして電源装置から60mAの電流を流すと、2つの電流計はいずれも30mAを示しました。また、電源装置から流す電流を変化させたり、bの長さを10cmにしたまま、aを別の長さのものにかえたりして同様の実験を行ったところ、各実験の2つの電流計の測定値は右の表の結果になりました。さらに、2つの電流計のうち、どちらを導線に置きかえても電流が変化しないことも実験で確かめました。

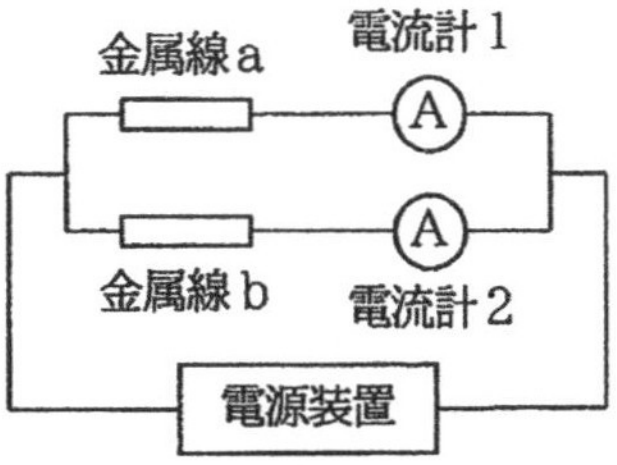

図3

表（bの長さはいずれも10cm）

aの長さ		電源装置から流す電流		
		60mA	120mA	180mA
10cm	電流計1	30mA	60mA	90mA
	電流計2	30mA	60mA	90mA
20cm	電流計1	20mA	40mA	60mA
	電流計2	40mA	80mA	120mA
30cm	電流計1	15mA	30mA	45mA
	電流計2	45mA	90mA	135mA

次に、●4個、○10個が結びついてできた図6の例を見てみましょう。この物質は対称的《たいしょうてき》な結びつき方をしており、左右を反転させても区別がつきません。そのため、この物質の中にある4個の●は❺と❻の2種類に分類できます。そして、これらと結びついている10個の○はⒺとⒻの2種類に分類でき、信号の強さの比はⒺ：Ⓕ＝3：2となります。

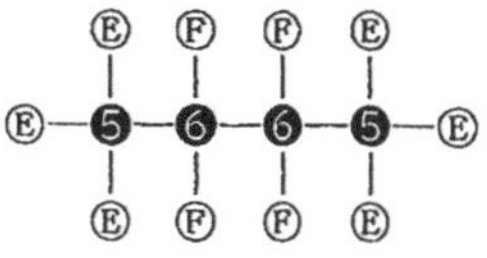

図6

問3　この装置を用いて右図の物質内の○について調べると、信号の強さを示す右の棒グラフにあるような3種類の信号が現れました。6個の○はそれぞれどの信号のもとになっていますか。図5や図6のかき方を参考にして、解答欄《かいとうらん》の6個の○中に**あ**、**い**、**う**を記して分類しなさい。

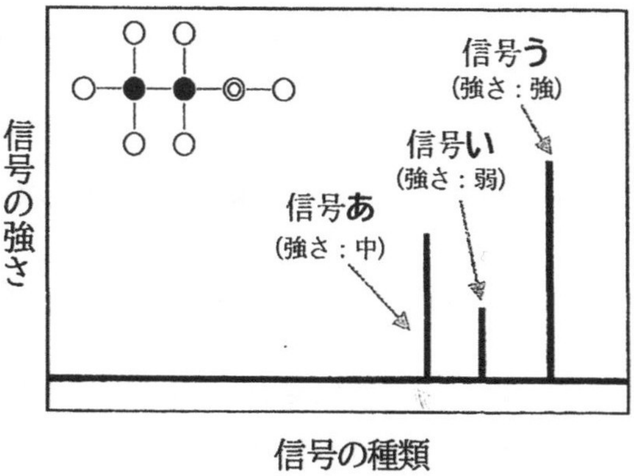

問4　この装置を用いてある物質の○について調べました。その結果、2種類の信号が現れ、その強さの比が3：1になりました。この物質を表しているものとしてもっとも適当なものを次のア～エから選び、記号で答えなさい。

ア.

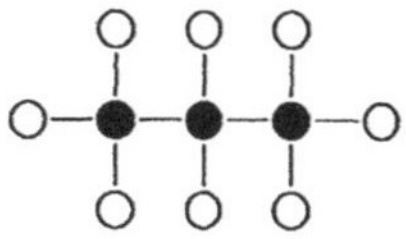

イ.

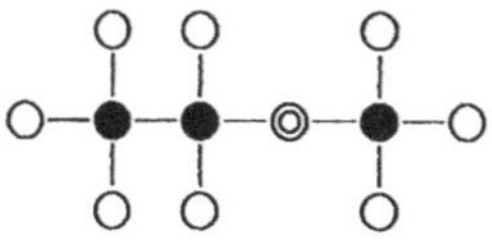

ウ.

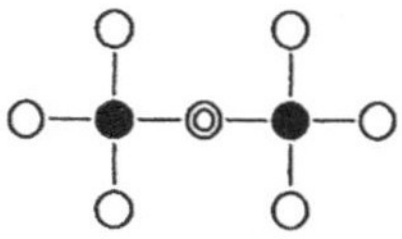

エ.

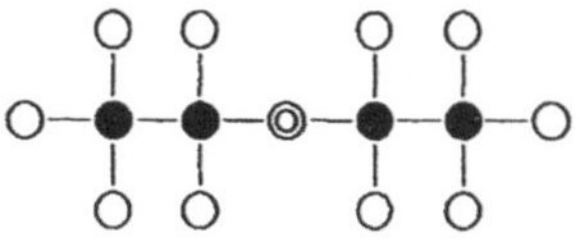

問5　この装置で●3個、○6個、⊗2個がすべて結びついてできた物質の○について調べると、1種類の信号しか現れませんでした。この物質を図1～図4のようなかき方で表しなさい。

問6　●と○の2種類のつぶのみが結びついてできている物質Aを1.4g用意して、燃やしました。すると、物質A内のすべての●は結びつく相手がかわって空気中の◎と結びつき、4.4gの物質Bになり、用意した元の物質Aは残っていませんでした。物質Bは●と◎のみが3：8の重さの比で結びついた物質であることが知られています。

（1）1.4gの物質A内の●だけをすべて集めると何gになりますか。また、○だけをすべて集めると何gになりますか。それぞれ答えなさい。

（2）●と○は、それぞれの1個あたりの重さの比が12：1です。物質A内の●と○の個数の比を答えなさい。

（3）物質Aは、○について調べると1種類の信号しか現れませんでした。物質Aとして考えられる物質を図1～図4のようなかき方で1つだけ表しなさい。

ここで紹介《しょうかい》した、つぶの結びつき方を知るための方法は「核《かく》磁気共鳴分光法」といい、物質に関する研究・開発だけでなく、医学の分野などでも有用な技術として広く応用されています。

2

私たちの身の回りには数多くの物質があり、その数は１億種類をこえるほどです。しかし、それら無数の物質は、わずか 100 種類程度の目には見えないほど小さな「つぶ」が、様々な組み合わせで結びついてできています。このつぶが結びついて物質ができる様子を表すときに、つぶを表す記号同士を直線１本のみで結んで図１のように表すことがあります。この表し方では、それぞれのつぶが他にどのような種類のつぶと何個ずつ結びついているかが分かります。図１では、●、○、⊗が３種類のつぶを表しており、左右どちらも１個の●に２個の○と２個の⊗が結びついている様子が表されているので、どちらも同じ物質であると考えます。

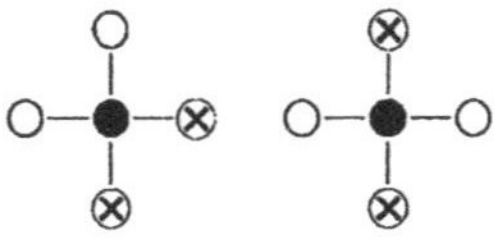
図１

問１　次のア～オのうち、他とは異なる物質を表しているものを１つ選び、記号で答えなさい。

ア．
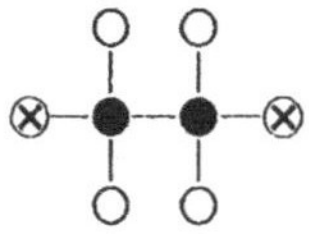
イ．
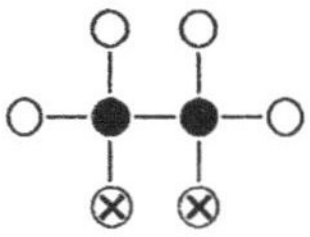
ウ．
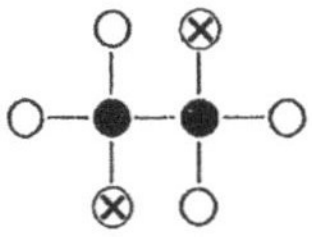
エ．
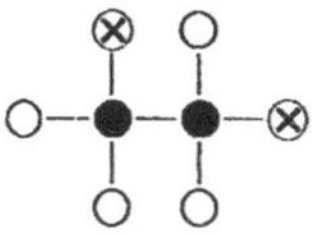
オ．
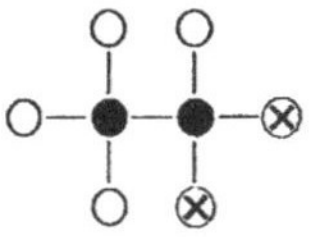

○や⊗は結びつく相手のつぶが１個だけですが、●は４個のつぶと結びつくことが図１から分かります。ここで考えている小さな「つぶ」は、その種類によって結びつく相手となるつぶの個数は決まっていて、その個数よりも多くなることも少なくなることもありません。さらに、◎という２個の相手と結びつくつぶも考えると、図２～図４のような様々な組み合わせによる物質の例も考えられます。

図２

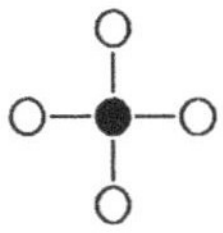
図３

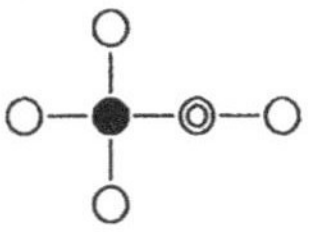
図４

問２　下線部の規則にしたがって、○２個と◎２個がすべて結びついた物質を図１～図４のようなかき方で表しなさい。

○について調べる装置があります。この装置を用いると、○と他のつぶとの結びつき方のちがいによって、異なる種類の「信号」が現れます。例えば、図３の物質では４個の○に結びつき方のちがいがなく、信号は１種類しか現れません。一方、図４の物質では４個の○は、●と結びつくものと◎と結びつくものに分類できるので、信号は２種類現れ、信号の強さの比は○の個数の比を反映して３：１となります。

さらに、⊗１個、●４個、○９個が結びついてできた図５の例を見てみましょう。この物質の中にある４個の●（❶～❹）は⊗との位置関係からすべて区別がつきます。そのため、これらと結びついている９個の○はⒶ～Ⓓの４種類に分類できます。このため、図５の物質からは４種類の信号が現れ、それぞれの信号の強さの比はⒶ：Ⓑ：Ⓒ：Ⓓ＝２：２：２：３となります。

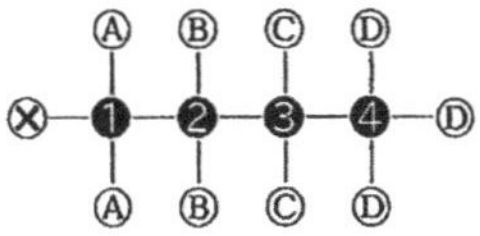

図５

バイオロギングで水中の水温とマンボウの体温を測ることができます。水面近くの水温は約18℃、水深150m付近では約5℃でした。マンボウの体温は14℃から17℃の範囲《はんい》で上がったり下がったりしていました。エサの多い水深150m付近の海中は水温が低いので30分ほど潜水してエサを食べて、体温が14℃まで下がると水面近くに浮上して、1時間ほどかけて体温を上げていることが分かりました。マンボウは体温が17℃まで上がれば、すぐに次の潜水を始めていました。

問3　マンボウの潜水に関する文として適当なものを次のア～カからすべて選び、記号で答えなさい。

ア．マンボウはエラで呼吸している。　　イ．マンボウは肺で呼吸している。

ウ．水深150m付近にエサが豊富にある。　　エ．水面付近にエサが豊富にある。

オ．水深150m付近ではマンボウの体温が下がるのでまったく活動できない。

カ．水面付近ではマンボウの体温が上がるのでまったく活動できない。

問4　マンボウが水深150m付近にいる時間より、水面近くにいる時間が長いのはどうしてですか。その理由を答えなさい。

体の大きいマンボウに対して体の小さいマンボウでは、まわりの水温によって体温が早く変わります。つまり、自分の体温より水温が高ければ体が小さいほど体温が早く上がり、水温が低ければ体温は早く下がります。また、マンボウは体の大きさに関係なく、体温を14℃から17℃に保ちながら、水深150m付近でエサを食べる潜水をくりかえしていました。水面と水深150m付近との間の移動にかかる時間は短いので、ここでは考えないものとします。

問5　マンボウの体の大きさと1回あたりの潜水時間との関係を説明した文として、適当なものを次のア～カからすべて選び、記号で答えなさい。

ア．体の大きいマンボウほど水深150m付近にいる時間は長い。

イ．体の小さいマンボウほど水深150m付近にいる時間は長い。

ウ．体の大きさと水深150m付近にいる時間の長さに関係はない。

エ．体の大きいマンボウほど水面付近にいる時間は長い。

オ．体の小さいマンボウほど水面付近にいる時間は長い。

カ．体の大きさと水面付近にいる時間の長さに関係はない。

問6　体の大きいマンボウと小さいマンボウが同じ日に潜水する回数を、上記の体温の変化を考えて比べるとどちらが多いと考えられますか。ア、イのどちらかの記号を選び、理由とともに答えなさい。

ア．大きいマンボウ　　イ．小さいマンボウ

問7　近年、世界中の海の水温をバイオロギングで測定しようとしています。サンマはマンボウとは異なり、大きな群れになって決まったルートを決まったシーズンに回遊します。多くの魚を使って水温を測定しようとするときに、できるだけ広い範囲で測定するには、サンマとマンボウのどちらが適していますか。ア、イのどちらかの記号を選び、理由とともに答えなさい。

ア．サンマ　　イ．マンボウ

1 動物に深度記録計や温度計や照明付きビデオカメラなどを付けて行動を分析《ぶんせき》することを「バイオロギング」といいます。これにより、様々な動物が水中で何を食べて、どんな行動パターンをとるか分かってきました。ペンギンは鳥の仲間ですが、水の中を上手に泳ぐことができます。特にエサを食べるために潜水《せんすい》をくりかえしています。下に４種類のペンギンについて、体重と潜水最大深度と潜水時間の平均を示しました。

	体重	潜水最大深度	潜水時間
エンペラーペンギン	12.0 kg	400m	600 秒
ジェンツーペンギン	5.3 kg	50m	180 秒
ヒゲペンギン	4.5 kg	45m	90 秒
マゼランペンギン	4.2 kg	30m	60 秒

問１ ペンギンは限られた時間で潜水してエサをとっています。この理由として適当なものを次のア～カから２つ選び、記号で答えなさい。

ア．エラで呼吸しているから。

イ．肺で呼吸しているから。

ウ．エサが水中に豊富にあるから。

エ．エサが水中にほとんどないから。

オ．陸にいると自分が食べられてしまうから。

カ．つばさを使って空を飛ぶこともできるから。

問２ ペンギンの潜水に関する文として適当なものを次のア～キからすべて選び、記号で答えなさい。

ア．体重が重いほど、潜水最大深度は浅い。

イ．体重が重いほど、潜水最大深度は深い。

ウ．体重と潜水最大深度に関係はない。

エ．体重が重いほど、潜水時間は短い。

オ．体重が重いほど、潜水時間は長い。

カ．体重が重いほど、体が大きいために息が続かない。

キ．体重が軽いほど、疲《つか》れにくいために息が長く続く。

魚の仲間であるマンボウは、水面にういてただよっている様子についてはよく観察されていましたが、水中でどのようにエサをとっているかはよく分かっていませんでした。バイオロギングによって、ペンギンと同じように潜水をくりかえしてエサをとっていることや、水面でただよっている理由が分かってきました。また、マンボウは群れにならず、それぞれが決まったルートを持たず広い海にばらばらに広がって活動していることも分かりました。

日中、潜水をするマンボウの行動を分析すると、水深150m付近にいるときには、さかんにクダクラゲなどを食べていることが分かりました。ところがこの深さにずっととどまるわけではなく、しばらくすると水面に上がって何もしていないように見えました。潜水してエサを食べることと浮上《ふじょう》して水面近くでじっとしていることを日中６～10 回ほどくりかえしていました。

2024(R6) 麻布中
教英出版

理　科　(50分)

(2024年度)

≪注　意≫

1.　試験開始の合図があるまでは、問題用紙を開けてはいけません。

2.　問題用紙は 10 ページまであります。解答用紙は1枚です。試験開始の合図があったら、まず、問題用紙、解答用紙がそろっているかを確かめ、次に、解答用紙に「受験番号」「氏名」「整理番号」を記入しなさい。

3.　試験中は、試験監督《かんとく》の指示に従いなさい。

4.　試験中に、まわりを見るなどの行動をすると、不正行為《こうい》とみなすことがあります。疑われるような行動をとってはいけません。

5.　試験終了《しゅうりょう》の合図があったら、ただちに筆記用具を置きなさい。

6.　試験終了後、試験監督の指示に従い、解答用紙は裏返して置きなさい。

7.　試験終了後、書きこみを行うと不正行為とみなします。

8.　計算は問題用紙の余白を利用して行いなさい。

答

(2) A に数字 0 は何回現れるか答えなさい．

答　　回

答　　回

整理番号

小計

答　ア＝　　，イ＝

(3) しきつめられた三角形の中から，右の図のように並んだ４つの三角形を考えます．ウ＋エ＋オ＋カ ＝ 1608 であるとき，数オを答えなさい．

答　オ＝

② A 君が出発してから途中で速さを変えるまでに進んだ道のりは何 km ですか．考えられるものをすべて答えなさい．ただし，解答欄はすべて使うとは限りません．

答　　km，　　km，
　　km，　　km

整理番号

小計

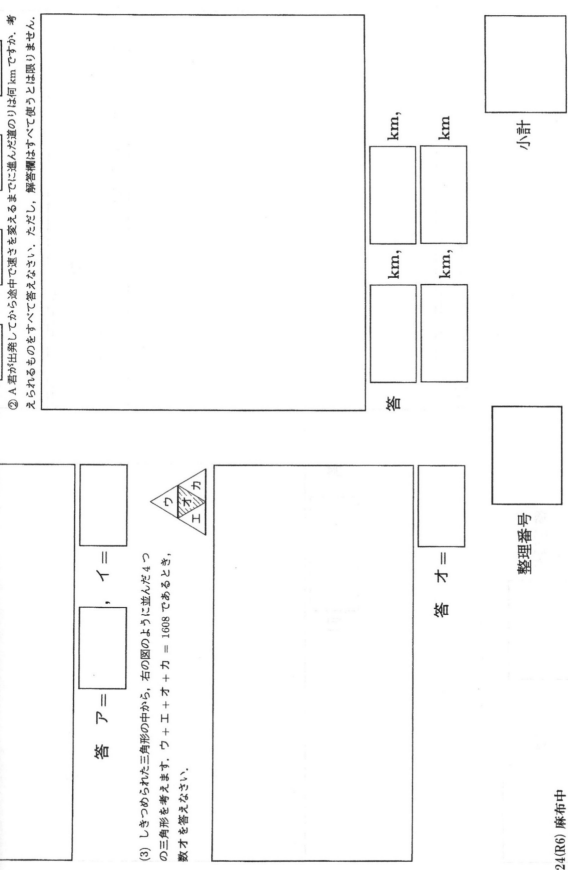

答　　cm²

(2) 右の図において，QS ＝ 5 cm であり，三角形 PQR は正三角形です．三角形 UQR の面積から四角形 PTUS の面積を引くと何 cm^2 になりますか．

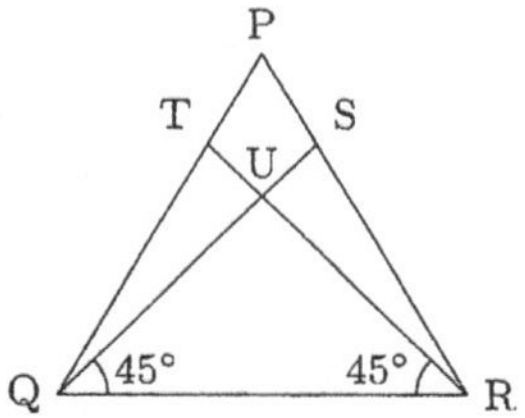

必要ならば，下の図は自由に用いてかまいません．

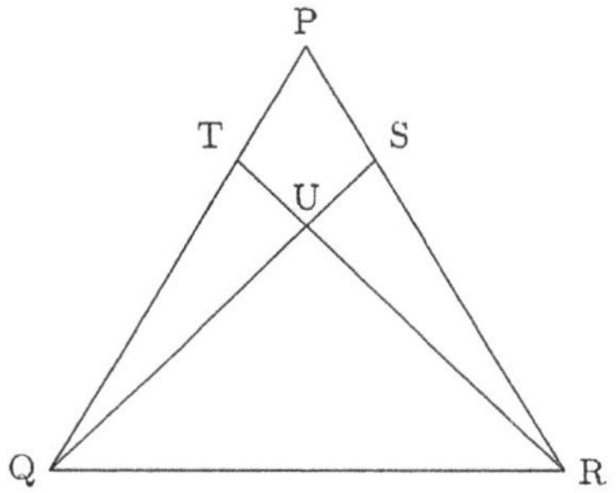

答　　cm²

整理番号

2024(R6) 麻布中

教英出版

答　船アの速さ：船イの速さ ＝　：

(2) 船アが A から B へ移動するのにかかる時間は，船イが B から A へ移動するのにかかる時間よりも 4 分 48 秒短いことがわかりました．川の流れの速さは分速何 m ですか．

答　分速　　m

小計

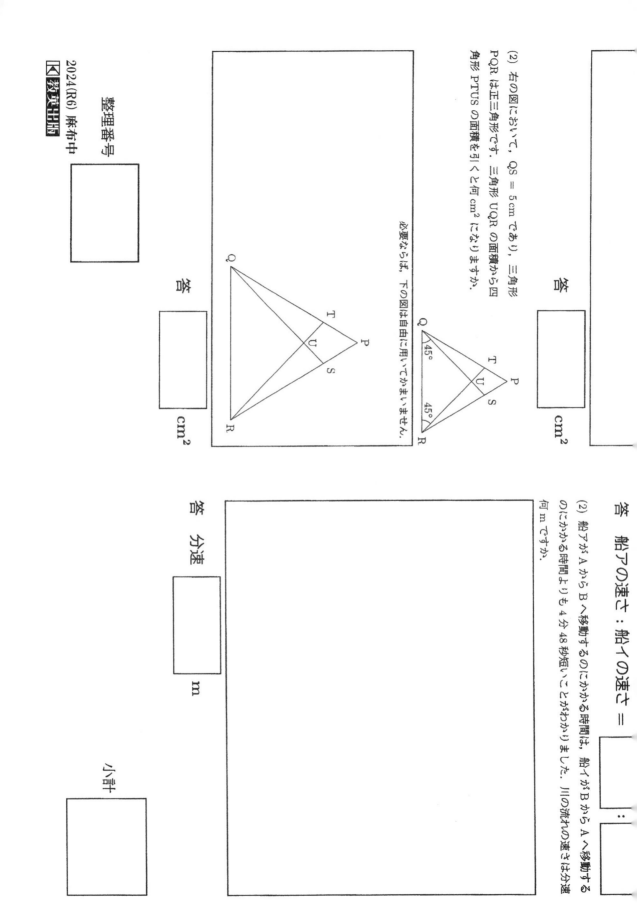

算　数　(60分)

(２０２４年度)

《注意》

1．試験開始の合図があるまでは，問題用紙を開けてはいけません．

2.♯問題（解答）用紙は３枚あります．試験開始の合図があったら，まず，問題（解答）用紙がそろっているかを確かめ，次に，すべての問題（解答）用紙に「受験番号」「氏名」「整理番号」を記入しなさい．

3．試験中は，試験監督《かんとく》の指示に従いなさい．

4．試験中に，まわりを見るなどの行動をすると，不正行為《こうい》とみなすことがあります．疑われるような行動をとってはいけません．

5．試験終了《しゅうりょう》の合図があったら，ただちに筆記用具を置きなさい．

6．試験終了後，試験監督の指示に従い，解答用紙は書いてある方を表にして，上から，（その１）（その２）（その３）の順に重ね，全体を一緒《いっしょ》に裏返して置きなさい．

7．試験終了後，書きこみを行うと不正行為とみなします．

....

8．問題（解答）用紙の余白は計算などに使ってかまいません．ただし，答えを求めるのに必要な図・式・計算・考えなどは，枠内《わくない》に書きなさい．

9．円周率の値《あたい》を用いるときは，3.14として計算しなさい．

♯教英出版 編集部　注
編集の都合上、枚数が異なることがあります。

お詫び
著作権上の都合により、文章は掲載しておりません。
ご不便をおかけし、誠に申し訳ございません。
教英出版

お詫び

著作権上の都合により、文章は掲載しておりません。
ご不便をおかけし、誠に申し訳ございません。

教英出版

お詫び

著作権上の都合により、文章は掲載しておりません。
ご不便をおかけし、誠に申し訳ございません。

教英出版

お詫び

著作権上の都合により、文章は掲載しておりません。
ご不便をおかけし、誠に申し訳ございません。

教英出版

〈真下みこと「やさしいの書き方」『小説宝石２０２３年９月号』所収　光文社〉

〈語注〉

※①内申点…出身校から受験校に伝えられる評価のこと。

※②宿舎長…守の学年は東京から長野県にある菅平《すがだいら》へ林間学校に来ている。宿舎長とは、林間学校が行われる宿舎の責任者のこと。

※③その達哉くんは林間学校に来られない…本文以前の場面に、翔吾くんの母親が原因で達哉くんは交通事故にあい、林間学校に参加できなくなったことが書かれている。

※④昼間の記録…中略部分（135行目）に、菅平の自然にふれた守が、その時に感じたことをそのまましおりに記録したことが書かれている。

※⑤星空観察…中略部分（135行目）に、みんなで星空観察をしたことが書かれている。

※⑥小さなやけど…中略部分（135行目）に、飯ごう炊さん中にできたらしいやけどに守が気づいたことが書かれている。

※⑦里中さんの譬え…中略部分（135行目）に、星空観察をした里中さんが「空と地面をひっくり返したみたい」と発言したことが書かれている。

※⑧グラデーション…色が少しずつ移り変わっているさま。

※⑨唯人くんにそう言われたこと…中略部分（164行目）に、学級委員として気を配る守に対して、唯人くんが「みんなにやさしいんだね」と言ったことが書かれている。

※⑩テンパっちゃってて…「気持ちに余《よ》裕《ゆう》がなくなっていて」という意味。

〔設問〕解答はすべて、解答らんにおさまるように書きなさい。句読点なども一字分とします。

一　――線①「他に誰も出ないでくれ」（18行目）とありますが、守がそのように思うのはなぜですか。説明しなさい。

二　――線②「うん、わかった」（68行目）とありますが、守はどのようなことがわかったのですか。説明しなさい。

三　――線③「みんなにやさしいと言われている達哉くんだったら、こんな時どうするだろう」（101行目）とありますが、ここからは守にとって達哉くんがどのような存在であることがわかりますか。説明しなさい。

四　――線④「そう思って守は記録の文章を消しゴムで消した。代わりに『青々としたにおいがした』とユリ先生が言っていたことをそのまま書き込んだ」（143～144行目）とありますが、この時点で守は自らの表現に対してどのように向き合っていますか。その説明としてふさわしいものを、次のア～エの中から一つ選んで記号で答えなさい。

ア　本当に思ったことだとしても、先生に怒られる可能性のある表現を用いてはならず、本当の気持ちは伝わらなくても、先生の反感を買わない表現を選ぼうと思っている。

イ　ふざけて書いたことを発表してしまうと、みんなを失望させてしまうので、学級委員らしくあるべきだという期待に応えるためにも、先生の表現を借りようとしている。

ウ　どんな内容を書いたとしても、本当の気持ちを伝えることなどできないのだから、どうせならあたりさわりのない表現にすることで、その場をやり過ごそうとしている。

エ　自分らしい表現を用いなければと思ってむりやり書いた文章よりも、大人の表現の方が現実をうまく表していることに気づき、自分の子供っぽさにうちのめされている。

五　――線⑤「菅平の自然にしかないもの」（179行目）とありますが、守が描きたいと思ったものは何ですか。文中から十四字でぬき出しなさい。

六　A【　】（192～193行目）、B【　】（196～200行目）、C【　】（220～222行目）について、この場面で守はどのようなことをしようとしているのですか。目的がわかるように説明しなさい。

七　――線⑥「守のやさしさと達哉くんのやさしさは、一体どこが違うのだろう」（205行目）、――線⑦「お母さんの言葉が、守のやさしさの基準だった」（207行目）とありますが、「達哉くんのやさしさ」は「お母さんの言葉」とどのような点で違っていますか。「点」という言葉につながる形で、文中から十五字でぬき出しなさい。

八　――線⑧「裏に名前と題名書いておいてね、と先生は続けたが、守は自分の絵を見直すことに夢中になっていた」（229行目）、――線⑨「守はテストが早く解き終わった時と同じように、画用紙を持ってユリ先生のところに歩いて行った」（231～232行目）とありますが、この時の守の様子の説明としてふさわしいものを、次のア～エの中から一つ選んで記号で答えなさい。

ア　自分の描いた絵が先生に受け入れられるか心配になるあまり、名前と題名を書くように言われた指示をそっちのけにし、手直しを加えられる場所がないかを必死に探している様子。

イ　自分の描いた絵の仕上がりに気を取られるあまり、名前と題名を書くように言われた指示をそっちのけにし、先生が満足してくれるかどうかにも意識がおよばなくなっている様子。

ウ　自分の描いた絵がどう評価されるか知りたくなるあまり、見せに来るよう指示されるのが待ちきれず、早く先生に見せて評価を確かめたい気持ちをおさえられなくなっている様子。

エ　自分の描いた絵に自信を持つあまり、見せに来るよう指示されるのが待ちきれず、他の生徒にとってもお手本になる絵だと先生からほめてもらえると思って気がはやっている様子。

九　――線⑩「気づくと、守は大粒の涙を流していた」（250行目）とありますが、守が「大粒の涙を流し」たのはなぜですか。その理由としてふさわしいものを、次のア～エの中から一つ選んで記号で答えなさい。

ア　これまで、学級委員としてみんなをまとめる努力をしてきたが、先生にはいじめられているのではないかと誤解されたから。

イ　これまで、学級委員として相応しいようにみんなにやさしくふるまってきたが、それを先生に評価してもらえなかったから。

ウ　先生に自分の絵を理解してもらえなかったので、絵にこめた思いを説明しようと思ったが、うまく言葉にできなかったから。

エ　先生に自分の絵を評価してもらえるか不安に思いながら提出したところ、ふざけて描いたと思われ、怒られてしまったから。

十　――線⑪「守は晴れやかな気持ちだった」（274行目）とありますが、泣いてしまった守が「晴れやかな気持ち」になったのはなぜですか。D【　】（269〜273行目）に注目して説明しなさい。

十一　この作品では、守は絵を描くことで自らの表現に対する姿勢が変化しています。それについて以下の問いに答えなさい。

（1）自らの表現に対する守の姿勢は絵を描く前後でどのように変化していますか。説明しなさい。

（2）自らの表現に対する守の姿勢が変化したのはなぜだと考えられますか。守が絵を描く場面（170〜232行目）をよく読んで説明しなさい。

十二　＝＝線a「モ」（43行目）、b「チヂ」（147行目）、c「タバ」（172行目）、d「カクセイ」（225行目）のカタカナを、漢字で書きなさい。

〈問題はここで終わりです〉

国語

（二〇二三年度）

(60分)

麻布中学校

《注　意》

一　試験開始の合図があるまでは、問題用紙を開けてはいけません。

二　問題用紙は十五ページまであります。解答用紙は一枚です。
試験開始の合図があったら、まず、問題用紙、解答用紙がそろっているかを確かめ、次に、解答用紙に「受験番号」「氏名」「整理番号」を記入しなさい。

三　試験中は、試験監督《かんとく》の指示に従いなさい。

四　試験中に、まわりを見るなどの行動をすると、不正行為《こうい》とみなすことがあります。疑われるような行動をとってはいけません。

五　試験終了《しゅうりょう》の合図があったら、ただちに筆記用具を置きなさい。

六　試験終了後、試験監督の指示に従い、解答用紙は裏返して置きなさい。

七　試験終了後、書きこみを行うと不正行為とみなします。

次の文章を読み、設問に答えなさい。

両親が離婚《りこん》し、母とともに祖母のマンションで暮らすことになった十二歳《さい》の草児《そうじ》。新しい街にも祖母にもなじめず、転校した学校でも孤立《こりつ》しています。手紙のやりとりの約束をした父からも連絡《れんらく》がありません。草児は部屋にひとり布団《ふとん》にくるまって、以前住んでいた家のことを思い出しています。

古い家だった。ただ古いだけだ。歴史も由緒《ゆいしょ》もない。

インターホンはついていたが、近所の人はみな勝手に玄関《げんかん》の戸を開けて、いるのかと大声で訊《たず》ねる。草児の友人の文《ぶん》ちゃんに至っては、自分の家みたいになにも言わずに靴《くつ》を脱《ぬ》いで入ってきていた。

①文ちゃんのことを考えると、今でも手足がぐったりと重くなる。そのまま身体が沈《しず》んでいきそうで、こわくなって掛《か》け布団《ぶとん》をぎゅっと握《にぎ》った。

文ちゃんとは保育園からのつきあいだった。身体がずんぐりと大きかった。ひょろひょろした草児と並ぶと、同じ年齢《ねんれい》には見えなかった。文太という自分の名を年寄りっぽいという理由で嫌《きら》っていた。

俺《おれ》が草児を守ってやる、が口癖《くちぐせ》だった。足が遅《おそ》いし、力も弱いから、俺が守ってやらないといけない、と。通りすがりにたまたまそれを聞きつけた一年生の時の女の担任が「わあ、頼《たの》もしいね。草児くん、文太くんがいてよかったね」と声をかけてきて、先生がそう言うのならそうなのだろうとその時は思った。自分は文ちゃんに守られていて、それは幸せなことなのだろうと。

四年生になると、文ちゃんは文ちゃんのお母さんから一日百円のおこづかいをもらうようになった。その話を聞いた草児の母も、同じようにした。ふたりの母はいっしょにPTAの役員をやったりして、仲が良かった。

毎日百円を持って小学校近くのフレッシュハザマというスーパーマーケットに行く**a**シュウカンがうまれた。最初のうちはうまい棒※①やおやつカルパスなどを買っていたのだが、文ちゃんは次第《しだい》に、百円以上の菓子《かし》を欲《ほ》しがるようになった。よほど腹が減っていたのか、菓子では飽《あ》き足《た》らず、惣菜《そうざい》売り場の唐揚《からあ》げなどに目を向ける日もあった。

でも金が足りないなあと言いながら横目でちらちら見られると、草児はなんだかそわそわしてきて、毎回自分の手の中の百円を差し出してしまうのだった。文ちゃんは礼を言うでもなく、それをぶんどっていく。

二百円で買った大袋《おおぶくろ》入りのポテトチップスやポップコーンや唐揚げは、ぜんぶ文ちゃんが食べた。「百円出せよ」と脅《おど》されたわけでも、「百円くれよ」と泣いて※②懇願《こんがん》されたわけでもない。それでも、何度考えても、草児には文ちゃんに百円を差し出さずに済む方法がわからなかった。どうしても、わからなかった。

朝、学校で顔を合わせると、文ちゃんはいつもヨウッとかオオッとかなんとか言って、肩《かた》を組んできた。新しい学校には、そんなことをするやつはひとりもいない。正門をとおってから教室の自分の席に座《すわ》るまで、草児は口を開かない。どうかすると下校の時間までだれとも喋《しゃべ》らない時もある。喋ったとしても、先生に話しかけられたとか、消しゴムをひろってもらった礼を言うとかその程度のことだ。

隣《となり》の席の女子は、消しゴムを受けとった草児が「ありがとう」と言った時、あきらかにおどろいていた。効果音をつけるとしたら「ハッ」ではなく「ギョッ」というおどろきかただった。

転校してきた日、黒板に大きく書かれた「宮本《みやもと》草児」という文字の前で自己紹介《しょうかい》をしている時、誰《だれ》かが笑った。「なんか、しゃべりかたへんじゃない?」と呟《つぶや》いたのも聞こえた。

ひとりが発した笑い声は、ゆっくりと教室全体に広がっていった。風に吹《ふ》かれた草が揺《ゆ》れているようだった。風はやがて止《や》んだが、草児はもう口を開くことができなかった。黒板に書かれた「宮本草児」という名も他人のもののように感じられた。両親の離婚を受け入れたことと自分が母の名字を名乗ることになったことは、また別の話なのだ。

担任の先生は笑った生徒を注意するわけでもなく、自己紹介を途中《とちゅう》でやめた草児に続きを促《うなが》すわけでもなく、授業をはじめた。

強いものと弱いもの。頭のよいものとよくないもの。教室には異なる種の生物が共存している。くっきりと二分されているわけではなく、あるものは足がはやく勉強ができるが、性質がおとなしく、あるものはどちらもそこそこであるが空気をあやつるのがとてもうまく、声が大きい。力の関係は状況《じょうきょう》に応じて微妙《びみょう》に変化し、ぎりぎりのところで均衡《きんこう》をたもつ。均衡という言葉は最近、図鑑《ずかん》で覚えた。バランスと表現するよりかっこいい。

転校してくる前の草児が、そんなふうに考えたことは一度もなかった。世界はもっと、ぼんやりとしていた。自分がその世界の一部だったからだ。今は違《ちが》う。世界と自分とがくっきりと隔《へだ》てられている。ガラスだかアクリルだかわからないけど、なんだか分厚い透明《とうめい》ななにかに隔てられている。

②そう思うことで、むしろ草児の心はなぐさめられる。自分はこの学校になじめないのではなくて、ただ博物館で展示物を見ているように透明の仕切りごしに彼《かれ》らを観察しているだけ、というポーズでどうにか顔を上げていられる。

　今日はひとことも喋らない日だった。授業でも一度も当てられなかったし、消しゴムも落とさなかった。木曜日はつまらない。博物館の休館日だからだ。

　家に帰ると、めずらしく母がいた。「シフトの都合」で、急きょ休みになったのだという。ビールでも飲んじゃいますかねえ、などと冷蔵庫をいそいそと開ける母は以前よりすこし痩《や》せた。明るい時間に顔を合わせるのはひさしぶりだった。祖母はいない。買いものに行ったという。

　母はこの街に来て三日目に「仕事決まった！」とはしゃいでいた。百円ショップの店員となった母は、そのあとしばらくして「もっと稼《かせ》がなきゃ」と言い出し、夜中の二時まで営業しているという釜《かま》めし屋の仕事を見つけてきて、昼も夜も働くようになった。たまに、売れ残りの釜めしを持ち帰る。それらはたいてい翌日の草児の朝食か、母の弁当になる。

（中略）

　草児は膝《ひざ》の上の図鑑を開く。

　カンブリア紀になると「目」のある生きものがあらわれ、体が立体的になりました。

　もう何度も読んだ図鑑の、古生代カンブリア紀のページをそっと指で撫《な》でてみる。

　海の底をはって移動する暮らしから、泳いだりもぐったりするようになりました。それと同時に、生きものは、食べたり食べられたりするようになっていきました。

　オルドビス紀やシルル紀になると、カンブリア紀よりも泳ぎのうまい生きものがあらわれました。生存競争はさらに激しくなっていきました。

　来年、草児は中学生になる。

生存競争はさらに激しくなっていきました。
③草児は自分が「食べる側」になれるとは、どうしても思えない。勉強も運動も、できないわけではないが突出《とっしゅつ》してできるわけではない。クラスにもなじめていない。「ありがとう」と言っただけで、岩かなにかが喋ったみたいにびっくりされているのだから。

お金のことなら気にしなくていいよ、と母は言う。不意打ちみたいに言ってくる。ふろ上がりの廊下《ろうか》ですれ違いざまに、あるいは、掃除機《そうじき》をかけながら。お母さんぜったい草ちゃんを大学まで行かせてあげたいんだよね、と。

「草ちゃんが将来、どこへでも、好きな場所に行けるように。お母さんがんばって働くし、働けるし、なんにも心配いらないからね」

（中略）

「シフトの都合」で予定外の休みをもらった母は、同じ理由で休みがなくなった。十連勤だなんて冗談《じょうだん》じゃないよとぼやいていたのは最初の数日だけで、半ば頃《ごろ》になると家にいる時は無言でテーブルにつっぷしているだけの、物言わぬ生物になった。祖母はなんだか近頃調子が悪いといって、日中も寝てばかりいた。

古生代の生物たちも、こんなふうに干渉《かんしょう》し合うことなく、暮らしていたのかもしれない。同じ家の中にいても、ほとんど言葉を交《か》わさない。母や祖母の気配だけを感じつつ、ひとりで食卓《しょくたく》に置かれたパンや釜めしを食べた。

④味がぜんぜんわからなかった。給食もそうだ。甘《あま》いとも辛《から》いとも感じない。誰かと同じ空間にいても、人間は簡単に「ひとり」になるものだと、こんなふうになるずっと前から知っていた。

博物館の前に立ち、「本日休館日」の立て札を目にするなり、動けなくなってしまった。今日は木曜日だということをすっかり忘れていた。一色の絵の具で塗《ぬ》りつぶしたような毎日の中で、曜日の感覚が鈍《にぶ》っていたのかもしれない。

ワチャーというような声が頭上から降ってきて、振《ふ》り返《かえ》った。※③このあいだムササビの骨格標本を見上げていた男が草児のすぐ後ろに立っていた。今日は灰色のスーツを着ている。男の指がすっと持ち上がって、立て札を指す。ちょっと異様なぐらいに長く見える指だった。

「きみ知ってた？　今日休みって」

「うん」

男があまりに情けない様子だったので、つい警戒心《けいかいしん》がゆるみ「知ってたけど忘れてた」と反応してしまう。

「そうかあ」

中に入れないのならば、帰るしかない。背を向けて歩き出すと、男も後ろからついてくる。公園から出るには同じ方向に向かうしかないからあたりまえのことなのだが、気になって何度も振り返ってしまう。

「どうしたの？」

草児の視線を受けとめた男が、ゆったりと口を開く。なにを勘違《かんちが》いしたものか「なに？　腹減ってんの？」と質問を重ねる。違う。とっさに答えたが、嘘《うそ》だった。腹は常に減っている。

男のアクセントはすこしへんだった。このあたりの人とも、草児とも違う。そのくせ、すこしも恥《は》じてはいないようだ。

「あ、これ食う？」

書類やノートパソコンが入っていそうな鞄《かばん》から、※④蒲焼《かばや》きさん太郎《たろう》が出てきた。差し出されたそれを草児が黙《だま》って見ていると、男はきまりわるそうに下を向き、**bホウソウ**を破いて、自分の口に入れた。

「そうだよな、あやしいよな。知らないおじさんが手渡《てわた》してくる蒲焼きさん太郎なんか食べちゃだめだ」

しっかりしてるんだな、えらいな、うん、と勝手に納得《なっとく》し、男はベンチに座った。⑤鞄から、つぎつぎとお菓子が取り出される。いくつかのお菓子には見覚えがあり、そのほかははじめて目にする。うまい棒とポテトスナックは知っているが、なんとかボールと書いてあるお菓子は知らない。

「あの、なんで、そんなにいっぱいお菓子持ってるの」

おそるおそる問う。この男は草児が知っているどの大人とも違う。男はすこし考えてから「さあ？」と首を傾《かし》げた。自分自身のことなのに。

「安心するから、かな」

うまい棒を齧《かじ》りながら、男は「何年か前に出張した時に」と喋り出した。帰りの新幹線が事故で何時間もとまったまま、という体験をしたのだという。いつ動き出すのかすらまったくわからなくて、不安だった。でも、新幹線に乗る前に売店で買ったチップスター※⑤の筒《つつ》を握りしめていると、なぜか安心した。その時、思いもよらないものが気持ちを支えてくれることもあるんだな、と知った。あれは単純に「食料がある」という安心感ではなかった、たとえば持っていたのが乾《かん》パンなどの※⑥非常食然としたものだったらもっと違った気がする、だからお菓子というものは自分の精神的な命綱《いのちづな》のようなものだと思ったのだ、というようなことをのんびりと語る男に手招きされて、草児もベンチに座った。いつでも逃《に》げられるように、すこし距離《きょり》をとりつつ。

草児が背負っていたリュックからオレンジマーブルガムのボトルを出すと、男は「なんだよ、持ってるじゃないか」とうれしそうな顔をする。自分のガムはただのおやつであって、命綱なんかではない。

やっぱへんなやつだ、と身を引いた拍子《ひょうし》に、手元が狂《くる》った。容器の蓋《ふた》が開いてガムがばらばらと地面にこぼれ落ちる。草児は声を上げなかった。男もまた。映画館で映画を観《み》るように、校長先生の話を聞くように、唇《くちびる》を結んだまま、丸いガムが土の上を転がっていくのを見守った。

気づいた時にはもう、涙《なみだ》があふれ出てしまっていた。頰《ほお》を伝っていく滴《しずく》は熱くて、でも顎《あご》からしたたり落ちる頃《ころ》には冷たくなっていた。

⑥どうして泣いているのか自分でもよくわからなかった。ガムの容器の蓋をちゃんとしめていなかったこと。博物館の休みを忘れていたこと。男が蒲焼きさん太郎を差し出した時に蘇《よみがえ》った、文ちゃんと過ごした日々のこと。

楽しかった時もいっぱいあった。

それなのに、どうしても文ちゃんに嫌《いや》だと言えなかったこと。嫌だと言えない自分が恥ずかしかったこと。別れを告げずに引《ひ》っ越《こ》ししてしまったこと。

父が手紙をくれないこと。自分もなにを書いていいのかよくわからないこと。

今日も学校で、誰とも口をきかなかったこと。算数でわからないところがあったこと。でも先生に訊《き》けなかったこと。

母がいつも家にいないこと。疲《つか》れた顔をしていること。祖母から好かれているのか嫌われているのかよくわからないこと。

いつも自分はここにいていいんだろうかと感じること。

男は泣いている草児を見てもおどろいた様子はなく、困惑《こんわく》するでもなく、かといって慰《なぐさ》めようとするでもなかった。ただ「いろいろ、あるよね」とだけ、言った。

「え」と訊きかえした時には、涙はとまっていた。

いろいろ、と言った男は、けれども、草児の「いろいろ」をくわしく聞きだそうとはしなかった。

「いろいろある」

草児が繰《く》り返《かえ》すと、男は食べ終えたうまい棒の袋《ふくろ》を細長く折って畳《たた》みはじめる。

A「ところできみは、なんでいつも博物館にいるの?」

「だよね、いつもいるよね?」と質問を重ねる男は、草児がいつもいるとわかるほど頻繁《ひんぱん》に博物館を訪《おとず》れているのだ。

「恐竜《きょうりゅう》とかが、好きだから」

大人に好きなものについて訊かれたら、かならずそう答えることにしている。嘘ではないが、太古の生物の中でもとりわけ恐竜を好むわけではない。にもかかわらずそう言うのは「そのほうがわかりやすいだろう」と感じるからだ。そう答えると、大人は「ああ、男の子だもんね」と勝手に納得してくれる。

「⑦あと、もっと前の時代のいろんな生きものにも、いっぱい、いっぱい興味がある」

⑧他の大人の前では言わない続きが、するりと口から出た。

エディアカラ紀、海の中で、とつぜんさまざまなかたちの生物が出現しました。

体はやわらかく、目やあし、背骨はなく、獲物《えもの》をおそうこともありませんでした。

エディアカラ紀の生物には、食べたり食べられたりする関係はありませんでした。

図鑑を暗誦《あんしょう》した。

草児は、そういう時代のそういうものとして生まれたかった。同級生に百円をたかられたり、喋っただけで奇異《きい》な目で見られたり、こっちはこっちでどう見られているか気にしたり、そんなんじゃなく、静かな海の底の砂の上で静かに生きているだけの生物として生まれたかった。

「行ってみたい?　エディアカラ紀」

唐突《とうとつ》な質問に、うまく答えられない。この男は「エディアカラ紀」を観光地の名かなにかだと思っているのではないか。

「⑨タイムマシンがあればなー」

でも**cソウジュウ**できるかな。ハンドルを左右に切るような動作をしてみせる。

2023年度

算　　数

（その1）

受験番号	
氏　　名	

（配点非公表）

1 容積100 L の水そうがあります．また，水そうに水を注ぐための蛇口《じゃぐち》と，水そうから水を排出《はいしゅつ》するための排水口《はいすいこう》がそれぞれいくつかあります．水そうが空の状態から，蛇口1つと排水口1つを開けておいたところ，ちょうど25分で水そうがいっぱいになりました．1秒あたりに1つの蛇口から注がれる水の量は一定で，どの蛇口についても同じです．1秒あたりに1つの排水口から排出される水の量は一定で，どの排水口についても同じです．以下の問いに答えなさい．

(1) 水そうが空の状態から，蛇口2つと排水口2つを開けておくと，水そうは何分何秒でいっぱいになりますか．

答　　　分　　　秒

(2) 水そうが空の状態から，蛇口3つと排水口2つを開けておいたところ，2分30秒で水そうがいっぱいになりました．水そうが空の状態から，蛇口5つと排水口4つを開けておくと，水そうは何分何秒でいっぱいになりますか．

(2) 図2のように3直線QA，QC，QRを引くと，正八角形の面積が三等分されました．三角形QERと四角形QRFGの面積の比が1 : 3であるとき，四角形QCDEの面積は何 cm^2 ですか．

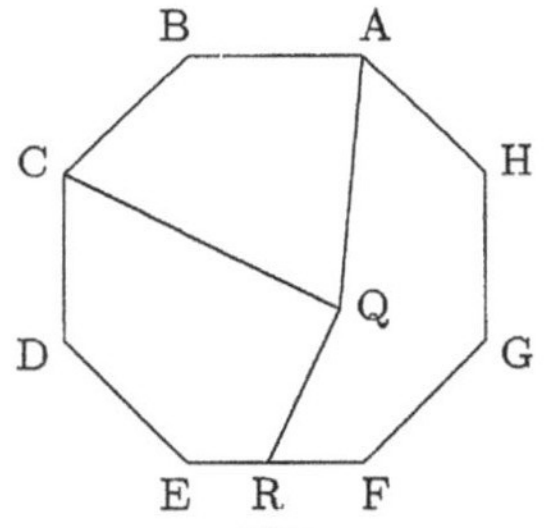

図2

答　　　cm^2

3 図1のような半径1 cmの円形の紙のふちにインクがぬられています．点Aが中心Oと重なるようにこの紙を折って，インクの跡《あと》をつけてから開きました．同じように，点BがOと重なるように折って開き，点CがOと重なるように折って開きました．このとき，折り目あとい，あとうは，図1のように交わりました．

2023年度
算　　数
（その２）

受験番号	
氏　　名	

4 同じ物質が溶《と》けている水溶液《すいようえき》がA, B, Cの３種類あります．それぞれの濃《こ》さと，100 g あたりの原価は右の表のようになっています．ただし，水溶液の濃さとは，水溶液の重さに対する溶けている物質の重さの割合のことです．

種類	濃さ	100 g あたりの原価
A	10 %	40 円
B	20 %	90 円
C	26 %	140 円

これらをいくらかずつ混ぜ合わせることで，別の濃さの水溶液を作ります．例えば，Aを 300 g，Bを 200 g 混ぜ合わせると，14 %の濃さの水溶液が 500 g できます．この 500 g の水溶液を作るには 300 円かかるので，できる水溶液の 100 g あたりの原価は 60 円となります．

(1) AとCを混ぜ合わせて，100 g あたりの原価が 110 円の水溶液を作ります．AとCの重さの比はどのようにすればよいですか．もっとも簡単な整数の比で答えなさい．また，できる水溶液の濃さを答えなさい．

答　A : C = ［　　］ : ［　　］，濃さ ［　　］ %

5 1辺の長さが 1 cm の立方体の形をしたブロックを，いくつかすき間なく貼《は》り合わせて立体を作ります．この立体に対して，次の【操作】を行います．

【操作】 他のブロックと接する面の数が３つ以下のブロックを，一斉《いっせい》に取り除く．

すべてのブロックが取り除かれるまで【操作】を繰《く》り返し行うとき，【操作】が行われる回数について考えます．例えば，９個のブロックを使ってできる図１の立体では，１回目でAのブロックが，２回目でBのブロックが取り除かれるので，【操作】は２回行われます．

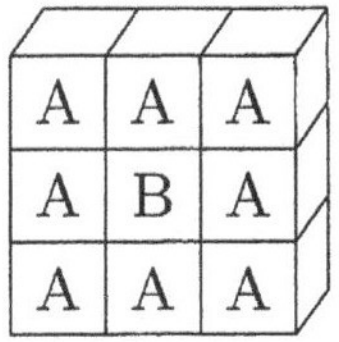

図１

(1) 27 個のブロックを使ってできる，１辺の長さが 3 cm の立方体について，【操作】は何回行われますか．

必要ならば，下の図は自由に用いてかまいません．

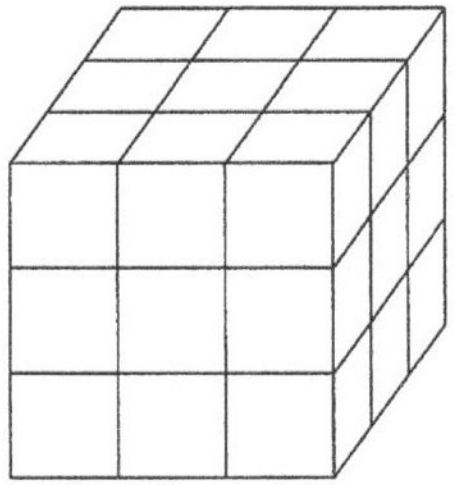

答 ［　　］ 回

2023年度
算　数
（その3）

受験番号	
氏　　名	

6 $\frac{1}{16}$, $\frac{3}{32}$, $\frac{9}{64}$ のように，2を4個以上かけ合わせてできる数を分母として，奇数《きすう》を分子とするような真分数を考えます．このような分数 A を小数で表したとき，小数点以下に現れる数字のうち，右端《はし》の4個をそのままの順で並べてできる整数を $\langle A \rangle$ で表します．

例えば，

$$\frac{1}{16} = 0.0625 \quad なので \quad \left\langle \frac{1}{16} \right\rangle = 625,$$
$$\frac{1}{32} = 0.03125 \quad なので \quad \left\langle \frac{1}{32} \right\rangle = 3125$$

です．

次の表は，さまざまな $\langle A \rangle$ の値《あたい》を，分数 A の分母と分子についてまとめたものです．

分子＼分母	16	32	64	128	256	…
1	625	3125	5625			
3	1875	9375				
5	3125	5625				
7	4375	1875				

(2) $\left\langle \frac{\boxed{あ}}{64} \right\rangle = 4375$ となりました．$\boxed{あ}$ に当てはまる，1以上64未満の奇数をすべて答えなさい．ただし，答のらんはすべて使うとは限りません．

答

(3) $\left\langle \frac{9}{\boxed{い}} \right\rangle = 625$ となりました．$\boxed{い}$ に当てはまる，2を4個以上かけ合わせてできる数を，もっとも小さいものから順に2つ答えなさい．

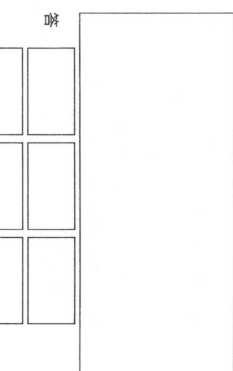

以上の考えをふまえると、炭水化物 1g を燃やしたときの平均の発熱量は約 4kcal なので、炭水化物の 1g あたりのエネルギーは 4kcal/g と表されます。また、平均的なタンパク質は、これとほぼ同じ数値となることが知られているので、タンパク質の 1g あたりのエネルギーも 4kcal/g と表されます。また、脂質は発熱量が大きく、その 1g あたりのエネルギーは 9kcal/g となります。以下の計算では、一般のカロリー計算と同様に、これらの数値を用いて計算します。

問6　表2はある食品の成分表示です。次の文章を読み、空欄に適した語句や数値を答えなさい。なお、空欄（　a　）には小数第1位までの数値を、空欄（　c　）には適する食品を下のア～オから選び、記号で答えなさい。

表2：栄養成分表示
210g あたり

エネルギー	140kcal
タンパク質	7.0g
脂質	8.1g
炭水化物	9.7g
食塩相当量	0.21g

表2の成分表示より、タンパク質、脂質、炭水化物のエネルギーを計算すると、合計（　a　）kcal となる。したがって、表示のエネルギーとほぼ同じ数値となっており、表2には記されていないが、この食品の主な成分である（　b　）は、エネルギーの計算にふくめる必要がないことが分かる。成分の内容量も考えると、この食品は（　c　）である。

ア．豚肉《ぶたにく》　　イ．納豆《なっとう》　　ウ．牛乳　　エ．スポーツドリンク　　オ．食パン

最後に、表 3 を見てみましょう。炭水化物の項目《こうもく》が 2 つに分かれていることに気が付くでしょう。このうち「糖質」のほとんどは、先ほど紹介《しょうかい》したようにブドウ糖がつながってできており、1g あたりのエネルギーは 4kcal/g です。

問7　一般に、栄養成分表示の「食塩相当量」の項目については、エネルギーを計算する際に考える必要がありません。その理由を考えて答えなさい。

問8　食物繊維《しょくもつせんい》のエネルギーは何 kcal/g か答えなさい。答えが割り切れないときは、小数第2位を四捨五入して小数第1位まで答えなさい。また、糖質と食物繊維を燃やしたときの 1g あたりの発熱量はほぼ同じであるにもかかわらず、エネルギーの数値が異なっているのはなぜでしょうか。その理由を考えて答えなさい。

表3：栄養成分表示
1食分あたり

エネルギー	437kcal
タンパク質	11.0g
脂質	22.0g
炭水化物	
-糖質	47.5g
-食物繊維	2.5g
食塩相当量	3.2g

皆さんが大人の体格になると、1 日に必要なカロリーはおよそ 2000kcal 程度になります。当たり前のことですが、カロリーの合計値だけを見て食事の計画を立てるのではなく、バランスのよい食事を心がけましょう。タンパク質、脂質、炭水化物はそれぞれ違《ちが》う構造をもつ分子たちで、からだに対しての役割も異なりますから。

《 問題は以上です 》

ブドウ糖の分子を180g集めて燃やすと、669kcalの熱が生じることが知られています。また、図 1 のように水の分子がとれていくと、水の分子 18g がとれるたびに、つながった分子の方は24kcalの熱量をたくわえます。したがって、ブドウ糖の分子がつながっていくにしたがって、その分子を1g集めて燃やしたときの発熱量は少しずつ増えていくことになります。なお、ブドウ糖の分子と水の分子の1個あたりの重さの比は10:1です。ここでは、食品中の炭水化物の代表例として、砂糖の主成分であるショ糖の分子とよく似た、麦芽糖《ばくがとう》の分子（ブドウ糖の分子が 2 個つながったもの）を燃やしたときの発熱量を考えます。

問2　360gのブドウ糖の分子が2個ずつつながって、すべて麦芽糖の分子になったとします。このとき、生じた水の分子をすべてとりのぞくと、何gの麦芽糖の分子が生じたか答えなさい。

問3　問2で生じた麦芽糖を燃やすと、発熱量は麦芽糖 1g あたり何 kcal か求めなさい。答えが割り切れないときは小数第3位を四捨五入して小数第2位まで答えなさい。

次に、脂質について考えましょう。一般的な脂質はグリセリンの分子（図中 グ ）が脂肪酸《しぼうさん》の分子（図中 脂 ）3個とつながった構造をしており、油脂《ゆし》とよばれます。このとき、下の図2のようにつながった3か所それぞれから水の分子が1個ずつ、つまり計3個の水分子がとれます。

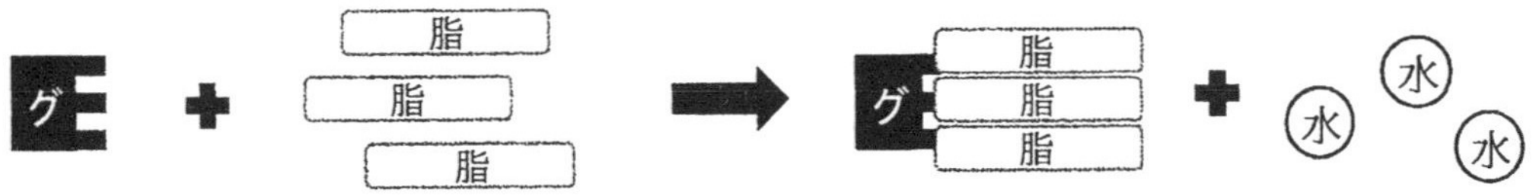

図2

脂肪酸にはいろいろな種類がありますが、ここでは平均的な長さの、ある脂肪酸のみがふくまれているものとして考えていきます。グリセリン、脂肪酸、水の分子1個あたりの重さの比は92：284：18です。また、グリセリン92gを燃やすと発熱量は406kcal、脂肪酸284gを燃やすと発熱量は2516kcalです。炭水化物のときと同様に水分子18gがとれるたびに、つながった分子の方は24kcalの熱量をたくわえます。

問4　92gのグリセリンの分子と852gの脂肪酸の分子がすべて油脂になったとします。このとき、生じた水の分子をすべてとりのぞくと、何gの油脂が生じたか答えなさい。

問5　問4で生じた油脂を燃やすと、発熱量は油脂 1g あたり何 kcal か答えなさい。答えが割り切れないときは小数第3位を四捨五入して小数第2位まで答えなさい。

2023(R5) 麻布中
教英出版

4

皆《みな》さんは若いので「カロリー」を気にしない人が多いと思いますが、いろいろな食品のパッケージに表1のような栄養成分表示がついていることは知っているでしょう。この一番上に記されている「エネルギー」の数値こそが、いわゆる食品の「カロリー」のことなのです。

表1：栄養成分表示

1食分(7g)あたり

エネルギー	33kcal
タンパク質	0.5g
脂質《ししつ》	1.2g
炭水化物	5.0g
食塩相当量	0.05g

表1から分かるように、「カロリー」はエネルギーの単位なのですが、その定義は「1gの水を1℃上昇《じょうしょう》させるために必要な熱量（エネルギーの一種）を1cal（1カロリー）とする」と定められています。なお、kは「キロ」で、1kcal＝1000calとなります。つまり、表1のエネルギー33kcalとは、20℃の水1kgがあったとして、この温度を（　あ　）℃まで上昇させることができる熱量に相当することになります。

問1　空欄《くうらん》（　あ　）にあてはまる整数を答えなさい。

もちろん、水の中にこの表1の食品を入れても温度は上昇しません。この熱量の数値は、この食品を燃やしたことにより発生する熱量のことなのです。食品を摂取《せっしゅ》しても体内で火をつけて燃やしたりしないのに、なぜ？と思うかもしれません。実は、われわれが食品を摂取して消化・吸収して栄養成分としてたくわえ、活動する際にこれらを消費してエネルギーを得る反応は、多くの物質を経由しますが、最終的にはこれらの成分を燃やす反応とほぼ同じなのです。だからこそ、われわれが食品から得るエネルギーとして、それらを燃やしたときの数値が目安として用いられているのです。では、食品中の各成分について、燃やしたときに発生する熱量（発熱量）について考えていきましょう。

食品中の各成分は、それぞれ原子というとても小さな粒《つぶ》がたくさん結びついてできている分子という粒からできています。まずは炭水化物から考えていきましょう。一般的《いっぱんてき》な炭水化物は、ブドウ糖という分子（図中〈ブ〉）どうしがつながってできています。このとき、下の図1のようにブドウ糖の分子の間から水の分子（図中(水)）が1個とれて、つながっています。このとき、2個のブドウ糖の分子とくらべると、つながった分子はとれた水の分子の分だけ、少し軽くなります。炭水化物の一種であるデンプンは、とても多くのブドウ糖の分子がつながってできています。

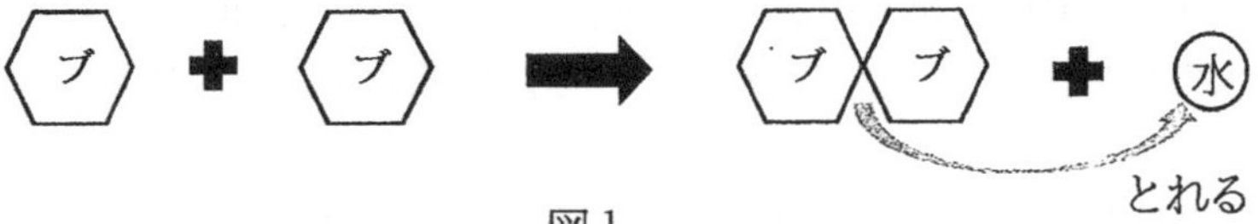

図1

次に、コンデンサー、乾電池、検流計を図6のように接続し、コンデンサーを充電しました。この回路を流れる電流の向きは、検流計の針が振《ふ》れる向きによって分かります。

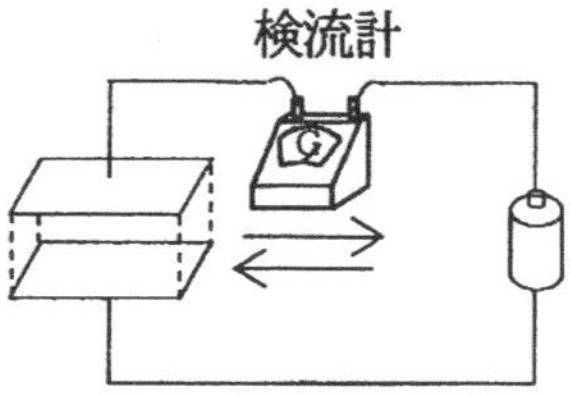

図6

問5 充電したコンデンサーの金属板の間隔を近づけると、検流計に電流が流れました。この電流の向きを説明する次の文中のa～cについて、〔 〕に入る適当な語句をそれぞれ選び、記号で答えなさい。

コンデンサーの金属板の間隔を近づけると、コンデンサーにためられる電気の量が a〔ア. 増え イ. 減り〕、電気がコンデンサーの b〔ウ. 外から入ってくる エ. 外に出ていく〕ため、検流計にはc〔オ. 図6の→の向き カ. 図6の←の向き〕に電流が流れる。また、金属板の間隔をはなしたときは、すべて逆のことが起こる。

次に、乾電池、コンデンサー、スピーカーを図7のように接続しました。コンデンサーの充電中、スピーカーの膜は何も接続していないときよりも出っ張っていましたが、充電が完了するとスピーカーの膜は元に戻《もど》りました。

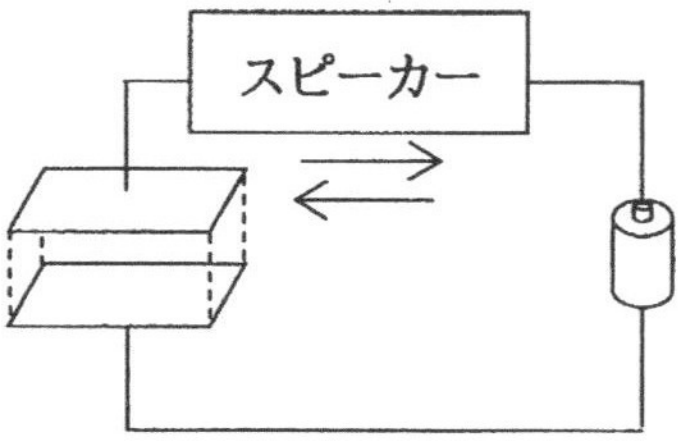

図7

問6 充電が完了した状態からコンデンサーの金属板の間隔をはなしました。

(1) このとき、スピーカーに流れる電流の向きはどうなりますか。最も適当なものを次のア～ウから選び、記号で答えなさい。

ア. 電流は流れない。　イ. 図7の→の向き。　ウ. 図7の←の向き。

(2) このとき、スピーカーの膜はどうなりますか。最も適当なものを次のア～エから選び、記号で答えなさい。

ア. 膜は変化しない。　イ. 膜は出っ張る。
ウ. 膜は振動する。　エ. 膜は何も接続してないときよりも引っ込む。

コンデンサーの金属板のうち1枚を外から揺《ゆ》らしやすい薄《うす》い膜にし、その膜の近くで音を出すと、コンデンサー部分はマイクとして利用でき、これをコンデンサーマイクといいます。実際の回路は図7よりも複雑ですが、コンデンサーのはたらきは変わりません。

問7 コンデンサーマイクは、ダイナミックマイクに比べて小型化しやすいです。その理由を答えなさい。

問8 ダイナミックマイクと違《ちが》い、コンデンサーマイクを使用するためには、電源が必要になります。その理由を答えなさい。

次に，ダイナミックマイクとはしくみの異なるコンデンサーマイクを考えます。コンデンサーは電気をためられ、充電池《じゅうでんち》のように使用することができるものです。

まず、コンデンサーの性質を次の実験で調べました。

実験１：市販《しはん》のコンデンサーＡとＢを用意し、それらを図４のように乾電池《かんでんち》と電流計にそれぞれ接続しました。Ａを接続した場合もＢを接続した場合も、スイッチを入れてからしばらくすると、電流は流れなくなりました。電流が流れなくなったらコンデンサーの充電を完了《かんりょう》とし、ＡとＢを回路からはずし、それぞれLED（発光ダイオード）に接続すると、Ｂに接続したLEDの方がより長く明るく光りました。

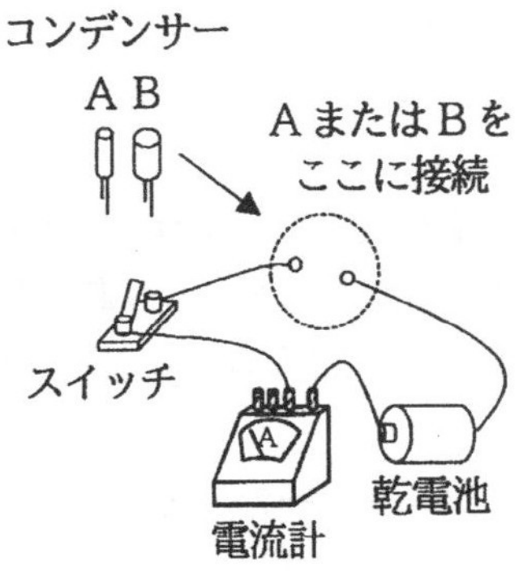

図４

実験１の結果から、コンデンサーが充電池のはたらきをもっており、またその種類によって、ためられる電気の量が異なることが分かります。ＡとＢではＢの方が多く電気をためていたため、より長く明るくLEDを光らせることができたのです。

次に、どのようなコンデンサーが電気を多くためることができるか次の実験で調べました。なお、図５のようにコンデンサーの構造は、２本の導線がそれぞれ繋《つな》がった金属板が一定の間隔《かんかく》をあけて向かい合うように設置されているとみなせます。

実験２：金属板の間隔だけが異なる２種類のコンデンサーＣとＤを充電し、それぞれLEDに接続すると、Ｃの方がより長く明るくLEDが光りました。

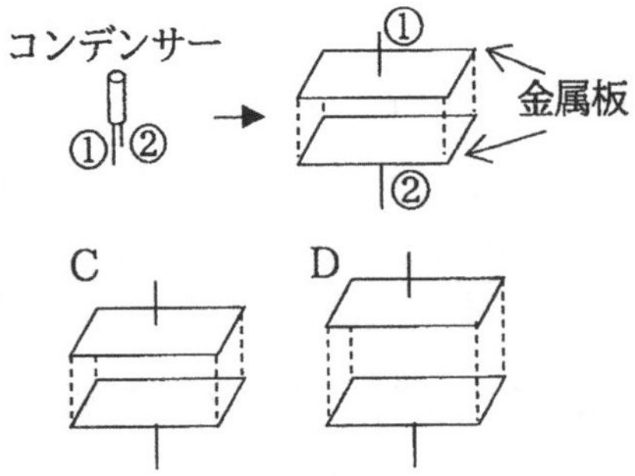

図５

実験２の結果から、コンデンサーの金属板の間隔が変わると、コンデンサーの電気をためる能力が変わることが分かります。

コンデンサーの電気をためる能力は金属板の面積によっても変えられ、金属板の面積は大きいほど多くの電気をためられます。

問４　下線部について、コンデンサーを充電池として利用する場合、より電気をためられるものが必要になることがあります。ただし、より電気をためるコンデンサーには問題点もあります。この問題点についての説明として最も適当なものを次のア～エから選び、記号で答えなさい。

ア．コンデンサーの寿命《じゅみょう》が長くなり、新しいものと交換しにくい。

イ．乾電池との差がなくなってしまう。

ウ．コンデンサーが小型化しにくい。

エ．コンデンサーの充電が速くなり、制御《せいぎょ》が難しい。

問1　文中の空らん（　1　）には人物名を、（　2　）には適切な語句を答えなさい。

問2　文中の**図1**について。

（1）太線で示した河川の名称《めいしょう》を答えなさい。

（2）図中の**A～D**は、東日本大震災の津波《つなみ》被害を後世に伝えるための施設や「津波遺構」の場所を示したものです。**B**にあるものの名称とその説明文を下の**あ～え**から一つ選び、記号で答えなさい。

あ　閖上《ゆりあげ》の記憶《きおく》

…仙台平野の海岸近くにあった閖上集落の資料を展示した施設。集落のほぼすべてが津波で流されたので、その記憶をとどめるために施設がつくられた。

い　大川《おおかわ》小学校

…人工堤防《ていぼう》のそばにあった小学校。堤防の上に避難《ひなん》したために多数の小学生が津波の被害にあった。賛否が分かれたが校舎を残すことを決定した。

う　3がつ11にちをわすれないためにセンター

…仙台市街にある図書館「せんだいメディアテーク」に置かれた展示室。小学生の防災学習にも活用できるようにつくられた。

え　気仙沼向洋《けせんぬまこうよう》高校（旧校舎）

…リアス海岸の港に近い位置にあった校舎。津波は校舎の4階にまで達したが、生徒たちは高台に避難して無事だった。

問3　下線部**ア**について。学校のなかで、このような特徴を持つものとして**適当でないもの**を、下の**あ～え**から一つ選び、記号で答えなさい。

あ　始業前に花壇《かだん》の手入れをすること

い　授業中に教室に入ってきた害虫を追い出すこと

う　昼休みに校内放送で音楽を流すこと

え　放課後に友達と勉強会をすること

問4　下線部**イ**について。税金は公共のものから利益を得られる人ほど多く負担するべきだという考え方がありますが、どの人がどれだけの利益を公共のものから得られているかを数字で示すことは難しく、実現していません。一方で、収入を調べることはそれほど難しくないため、実際には以下に示した例のように税金を払う能力がある人ほど多く納めることになっています。このような仕組みに対して賛成する意見も反対する意見もありますが、賛成する意見を二つ挙げなさい。

世帯Ａ：夫、妻、子２人
・世帯年収 400 万円（夫の年収 200 万円、妻の年収 200 万円）
・子ども２人は公立保育園に通っている。
・収入にかかる税を世帯全体で年間７万円納めている。

世帯Ｂ：夫、妻
・世帯年収 1200 万円（夫の年収 600 万円、妻の年収 600 万円）
・週末は夫婦《ふうふ》で市民体育館に行って運動をし、健康維持に役立てている。
・収入にかかる税を世帯全体で年間 40 万円納めている。

問5　下線部**ウ**について。明治政府は税金をかけて**表１**と**表２**のような官営施設を建設し、殖産《しょくさん》興業政策を行いました。しばらくして、こうした官営施設は民間に払い下げられていきました。これについて、下の（１）（２）の問いに答えなさい。

（１）**表１**で挙げられた施設について、なぜ明治政府はこれらをつくったのですか。施設で生産されたものを考えて説明しなさい。

（２）**表２**について、財閥《ざいばつ》は表にある施設を高額で買い取りました。なぜ財閥はこれらの施設を経営することが大きな利益につながると考えたのですか。説明しなさい。

表１

政府が税金でつくった施設	政府がかけた金額	払下価格	払下先
品川硝子《しながわガラス》	294,168円	79,950円	西村勝三（実業家）
札幌麦酒醸造所《さっぽろビールじょうぞうじょ》	61,587円	27,672円	大倉喜八郎（実業家）
播州葡萄園《ばんしゅうブドウえん》	8,000円	5,377円	前田正名（元役人）
神戸阿利襪園《こうべオリーブえん》	不明	※	前田正名（元役人）

※播州葡萄園とあわせて払い下げられた。

表２

政府が税金でつくった施設	政府がかけた金額	払下価格	払下先
高島炭鉱《たかしまたんこう》	393,834円	550,000円	三菱
三池《みいけ》炭鉱	750,060円	4,590,439円	三井

（小林正彬『日本の工業化と官業払下げ　政府と企業』などより作成）

問6　下線部**エ**について。近代的な上水道が、いち早く横浜で整備されたのはなぜでしょうか。その理由を二つ説明しなさい。

問7　下線部**オ**について。水道事業に関する現在の省庁ごとの役割分担について、次の文章の空らん（A）～（C）にあてはまる省庁の組み合わせとして正しいものを、下の**あ**～**か**から一つ選び、記号で答えなさい。

上水道は水質が重要だとして（　A　）が、下水道は都市計画に関係するため（　B　）が、工業用水は（　C　）が、それぞれ担当しています。これは水道行政三分割《ぶんかつ》とも呼ばれますが、工業用水では水のリサイクルがすすむなど、状況《じょうきょう》は大きく変化してきています。加えて、（　A　）の仕事全般《ぜんぱん》を見直す必要があり、上水道の管理を（　B　）に移そうという動きもあります。

あ	A－環境省	B－厚生労働省	C－総務省
い	A－環境省	B－総務省	C－国土交通省
う	A－総務省	B－国土交通省	C－経済産業省
え	A－総務省	B－厚生労働省	C－環境省
お	A－厚生労働省	B－総務省	C－国土交通省
か	A－厚生労働省	B－国土交通省	C－経済産業省

問8　下線部**カ**について。都市化がすすむと、市町村単位の水道整備ではどのような問題が起こりますか。下の**図2**をみて気がつくことを説明しなさい。

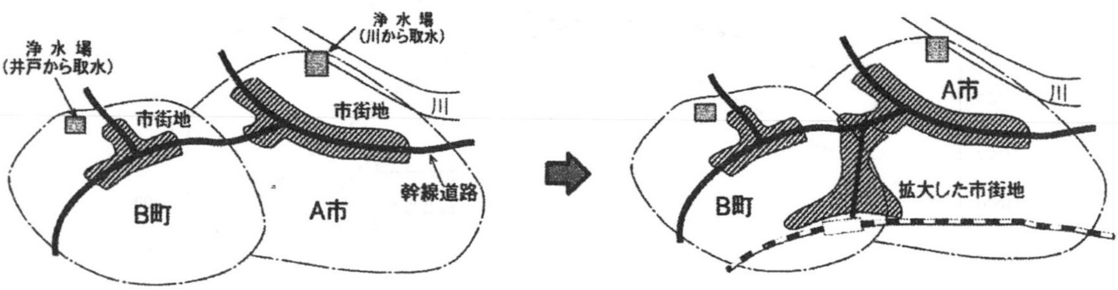

図2　都市化がすすむ前と後

問９　下線部**キ**について。民営化が本格的に検討され始めた背景には、近年の水道事業が抱《かか》えているいくつかの問題があります。下の**図３**、**図４**から読み取れる問題を説明しなさい。なお、水道の料金収入は使用量に応じて決まり、水道の維持管理費用は家屋や建物の数に関わって増減するものとします。

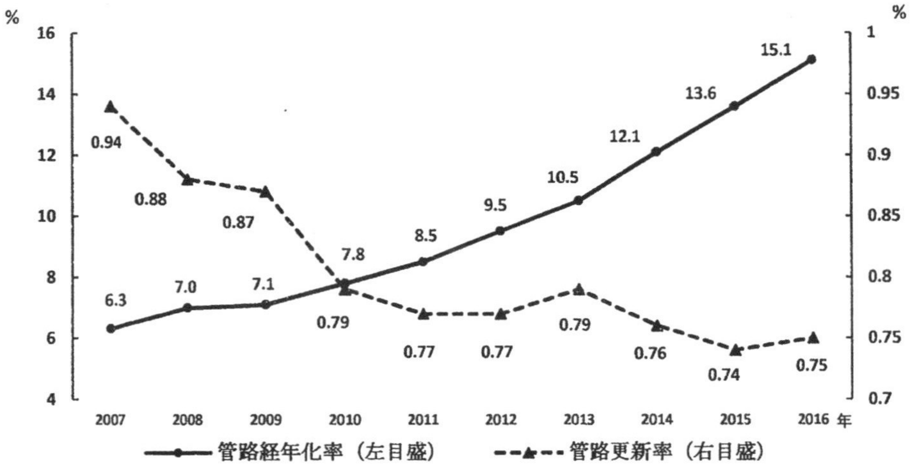

管路経年化率：水道管の総延長にしめる耐用《たいよう》年数（40 年）をこえた水道管の割合 管路更新《こうしん》率　：水道管の総延長にしめる新しくつけかえた水道管の割合

図３　日本の水道管の管理状況
（日本水道協会の資料より作成）

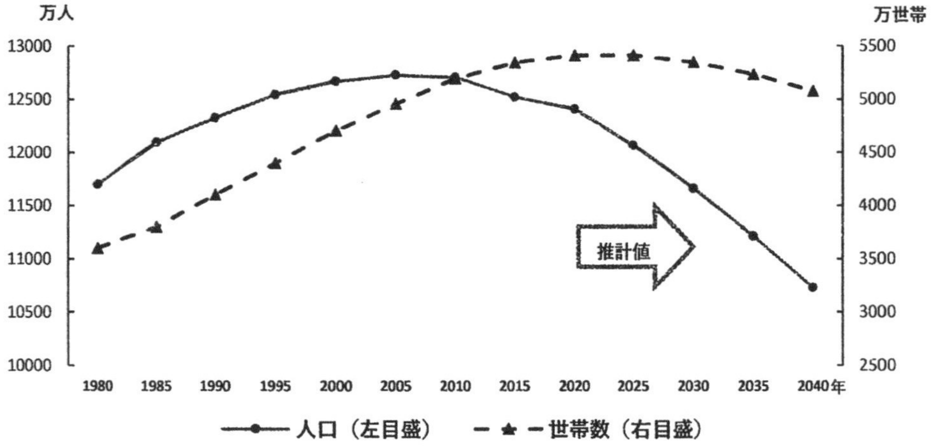

図４　日本の人口・世帯数の変化と 2015 年時点の予測
（総務省および国立社会保障・人口問題研究所の資料より作成）

問 10　下線部**ク**について。近年の地方公共団体と民間企業の協力事業のなかには、下の**図5**のような形で公共施設の運営を民間企業の資金や技術を利用してサービスの向上につなげようとする動きがあります。これに関して、**図5**を参考にして（1）（2）の問いに答えなさい。

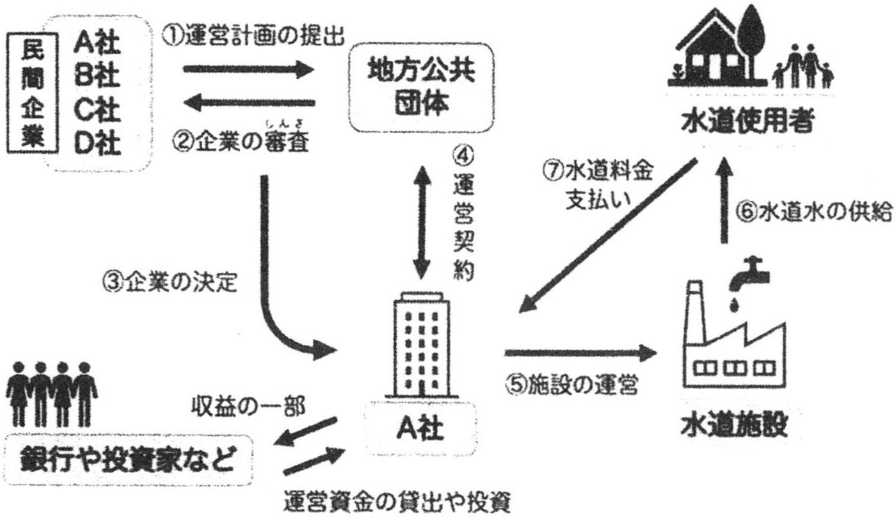

図5　水道事業における民間企業の運営例

（1）地方公共団体と民間企業の運営契約《けいやく》は、長期（20〜30年間）になることが多くなります。その理由を説明しなさい。

（2）長期の運営契約を民間企業と結んだ場合、地方公共団体または水道使用者にとってどのような欠点がありますか。説明しなさい。

問 11　下線部**ケ**について。文中にあるように、現代の社会では公共のもののあり方が問われています。国や地方公共団体が担うのか、民間企業にゆだねるのかに関わらず、わたしたちがどこまでを公共のものとして「みんな」で支え合うか、どこから個人の問題と考えるのかが問われているといえます。しかし、個人で抱えているようにみえる問題でも「みんな」で支えることで解決するものもあります。そのような問題を一つ挙げ、それを解決できるような「みんな」で支える仕組みを考え、100〜120字で説明しなさい。ただし、句読点《くとうてん》も1字分とします。

〈問題はここで終わりです〉

国語解答用紙

（２０２３年度）

受験番号	
氏　名	

一　a　b　c　d

二

三

四

五

六

七

八

九

【解答

受験番号	
氏　名	

（２０２３年度）

理　科　解　答　用　紙

1

問１											
問２											
問３	あ		い								
問４											
問５	あ			い			問６			問７	

小　計

2

問１	左眼		右眼		問２	a		b		c		問３	a		b	
問４	(1)	年	(2)	光年	(3)	年	(4)	1年あたり　光年								
問５	1年あたり　光年		問６													

小　計

【解答

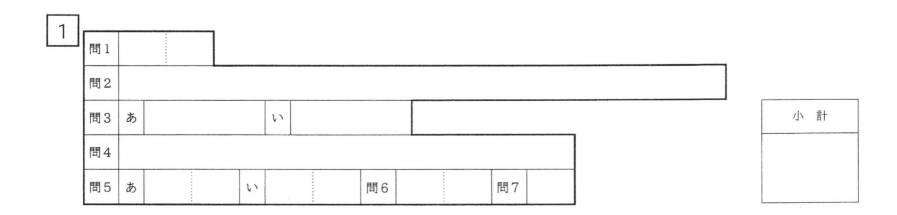

受験番号	
氏　　名	

（2023年度）

社会解答用紙　（その１）

問１　（１）　　　（２）

問２　（１）　　　川　（２）

問３

問４

【解答

受験番号	
氏　　名	

(2023年度)

社会解答用紙 （その２）

問８

問９

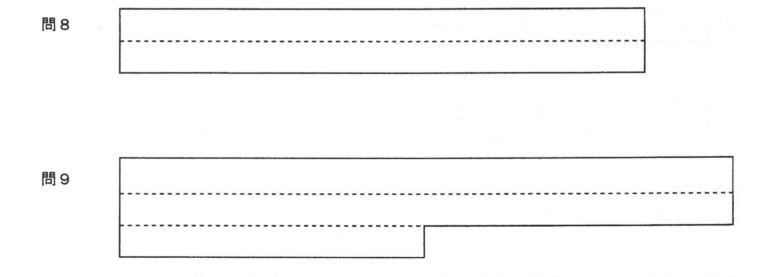

(2)

問11

(100)

(120)

小　計

(整理番号)

問５（１）

（２）

問６

問７

（整理番号）

小　計

（配点非公表）

3

問1									問2		
問3	a		b		c		問4				
問5	a		b		c		問6	(1)		(2)	
問7											
問8											

小　計

4

問1		問2	g	問3	kcal	問4	g	
問5	kcal	問6	a		b		c	
問7								
問8	kcal/g	理由						

小　計

整理番号

合　計

（配点非公表）

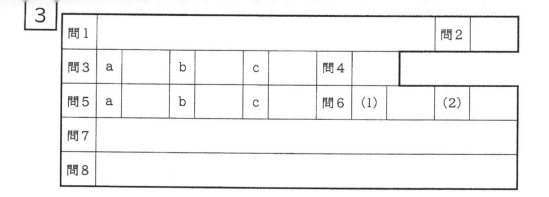

次の文章をよく読んで、5ページから9ページの問いに答えなさい。

麻布《あざぶ》中学校でよく耳にする会話です。

先生「教室の掃除《そうじ》当番、さぼらないでください。困るのは君たちですよ」

生徒「じゃあ、お金を払《はら》って掃除業者に頼《たの》めばいいじゃないですか」

みなさんの通っている小学校でも分担を決めて自分たちで掃除をしていると思います。しかし、2013 年の調査によると、世界で生徒や児童が掃除を行っている国は 34.3%に過ぎません。業者に掃除を依頼《いらい》する国の方が多いようですが、近年、そのような国でも自分たちで掃除をする学校がでてきています。生徒が掃除をすることによって教室を汚《よご》さなくなる効果が指摘《してき》されているからです。

教室は学校生活において、生徒が最も利用する「みんな」の空間です。これは、少し難しい言葉でいうと「公共」の空間となります。公共のものとは、どのようなものでしょうか。大きな特徴《とくちょう》として、**ア.** だれかが努力をして得た成果を一部の人たちだけのものにすることはできず、みんなで分かち合うことになるということがあります。たとえば教室の場合、だれかが掃除をしてくれればみんながきれいな空間で過ごすことができます。掃除をした人もしなかった人も、同じようにきれいな教室で快適に過ごすことができるわけです。そこで、もしだれかがしてくれるから自分はしなくてよいと考える人が出てきてしまうと、すすんで掃除をしたがる人が減ってしまいます。あるいは、掃除をする人も自分の周辺だけすればよいと思ってしまうかもしれません。教室を居心地《いごこち》よく保つためには、こうしたことにならないように、掃除当番を決めたり、汚さないためのルールを決めたりなど、工夫《くふう》をする必要があるのです。

公共のものを維持《いじ》する役割をだれが担《にな》うのかは、実社会においても難しい問題です。みんなの利益につながることであっても、みんなで努力をしていけるとは限りません。学校の外のことを考えてみましょう。君たちのお父さんやお母さんは、町内会やマンションの住民たちで集まって公園を掃除したり、ゴミの集積所を整えたりしていませんか。すべてお金で解決しようとしないのは、周囲の人との協力を大切にしたり、あまりに身近な場所すぎて自分たちで管理する方が良いという判断があるのかもしれません。

しかし、そこで集められたゴミの収集や最終処理などはどうでしょう。かつて、好き勝手にゴミが道路や河川《かせん》などに捨てられたり、ゴミの量が多すぎて処理ができなくなったりすることがあったため、こうした事業は、国や地方公共団体などが担当する仕事になっていきました。わたしたちは、みんなが過ごしやすい環境《かんきょう》を維持するためにこれらの仕事を国や地方公共団体に任せ、**イ.** その代わりに税金を払うことでその運営を支えています。しかし、そのようなやり方にも難しさはあります。少子高齢化《しょうしこうれいか》がすすんでいる日本社会では、今後もすべてを国や地方公共団体が担っていくことは現実的ではなくなってきています。

このあたりの事情をもう少し詳《くわ》しくみるため、具体的な例として水道事業を取り上げてみましょう。歴史的にみると、都市の衛生環境を保つために上下水道の整備が必要でした。戦国時代の頃《ころ》から城下町の形成にともなって、田畑へ引く水を兼《か》ねた上水道が各地でつくられました。江戸《えど》時代になると、各地の藩《はん》では役人と町人や村人たちが協力して水道を管理していました。たとえば（　1　）が城下町としてつくった仙台《せんだい》には四ツ谷《よつや》用水が建設され、この修理と維持にかかった費用は、3分の1が藩から支給され、残りの費用を城下に住む町人とその周辺の村人たちで等しく負担することになっていました。町人たちは、春と秋の2回、藩の役人の監督《かんとく》のもとに用水の大掃除と修理を行い、水路のゴミや泥《どろ》を除いていました。これに対して、江戸の水道は役人たちが中心となって管理し、武家や町人から使用料を徴収して運営にあたっていました。一方、下水道はどうなっていたのでしょうか。江戸のまちには、通り沿いに排水《はいすい》用の溝《みぞ》やドブがありましたが、おもに雨水を排水する目的でつくられていました。便所がくみ取り式で、排泄物《はいせつぶつ》は周辺の村で（　2　）として活用されたので、下水道は小規模なものにとどまっていました。

ウ．明治《めいじ》時代には他の設備や制度と同じく、水道事業も近代化が始まります。関東地方で、エ．最初に近代的な上水道の整備が行われたのは横浜《よこはま》でした。一方、東京では 1877 年にコレラが流行し、その原因として飲料水の衛生環境の悪さが指摘されると、浄水施設《じょうすいしせつ》によって濾過《ろか》や消毒を行う近代的な上水道の整備は急速にすすみ始めます。1890 年に水道条例が成立し、上下水道の整備や運用は市町村単位で責任を持つことが定められました。企業《きぎょう》が関わることについては否定的で、オ．水道は国や地方公共団体が責任を負わなくてはならない、という考え方が強くありました。第二次世界大戦後の 1957 年に成立した水道法でも、この原則が引き継《つ》がれました。しかしその当時からすでに、カ．都市化がすすむなか、その原則では限界があるという声があがっていました。高度経済成長期を迎《むか》えると水道は急速に普及《ふきゅう》し、1970 年頃には全国の上水道普及率は 80%を超《こ》えるまでになりました。この頃になると、水不足や水源の水質悪化が問題となり、巨額《きょがく》の費用がかかる水源開発の点からも従来の水道を見直す必要がでてきました。1977 年に水道法が改正されると、水源の開発に都道府県が関わることも増えていきました。

宮城《みやぎ》県の場合をみてみましょう。宮城県でも疫病《えきびょう》対策の声が高まり、1923 年に仙台市で近代的な上水道の整備が始まりました。最初は市独自でダムを建設しましたが、都市の発達とともに水が足りなくなりました。さらに、仙台市が二つの町と合併《がっぺい》することになったため、1978 年に宮城県がすすめていた広域水道から水を供給してもらうことになったのです。県が巨大な七ヶ宿《しちかしゅく》ダムを

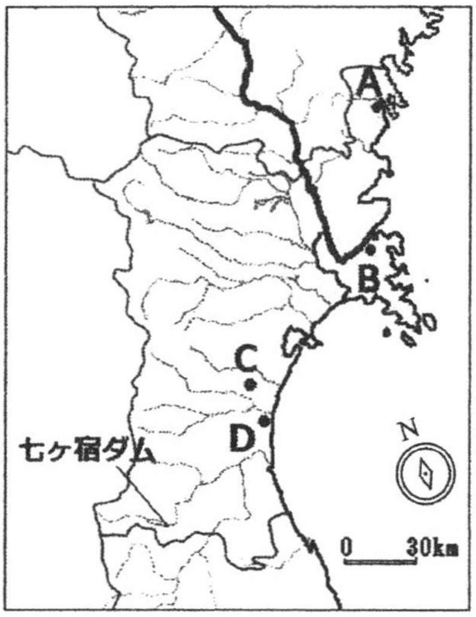

図1　宮城県内のおもな河川

建設することで、仙台市を含《ふく》む 17 市町に水を供給することができるようになりました。ただ現在までの間に、宮城県沖地震《みやぎけんおきじしん》、東日本大震災を経験し、宮城県の水道施設は大きな被害《ひがい》を受けました。水道管の復旧作業の費用や、今後に備えて地震に強い水道管につけかえる作業の費用は、水道料金に上乗せされることになってしまいました。

このような公共のサービスを維持していくには巨額の経費がかかるため、1980 年代よりこれらを民間企業に任せる動きが世界中で加速していきます。最初はイギリスやアメリカから始まり、やがて日本にもその動きが広まりました。国や地方公共団体が公共のサービスを担うということには、倒産《とうさん》の心配がないので安定的なサービスの提供が行えるという長所がある一方で、その産業に競争が生まれにくく、効率の悪い経営になりやすいという短所もあります。そのため国や地方公共団体はさまざまな形で民間企業に経営をゆだねるようになっていきました。たとえば、鉄道はかつて日本国有鉄道として国が運営していましたが、経営を効率化するため現在のＪＲ各社に民営化されました。また通信の分野では、つぎつぎ生まれる新たな技術に対応するために民間企業同士で競争する方が良いという意見が高まり、ＮＴＴなどとして民営化されていきました。これらの産業は民営化したとはいえ、だれでも利用できるように法律によって国から一定の制約を受けることになっています。

キ．日本の水道事業も 21 世紀になって民営化が本格的に検討され始め、2018 年の水道法改正によって民間企業が水道事業の一部を引き受けることができるようになりました。政府は、**ク．**地方公共団体が水道事業の最終的な責任を持ちながらも、経営自体は民間企業に任せて効率化できる仕組みづくりを積極的にすすめようとしているのです。先ほど例に挙げた宮城県では、全国に先がけて 2022 年から水道事業の運営を民間企業に任せ始めています。これによって県は、今後約20年間で300億円以上の経費を節約できると発表していますが、住民のなかからは水道料金の値上げなどを心配する声が上がっています。というのも、いち早く民営化に乗り出したヨーロッパ諸国では、水道事業の効率化がうまくいかず、再び公営化するという事例が報告されるようになってきたからです。また、いくつかの発展途上国《とじょうこく》でも経費削減《さくげん》のために水道事業の経営を欧米《おうべい》の民間企業に任せましたが、利益があがらない地域の水道が廃止《はいし》されたり、水道料金が値上がりしたため、公営に戻《もど》す運動が起きています。民間企業は、より多くの利益をあげることが目的なので、効率の悪いサービスを廃止していくのは仕方がないことかもしれません。しかし、ある日突然《とつぜん》水が自由に使えなくなったときのことを想像してみると、わたしたちの生活に欠かせないサービスを公共のものとして国や地方公共団体が責任を負っていくということの大切さがわかると思います。仮に民間企業の手を借りるとしても、人びとが国や地方公共団体を通じてサービスが適切に行われているかを監視する必要があるといえるでしょう。

公共のものの維持は、長らく国や地方公共団体が担ってきました。その負担の大きさに国や地方公共団体が耐《た》えられなくなると、今度は民間企業に頼《たよ》り始めました。今後この流れがすすみ、お金を払えない人は生活に欠かせないサービスを得られなくなる可能性が指摘されています。このような流れを仕方がないこととしてあきらめてしまってよいのでしょうか。わたしたちは、みんなで話し合って社会がどうあるべきかを決めています。**ケ.** 公共のもののあり方について考えることは、わたしたちがどのような社会を目指すのかを考えることであるともいえるでしょう。

十

十一

十二

十三

1

2

（合計）

（配点非公表）

（整理番号）

社　会　（50分）

（２０２３年度）

《注　意》

1．試験開始の合図があるまでは、問題用紙を開けてはいけません。

2．問題用紙は９ページまであります。＃解答用紙は２枚です。試験開始の合図があったら、まず、問題用紙、解答用紙がそろっているかを確かめ、次に、すべての解答用紙に「受験番号」「氏名」「整理番号」を記入しなさい。

3．試験中は、試験監督《かんとく》の指示に従いなさい。

4．試験中に、まわりを見るなどの行動をすると、不正行為《こうい》とみなすことがあります。疑われるような行動をとってはいけません。

5．試験終了《しゅうりょう》の合図があったら、ただちに筆記用具を置きなさい。

6．試験終了後、試験監督の指示に従い、解答用紙は書いてある方を表にして、上から、（その１）（その２）の順に重ね、全体を一緒《いっしょ》に裏返して置きなさい。

7．試験終了後、書きこみを行うと不正行為とみなします。

＃教英出版 編集部　注
編集の都合上、枚数が異なることがあります。

3

マイクは音を電気信号に変える道具で、電気信号をスピーカーに送ると、スピーカーから音を出すことができます。太鼓《たいこ》などの打楽器、ギターなどの弦楽器《げんがっき》、声を発する人の喉《のど》など、音を発するものはすべて自らが振動《しんどう》することで音を出し、同じようにスピーカーもまた振動することで音を出します。図1では、簡易的なスピーカーに、電源を接続しています。スピーカーはコイルと、磁石のついた膜《まく》でできています。まず、電源に色々な電池を使うと図2のように膜の位置が移動しました。電池とスピーカーをつなげると膜の位置は移動しますが、つなげたままでは音が出ません。それは、電流の大きさで膜の位置が決まり、また、電流の向きで膜が移動する向きが決まるからです。次に、電源を手回し発電機に入れかえて、同じ方向に回し続けると音が出続けました。

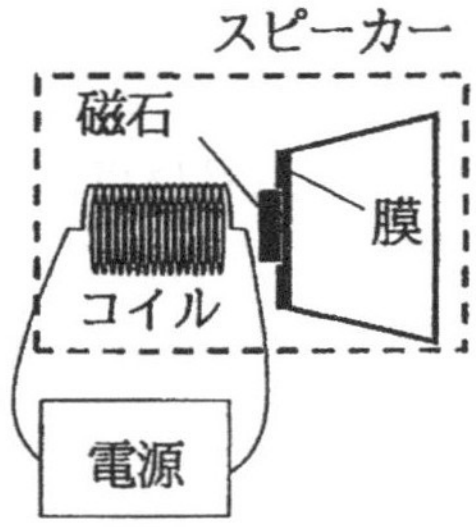

図1

図2

問1　電池とスピーカーをつなげたままでは、音が出なかった理由を答えなさい。

問2　手回し発電機でスピーカーから音を出し続けているとき、コイルを流れる電流の大きさと時間の関係を表す最も適当なグラフを次のア～エから選び、記号で答えなさい。

ア.
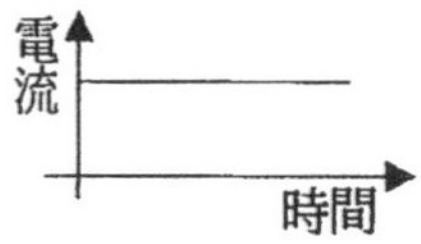

イ.
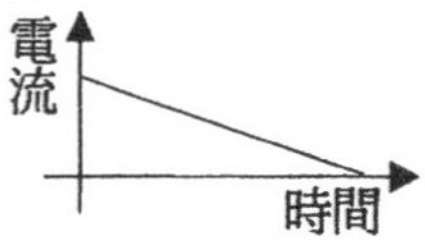

ウ.
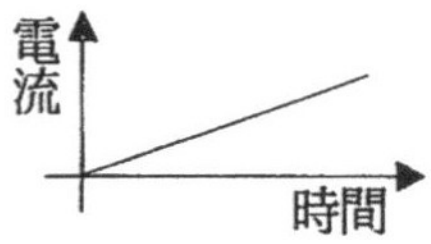

エ.
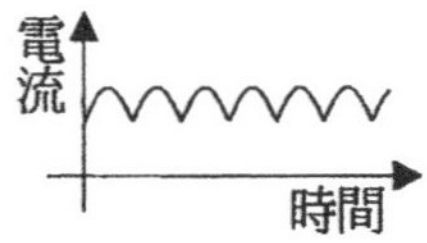

一方で、図1のスピーカーはマイクとしても利用できます。このような構造のマイクはダイナミックマイクといわれ、磁石とコイルのどちらかを動かすことによって電流をつくる装置になっています。手回し発電機も磁石とコイルが内部にあり、ハンドルを回すことでそれらを動かして、電流をつくります。マイクの場合は膜を動かすことで電流をつくります。図3のようにマイクとスピーカーを接続します。このマイクの膜の部分を押《お》し込《こ》むとコイルの部分に電気が流れ、スピーカーの膜が出っ張りました。逆に、マイクの膜の部分を引っ張るとスピーカーの膜が引っ込みました。

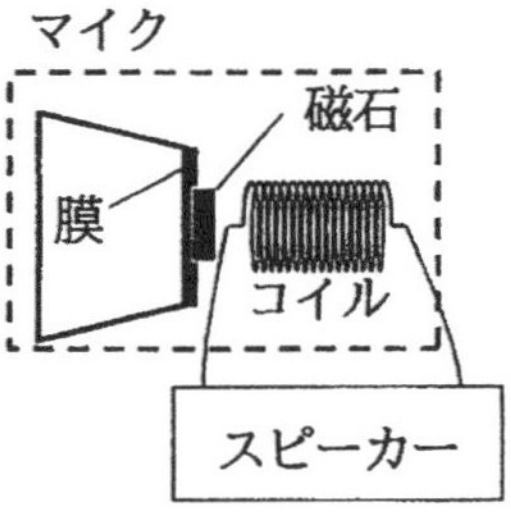

図3

問3　図3でマイクの近くで声を出し続けると、スピーカーから音が出続けました。その理由を説明する次の文中のa～cについて、〔 〕に入る最も適当な語句をそれぞれ選び、記号で答えなさい。

　マイクの膜がa〔ア. 振動する　イ. 出っ張る　ウ. 引っ込む〕と、スピーカーにb〔エ.向きが一定の　オ.向きが変わる〕電流が流れ、スピーカーの膜がc〔カ. 振動し　キ. 出っ張り　ク. 引っ込み〕、音が出る。

さて、図３の点Ｃにいる観測者が、点Ａから点Ｂに向けて動くジェットの中のあるガスのかたまりを観測するとします。点Ａや点Ｂは点Ｃから十分に遠いため、直線BCと直線HCは平行とみなせます（図３下)。このとき、点Ｃからはジェットが点Ｈから点Ｂに動くように見え、天体画像ではこの見かけの運動が観測されます。この見かけの運動は、ジェットの実際の運動と同じとは限りません。

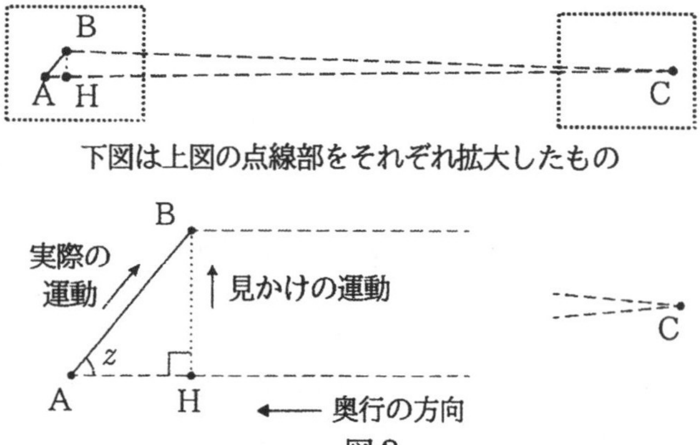

図３

問４　点Ａと点Ｂの間の距離《きょり》が18光年、点Ａから点Ｂに向けて動くガスのかたまりの速さが１年あたり0.9光年、zの角の大きさが60度として次の問いに答えなさい。１光年とは光が１年間に進む距離のことです。また、必要に応じて、内角の１つが60度である直角三角形の３辺の長さの比を1 : 1.7 : 2として計算しなさい。

(1) ガスのかたまりが点Ａを出発してから点Ｂに着くまでの時間を答えなさい。

(2) 点Ａと点Ｈの間の距離は何光年か答えなさい。

(3) 点Ａから点Ｂに向けて動くガスのかたまりが「点Ａで放《はな》った光が点Ｈを経て点Ｃに着く時刻」と、ガスのかたまりが「点Ａから点Ｂまで動き、そこで放った光が点Ｃに着く時刻」の差が何年か答えなさい。ただし、直線BCと直線HCの長さは等しいとします。

(4) 私たちは、物体が放つ光によって物体の運動をとらえています。そのため、点Ｃから見ると、(3)で答えた時間の間に、ガスのかたまりは点Ｈから点Ｂまで動くように見えます。この見かけの運動の速さは１年あたり何光年か答えなさい。ただし、答えが割り切れないときは小数第２位を四捨五入して小数第１位まで答えなさい。

問５　zの角の大きさが30度のとき、ガスのかたまりによる点Ｈから点Ｂまでの見かけの運動の速さは１年あたり何光年か答えなさい。ただし、zの角の大きさ以外の条件は問４と同じとします。答えが割り切れないときは、小数第２位を四捨五入して小数第１位まで答えなさい。

問６　点Ｃから見てジェットが点Ｈから点Ｂまで動く速さは、zの角の大きさによって変わります。見かけの運動の速さとzの角の大きさの関係を示すグラフとして最も適当なものを右のア～オから選び、記号で答えなさい。ただし、zの角の大きさ以外の条件は問４と同じとします。

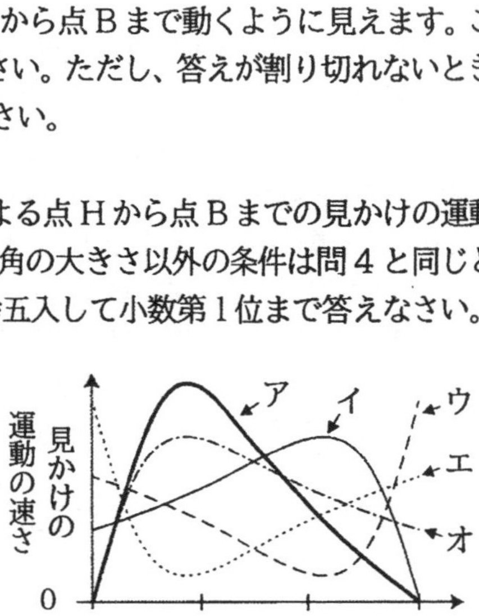

このように、天体画像からわかる見かけの運動の速さは、光の速さをこえることがあります。遠くの天体に限らず、観察からわかる見かけの姿は本当の姿と異なることがあり、注意が必要です。

2

2022年5月、私たちが住む銀河系の中心に位置するブラックホールの天体画像が発表されました。2019年に発表されたM87という天体にふくまれるブラックホールの画像に続き2例目です。

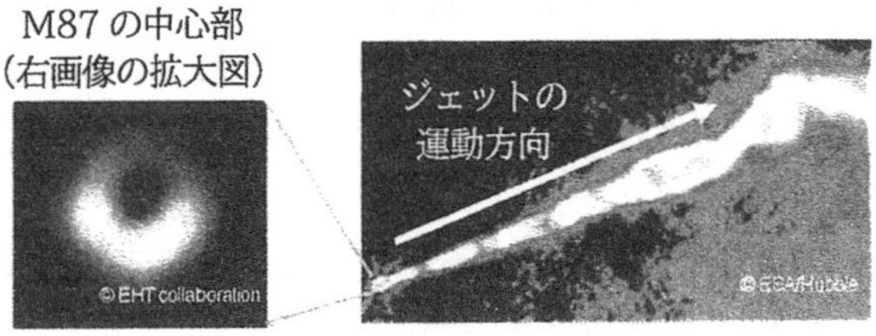

図1：(左) M87の中心部にあるブラックホール
(右) ジェットの天体画像

ブラックホールが周囲のあらゆる物を吸いこむだけの存在と思う人も多いでしょう。しかし、ブラックホールの周囲からは物がふき出てもいます。たとえば、図1右のように、M87では中心部から高速でふき出たガスによる「ジェット」という構造が見られます。ジェットは多くの天体で見られ、画像から測った運動の速さが、光の速さの10倍をこえるものも見つかっています。アインシュタインの相対性理論によると、物体は光の速さをこえないとされているので、一見するとこれは不思議な現象です。

物体の立体構造をつかむためには、縦・横・奥行《おくゆき》の3つの長さが必要です。図2のように、はなれた位置に置いた2つの棒を左右の眼で観察すると、左右の眼はそれぞれ異なる像を得ます。私たちは、この2つの像を比べることで奥行を測っています。

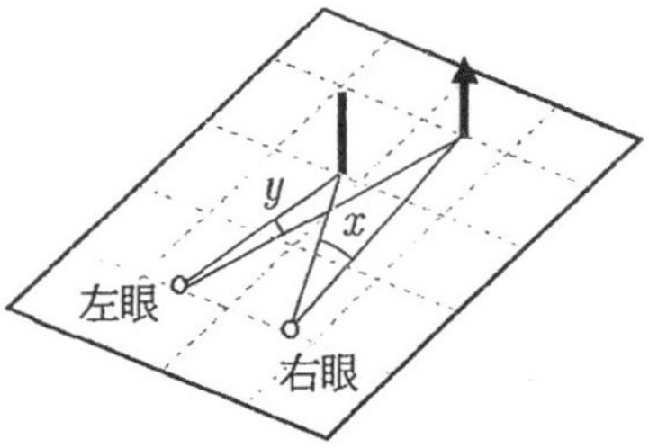

図2

問1 図2の左眼と右眼から見える像として、最も適当なものを次のア～エからそれぞれ1つずつ選び、記号で答えなさい。

ア.　　イ.　　ウ.　　エ.

問2 図2の2つの棒が、眼からより遠くにあると奥行をつかみづらくなります。その理由を説明する次の文中のa～cについて、〔 〕に入る適当な語句をそれぞれ選び、記号で答えなさい。

xの角の大きさがa〔ア. 小さく　イ. 大きく〕、yの角の大きさがb〔ウ. 小さく　エ. 大きく〕なり、xとyの角の大きさの差がc〔オ. 小さく　カ. 大きく〕なり過ぎるから。

問3 宇宙の奥行をつかむには工夫が必要です。その工夫を説明する次の文中のa, bについて、〔 〕に入る適当な語句をそれぞれ選び、記号で答えなさい。

左右の眼よりも間隔《かんかく》のa〔ア. せまい　イ. 広い〕2つの場所から目的とする物体の像を得ると、xとyの角の大きさの差がb〔ウ. 小さく　エ. 大きく〕なり、遠くの物体の奥行をつかめる。

地球は太陽のまわりを動くので、季節を変えて同じ天体の画像を得ることで、私たちは宇宙の奥行をつかめます。しかし、限界はあり、画像からはあまりに遠い天体の奥行をつかめません。

皮ふが日焼けをすると、赤くはれたりすることがあります。赤く日焼けした皮ふの細胞《さいぼう》からはある物質が放出されます。この物質により、43℃以上を感知する感覚神経は、33℃以上の温度でも反応し脳に刺激を伝えるようになります。

問5　43℃以上を感知する感覚神経の反応する温度が、43℃から 33℃に下がると起こることについて、次の文中の空欄に入る適当な語句を、それぞれ2文字で答えなさい。

33℃は（　あ　）より低いため、通常は43℃以上を感知する皮ふの感覚神経が、刺激を脳に送り続ける。そのため、常に熱さだけでなく（　い　）も感じることになる。

冷点には約25℃以下の温度を感知する感覚神経もありますが、あるマウスAにはこの感覚神経が生まれつきありません。

図2の装置は、床《ゆか》の右半分はマウスが快適と感じる 30℃に常に保たれ、左半分（斜線《しゃせん》の部分）では温度を 20℃または 30℃に変えることができます。この装置に、正常なマウスとマウスAを別々に入れて、それぞれ5分間ずつ観察しました。左半分の温度を 20℃にした場合と 30℃にした場合それぞれで、2種のマウスが床の左半分に滞在《たいざい》した時間を表1に示します。

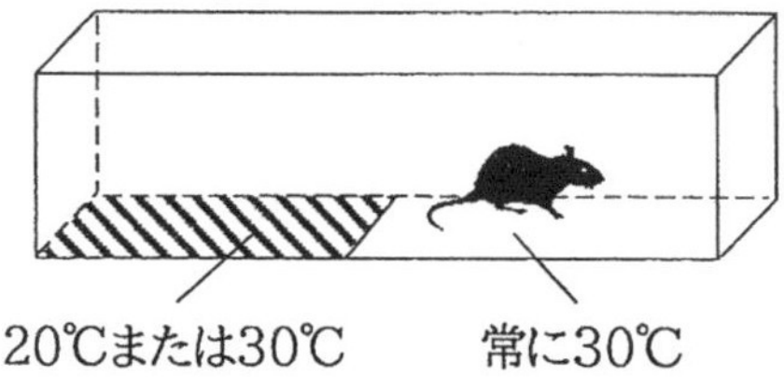

図2

表 1：左半分に滞在した時間

左半分の温度	20℃	30℃
正常なマウス	10 秒	2 分 35 秒
マウスA	2 分 25 秒	2 分 30 秒

問6　表の結果の説明として適当なものを次のア～オから2つ選び、記号で答えなさい。

ア．マウスAは20℃を感じることができないので、20℃の床より 30℃の床を好む。
イ．マウスAは20℃と 30℃の床温度の違《ちが》いを区別することができない。
ウ．マウスAは20℃だと温度を感じないですむので、30℃の床より 20℃の床を好む。
エ．正常なマウスが 30℃の床で過ごした時間は全体の約半分の時間だった。
オ．正常なマウスはほとんどすべての時間を、30℃の床の上で過ごした。

問7　約 25℃以下の温度を感知する感覚神経は、ハッカなどにふくまれるメントールという物質を感知したときにも反応して、本来は冷たくなくても冷たいと感じます。メントールをとかしたハッカ湯には、冷たく感じて気持ちがよいだけでなく、湯冷《ゆざ》めしにくい効果もあります。ハッカ湯に入ると湯冷めしにくい理由として最も適当なものを次のア～エから選び、記号で答えなさい。

ア．体が冷やされたと感知し、お風呂で温まっても汗があまり出ず、体が冷えにくいから。
イ．体が冷やされたと感知し、お風呂で温まると汗が出やすくなり、体温が下がるから。
ウ．メントールによって体が冷やされ、お風呂で体が温まらず、汗もあまり出なくなり、それ以上は体が冷えないから。
エ．メントールによって体が冷やされ、すぐに体温を上げようと体が発熱するから。

1 たくさん運動して①汗《あせ》をかいた体に風が当たると、体が冷えるので気持ちがよいですね。意外なことに、ほ乳類の中で汗をたくさんかくことができるように進化したものは少数で、ウマのなかまと人間くらいです。ウマのなかまは長い間走り続けることが多いので、また、人間の脳は熱に弱いので、体温が上がりすぎないように進化したと考えられています。

問1 下線部①と同様の現象と考えられるものを次のア～オから２つ選び、記号で答えなさい。

ア．暑い日に、道路に打ち水をして涼《すず》しくした。

イ．足を水の中に入れて夕涼みをした。

ウ．発熱したときに額を氷まくらで冷やした。

エ．コップに氷水を入れたら、コップの周りに水滴《すいてき》がついた。

オ．夏に遊園地でミスト（霧状《きりじょう》の水滴）を浴びた後に歩いたらひんやりとした。

問2 私たちの体は、足やうでに比べ、額や胴体《どうたい》（胸、背中など）によく汗をかきます。このことの利点を説明しなさい。

汗はどのようなしくみで出るのでしょうか。皮ふの表面には、温点や冷点という温度を感じる点が数多くあります。そこには感覚神経の先端《せんたん》がのびていて、暑さを感知した感覚神経は、その刺激《しげき》を脳に伝えます。すると脳から「汗を出せ」という指令が、別の神経を通じて体表の汗腺《かんせん》（汗を出す穴）に伝えられ汗が出るのです（図1）。

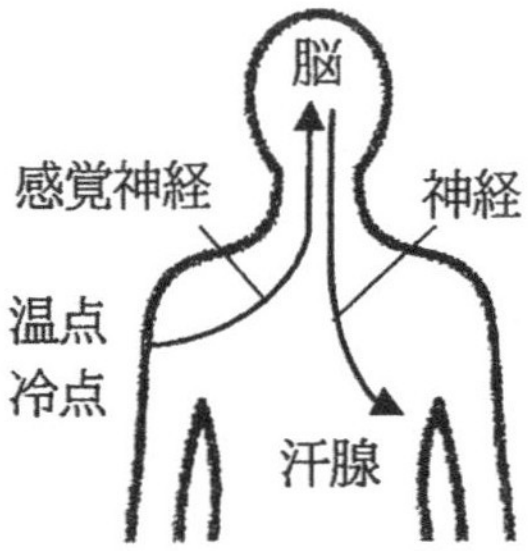

図1

温点や冷点には、感知する温度が20℃付近、30℃付近、43℃以上など、さまざまな感覚神経があります。たとえば、43℃以上のお湯にふれたときには43℃以上を感知する感覚神経だけが反応し、熱いと感じます。この感覚神経には、トウガラシにふくまれるカプサイシンという辛《から》み物質を感知したときや、痛みを感知したときにも反応するというおもしろい特ちょうがあります。つまり、この感覚神経は、高温・辛み・痛みの３種のどの刺激を受けても区別せず、同じように反応するのです。カプサイシンを舌で感知すると「熱い・辛《から》い・痛い」と感じ、皮ふで感知すると「熱い・痛い」と感じます。辛い物を食べた翌日、おしりの穴が痛くなる理由もこれで分かりますね。②また、高温・辛み・痛みの刺激が２種類、３種類と重なると、脳に伝わる刺激がより大きくなります。

問3 「暑い夏には辛い物を食べるとよい」と言われます。これについて説明した次の文中の空欄《くうらん》に入る適当な語句をそれぞれ答えなさい。

辛い物を食べると、カプサイシンを感知する感覚神経が反応して脳に情報を伝える。辛さと（　あ　）の情報は混同して脳に伝わるため、脳が汗腺に汗を出せという指令を送り汗が出る。汗の効果で体が（　い　）ので、暑い日にすっきりすることができる。

問4 辛い料理は食べたいが汗をかくのはいやだ、という人は、辛い料理を食べるときにどのような工夫《くふう》をすれば、汗をかきにくくなるでしょうか。下線部②を参考にして工夫の例を１つ答えなさい。ただし料理の辛さ成分の量や食べる量、周囲の環境《かんきょう》は同じとします。

理 科 (50分)

(2023年度)

≪ 注 意 ≫

1. 試験開始の合図があるまでは、問題用紙を開けてはいけません。

2. 問題用紙は 10 ページまであります。解答用紙は1枚です。試験開始の合図があったら、まず、問題用紙、解答用紙がそろっているかを確かめ、次に、解答用紙に「受験番号」「氏名」「整理番号」を記入しなさい。

3. 試験中は、試験監督《かんとく》の指示に従いなさい。

4. 試験中に、まわりを見るなどの行動をすると、不正行為《こうい》とみなすことがあります。疑われるような行動をとってはいけません。

5. 試験終了《しゅうりょう》の合図があったら、ただちに筆記用具を置きなさい。

6. 試験終了後、試験監督の指示に従い、解答用紙は裏返して置きなさい。

7. 試験終了後、書きこみを行うと不正行為とみなします。

8. 計算は問題用紙の余白を利用して行いなさい。

11	[illegible]	[illegible]				
13	ア	ウ				
15	イ	エ				
17		オ				
19		カ				
⋮		⋮	⋮	⋮	⋮	⋮

以下の問いに答えなさい．ただし，上の表は答えを求めるために自由に用いてかまいません．

(1) 表の中にある空らんア，イ，ウ，エ，オ，カに当てはまる整数を下の答のらんに書きなさい．

答　ア　　　イ　　　ウ

　　エ　　　オ　　　カ

答

(4) $\dfrac{\boxed{う}}{2048}$ を小数で表したとき，小数第一位の数字が 1 になりました．さらに，$\left\langle \dfrac{\boxed{う}}{2048} \right\rangle = 9375$ となりました．$\boxed{う}$ に当てはまるもっとも小さい奇数を答えなさい．

答

整理番号

小計

答　B : C = ［　］ : ［　］, 濃さ ［　］ %

(3) AとBとCを混ぜ合わせて，100 g あたりの原価が 110 円で，濃さが 22 %の水溶液を作ります．AとBとCの重さの比はどのようにすればよいですか．もっとも簡単な整数の比で答えなさい．

答　A : B : C = ［　］ : ［　］ : ［　］

これら 4 種類の直方体について，3 辺の長さと【操作】が行われる回数をそれぞれ答えなさい．ただし，3 辺の長さは，長いほうから順に書きなさい．例えば，図 1 の直方体では『3 cm, 3 cm, 1 cm, 2 回』のように書きます．

答

cm,	cm,	cm,	回
cm,	cm,	cm,	回
cm,	cm,	cm,	回
cm,	cm,	cm,	回

整理番号 ［　］

小計 ［　］

答 　　分 　　秒

2 面積が 30 cm^2 の正八角形 ABCDEFGH があります．以下の問いに答えなさい．

(1) 図 1 のように点 P が正八角形の中にあるとき，三角形 PAB と三角形 PEF の面積の和は何 cm^2 ですか．

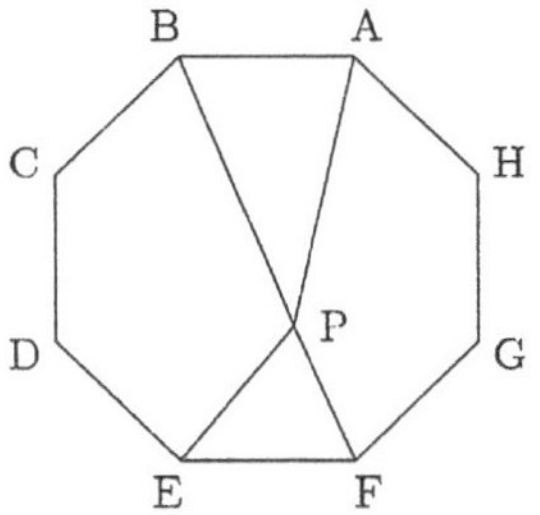

図 1

答 　　cm^2

整理番号

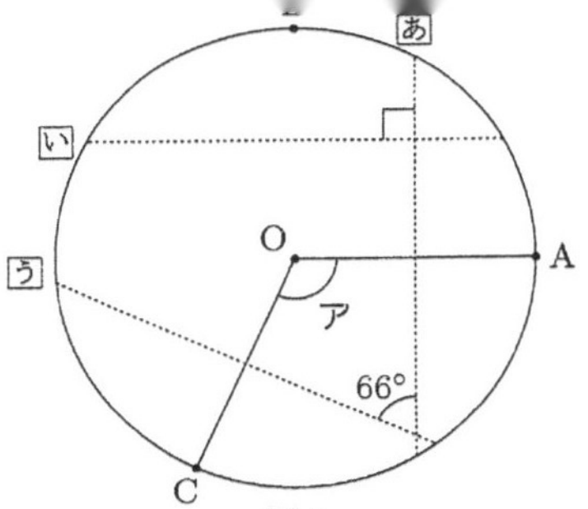

図 1

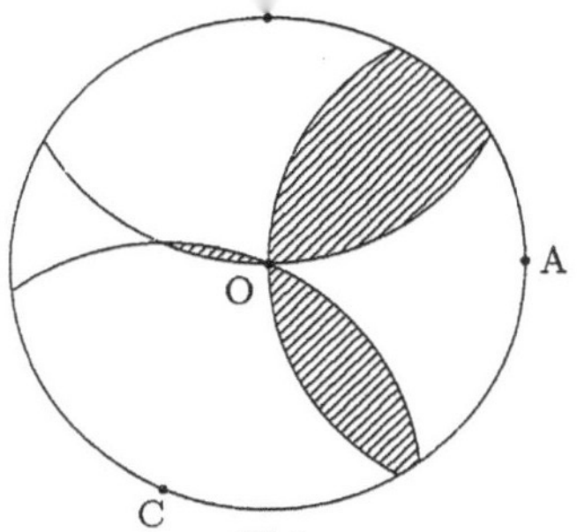

図 2

必要ならば，右の図は自由に用いてかまいません．

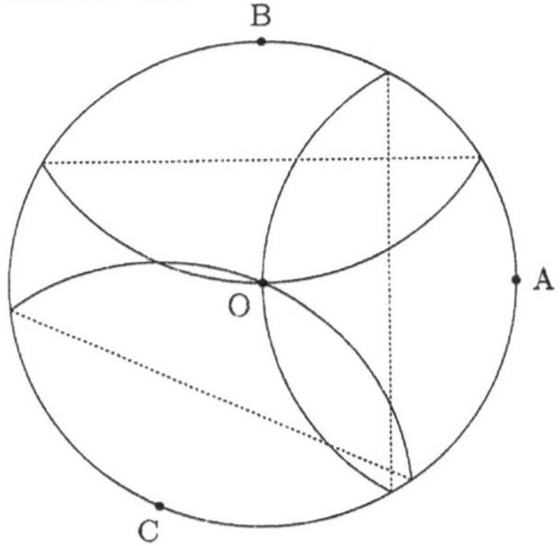

答 ア 　　度， 周 　　cm

小計

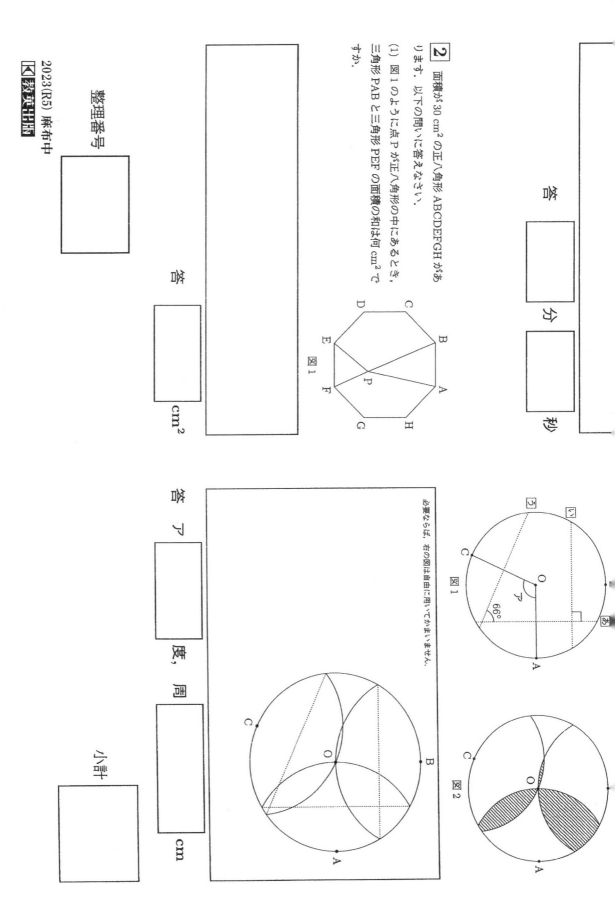

算　数　(60分)

（２０２３年度）

《注意》

1．試験開始の合図があるまでは，問題用紙を開けてはいけません．

2．＃問題（解答）用紙は３枚あります．試験開始の合図があったら，まず，問題（解答）用紙がそろっているかを確かめ，次に，すべての問題（解答）用紙に「受験番号」「氏名」「整理番号」を記入しなさい．

3．試験中は，試験監督《かんとく》の指示に従いなさい．

4．試験中に，まわりを見るなどの行動をすると，不正行為《こうい》とみなすことがあります．疑われるような行動をとってはいけません．

5．試験終了《しゅうりょう》の合図があったら，ただちに筆記用具を置きなさい．

6．試験終了後，試験監督の指示に従い，解答用紙は書いてある方を表にして，上から，（その１）（その２）（その３）の順に重ね，全体を一緒《いっしょ》に裏返して置きなさい．

7．試験終了後，書きこみを行うと不正行為とみなします．

8．問題（解答）用紙の余白は計算などに使ってかまいません．ただし，答えを求めるのに必要な図・式・計算・考えなどは，枠内《わくない》に書きなさい．

9．円周率の値《あたい》を用いるときは，3.14として計算しなさい．

＃教英出版 編集部　注
編集の都合上、枚数が異なることがあります。

「バスなら運転できるんだけどね。おれむかし、バスの運転手だったから」

男の言う「むかし」がどれぐらい前の話なのか、草児にはわからない。わからないので、黙って頷《うなず》いた。むかしというからには今は運転手ではなく、なぜ運転手ではないのかという理由を、草児は訊ねない。男が「いろいろ」の詳細《しょうさい》を訊かなかったように。

男がまた、見えないハンドルをあやつる。

一瞬《いっしゅん》ほんとうにバスに乗っているような気がした。バスが、長い長い時空のトンネルをぬけて、しぶきを上げながら海に潜《もぐ》っていく。いくつもの水泡《すいほう》が、窓ガラスに不規則な丸い模様を走らせる。

視界が濃《こ》く、青く、染まっていく。

海の底から生えた巨大《きょだい》な葉っぱのようなカルニオディスクス。楕円形《だえんけい》にひろがるディッキンソニア。ゆったりとうごめく生きものたち。自分はそれらをいちいち指さし、男は薄《うす》く笑って応じるだろう。バスは音も立てずに進んでいく。砂についたタイヤの跡《あと》はやわらかいカーブを描《えが》き、その上を、図鑑には載《の》っていない小さな生きものが横断する。

そこまで想像して、でも、と呟いた。

「もし行けたとしても、戻《もど》ってこられるのかな？」

タイムマシンで白亜紀《はくあき》に行ってしまうアニメ映画を、母と一緒《いっしょ》に観たことがある。その映画では、途中でタイムマシンが恐竜に踏《ふ》み壊《こわ》されていた。その場面は強烈《きょうれつ》に覚えているのに、主人公が現代に戻ってきたのかどうかは覚えていない。

男が「さあ」と首を傾げる。さっきと同じ、他人事のような態度で。

「戻ってきたいの？」

そりゃあ、と言いかけて、自分でもよくわからなくなる。

「だって、えっと……戻ってこなかったら、心配するだろうから」

草ちゃんがどこにでも行けるように、と母は言ってくれるが、タイムマシンで原生代に行って二度と帰ってこなかったら、きっと泣くだろう。

「そうか。だいじな人がいるんだね」

おれもだよ、と言いながら、男はゆっくりと、草児から視線を外した。

「タイムマシンには乗れないんだ。仕事をさぼって博物館で現実逃避《とうひ》するぐらいがセキノヤマ※⑦なんだ、おれには」

「さぼってるの？」

男は答えなかった。意図的に無視しているとわかった。そのかわりのように「ねえ、だいじな人って、たまにやっかいだよね」と息を吐《は》いた。

「なんで？」

「やっかいで、だいじだ」

空は藍色《あいいろ》の絵の具を足したように暗く、公園の木々は、ただの影《かげ》になっている。きみもう帰りな、とやっぱりへんな、すくなくとも草児にはへんだと感じられるアクセントで言い、男が立ち上がる。うまい棒のかけらのようなものが空中にふわりと舞《ま》い散《ち》った。

いつもと同じ朝が、今日もまた来る。

トースターに入れたパンを焦《こ》がしてしまって、家を出るのがすこし遅《おく》れた。教室に入って宿題を出し、椅子《いす》に腰《こし》を下ろすと同時に担任が教室に入ってきた。あー！　誰かが甲高《かんだか》い叫《さけ》び声《ごえ》を上げる。担任はいつものジャージを穿《は》いていたが、上は黒いTシャツだった。恐竜の絵が描かれている。

「ティラノサウルス！」

誰かが指さす。せんせーなんで今日そんなかっこうしてんのー、と別の誰かが笑う。彼らは先生たちの変化にやたら敏感《びんかん》で、髪《かみ》を切ったとか手をケガしたとか、そういったことにいちいち気づいて指摘《してき》せずにはいられないのだ。

「ちがう」

声を発したのが自分だと気づくのに、数秒を要した。みんながこちらを見ている。心の中で思ったことを、いつのまにか口に出していた。

担任から促されて立ち上がる。椅子が動く音が、やけに大きく聞こえる。

「ちがう、というのはどういう意味かな？　宮本さん」

「……それはアロサウルスの絵だと思います」

「なるほど。どう違うか説明できる？」

「時代が違います。ティラノサウルスは白亜紀末に現れた恐竜で、アロサウルスは、ジュラ紀です」
すべて図鑑の受け売りだった。
「続けて」
「えっと、どちらも肉食ですが、ティラノサウルスよりアロサウルスのほうが頭が小さい、という特徴《とくちょう》があります」
ずっと喋らないようにしていた。笑われるのは無視されるよりずっとずっと嫌なことだった。おそるおそる目線だけ動かして教室を見まわしたが、笑っている者はひとりもいなかった。何人かは驚《おどろ》いたような顔で、何人かは注意深く様子をうかがうように、草児を見ている。「ありがとう。座っていいよ。宮本さん、くわしいんだな。説明もわかりやすかったよ」
感心したような声を上げた担任につられたように、誰かが「へー」と声を漏《も》らすのが聞こえた。
「じゃあ、国語の教科書三十五ページ、みんな開いて」
なにごともなかったように、授業がはじまる。
国語の次は、体育の授業だった。体操服に着替《きが》えて体育館に向かう。体育館はいつも薄暗《うすぐら》く、壁《かべ》はひび割れ、床《ゆか》は傷だらけで冷たい。草児はここに来るたび、うっすらと暗い気持ちになる。
体育館シューズに履《は》き替《か》えていると、誰かが横に立った。草児より小柄《こがら》な「誰か」はメガネを押《お》し上《あ》げる。
「恐竜、好きなの?」
「うん」
草児が頷くと、メガネも頷いた。
「ぼくも」
そこで交わした言葉は、それだけだった。でも⑩誰かと並んで立つ体育館の床は、ほんのすこしだけ、冷たさがましに感じられる。
すこしずつ、すこしずつ、画用紙に色鉛筆《いろえんぴつ》で色を重ねるように季節が変わっていって、B草児が博物館に行く回数は減っていった。
体育館の靴箱の前で声をかけてきた男子の名は、杉田《すぎた》くんという。杉田くんは塾《じゅく》とピアノ教室とスイミングに通っているから一緒に遊べるのは火曜日だけだ。そして、教室で話す相手は彼だけだ。それでももう、以前のように透明の板に隔てられているという感じはしなくなった。完全に取《と》っ払《ぱら》われたわけではない。でも、透明のビニールぐらいになった気がしている。その気になればいつだって自力でぶち破れそうな厚さに。

「外でごはん食べよう」

帰宅した母が、そんなことを言い出す。突然《とつぜん》なんなのと戸惑《とまど》う祖母の背中を押すようにして向かった先はファミリーレストランだった。草児がそこに行きたいとせがんだからだ。

もっとぜいたくできるのに、と母は不満そうだったが、草児はぜいたくでなくてもよかった。ぜいたくとうれしいはイコールではない。

体調不良が続いていた祖母も、今日はめずらしく調子が良いようで、うすく化粧《けしょう》をして、明るいオレンジ色のカーディガンを羽織っている。四人がけの席につき、メニューを広げた。

「急に外食なんて、どうしたの」

草児が気になっていたことを、祖母が訊ねてくれる。頬杖《ほおづえ》をついていた母が「パートのわたしにも※⑧賞与《しょうよ》が出たのよ」と言うなり、唇の両端《りょうたん》をにぃっと持ち上げた。

「それはよかった」

「それはよかった」

祖母の真似《まね》をしてみた草児に向かって、母がやさしく目を細める。

賞与の金額の話から、コテイシサンゼイが、ガクシホケンがどうのこうのというつまらない話がはじまったので、草児はひとりドリンクバーにむかう。

グラスにコーラを注いで席に戻る途中で、あの男がいるのに気づいた。

男は窓際《まどぎわ》の席にいた。ひとりではなかった。四人がけのテーブルに、誰かと横並びに座っている。

男の連れが男なのか女なのか、草児には判断できなかった。髪は背中にdタ‖れるほど長く、着ている服は女ものようであるのに、顔や身体《からだ》つきは男のようだ。

ふたりはただ隣に座っているだけで、触《ふ》れあっているわけではない。にもかかわらず、近かった。身体はたしかに離《はな》れているのに、ぴったりとくっついているように見える。

男の前には湯気の立つ鉄板がある。男は鉄板上のハンバーグをナイフですいと切って、口に運ぶなり「フーフア」というような声を上げた。ムササビの骨格を見上げておどろいていた時とまったく同じ、間の抜《ぬ》けた声だった。

「あっつい」

「うん」

「でもうまい」

「ね」

男とその連れは視線を合わすことなく、短い言葉を交わす。声をかけようとした時、ふいに男が顔を上げた。挨拶《あいさつ》しようと上げた草児の手が、宙で止まる。C男の首がゆっくりと左右に動くのに気づいたから。

男の視線が鉄板にかがみこんでいる隣の人間に注がれたのち、草児の母と祖母がいる席に向いた。迷いなくそちらを向いたことで草児は、男がとっくに自分に気づいていたと知る。

Dもう一度男が首を横に振《ふ》った。口もとだけが微笑《ほほえ》んでいた。だから草児も片手をゆっくりとおろして、自分の席に戻る。

男の隣にいる人間が男であるか女であるかは判断できないままだったが、そんなことは草児にとっては、どうでもいいことだった。あの人はきっと、男が鞄にしのばせているお菓子のような存在なんだろうなと勝手に思った。というよりも、そうでありますように、と。

E「いろいろある」世界から逃げ出したくなった時の命綱みたいな、「やっかいだけどだいじな人」とあの男が、ずっとずっと元気でありますようにと、名前も知らない彼らが幸せでありますようにと、神さまにお願いするように思った。

「なにかいいことがあった」

コーラにストローをさす草児に、祖母が問う。はてなマークがついていなくても、ちゃんとわかる。いつのまにかわかるようになった。祖母は今、たしかに自分に問いかけている。

「なんにも」と答えた自分の声がごまかしようがないほど弾《はず》んでいて、草児は笑い出してしまう。⑪ひとくち飲んでみたコーラはしっかりと甘かった。そのことが草児をさらに笑わせ、泣きたいような気分にもさせる。

（寺地はるな「タイムマシンに乗れないぼくたち」より

（『タイムマシンに乗れないぼくたち』所収　文藝春秋刊））

〈語注〉

※①うまい棒やおやつカルパス…ともに駄菓子《だがし》の商品名。
※②懇願…必死に頼《たの》みこむこと。
※③このあいだ…本文の前の場面に、博物館でこの男から話しかけられたことが書かれている。
※④蒲焼きさん太郎…駄菓子の商品名。
※⑤チップスター…菓子の商品名。
※⑥非常食然としたもの…いかにも非常食らしいもの。
※⑦セキノヤマ…関の山。せいいっぱい。
※⑧賞与…給料とは別に支払《しはら》われるお金。ボーナス。

〔設問〕解答はすべて、解答らんにおさまるように書きなさい。句読点なども一字分とします。

一　＝＝線a「シュウカン」（14行目）、b「ホウソウ」（108行目）、c「ソウジュウ」（169行目）、d「タ」（265行目）のカタカナを、漢字で書きなさい。

二　――線①「文ちゃんのことを考えると、今でも手足がぐったりと重くなる」（4行目）とありますが、なぜですか。その理由としてふさわしいものを、次のア～エの中から一つ選んで記号で答えなさい。

ア　文ちゃんはいつも自分を守ってくれていたのに、別れも言わずに転校してしまったことが申し訳ないから。
イ　文ちゃんとは親しい関係であったが、いつもおこづかいを暗に求められて拒《こば》めない自分がいやだったから。
ウ　文ちゃんはいつもしつこくつきまとってくる迷惑《めいわく》な存在だったので、思い出すとつらくなってしまうから。
エ　文ちゃんとは母親どうしも親しかったため、勝手な行動を母親に相談できない自分がもどかしかったから。

三　――線②「そう思うことで、むしろ草児の心はなぐさめられる」（45行目）とありますが、なぜですか。その理由としてふさわしいものを、次のア～エの中から一つ選んで記号で答えなさい。

ア　クラスメイトに笑われたとしても、分厚い透明ななにかによって隔てられていると思うことで、彼らの存在を気にせずにいることができて安心するから。
イ　クラスメイトと分厚い透明ななにかを挟《はさ》んで向かい合うことで、自分は危険がおよばない世界にいながら、みんなの弱点を発見しようという気持ちになるから。

ウ　クラスメイトから隔てられているとは考えず、透明の仕切りごしに彼らを観察していると思うことで、教室にとけこめない現実を意識しないですむから。
エ　クラスメイトを透明の仕切りごしにじっくりと観察することで、それぞれの性質や特徴《とくちょう》を理解し、教室にとけこむきっかけを見いだすことができるから。

四　――線③「草児は自分が「食べる側」になれるとは、どうしても思えない」（71行目）とありますが、教室において「食べる側」とはどのような人たちですか。説明しなさい。

五　――線④「味がぜんぜんわからなかった。給食もそうだ。甘いとも辛いとも感じない」（87行目）とありますが、草児が「味がぜんぜんわからな」くなっているのは、家や学校でどのような状況にあるからですか。説明しなさい。

六　――線⑤「鞄から、つぎつぎとお菓子が取り出される」（110～111行目）とありますが、「男」は「お菓子」をどのようなものだと考えていますか。文中から十五字でぬき出しなさい。

七　――線⑥「どうして泣いているのか自分でもよくわからなかった」（131行目）とありますが、ここで草児は泣くことによってどのようなことに気づいていくのですか。その説明としてふさわしいものを、次のア～エの中から一つ選んで記号で答えなさい。
ア　自分は父だけでなく祖母との関係もうまくいかず、家庭に居場所がないことに気づいていく。
イ　自分は博物館の休館日もおぼえておらず、何にも興味を持てないということに気づいていく。
ウ　自分は学校で級友や先生と話すことができず、誰にも必要とされていないことに気づいていく。
エ　自分は誰ともよい関係を結べておらず、どこにも安心できる居場所がないことに気づいていく。

八　――線⑦「あと、もっと前の時代のいろんな生きものにも、いっぱい、いっぱい興味がある」（156行目）とありますが、草児が特に「エディアカラ紀」という時代に「興味がある」のはなぜですか。説明しなさい。

九　――線⑧「他の大人の前では言わない続きが、するりと口から出た」（157行目）とありますが、なぜですか。説明しなさい。

十　――線⑨「タイムマシンがあればなー」（168行目）とありますが、「タイムマシン」で過去へ旅をする想像と、その後の「男」との会話を通して、草児はどのようなことに気づいたのですか。説明しなさい。

十一　――線⑩「誰かと並んで立つ体育館の床は、ほんのすこしだけ、冷たさがましに感じられる」（239〜240行目）とありますが、ここには草児のどのような気持ちが表れていますか。説明しなさい。

十二　この作品では、「博物館」は草児にとってどのような場所としてえがかれていますか。〰〰線A「『ところできみは、なんでいつも博物館にいるの?』〜頻繁に博物館を訪れているのだ」（149〜151行目）、〰〰線B「草児が博物館に行く回数は減っていった」（242〜243行目）をふまえて説明しなさい。

十三　――線⑪「ひとくち〜気分にもさせる」（291〜292行目）について、本文全体をふまえ、以下の問いに答えなさい。

（1）コーラが「しっかりと甘かった」ことが「草児をさらに笑わせ」るのはなぜですか。――線④「味がぜんぜん〜感じない」（87行目）に注目して説明しなさい。

（2）コーラが「しっかりと甘かった」ことが、草児を「泣きたいような気分にもさせる」のはなぜですか。〰〰線C「男の首がゆっくりと左右に動く」（277行目）、〰〰線D「もう一度男が首を横に振った。〜自分の席に戻る」（280〜281行目）、〰〰線E「『いろいろある』世界から〜神さまにお願いするように思った」（285〜287行目）に注目して説明しなさい。

〈問題はここで終わりです〉

麻布中学校

国語（二〇二二年度）

(60分)

《注　意》

一　試験開始の合図があるまでは、問題用紙を開けてはいけません。

二　問題用紙は十二ページまであります。解答用紙は一枚です。

三　試験開始の合図があったら、まず、問題用紙、解答用紙がそろっているかを確かめ、次に、解答用紙に「受験番号」「氏名」「整理番号」を記入しなさい。

四　試験中は、試験監督《かんとく》の指示に従いなさい。

五　試験中に、まわりを見るなどの行動をすると、不正行為《こうい》とみなすことがあります。疑われるような行動をとってはいけません。

六　試験終了《しゅうりょう》の合図があったら、ただちに筆記用具を置きなさい。

七　試験終了後、試験監督の指示に従い、解答用紙は裏返して置きなさい。書きこみを行うと不正行為とみなします。

教英出版

次の文章を読み、設問に答えなさい。

白い絵の具の上にさらに白を重ねながら息を、す、と止めて筆を走らせる。二〇一一年、二月のおわりのことだった。岩手県立盛岡《もりおか》大鵬《たいほう》高等学校の木の匂《にお》いのする美術室に一人で籠《こも》り、黙々《もくもく》と白に白を重ねる。私《わたし》は高校二年生で、学年が上がった次の夏には最後の絵画コンクールが迫《せま》っていた。キャンバスには大きな滝《たき》の絵を描《か》いていた。不動の滝という八幡平《はちまんたい》市の祖母の家の近くにある滝の絵を、どうしても描き残したいと思ったのだった。キャンバスの横に並べば自分の腰《こし》より太い水しぶきは描き足すほどに愛着がわく。一時間くらいして下校のチャイムが鳴ると、かたたたた。乾《かわ》いた音を立てて美術室の扉《とびら》が開いた。

「また太くなったなあ」

入ってきた顧問《こもん》のみかちゃんは絵を見て腕《うで》を組みながら言う。みかちゃんはビビッドピンクのフリースを着ていて、今日は巻き髪《がみ》をきれいにハーフアップにしている。

「だって太いんですよ、ほんものは、ほら」

携帯《けいたい》の画面を開いて不動の滝の写真を表示して見せようとすると、もう百回見たっちゅうの、と言いみかちゃんは見ようとしなかった。

「伊智花《いちか》の絵って、とにかく勢いがあるよ。見てるだけでつめたい滝の水がこっちに飛んでくるっていうかさ。その勢いで炎《ほのお》とかも描いてみたら。いま寒いからさ。暖をとれるような絵っちゅうか」

「描きませんよ。滝。納得《なっとく》いくように描けるまでは滝です」

おーこわ。暖房《だんぼう》とまるし風邪《かぜ》ひくからもう帰んな。と言い、チョコレートをひとつ机に置いてみかちゃんは職員室に戻《もど》って行った。納得いくように、と、とっさに言ってしまった。納得いくように描きたいんだな、私は。と思う。不動の滝が好きだった祖母が、夏に亡くなった。両親が共働きで、小学校のころは放課後をほとんど一緒《いっしょ》に過ごしていたからとてもショックだった。不動の滝の大好きな祖母に捧《ささ》げるような気持ちで、祖母と対話をしているような気持ちで、私は夢中で滝を描いていた。去年の全国コンクールは北上川《きたかみがわ》の絵を描いて優秀賞。上位の三人は私よりも一学年上だったから、実質、同学年の中では一番最優秀賞に近いところにいるａジフがあった。

納得がいく滝を描けるようになるまで、半年かかった。その間に、※①震災《しんさい》が起きて岩手県はめちゃくちゃになった。

　二〇一一年三月十一日。私は課外学習がちょうど休みで、盛岡にある自宅にいた。遅《おそ》く起きて、午後一時頃《ごろ》に袋《ふくろ》ラーメンを作って食べ、どんぶりも片づけずそのままテレビを見ていた。ごごご、と音がして、それからすぐに揺《ゆ》れた。つかんだ肩《かた》を揺らされているような、ぐわり、ぐわりと円を描くような揺れだった。とっさに居間に飾《かざ》ってあった大皿が割れてしまうと思い、寝《ね》かせる。ぷちん、とテレビが消える音がした。それから食器棚《しょっきだな》を押《お》さえていたけれど、あまりにも普通ではない揺れだったので食卓《しょくたく》の下に潜《もぐ》った。避難訓練《ひなんくんれん》って意味あるんだ、と、妙《みょう》に冷静に思う。頭では必死に冷静なことを思っても、鼓動《こどう》が耳のそばでばくばくと聞こえた。揺れが収まった後もしばらくどきどきして、①「大丈夫大丈夫《だいじょうぶ》」と独り言を繰《く》り返した。テレビもつかないし、部屋のラジオは有線のものだが、スイッチを入れてもつかなかった。無線のラジオ、どこにあったんだっけ。停電か、それともブレーカーが落ちたのか？　うちだけが停電なのだろうか。もしかしたらご近所さんと話ができるかもしれないと思う。また揺れたらどうしようと思いつつ外へ出ると、お隣《となり》の家のおじいさんとおばあさんが二人で薄着《うすぎ》のまま玄関の階段に並んで座って空を眺《なが》めていた。駆《か》け寄って「すごかったですね、揺れ」と、思わず話しかける。「めったにあることでねえよ」と、おじいさんが言って、また二人で空を見上げた。私もつられて見上げると、風もないのに電線がまだゆあんゆあんと揺れている。携帯を開くと震度五以上と表示されたので「震度、五以上だそうです」と伝えると、「んだべねえ」とおばあさんがしみじみと言った。家の中に戻ったら、母から電話がきた。

「伊智花、怪我《けが》はなかった？　そう。大丈夫だからね、大丈夫。しっかりしないとね。家に伊智花がいて助かったよ。頼《たよ》りにしてる。もし行けそうなら買い物に行ってくれる？」

　母の大丈夫、は私に言っているのではなく、自分に言い聞かせているようだった。水道と電気が止まった。結局停電だったのだ。ガスはプロパンのところはいつも通りだったらしいけれど、我《わ》が家はオール電化だったので、あらゆる家電や暖房が使えなくなった。病院勤めの母はなかなか職場から帰ってこず、水道会社に勤めていた父もてんやわんやのようだった。

（中略）

　水道は二日止まって復旧し、電気は三日目のお昼前には復旧した。すぐにテレビをつけると、そこに流れたのは真っ黒い波がいくつもの家を飲み込《こ》む映像だった。②うそじゃん。と声が出た。※②ＣＧか、映画かと思った。波があまりに大きくて、遠近感がよくわからない映像だった。切り替《か》わって、避難所からの映像。たくさんの避難者が画用紙を持って、座り、中腰になり、立ち、つまさき立ちをし、集合写真を撮《と》るように並んで画用紙をカメラに向けていた。そこには名前が書かれていた。「〇〇一家、全員無事です」「お父さんと長男は無事です、長女の〇〇、もしどこかの避難所にいるなら、連絡《れんらく》をください」「〇〇さん、どこですか、必ず、会いましょう」。みな、妙に力強い顔をしていた。絶対に大丈夫だ、と、そう思わないと居られないような気迫《きはく》があった。**（中略）**

　学校は、しばらく休校になった。**（中略）**予想外に延長された春休みは妙な居心地《いごこち》の悪さがあった。※③テレビはＡＣの同じＣＭばかりで、ニュースは毎日のように犠牲者《ぎせいしゃ》の人数や、救助活動の様子を伝えた。

　四月末、新学期がようやく始まった。制服の学年章を三年生のものに付け替えて、新しい教室に足を踏《ふ》み入れた。新しいクラスのうち、ふたりが欠席していた。実家が沿岸で、片付けなどの手伝いをしていると担任は言った。私は美術室に通う毎日を再開した。美術部は※④幽霊《ゆうれい》部員がほとんどで、コンクール四ヵ月前の部室でキャンバスに向かう部員は私だけだ。木の匂いと、すこしだけニスの匂いがする美術室にいると、気持ちが研《と》ぎ澄《す》まされていくのがわかった。使い古された※⑤イーゼルを立たせて、両腕をいっぱい伸《の》ばしてキャンバスを置く。私は改めて、集大成の滝を描こうと思った。不動の滝の写真を携帯に表示して、じっと眺めて、閉じる。大きく息を吸って、※⑥アタリの線を描き始める。③自分のからだのなかに一本の太い滝を流すような、絵のなかの音を描きだすような、豪快《ごうかい》で、繊細《せんさい》な不動の滝で、必ず賞を獲《と》りたい。獲る。描きたすほどに、今までの中でいちばん立体的な滝になっていく。

　七月のある日、顧問のみかちゃんが一枚のプリントを持ってきた。

「やる気、ある？」

　みかちゃんは、懇願《こんがん》のような**ｂシャザイ**のような何とも複雑な表情をしていた。そのプリントには〈♧絵画で被災地《ひさいち》に届けよう、絆《きずな》のメッセージ♧　～がんばろう岩手～〉と書いてある。

「これは」

「教育委員会がらみの連盟のほうでそういう取り組みがあるみたいで、高校生や中学生の油絵描く子たちに声かけてるんだって。伊智花、中学の時に賞獲ってるでしょう。その時審査員《しんさいん》だった連盟の人が、伊智花に名指しでぜひ描かないかって学校に連絡があって」

「はあ」

「県民会館で飾《かざ》って貰《もら》えるらしいし、画集にして被災地にも送るんだって」

「被災地に、絵を？」

「そう」

「絆って、なんなんですかね。テレビもそればっかりじゃないですか」

「支え合うってこと、っていうか」

「本当に大変な思いをした人に、ちょっと電気が止まったくらいのわたしが『応援《おうえん》』なんて、なにをすればいいのかわかんないですよ」

「そうだね、むずかしい。でも絵を描ける伊智花だからこそ、絵の力を信じている伊智花だからこそできることでもあるんじゃないか、って、わたしは思ったりもするのよ」

「じゃあ、何を描けば」

「鳥とか、空とか、花とか、心が安らぐような、夢を抱《いだ》けるような、希望や絆があって前向きなもの、って、連盟の人は言ってた」

「④……描いた方がいいですか」

「描いた方が、いろいろと、いいと思う、かな」

それから私は不動の滝の絵を描きながら、〈心が安らぐような、夢を抱けるような、希望や絆があって前向きなもの〉のことを考えた。虹《にじ》や、双葉《ふたば》が芽吹くようなものは、いくらなんでも「希望っぽすぎる」と思ってやめた。そもそも、内陸でほとんど被害《ひがい》を受けていない私が何を描くのもとても失礼な気がした。考えて、考えて、結局締切《しめきり》ぎりぎりになって、通学の道中にあるニセアカシアの白い花が降る絵を描いた。その大樹のニセアカシアは、毎年本当に雪のように降る。あまりの花の多さに、花が降るたびに顔をあげてしまう。顔をあげるから前向きな絵、と思ったが、花が散るのは※⑦不謹慎《ふきんしん》だろうか、と描きながら思って、まぶしい光の線を描き足し、タイトルを「顔をあげて」とした。みかちゃんは「これは、すごいわ」と言ってその絵を出展した。私の絵は集められた絵画の作品集の表紙になった。その作品集が被災地に届けられ、県民会館で作品展が開かれるとなったら新聞社が学校まで取材に来た。

「〈顔をあげて〉このタイトルに込めた思いはなんですか？」

と、若い女性の記者はまぶしい笑顔《えがお》で言う。あ。絵じゃないんだ。と思った。枝葉のディテール※⑧や、影の描き方や、見上げるような構図のことじゃないんだ。時間がない中で、結構頑張《がんば》って描いたのにな。取材に緊張《きんちょう》してこわばるからだから、力がすいっと抜《ぬ》けていく感覚がした。この人たちは、絵ではなくて、被災地に向けてメッセージを届けようとする高校生によろこんでいるんだ。そう思ったら胃の底がぐっと低くなって、からだにずっしりとした重力がかかっているような気がしてきた。記者は⑤いますぐ走り書きができるようにペンを構えて、期待を湛《たた》えてこちらを見ている。

「申し訳ない、というきもちです。わたしはすこしライフライン※⑨が止まったくらいで、たくさんのものを失った人に対して、絆なんて、がんばろうなんて、言えないです」

記者は「ンなるほど、」と言ってから、⑥しばらくペンを親指の腹と人差し指の腹でくにくに触《さわ》り、それから表紙の絵を掲《かか》げるようにして見て、言った。

「うーん。でも、この絵を見ると元気が湧《わ》いてきて、明るい気持ちになって、頑張ろうって思えると思うんですよ。この絵を見た人にどんな思いを届けたいですか？」

「そういうふうに、思ってもらえたら、うれしいですけど」

私は、早く終わってほしい、と、そればかり考えていた。描かなければよかったと、そう思った。そのあと、沿岸での思い出はあるか、将来は画家になりたいのかどうかなど聞かれて、私はそのほとんどを「いえ、とくに」と答えた。そばにいたみかちゃんは手元のファイルに目線を落として、私のほうを見ようとしなかった。記者が来週までには掲載《けいさい》されますので、と言いながら帰って行って、私は、みかちゃんとふたりになった。深く息を吐《は》き、吸い、「描かなければよかったです」と、まさに言おうとしたそのとき、

「このさ、見上げるような構図。木のてっぺんから地面まで平等に、花が降っているところがすごい迫力《はくりょく》なんだよね。光の線も、やりすぎじゃないのにちゃんと光として見える、控《ひか》えめなのに力強くてさ。伊智花の絵はすごいよ。すごい」

と、みかちゃんはしみじみ言った。

「そう、なんですよ。がんばりました」

と答えて、それが涙声《なみだごえ》になっているのが分かって、お手洗いへ駆け込んで泣いた。悔《くや》しいよりも、うれしいが来た。⑦私はこの絵を見た人に、そう言われたかったのだ。

それからの一ヵ月間、私は不動の滝の絵を力いっぱい描いた。同級生や親戚《しんせき》から「新聞見たよ」と連絡が来て、そのたびに私は滝の絵に没頭《ぼっとう》した。

〈この絵を見て元気が湧いたり、明るい気持ちになって、頑張ろうって思ってもらえたらうれしいです。と、加藤伊智花（いちか）さん（盛岡大鵬高等学校三年）は笑顔を見せた。〉

と、その記事には書かれていた。⑧ニセアカシアの絵のことを考えるとからだも頭も重くなるから、私は滝の絵に没頭した。光をはらんだ水しぶきに筆を重ねるごとに、それはほとばしる怒《いか》りであるような心地がした。流れろ。流れろ。流れろ。念じるように水の動きを描き加える。この心につかえる黒い靄《もや》をすべて押し流すように、真っ白な光を、水を、描き足した。亡くなった祖母のことや賞のことは、もはや頭になかった。私は気持ちを真っ白に塗《ぬ》りなおすように、絵の前に向かった。

描き終えて、キャンバスの前に仁王《におう》立ちする。深緑の森を真っ二つに割るように、強く美しい不動の滝が、目の前に現れていた。滝だった。私が今までに描いたすべての絵の中でいちばん力強い絵だった。※⑩「怒濤《どとう》」と名付けて、出展した。

高校生活最後のコンクールは昨年の優秀賞よりもワンランク下がって、優良賞だった。私よりもどう見ても画力のある他校の一年生の描いた校舎の窓の絵や、着実に技術を伸ばした同学年の猫の絵が、上位に食い込んでいた。最優秀賞は、私と同じ岩手県の沿岸、大船渡《おおふなと》市の女子生徒のものだった。ごみごみとしてどす黒いがれきの下で、双葉が朝露《あさつゆ》を湛えて芽吹く絵だった。あまりにも※⑪作為的《さくいてき》で、cシャジツ的とは言いにくい※⑫モチーフだった。色使いも、陰影《いんえい》と角材の黒の塗り分けが曖昧《あいまい》で、朝露の水滴《すいてき》の光り方もかなり不自然。これが最優秀賞。そんなの可笑《おか》しいだろうと思った。最優秀賞を受賞した生徒は高い位置にポニーテールをして、肌《はだ》がこんがり焼けていて、明るそうな人だった。東京で行われた授賞式で、私は初めてその人の顔を見た。

「わたしはあの日、家と母を亡くしました。避難所でしばらく暮らしていて思ったのは『絵を描きたい』という強い思いでした。いまはテニス部だし、しばらく描くことから離《はな》れていました。そんなわたしでも、絵を描いている間、わたしはわたしの内側にあるきもちと対話をすることができました。暗いがれきの中で泣いて、怒《おこ》って、悲しんでいたはずの、どこに向かえばよいかわからなくなっていたわたしは、それでも最後にこの双葉を、気が付いたら、描いていました。こんな栄誉《えいよ》ある賞をいただき、どうしていいのか……」

と、彼女は手元のメモをちらちら見ながら、押し出すようにとぎれとぎれに言った。審査員席に並んでいる六十代くらいの女性は、ハンカチで目元を押さえていた。私も喉《のど》の奥《おく》がぐっとせりあがってきて、熱くて苦しかった。⑨彼女の言葉には不動の滝を描いていた時の自分とどこか重なるものがある。それなのに、私は、それでも。

ああ。やっぱ絵じゃないんだ。と思った。審査されているのは純粋《じゅんすい》にこの作品ではなく、「この作品を描いた高校生」なのではないか。作品と作者の※⑬不遇《ふぐう》を紐《ひも》づけてその感動を評価に加点するならば「特別震災復興賞」という賞でも新設すればよかったのに、とすら思った。

「あのお、本当に、こういった、ね、たいへんな、※⑭未曾有《みぞう》の、あのお、そういう、事が起きたわけですが。こういった状況《じょうきょう》の中で、えー、筆を持つことを、うん。あきらめなかった彼女に、審査員一同、希望のひかり、そして絵の持つ力を再認識《さいにんしき》しました」

と、審査員のひとりは言った。その審査員は東京の高校の美術教師だった。震災のことを「あのお、そういう、事が起きた」としか言えないような人が言う「希望のひかり」って、いったい何なのだろう。

無冠《むかん》の絵となってしまったものの、私は滝の絵をとても気に入っていた。返却《へんきゃく》された絵を改めて美術室に運び入れ、イーゼルの上にのせる。水面に向かって茂《しげ》っている深緑色の木々。その闇《やみ》を分かつような白い滝。目を閉じれば音が聞こえてくるような水しぶき。その絵の上流から下流まで目で三度なぞり、二歩下がってもう一度眺めた。いい絵だ、と思った。どうしてこれがあの絵に負けてしまったのか、本当はまだ納得がいかなかった。

お手洗いから戻ると、下校確認の巡回《じゅんかい》をしていた世界史の、たしか榊《さかき》という名の教師がノックもせずに美術室に入ってきて、私の絵を見た。

「CGみてえな絵だな、これ、リアリティがよ。部員が描いたのか？」

私は自分の絵だというのが気《き》恥《は》ずかしくて「そうみたいです」と答えた。

「立派な絵だよな。ちょっと、今このご時世で水がドーンっと押し寄せてきて、おまけにタイトルが『怒濤』ってのは、ちょっときつすぎるけど、俺《おれ》は意外とこういう絵がすきなんだよ」

2022年度
算　　数
（その１）

受験番号	
氏　　名	

※60点満点
（配点非公表）

1　２つの倉庫A，Bに同じ個数の荷物が入っています．Aに入っている荷物を小型トラックで，Bに入っている荷物を大型トラックで運び出します．

それぞれの倉庫が空になるまで荷物を繰《く》り返し運び出したところ，小型トラックが荷物を運んだ回数は，大型トラックが荷物を運んだ回数より４回多くなりました．また，小型トラックは毎回20個の荷物を運びましたが，大型トラックは１回だけ10個以下の荷物を運び，他は毎回32個の荷物を運びました．

大型トラックが荷物を運んだ回数と，倉庫Bにもともと入っていた荷物の個数を答えなさい．

答　　　回，　　　個

2　次の図１，図２の時計について，以下の問いに答えなさい．

3　次の条件に当てはまる４桁《けた》の整数を考えます．

条件：１つの数字を３個，別の数字を１個並べて作られる．

例えば，2022はこの条件に当てはまっています．以下の問いに答えなさい．

(1)　条件に当てはまる４桁の整数のうち，どの桁の数字も０でないものはいくつありますか．

答　　　個

(2)　条件に当てはまる４桁の整数は全部でいくつありますか．

2022年度

算　　数

（その2）

受験番号	
氏　　名	

4 兄と弟の2人が，図のような東西にのびた道で，自転車に乗って競走します．2人はそれぞれ一定の速さで走り，スタート地点を変えて何回か競走します．ただし，ゴール地点は毎回変わりません．

はじめに2回競走したところ，結果は次のようになりました．

- 2人がA地点から同時に出発したところ，兄が弟より4.6秒早くゴール地点に到着《とうちゃく》しました．
- A地点の24 m東にB地点があります．弟がB地点から，兄がA地点から同時に出発したところ，弟が兄より1秒早くゴール地点に到着しました．

(1) 弟の速さは秒速何mですか．

5 面積が6 cm^2 の正六角形ABCDEFがあります．この正六角形の辺FA, BC, DE上に，

FG : GA = BH : HC = DI : IE = 2 : 1

となるような点G, H, Iをとります．また，直線AIとCGが交わる点をJ，CGとEHが交わる点をK，EHとAIが交わる点をLとします．以下の問いに答えなさい．ただし，右の図は正確な図ではありません．

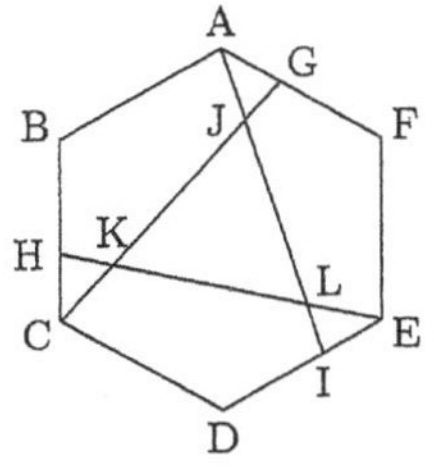

(1) 3点A, C, Gを頂点とする三角形ACGの面積を求めなさい．

答　　　cm^2

(2) 三角形AJGの面積を求めなさい．

2022年度

算　数

（その3）

受験番号	
氏　　名	

6 1から250までの整数が書かれたカードが1枚ずつあり，これらは上から1のカード，2のカード，…，250のカードの順で積まれています．Aさん，Bさん，Cさん，Dさんの4人がA→B→C→D→A→B→C→… の順番で次の作業をします．

- 積まれているカードの中で一番上のものを引き，自分の手札にする．
- 自分の手札に書かれている数をすべて合計する．
- その合計が10の倍数になったときだけ自分の手札をすべて捨てる．

この作業を，積まれているカードがなくなるまで繰《く》り返します．以下の問いに答えなさい．

(1) Bさんが引いたカードに書かれた数を，小さい方から順に7個書きなさい．また，Bさんが最初に手札を捨てることになるのは，何の数のカードを引いたときか答えなさい．

答　7個の数は

最初に手札を捨てるときに引いたのは　　　のカード

(2) Aさんが最初に手札を捨てることになるのは，何の数のカードを引いたときか

(3) ある人が作業をした直後，手札がある人は1人もいませんでした．初めてこのようになるのは，誰《だれ》が何の数のカードを引いたときか答えなさい．

②地球と金星の位置関係によって、金星にも月のような満ち欠けが生じます。図4は、1610年頃《ころ》にガリレオ・ガリレイが望遠鏡での観測によってスケッチした金星の形を示したものです。

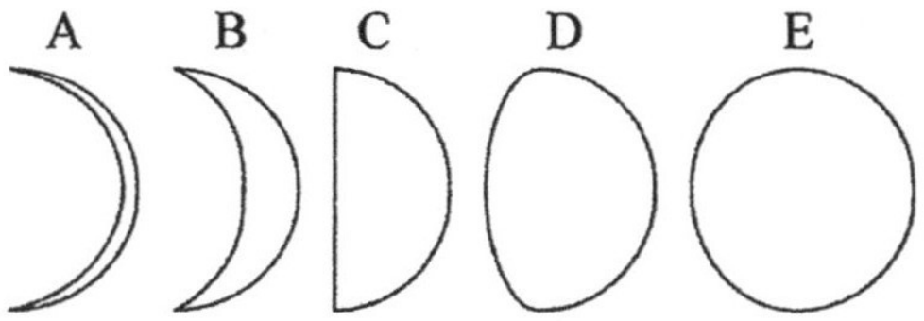

図4

問3　下線部②について、金星が図3のXとYの位置のとき、地球から見た金星はそれぞれどのような形をしていますか。最も適当なものを、図4のA〜Eから1つずつ選びなさい。ただし、Xの位置の金星から見た太陽と地球の位置関係は90°離れており、金星がYの位置のときは太陽から見た地球と金星の位置関係が90°離れているものとします。

ガリレオは地球から見た金星の形だけでなく、その大きさが変化して見える様子も観測していました。見た目の大きさの変化は、金星と地球の距離《きょり》が変化することを示します。今では、地球と金星が太陽の周りを回ることで、おたがいの距離が変化することが知られています。しかし、私たちは天体の動きを図3のように見ることはできません。また、天体を観測すると自分たちを中心として動いているように見えるので、かつては地球の周りを太陽や他の惑星が回っていると信じられていました。昔の天文学者たちは、③観測事実を説明するために、いろいろな惑星の動きを考えました。

問4　下線部③について、次の2つの条件が成り立つとすると、太陽、地球、金星の通り道や動きは、図3の関係以外にどのように考えられますか。最も適当なものを下のア〜エから選び、記号で答えなさい。ただし、実線と点線はそれぞれ地球と太陽を中心とする通り道を示します。

条件1：暗い空で明るく輝く金星を、日の出や日の入りに近い時間しか見ることができない。

条件2：金星の大きさが変化して見える。

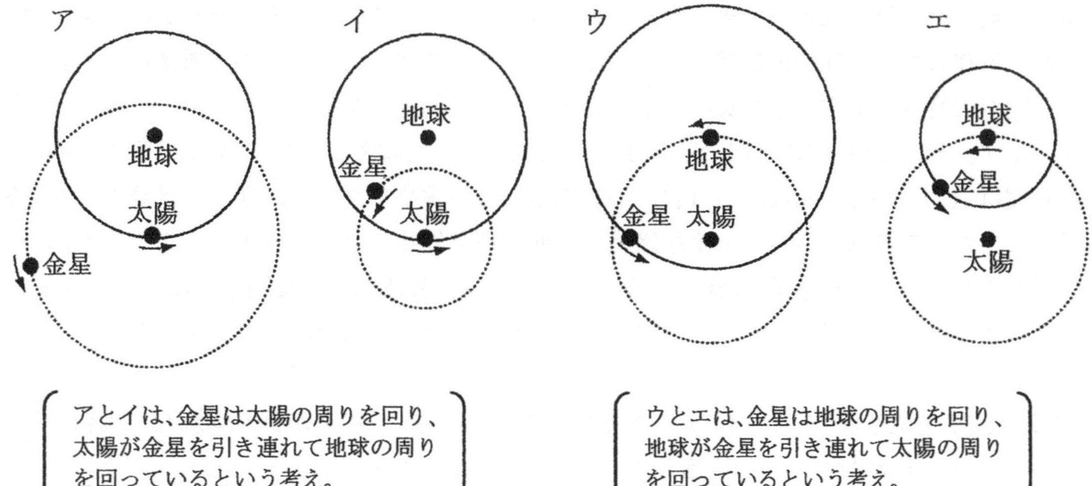

アとイは、金星は太陽の周りを回り、太陽が金星を引き連れて地球の周りを回っているという考え。

ウとエは、金星は地球の周りを回り、地球が金星を引き連れて太陽の周りを回っているという考え。

明るさが変化して見えるのは、金星だけではありません。図５は地球から見た金星と木星の明るさの変化を示しています。④地球から見た惑星は、近づくと明るく、遠ざかると暗く見えるので、この図から、⑤地球と惑星が近づく周期がわかります。

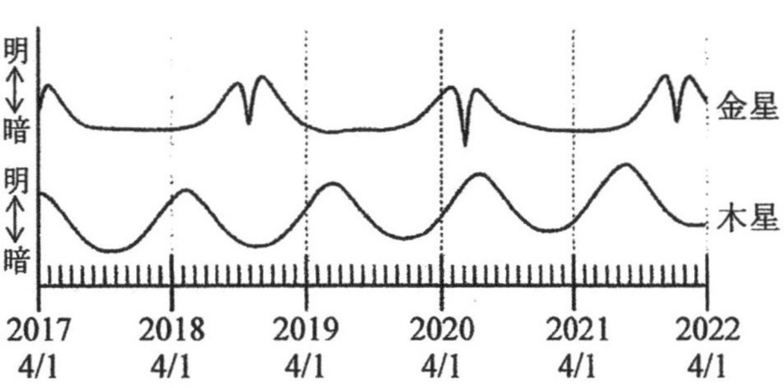

図５

問５　下線部④について、図５の金星の明るさは、地球と最も近づくときに暗くなっています。その理由について述べた次の文中の空欄《くうらん》に入る語句を答えなさい。

月と同じく満ち欠けがある金星は、地球に最も近づくときに、月でいうと（　　　）のときと同じような位置関係となっているから。

問６　下線部⑤について、惑星がふたたび同じ位置関係になるまでにかかる時間（周期）を会合周期といいます。図５から読み取れる地球と木星の会合周期は、およそ何か月ですか。最も適当なものを次のア～オから選び、記号で答えなさい。

ア．11　　イ．13　　ウ．15　　エ．17　　オ．19

※図中の（あ）～（う）と本文中の（あ）～（う）はそれぞれ同じ角度。

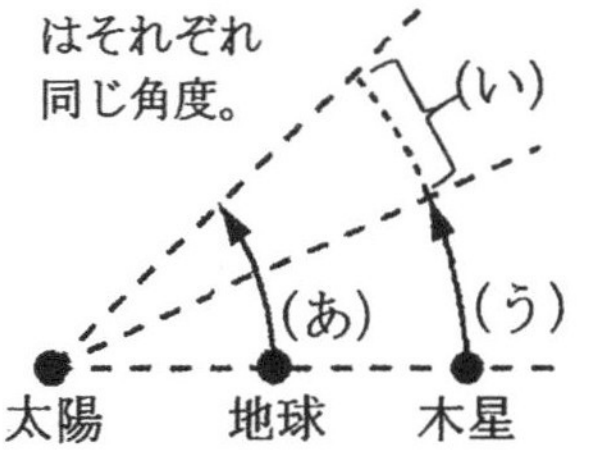

図６

地球を含《ふく》む惑星が太陽の周りを公転しているとすれば、会合周期から、惑星の公転の１周にかかる時間（公転周期）を求めることができます。問６で求めた値と図６を使いながら、木星の運動について考えてみましょう。

まず、地球と木星が最も近づいているのは、太陽から一直線に並んだ状態です。地球の公転は12か月で360°なので、１か月で地球が動く角度は（あ）です。太陽から遠い惑星ほどゆっくり動くので、１か月経過しただけでも地球と木星が動いた角度には差ができます。さらに時間が経《た》つとこの角度の差が次第《しだい》に大きくなりますが、360°になると元の位置関係にもどることになります。この、元の位置関係にもどるまでの時間が会合周期ですから、360°を地球と木星の会合周期で割ると、１か月での差は（い）となります。そのため、木星が１か月に動く角度は（う）となり、木星が360°公転するのにかかる時間は（え）か月、すなわち（お）年であることが求められます。観測と計算をより正確に行うことができれば、さらに正確な惑星の公転周期を知ることができます。このように、今日の私たちが知っている惑星の運動は、先人たちの地道な観測によって明らかにされてきました。時には夜空を見上げて、先人たちの知の探究に触《ふ》れてみるのはいかがでしょうか。

問７　文章中の空欄（あ）～（お）に入る数字を答えなさい。答えが割り切れない場合は、（い）と（う）は小数第二位を四捨五入して小数第一位まで答えなさい。また、（え）と（お）は小数第一位を四捨五入して整数で答えなさい。

4 さまざまな病気があるなかで、人から人へとうつる病気を特に感染症《かんせんしょう》といいます。みなさんも経験のある風邪《かぜ》はこの感染症の 1 つです。2019 年の冬に確認《かくにん》された新型コロナウイルス感染症の世界的な流行は、みなさん自身の健康への意識を高めたことでしょう。感染症になることなく、健康を保つにはどうすれば良いのかを考えてみましょう。

それには、まず私たちのからだのことを知る必要があります。私たちのからだは、無数の細胞《さいぼう》というものが集まってできています。この細胞たちはそれぞれ生きていて、さまざまな役割をもって協力し合っています。すべての生物はこのような細胞からできています。次の(1)〜(3)は、生きている細胞でみられるはたらきをまとめたものです。

(1) 呼吸によって生命活動に必要なエネルギー（活動エネルギー）をつくる。
(2) 細胞ごとにもっている、親から子へと生命をつないでいく物質（遺伝物質）をもとに、からだのさまざまなたんぱく質をつくる。
(3) 遺伝物質そのものを複製する。

(1)〜(3)のすべてのはたらきは、細胞を満たしている水の中で、(2)で自らつくったたんぱく質によって行われます。(2)は、(1)で得たエネルギーを利用するため、死んでいる細胞では行えません。また、(3)を行うには、(1)、(2)が必要です。このはたらきで細胞は増えますが、生きている細胞の一部でのみ行われます。

問1 生きている細胞のすべてで必ず行われているはたらきとして最も適当なものを次のア〜キから選び、記号で答えなさい。

ア．(1)のみ　　イ．(2)のみ　　ウ．(3)のみ　　エ．(1)と(2)
オ．(1)と(3)　　カ．(2)と(3)　　キ．(1)〜(3)すべて

わたしたちの体内に侵入《しんにゅう》し、悪い影響《えいきょう》をおよぼすものを病原体といいます。病原体が体内に侵入し、増えることを感染といいます。この病原体が増えれば増えるほど、体内の細胞が壊《こわ》されてしまいます。その一方で、からだは病原体をやっつけようとするはたらきを強めます。このはたらきが強いほど、鼻水や咳《せき》、発熱、下痢《げり》などの感染症の症状《しょうじょう》が強くあらわれます。体内の損傷が少なく、病原体をすみやかにやっつけることができた場合、症状がみられないこともあります。

問2 ある病原体による「感染」と、その病原体による「感染症」特有の症状に関する説明として適当なものを、次のア〜エからすべて選び、記号で答えなさい。

ア．「感染」すれば、その病原体による症状が必ずあらわれる。
イ．「感染」しなければ、その病原体による症状はあらわれない。
ウ．症状がない人たちと一緒《いっしょ》にいても、「感染」することは絶対にない。
エ．症状がある人に近づいても、必ず「感染」するとは限らない。

病原体の多くは、細菌《さいきん》やカビといった細胞からできている微生物《びせいぶつ》です。しかし、インフルエンザやはしかなどは、生物とは考えられていないウイルスが病原体です。図 1 は、球状の立体構造をもつ新型コロナウイルスの断面を簡単に示したものです。この図のように、どのウイルスにもウイルス自身の遺伝物質があり、この遺伝物質をもとにつくられたウイルス表面たんぱく質で包まれた構造をしています。また、ウイルスの内部に水はいっさいありません。

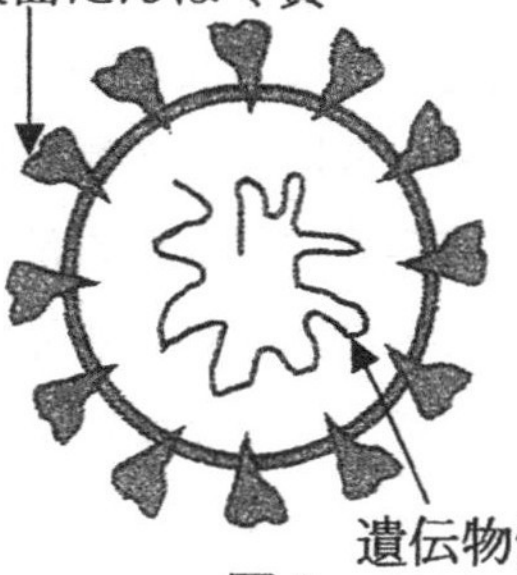

図 1

ウイルス自身は、細胞でみられる(1)～(3)のはたらきが無いため、単独では増えません。生きた細胞に侵入し、生きた細胞の(1)～(3)のはたらきを利用して増えるのです。細胞へ侵入するには、ウイルスの（　A　）の構造が細胞の表面の構造と合うことが重要です。おたがいの構造が合うと、ウイルスは細胞にくっつきます。すると、ウイルス自身が細胞内に取りこまれるのです。そうして、細胞内に入ったウイルスの（　B　）は、細胞自身の遺伝物質と同様に利用され、細胞が(2)、(3)のはたらきを行った結果、大量のウイルスがつくられるのです。

つまり、ウイルスに侵入された細胞は、ウイルス生産工場（感染細胞）となり、ウイルスがいっぱいになると感染細胞は壊れて、大量のウイルスを細胞の外に放出するのです。

問 3　空欄《くうらん》（A）と（B）に入る語句をそれぞれ答えなさい。

問 4　感染細胞に関する説明として最も適当なものを次のア～エから選び、記号で答えなさい。

ア．ウイルスに侵入されると、細胞はすぐに死んでしまう。
イ．死んだ細胞にウイルスが侵入しても、感染細胞になる。
ウ．感染細胞が壊れない限り、ウイルスはどんどんつくられる。
エ．感染細胞は、呼吸をしない。

病原体をやっつけようとするはたらきは、疫《えき》（病気）を免《まぬ》がれるという意味で、免疫《めんえき》といいます。この役割を担《にな》っているのも細胞です。さまざまな役割の免疫細胞が連携《れんけい》し、免疫は次の(4)から(7)の順に進行します。

(4)　病原体の特徴《とくちょう》をさぐる細胞が、病原体表面の形状を読み取る。
(5)　読み取った形状を司令塔《しれいとう》の役割をする細胞に知らせる。司令塔からのはたらきで、知らされた形状にちょうど合う形のおもりのようなもの（抗体《こうたい》）がつくられる。
(6)　病原体は、体内に無数にばらまかれた抗体とくっつくと、その場から動けなくなり、体内の異物を食べる細胞たちにやっつけられる。
(7)　司令塔となった細胞のいくつかは、体内で生き残る。一度つくった抗体の形を記憶《きおく》しているので、同じ病原体が体内に侵入すると、すぐに抗体をばらまいて、病原体をやっつける。

問５　鼻水や咳といった感染症のおもな症状は、病原体を体内からとりのぞこうとするはたらきによって起きます。これら感染症の症状がやわらいでくるのは、どの段階が始まったころと考えられますか。(4)～(7)の数字で答えなさい。

問６　抗体は細胞内には入れませんが、細胞の外にある病原体を、(4)～(7)のはたらきですべてやっつけることができます。しかし、ウイルス感染症はこれだけでは治りません。その理由を答えなさい。

免疫は常にはたらいています。病原体のはたらきが弱い場合、体内の損傷が小さく、感染症の症状があらわれないうちに病原体はとりのぞかれます。逆に、①病原体のはたらきが強い場合、体内の損傷が大きくなり、生命が危険な状態となることもあります。

このことから、健康であり続けるには、②必要以上に多くの病原体を体内に侵入させないことと、③免疫のはたらきを受けもつ生きた細胞たちをできるだけ良い状態に維持《いじ》することが大切だといえます。

問７　下線部①について、体内の損傷を大きくするような病原体の性質を１つ答えなさい。

問８　下線部②について、病原体がウイルスの場合、生きた細胞にウイルスをくっつけないようにすることが重要だと考えられます。正常な皮ふの表面にある角質層は、死んだ細胞でできているので、傷口のない手指にウイルスがいくら付着しても感染することはありません。それにも関わらず、手洗いや手指のアルコール消毒をしなくてはならない理由を答えなさい。

問９　下線部③について、免疫の細胞もわたしたちの筋肉と同様に、使わずに休ませすぎると弱ってしまいます。また、激しく使いすぎると壊れてしまいます。からだをきたえるため運動するのと同じようなしくみがあるのです。免疫のはたらきを高めるのに良いとされるものを、次のア～キから３つ選び、記号で答えなさい。

ア．からだにどんな細菌も入れたくないので、常に消毒したものを利用する。

イ．多少の細菌がからだに入った方が良いので、体調が良いときには外出する。

ウ．できるだけ細菌と接触《せっしょく》する方が良いので、手洗い、うがいは一切《いっさい》しない。

エ．免疫細胞のはたらきのために、たんぱく質を多くふくむ食事を心がける。

オ．免疫細胞をはたらかせるために、細菌が増えたものを食べるようにする。

カ．免疫細胞をできるだけ休ませるために、一日中、寝《ね》て過ごすようにする。

キ．激しい運動によって免疫細胞も疲《つか》れるため、運動後はしっかりと休養する。

《　問題は以上です。》

問１　空らん(**あ**)、(**い**)、(**う**)にあてはまる語句を答えなさい。

問２　本文にある**イラン**と**ブラジル**について。それぞれの国の位置を地図１の**あ～か**から１つずつ選び、記号で答えなさい。

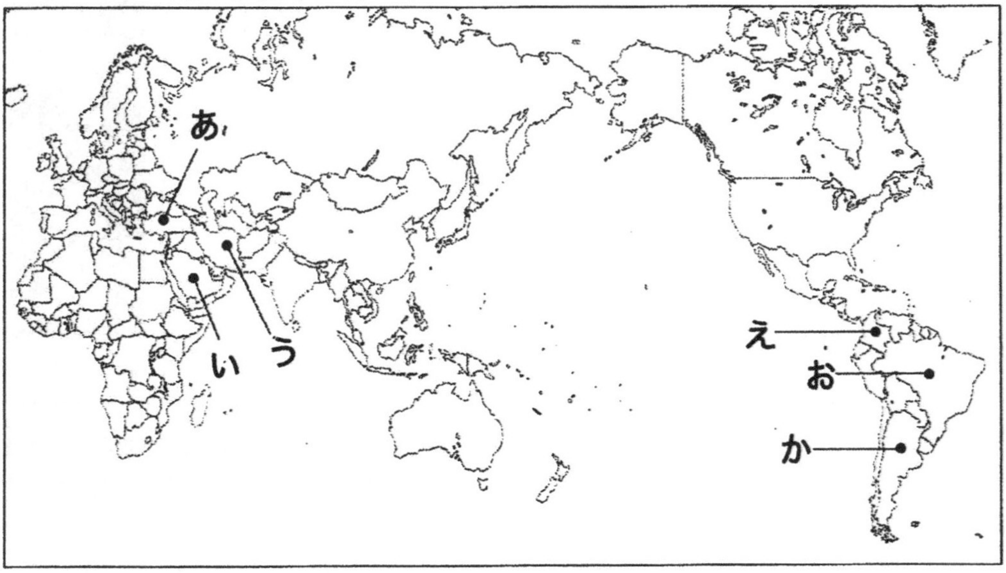

地図１

問３　下線部**ア**について。日本の国籍法では、子どもの国籍登録は、日本人から生まれたことを重視しています。一方、アメリカは自国で生まれたことを重視しています。日本とアメリカの両方の国籍を持つことができる例を、次に示す**あ～え**から**すべて**選び、記号で答えなさい。なお、例で示されている「子ども」は未成年を指します。

あ　両親が日本国籍で、アメリカで生まれた子ども
い　父がアメリカ国籍、母が日本国籍で、アメリカで生まれた子ども
う　母がアメリカ国籍、父が日本国籍で、アメリカで生まれた子ども
え　両親がアメリカ国籍で、日本で生まれた子ども

問４　下線部**イ**について。江戸《えど》時代には幕府の鎖国《さこく》政策のため、外国と日本を自由に行き来することは禁じられました。しかし、オランダと中国の貿易船は、幕府の支配地である長崎《ながさき》だけに滞在し、出入りを認められていました。

（１）オランダと中国の貿易船だけが出入りを認められたのはなぜですか。説明しなさい。

（２）幕府の支配地である長崎だけに貿易船の出入りが認められたのはなぜですか。説明しなさい。

問５　下線部**ウ**について。図１の政見演説会の案内に「ハングル」が記されているのはなぜですか。説明しなさい。

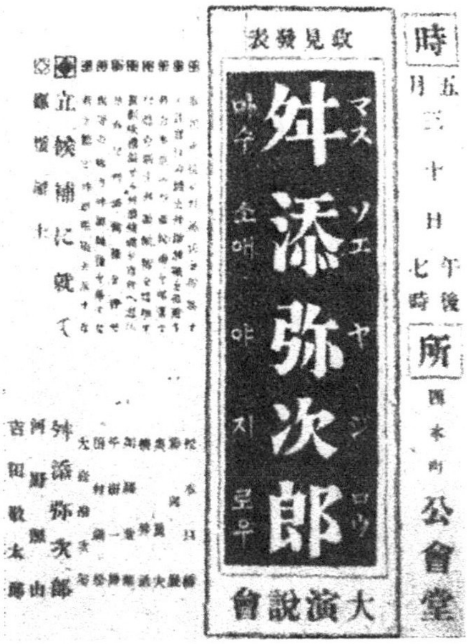

図１　1930年福岡《ふくおか》県若松《わかまつ》市（現在の北九州《きたきゅうしゅう》市）の市議会議員選挙における政見演説会の案内
（出典　有馬学《ありままなぶ》『日本の歴史23　帝国の昭和』）

問６　下線部**エ**について。

（１）図２にあるように在留資格外国人の総数はこの約30年の間で減少した時期があります。減少の理由を説明した文として最もふさわしいものを次に示す**あ**～**え**から１つ選び、記号で答えなさい。

あ　バブル経済崩壊《ほうかい》の影響《えいきょう》で減り始めた。

い　阪神《はんしん》・淡路大震災《あわじだいしんさい》の影響で減り始めた。

う　アメリカに始まる世界的な金《きん》融《ゆう》危機の影響で減り始めた。

え　東日本大震災の影響で減り始めた。

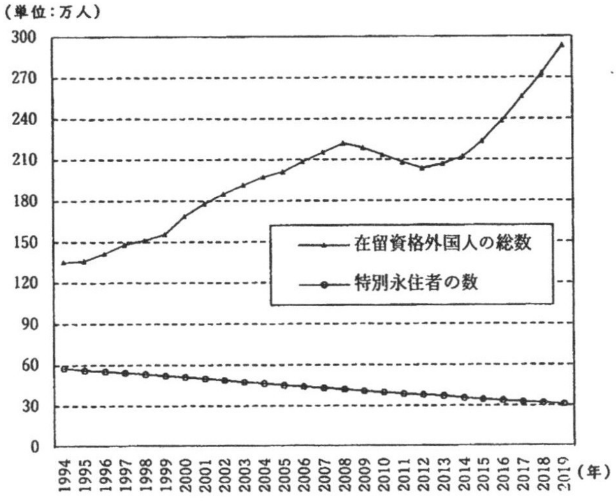

図２ 在留資格外国人の総数と特別永住者の数の変化
（出入国管理庁「出入国管理統計統計表」より作成）
※在留資格外国人・・・表１に示す中長期滞在を認められた外国人のうち、難民をのぞいた人のこと。

（２）図２にあるように、在留資格外国人の総数とはちがい、特別永住者の数はこの約30年の間、減少し続けています。特別永住者の数が減少しているのはなぜだと考えられますか。説明しなさい。

問７　下線部**オ**について。高度経済成長の時代（1950 年代後半～1960 年代）、都市部を中心に労働力が不足しましたが、1980 年代とは異なり、外国人労働者は増えませんでした。労働力はどのようにして補われたと考えられますか。説明しなさい。

問８　下線部**カ**について。

（１）表２は各国への日本人移民数の変化を示したものです。①、②、③には日本人移民の行き先として、ブラジル、アメリカ（ハワイをのぞく）、ロシア（ソビエト連邦《れんぽう》）のどれかがあてはまります。①、②、③にあてはまる国名の組み合わせとして正しいものを、次に示す**あ**～**か**から１つ選び、記号で答えなさい。

年＼国名	①	②	③
1868～1875	596		90
1876～1880	305		405
1881～1885	770		1,023
1886～1890	2,760		998
1891～1895	8,329		8,759
1896～1900	17,370		16,526
1901～1905	1,774		1,786
1906～1910	7,715	1,714	3,813
1911～1915	20,773	13,101	3,386
1916～1920	30,756	13,576	3,250
1921～1925	14,849	11,349	6,464
1926～1930	1,256	59,564	4,694
1931～1935		72,661	5,071
1936～1941		16,750	556
計	107,253	188,715	56,821

（単位：人）

※戦前の日本政府が発行した旅券数などをもとに作成

表２　日本人移民数の変化

（出典 岡部牧夫《おかべまきお》『日本史リブレット56 海を渡《わた》った日本人』）

あ　①ブラジル　②アメリカ　③ロシア
い　①ブラジル　②ロシア　③アメリカ
う　①アメリカ　②ロシア　③ブラジル
え　①アメリカ　②ブラジル　③ロシア
お　①ロシア　②ブラジル　③アメリカ
か　①ロシア　②アメリカ　③ブラジル

（２）日本政府は 1932 年に建国させた満州国《まんしゅうこく》に移民を送り出しました。このとき日本政府が満州国に移民を送り出した目的として**正しくないもの**を、次に示す**あ**～**お**から１つ選び、記号で答えなさい。

あ　南満州鉄道の経営権を得るための戦争をしようと考えていた。
い　戦いに備え農業研修や軍事訓練を受けた移民団をつくろうと考えていた。
う　農村の貧しい人たちに満州の土地をあたえようと考えていた。
え　都会の失業した人たちを移住させて仕事をあたえようと考えていた。
お　石炭や鉄などの資源を手に入れようと考えていた。

問９　下線部**キ**について。難民の地位に関する条約（通称《つうしょう》「難民条約」）をまとめると、難民とは次のように定義されており、条約を結んだ国には難民を保護することが求められています。

人種、宗教、国籍や政治的な意見を理由に迫害を受けるおそれがあるために他国に逃げた人で、迫害を受ける以外の理由で逮捕《たいほ》されるような犯罪をおかしていない人

しかし、日本に逃げて来た人たちの難民審査は厳しく、問題視されています。次にあげる資料１は審査のときにきかれる質問内容の一部です。日本政府がこのような質問をすることは、難民を保護するという点から見たときにどのような問題があると考えられますか。質問**３**～**５**から１つを選び、その質問の問題点を説明しなさい。

1　迫害のおそれを感じたのはいつからですか。根拠《こんきょ》を具体的に答えてください。
2　あなたが帰国すると、どのようなことになるか、具体的に答えてください。
3　あなたが国にいたとき、上記の理由、その他の理由で逮捕されたり、その他身体の自由をうばわれたり暴行などを受けたことがありますか。
4　あなたは、あなたの国に敵対する組織に属したり、敵対する意見を表明したりすることはありますか。
5　現在、生活費用は何によってまかなっていますか。
6　もともと住んでいた国に日本から送金をしたことがありますか。

資料１　難民審査のときにきかれる質問の内容

問 10　下線部**ク**について。図３は、愛知《あいち》県、高知《こうち》県、東京《とうきょう》都の産業別外国人労働者の割合を示したものです。図３の①と②にあてはまる都県名を答えなさい。

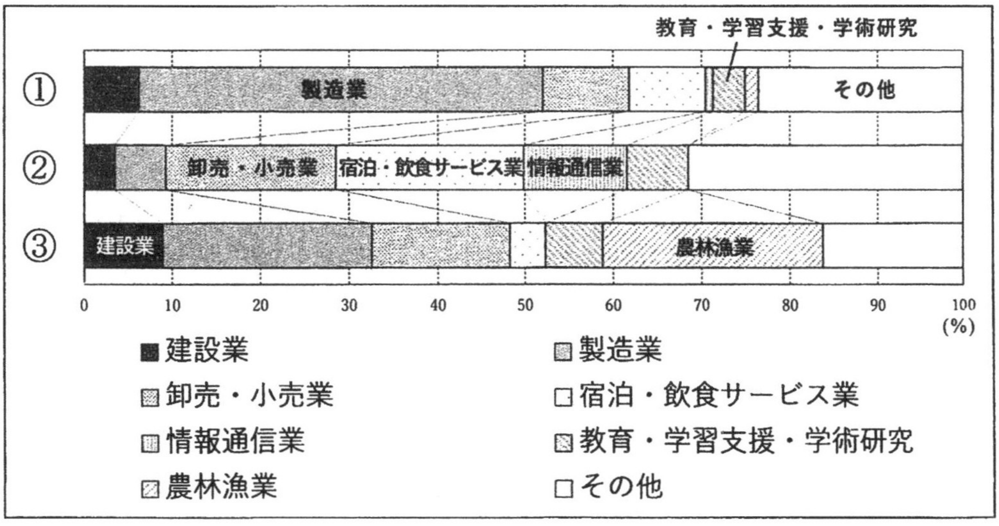

図３　産業別外国人労働者の割合（「外国人労働者アクセス」ホームページより作成）

問 11　下線部**ケ**について。特定技能という制度によって外国人労働者の滞在期間をのばすことができるようになりました。この制度ができた理由の一つには、企業が新しい外国人労働者を招くよりも、すでに働いている人の滞在期間の延長を希望したことがあげられます。次にあげる資料 2 は、特定技能の対象になった仕事の一部です。企業が滞在期間の延長を希望したのはなぜだと考えられますか。これらの仕事の特徴《とくちょう》を参考にしながら説明しなさい。

大工などの建設業	高齢者施設《しせつ》などでの介護《かいご》
医療《いりょう》・福祉《ふくし》施設向けの食事の調理	自動車整備

資料2　特定技能の対象になった仕事の一部

問 12　下線部**コ**について。日本政府が正式に移民を受け入れようとせず、行政が外国人の支援《しえん》をおこなわないと、日本に不慣れな外国人の支援はボランティアの人たちに依存《いぞん》することになります。その場合、外国人の支援活動にはどのような不都合が生じると考えられますか。2 つあげて説明しなさい。

問 13　下線部**サ**について。日本に働きに来た外国人とその家族の人権を守るためには、どのような政策や活動が必要だと考えられますか。君が考える政策や活動の内容とそれが必要である理由を、80～100 字で説明しなさい。なお、句読点も 1 字分とします。

<問題はここで終わりです>

国語解答用紙

（２０２２年度）

受験番号	
氏　名	

一 a b c d

二

三

四

五

六

七

八 1 2

九

【解答用

受験番号	
氏　名	

（２０２２年度）

理　科　解　答　用　紙

1

問１	①		②		③		④		⑤		⑥		問５
問２	⑦						⑧						
	⑨						⑩						
問３	⑪		⑫		⑬		問４						
問６	⑭												
	⑮												
問７	役立つこと												
	理由												

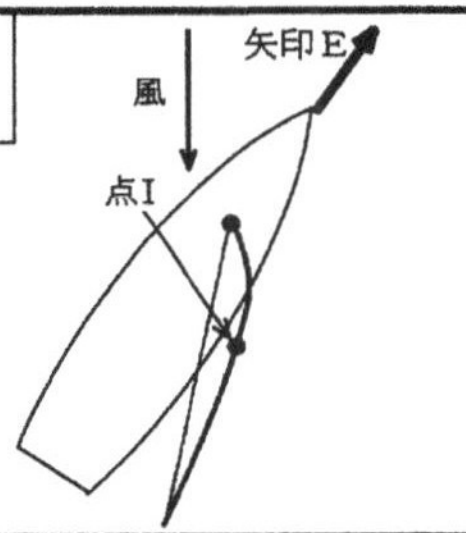

小　計

2

問１		問２	甘味		旨味	

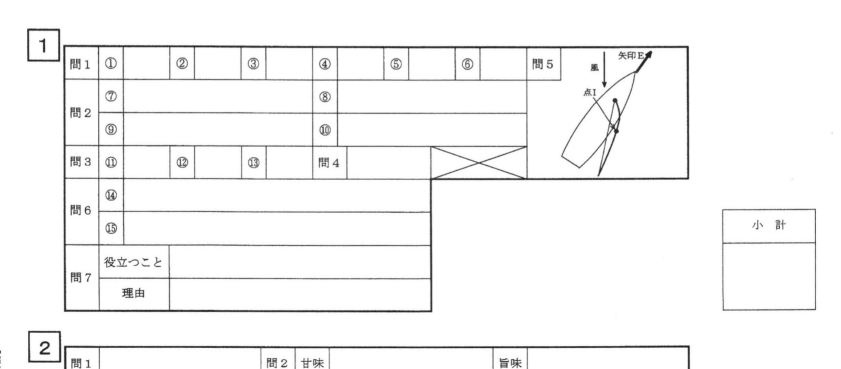

受験番号	
氏　　名	

(2022年度)

※40点満点
（配点非公表）

社会解答用紙　（その１）

問１　あ [　　　]　い [　　　]　う [　　　]

問２　イラン [　　]　ブラジル [　　]

問３ [　　　]

問４（1） [　　　　　　]

受験番号	
氏　　名	

(2022年度)

社会解答用紙　（その２）

問８（1）　　　　（2）

問９　選んだ番号　3　4　5　※選んだ番号を○でかこむこと。

問題点

問10　①　　　　②

問12

問13

(80)

(100)

(整理番号)

小　計

問５

問６（１）

（２）

問７

小　計

（整理番号）

問4												
問5	X		Y		Z		Bの名前					
問6	ブドウ糖　:　エタノール　:　(B)						問7	ブドウ糖の重さ	g	エタノールの濃度	%	

小計

3

問1		問2	°	問3	X		Y			
問4		問5		問6						
問7	(あ)	°	(い)	°	(う)	°	(え)		(お)	

小　計

4

問1		問2		問3	A		B	
問4		問5		問6				
問7								
問8								
問9								

小　計

整理番号

合　計

※40点満点
（配点非公表）

2022(R4) 麻布中
K 教英出版

十

十一

十二

1

2

（合計）

※60点満点
（配点非公表）

（整理番号）

ぶために借金をすることが多く、その借金を返さなければならないので途中《とちゅう》で帰国することはできません。ましてや、難民認定を申請している最中の人は仕事をすることもできず、日本語を学ぶ機会もなく、強制送還《そうかん》されてしまうかもしれないという不安の中での生活を強いられています。

外国人と日本社会

外国人が移住することに消極的だった日本ですが、気がつけば今の日本には多くの外国人が住んでいます。「コンビニエンスストアは 24 時間営業していてもらいたい」「お弁当は安いほうがいい」「宅配便は決まった時間にきちんと届けてもらいたい」「新聞は毎朝毎夕決まった時間に配達してほしい」など、当たり前のように考えている便利な生活のために、外国人労働者の存在は欠かせません。しかし、日本人は、日本にやって来た外国人と対等な関係をつくることができているのでしょうか。外国人の権利が日本でどれほど保障されているのでしょうか。

特別永住者が日本人と同じ権利を持っていないことを知らない人も多くいます。また、永住者、定住者、特定技能、難民などの立場の人をきちんと移民としてむかえることには、治安の悪化などを理由に根強い抵抗《ていこう》があります。そのため、日本でくらしていくためのサポートは二の次になっていました。**コ**．こうした人たちのサポートは今でもボランティアに頼《たよ》っている部分が大きく、その問題点も指摘《してき》されているのです。日本で生まれた外国人の子どもたちも増え、日本で亡《な》くなる外国人も増えています。にもかかわらず、外国にルーツを持つだけで差別されたり、被害《ひがい》にあう事件が起きたりするなど、外国人がくらしやすい社会とはほど遠いのが現状です。人間は機械ではありません。**サ**．ある作家が「われわれは労働力を呼んだが、やって来たのは人間だった」という言葉を残していますが、これは今の日本がかかえる問題をよくあらわした言葉ではないでしょうか。

日本の難民政策（1970 年代～1990 年代）

永住者や定住者として登録されるような外国人労働者が日本で増え始めたころ、もう一つ、別の立場の外国人が日本にやってきました。これが難民です。政治的な混乱などで自分の国でくらすことが危険になり、やむなく国外に逃《に》げた人を難民といいます。みなさんも「同時多発テロ事件」後のアメリカが、（　う　）という国を空爆《くうばく》し、周辺国へ多くの人が逃れて難民となったことを知っているでしょう。

日本が難民を受け入れたきっかけはベトナム戦争が終わった 1970 年代後半でした。東南アジアの一部の国では政治が混乱し、身の危険を感じた人たちが助けをもとめて国外に逃げたのです。この人たちをインドシナ難民といいます。このとき日本は国際的な圧力もあり、インドシナ難民を受け入れました。その後 1981 年に、国際社会で定められていた難民に関する条約を日本も結びました。難民として認定されれば、基本的には定住者と同じような資格があたえられます。ただし、条約を結んでからのキ．日本政府の難民に対する姿勢は消極的です。

労働力不足の中で（2000 年代以降）

表 1 には、資格別に在留許可がおりた人たちについても示されていますが、ここではとくに技能実習と特定技能という資格に注目してみましょう。ク．2000年代以降、日本の労働力不足はより深刻になり、不景気のために安い賃金で働く労働力を求める声が大きくなりました。しかし、外国人の移住が増えることに慎重《しんちょう》な姿勢をとってきた日本政府は、外国人労働者を積極的に受け入れるとは言いませんでした。そこで考え出されたのが技能実習という資格でした。日本で仕事の技能を身につけて、自分の国に帰ったときにいかしてもらおうという国際貢献《こうけん》の名目で外国人労働者の受け入れが広がりました。しかし、実態は短期の低賃金労働でした。滞在期間も最長で 5 年までに制限され、家族を日本に呼ぶこともできませんでした。

2018 年、特定技能という資格がつくられて、滞在期間がのび、働くことができる仕事の種類は多様化しました。ケ．仕事によっては、技能実習で来た人も特定技能に切りかえて滞在を更新することができるようになりました。一見、日本で働きたい外国人にとってはよい方向に変わったように見えますが、これも日本の都合であることにかわりはありません。また、難民についても、申請《しんせい》中の人が働くことを認める制度ができたかと思うと、数年後には廃止《はいし》され、政府の都合でその制度が二転三転していることは事実です。難民として保護を求めた人たちにとって困難な状況《じょうきょう》が続いています。

このような状況で働く外国人労働者の問題は深刻です。とくに、日本人があまり希望しない安い賃金の仕事は外国人労働者でまかなえばよい、という考え方は問題でしょう。また、日本で働く以上、日本語の習得が必要になりますが、日本語を学

占領《せんりょう》下で植民地を手ばなし、これらの人びとのあつかいはあいまいになりました。1951 年に日本が（ **い** ）平和条約を結び、独立国としての立場を回復する一方で、朝鮮戦争などの混乱が生じたこともあり、その後の国籍登録の問題はより複雑になりました。数十年にわたって日本でくらした人や、日本で生まれた人は、日本での生活を簡単に捨てられません。結果として**エ**．特別に日本に住むことを認められた外国人という立場をつくることになりました。これが特別永住者です。特別永住者として登録されている人は、何世代にもわたって日本でくらしているものの、日本国籍を持っている人とまったく同じ権利があるわけではありません。

経済成長と外国人労働者（1950 年代後半～1990 年代）

日本は 1950 年代後半から 1960 年代にかけて、高度経済成長の時期をむかえました。**オ**．高度経済成長期には、外国人労働者は多くありませんでしたが、その後、少しずつ日本で働く人も増えていきました。

1980 年代後半から 1990 年代にかけて**イラン**という国から日本に来る人が増えました。当時のイランは革命や戦争による混乱が深刻でした。日本はイランから観光目的で来る人の入国審査を厳しくしていなかったので、生活ができなくなったイランの人たちは観光目的で来てそのまま働くようになりました。ちょうどそのころ、日本は好景気で、都市部を中心に労働力が不足したので、このような人が不法滞在者だとわかっていても雇《やと》う企業《きぎょう》があったのです。不法滞在者の増加を受け、日本政府は外国人労働者全体の取りしまりを強化するとともに、10 年以上日本でくらした外国人には永住資格をあたえることにしました。これが永住者です。

同じく 1980 年代から 1990 年代にかけ、不足する労働力を補う存在として注目されたのが「日系人」と呼ばれる人たちで、日本政府はこれらの人たちの入国基準をゆるめました。日系人とは、日本から海外に移民として渡り、その国の国籍を得た人や、その子孫を指します。戦前、**カ**．日本政府は海外に移民を積極的に送り出しました。日本から**ブラジル**への移民も急増し、現地で生まれ育った人も増えていきました。最も急増した時期に渡った人たちの孫は現在、40歳《さい》前後の年齢《ねんれい》になっています。現地で生まれ育った人は日系ブラジル人と呼ばれています。日本政府が日系ブラジル人の入国基準をゆるめたころ、ブラジルでは貧困《ひんこん》や治安の悪さが深刻な課題でした。そのため、おじいさんやおばあさんの故郷で働くことに明るい未来を期待した人たちも少なくありませんでした。こうして日本にやって来た日系人には、10 年以上くらしているという条件をみたしていなくても、定住の許可があたえられました。これが定住者です。

永住者も定住者も日本の労働力不足を背景に制度がととのえられていった結果つくられたものでした。

次の文章を読み、５ページから９ページの問いに答えなさい。

日本人と外国人の区分け

「コンビニエンスストアの店員さんって外国人が多いなあ」と思ったことはありませんか。街を見わたしてみましょう。ラーメン屋さんや牛丼《ぎゅうどん》屋さんでも外国人が働いています。実はみなさんが生まれたころと比べると、日本で働いている外国人は倍以上に増えているのです。ところで「外国人」とはどういう人を指すのでしょうか。

ア．「国籍法《こくせきほう》」という法律によると、両親のうち少なくともどちらかが日本国籍を持っていれば日本人として登録されます。また希望して日本国籍を取得した人も日本人です。そして日本国籍を持たない人が外国人です。肌《はだ》の色や日本語を話すことができるかは関係ありません。外国人が日本に入国するとき、法律にもとづいて入国の審査《しんさ》がおこなわれ、イ．滞在《たいざい》の許可がおります。観光ではなく中長期にわたって滞在する外国人には、「在留カード」という身分証明書が発行され、それをいつも持っていることが義務づけられています。下の表１を見てください。「出入国管理法及《およ》び難民認定《にんてい》法」という法律によると、中長期にわたって日本に滞在する外国人はこのように区分けされています。このような区分けができたことには、日本が歩んだ経済や外交の歴史が大きくかかわっています。時代をおってみながら、日本の外国人受け入れの問題について考えてみたいと思います。

特別永住者	在日韓国《かんこく》・朝鮮《ちょうせん》人など
永住者	日本政府から永住許可がおりた人
定住者	日本政府から一定期間の日本滞在許可がおりた人（住み続ける場合は定期的な更新《こうしん》手続きが必要）
資格別の在留者	日本政府から技能実習、特定技能、研究、留学、研修などの資格での滞在許可がおりた人
難民	自国での迫害《はくがい》を逃《のが》れて来た人のうち日本政府が認定した人

表１　中長期滞在の外国人の区分け（「出入国管理法及び難民認定法」より作成）

植民地支配と特別永住者（1890 年代～1950 年代前半）

表１の特別永住者という立場がつくられたことは、日本がおこなった植民地支配や太平洋戦争とその後の混乱と関係しています。日本は日清《にっしん》戦争の後に（　あ　）を植民地とし、続いて 1910 年に朝鮮半島を植民地としました。ウ．植民地にいた人は「日本人」として登録され、仕事をするために日本列島に移り住んだ人も多くいました。戦後、日本はアメリカ合衆国《がっしゅうこく》（以下、アメリカ）を中心とする連合国軍の

社　会　(50分)

（２０２２年度）

《注　意》

1．試験開始の合図があるまでは、問題用紙を開けてはいけません。

2．問題用紙は９ページまであります。＃解答用紙は２枚です。試験開始の合図があったら、まず、問題用紙、解答用紙がそろっているかを確かめ、次に、すべての解答用紙に「受験番号」「氏名」「整理番号」を記入しなさい。

3．試験中は、試験監督《かんとく》の指示に従いなさい。

4．試験中に、まわりを見るなどの行動をすると、不正行為《こうい》とみなすことがあります。疑われるような行動をとってはいけません。

5．試験終了《しゅうりょう》の合図があったら、ただちに筆記用具を置きなさい。

6．試験終了後、試験監督の指示に従い、解答用紙は書いてある方を表にして、上から、（その１）（その２）の順に重ね、全体を一緒《いっしょ》に裏返して置きなさい。

7．試験終了後、書きこみを行うと不正行為とみなします。

＃教英出版 編集部　注
編集の都合上、枚数が異なることがあります。

1

図１のような旗がパタパタとはためいているのを見たことがある人も多いと思います。これは、風の速さが一定でなく、向きも変化するからだと考える人もいるかもしれません。しかし、一定の向きと強さで風が吹《ふ》いていても、はためくことがわかっています。この現象について、まず考えていきます。

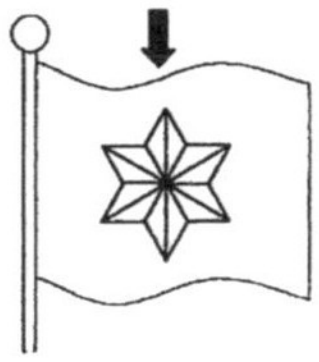

図１

図１の旗を上の方から、つまり矢印の向きから見たものが図２です。最初はⓐのようにまっすぐだったとしても、何かのきっかけでⓑのような状態になったとき、その後ⓒ→ⓑ→ⓒ→…の状態がくり返されたり、ⓒのような状態になったとしても、同様にⓑ→ⓒ→ⓑ→…とくり返されたりすることが、旗がはためくということになります。

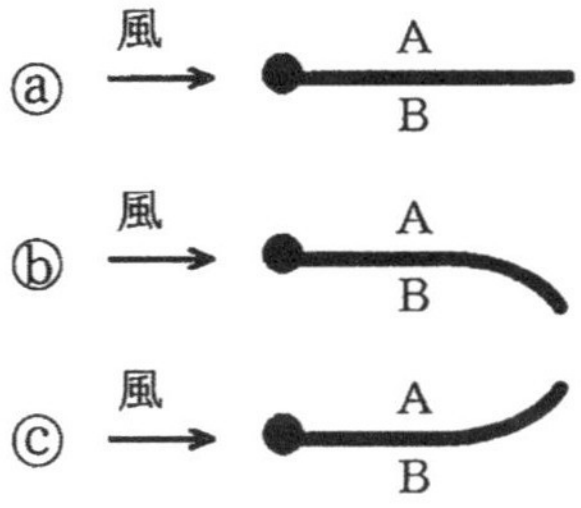

図２

問１　次の文中の空欄《くうらん》（　①　）～（　⑥　）に入る適当な語句を、以下のア～ウから１つずつ選び、それぞれ答えなさい。

図２のⓑでは、旗がＢ側に曲がってじゃまをするので、Ｂ側に吹いている風の速さは元の風の速さと比べると（　①　）です。また、Ａ側に吹いている風の速さは、Ｂ側に吹いている風の速さと比べると（　②　）です。ⓒでは、旗がＡ側に曲がってじゃまをするので、Ａ側に吹いている風の速さは元の風の速さと比べると（　③　）です。そして、Ｂ側に吹いている風の速さは、Ａ側に吹いている風の速さと比べると（　④　）です。そして、ⓑとⓒがくり返されることから、Ａ側とＢ側に吹いている風の速さに差があるとき、旗にはたらく力の向きは、風の速さが（　⑤　）方の側から（　⑥　）方の側であることがわかります。

ア．速い　　イ．同じ速さ　　ウ．遅《おそ》い

問２　次の文中の空欄（　⑦　）～（　⑩　）に入る適当な語句をそれぞれ答えなさい。

風による現象には他に、強い風に対して図３のⓓのように傘《かさ》をさし続けているときに、図３のⓔのような状態になってしまうこともあります。空気の流れの速さは、傘の上側の表面と傘の内部とでは（　⑦　）の方が速いため、傘には（　⑧　）から（　⑨　）の向きに力がはたらきます。この力の大きさが（　⑩　）と、図３のⓓの状態からⓔの状態になります。

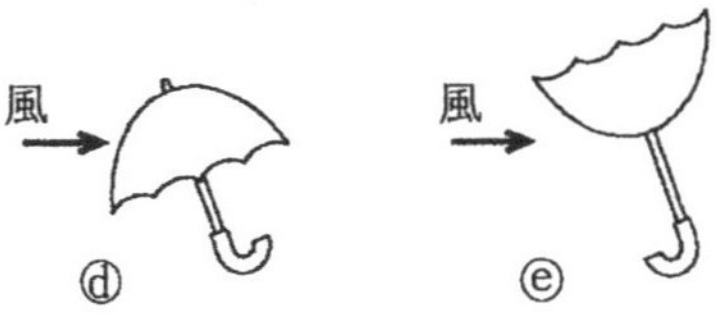

図３

風のような空気の流れは、乗り物にも関係しています。図４の飛行機が飛ぶためには、翼《つばさ》が必要です。図５は図４に示した翼の断面図で、下側の面は直線的ですが、上側の面は膨《ふく》らんでいます。また、離陸《りりく》時は翼の中心を通っている線Ｃと風が吹く向きとの間の角、角Ｄの分だけ、風が吹く向きに対して傾《かたむ》いています。

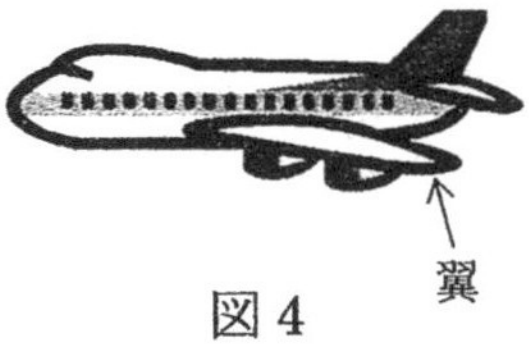

図４

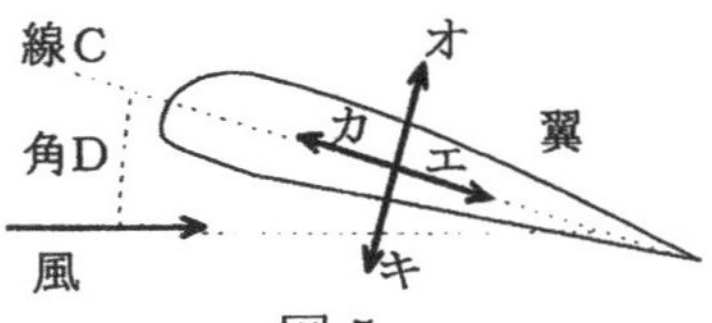

図５

問３　次の文中の空欄（　⑪　）と（　⑫　）は以下のア～ウから、（　⑬　）は左ページの図５のエ～キから適当なものを１つずつ選び、それぞれ答えなさい。

翼のすぐ下側を進む風の速さは、元の風の速さと比べると（　⑪　）です。そして、翼のすぐ上側を進もうとする風の速さは、翼のすぐ下側を進む風の速さと比べると（　⑫　）です。だから、翼にはたらく力の向きは（　⑬　）です。

図６

ア．速い　　　イ．同じ速さ　　　ウ．遅い

風を利用した乗り物には他に、図６のようなヨットもあります。ヨットは、風下の方に進むだけではなく、図７のように矢印E→矢印F→矢印E→…の向きへと進むことができます。つまり、右斜《なな》め前、次に左斜め前と、ジグザグに風上に向かって進むことができるのです。ヨットは、どうして風上に進むことができるのでしょうか。そこで、図８のように風上に向かって右斜め前を向いている場合について考えます。簡単にするために、ヨットの帆《ほ》は１枚として考えます。このとき、ヨットの帆は、最初は線Gの位置にありましたが、風をはらんで右側に膨らみます。

図７

問４　図８の帆の左側と右側を吹く風の速さを比べると、どちらの方が速いですか。

問５　図８のようなヨットの帆には、どの向きに力がはたらきますか。解答欄《かいとうらん》の図中に示された点Iから始まる矢印をかきなさい。

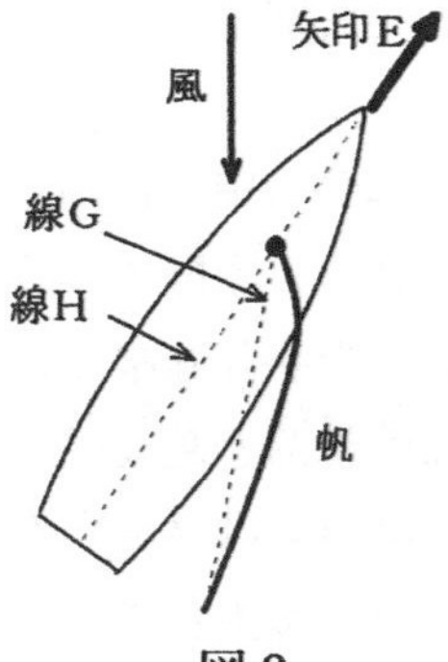

図８

問５で答えた力のためにヨットは進もうとしますが、それは矢印Eの向きではありません。そこで矢印Eの向きに進めるようにするために、ヨットの船底には、図８の線Hに沿って図９で黒く塗《ぬ》りつぶして示したもの（J）が取り付けられています。

問６　次の文中の空欄（　⑭　）と（　⑮　）に入る適当な言葉をそれぞれ答えなさい。

図９のJがないと矢印Eの向きに進まず、（　⑭　）に進もうとする。しかし、Jがあると（　⑮　）ため、矢印Eの向きに進むことができる。

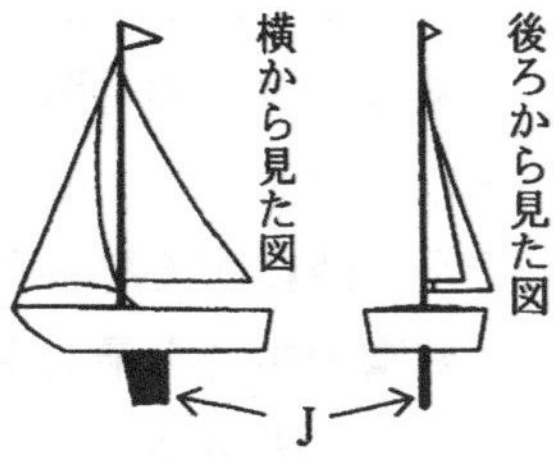

図９

問７　図９のJを取り付けることによって、矢印Eの向きに進めないことを解決する以外にも役立つことがあります。役立つこととその理由をそれぞれ答えなさい。

2 「和食」が日本の伝統的な食文化として保護、継承《けいしょう》されるべきものであるとユネスコ（国際連合教育科学文化機関）に認められ、2013 年に無形文化遺産に登録されました。この理由の 1 つに発酵《はっこう》食品や発酵調味料の豊富さがあるといえます。みなさんは発酵という言葉になんとなく体に良いという印象を持っているでしょう。ここで発酵について考えてみましょう。

私たちにとって特に大切な栄養素である炭水化物（でんぷんや砂糖の仲間）、たんぱく質、脂質《ししつ》、無機質（ミネラル）、（ A ）を五大栄養素といいます。でんぷんはブドウ糖という砂糖の仲間が、たんぱく質はいろいろなアミノ酸が、それぞれたくさん結びついた大きな物質です。

微生物《びせいぶつ》が酵素《こうそ》という物質をつくって炭水化物やたんぱく質を分解することで、私たちにとって役に立つものができることを発酵といいます。その一方で、役に立たないものができることを腐敗《ふはい》といいます。つまり発酵も腐敗も、微生物が生きるために行っている、大きな物質を小さな物質にする活動で、私たち人間が呼び分けているに過ぎないのです。

私たちは物を食べるときに味を感じます。この味は長い間、甘味《あまみ》、塩味、酸味、苦味の 4 つが基本要素であるとされてきました。しかし、アミノ酸の一種であるグルタミン酸の仲間を食べたときに感じる味が、この 4 つでは説明できないことに池田菊苗《きくなえ》博士が気づきました。そして 5 つ目の基本要素として旨味《うまみ》の存在を 1908 年に主張し、2002 年についに認められました。

問1 空欄《くうらん》（A）に入る栄養素の名前をカタカナで答えなさい。

問2 私たちは、腐敗物を酸味、毒物を苦味として感知しているといえます。一方、体に必要なものを甘味や旨味として感知しているといえます。甘味と旨味は五大栄養素のうち何を感知しているといえますか。それぞれ答えなさい。

和食の中心にあるのは、発酵調味料の味噌《みそ》と醤油《しょうゆ》だといえるでしょう。特に味噌は、かつては多くの家庭でつくられており、その出来《でき》をおたがいに自慢《じまん》しあっていたようです。自慢することを手前味噌というのはその名残《なごり》であると考えられます。ここで、味噌づくりで利用している酵母菌《こうぼきん》と麹菌《こうじきん》という微生物に注目してみます。

酵母菌はブドウ糖を分解し、エタノールというアルコールと、気体の（ B ）ができる発酵を行う微生物で、お酒やパンをつくるときにも使われます。パンをつくるときに使う酵母菌は一般的《いっぱんてき》にはイースト菌とも呼ばれ、パンに独特の香りがあるのはエタノール、パンがふくらむのは（B）ができるためです。

麹菌はカビの仲間ですが、日本で伝統的に使われている麹菌は世界的にも珍《めずら》しい、毒をつくらないカビです。そして、でんぷんを分解してブドウ糖にする酵素や、たんぱく質を分解してアミノ酸にする酵素をつくって発酵を行い、お酒をつくるときにも使われます。

味噌の中でも最も多くつくられている米味噌のつくり方を紹介《しょうかい》します。

(1) 白米を炊《た》いて柔《やわ》らかくする。

(2) (1)の米に麹菌を加えて発酵させる。これを麹という。

(3)　大豆を炊いて柔らかくし、十分に冷えてからつぶす。

(4)　(3)の大豆に塩を加え、麹菌を含《ふく》む多くの微生物が死滅《しめつ》する濃度《のうど》にし、(2)の麹を加える。

(5)　麹菌がつくった、たんぱく質を分解する酵素が大豆のたんぱく質を分解し、アミノ酸にしていく。また、塩に強い酵母菌や乳酸菌《にゅうさんきん》が一部生き残っていて、これらも発酵を行い、さらに複雑な味にしていく。

問3　味噌などの発酵食品が消化や吸収されやすいといわれる理由を答えなさい。

問4　味噌が腐敗しにくく、長く保存できる理由を答えなさい。

私たちの身の回りにある物質の多くは、原子というとても小さな粒《つぶ》からできています。原子には炭素原子、水素原子、酸素原子などの種類があり、炭素原子と水素原子と酸素原子の1個あたりの重さの比は、12：1：16 です。それらの原子がつながって分子となり、その分子が非常に多く集まって目に見える大きさの結晶《けっしょう》になっています。

例えば、ブドウ糖の結晶を細かく分けていくと、ブドウ糖の分子になります。この分子は炭素原子6個と水素原子12個と酸素原子6個からできています。また、エタノールの分子は炭素原子2個と水素原子6個と酸素原子1個からできています。

問5　左ページの下線部について、炭素原子を炭、水素原子を水、酸素原子を酸として、この変化を図で表すと、下のように、ブドウ糖の分子1つから、エタノールの分子2つと（B）の分子2つができます。X、Y、Zに入る数字を答えなさい。ただし、原子は増えたり減ったりしません。また、空欄（B）に入る物質の名前を答えなさい。

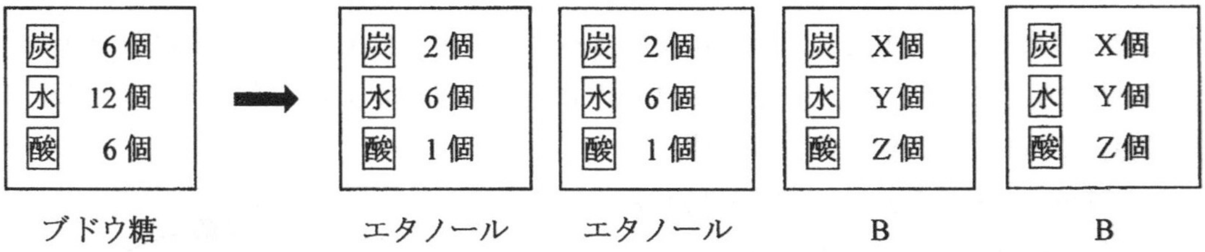

問6　ブドウ糖1分子とエタノール1分子と（B）1分子の重さの比を、最も簡単な整数比で答えなさい。

問7　ブドウ糖の水溶液《すいようえき》に少量の酵母菌を加えてよく混ぜ、全体の重さが1kg、ブドウ糖の濃度が20%の水溶液をつくりました。これを発酵させると、発生した（B）がすべて空気中に出ていき、44g軽くなりました。

まだ残っているブドウ糖の重さと、エタノールの濃度をそれぞれ答えなさい。ただし、この間に水やエタノールの蒸発はなかったものとします。また、答えが割り切れない場合は、小数第二位を四捨五入して小数第一位まで答えなさい。

3 夜空を見上げると、星や月といった天体を見ることができます。その見える位置や見え方は時間や季節によって変わりますが、これは、私たちのいる地球やその他の天体がおたがいに動くことで生じている、見かけの変化です。例えば①月の満ち欠けは、月が地球の周りを回っていることで、地球から見た月と太陽の位置関係が変化するために生じています。

問1 昨年の9月半ば、右の図1に示した形の月が、東京で南の空に見えたとします。その同じ時刻に太陽を見ようとすると、太陽はどの辺りに位置することになりますか。最も適当なものを下の図中のア～キから選び、記号で答えなさい。ただし、図は地平線を北から時計回りにぐるりと360°見渡《みわた》した様子を示すものとし、それぞれの記号の間は45°の角度で離《はな》れています。

図1

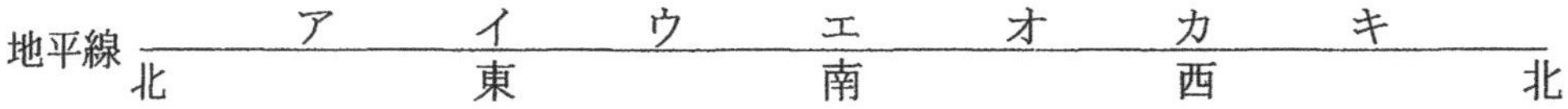

問2 下線部①について、地球の周りを回る月の通り道と、地球の位置から見た太陽の向きを示したものが右の図2です。満ち欠けで最もふくらんだ形の月を地球の位置から見た向きは、地球の位置から見た太陽の向きと、図2中でどれだけの角度で離れていることになりますか。整数で答えなさい。

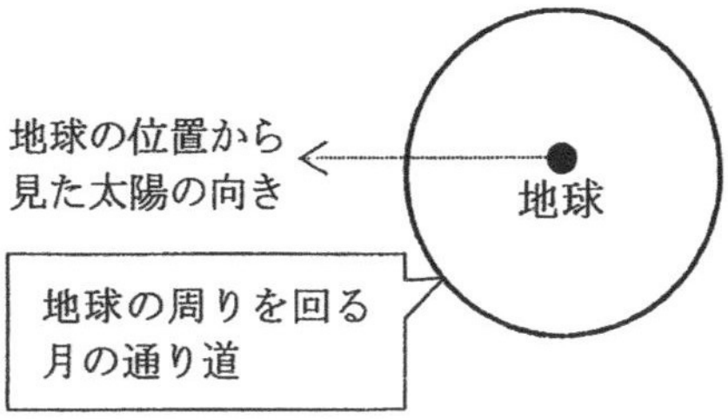

図2

夜空で月の次に明るく見える星は、惑星《わくせい》である金星です。金星は星座の星たちや月とは異なり、暗い空で明るく輝《かがや》く姿を日の出や日の入りに近い時間しか見ることができません。これも位置関係による見かけの動きによります。

金星や地球といった惑星は、太陽の周りをほぼ同心円状の通り道で回っていること（公転）が知られています。また、その通り道はほぼ同じ平面上にあります。図3はその通り道で、地球の位置から見た金星がさまざまな位置関係にある様子を示しています。図中の点線は、地球の位置から見た金星が太陽から最も離れる位置関係を示しています。このように金星が通り道のどの位置にあっても、地球から見ると太陽からあまり離れることがないため、明るく輝く姿を見られる時間が限られるのです。

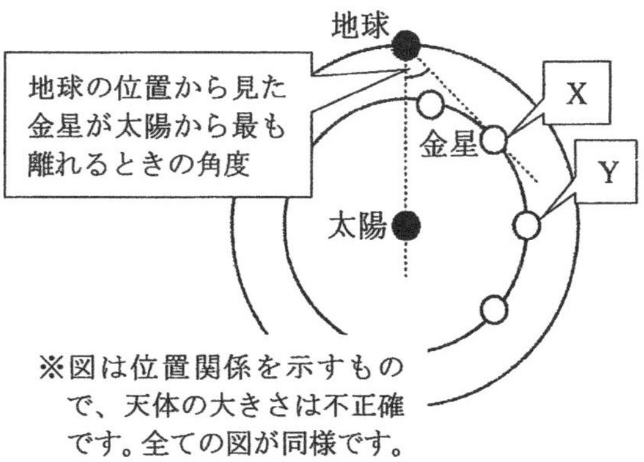

図3

理　科　(50分)

（２０２２年度）

≪注　意≫

１．試験開始の合図があるまでは、問題用紙を開けてはいけません。

２．問題用紙は 10 ページまであります。解答用紙は１枚です。試験開始の合図があったら、まず、問題用紙、解答用紙がそろっているかを確かめ、次に、解答用紙に「受験番号」「氏名」「整理番号」を記入しなさい。

３．試験中は、試験監督《かんとく》の指示に従いなさい。

４．試験中に、まわりを見るなどの行動をすると、不正行為《こうい》とみなすことがあります。疑われるような行動をとってはいけません。

５．試験終了《しゅうりょう》の合図があったら、ただちに筆記用具を置きなさい。

６．試験終了後、試験監督の指示に従い、解答用紙は裏返して置きなさい。

７．試験終了後、書きこみを行うと不正行為とみなします。

８．計算は問題用紙の余白を利用して行いなさい。

答 のカード

(4) ある人が作業をした直後，4 人全員がそれぞれ 1 枚以上の手札を持っていました．このようになるのは，250 回の作業のうち何回あるか答えなさい．

答 回

整理番号

小計

さらにもう 1 回競走したところ，結果は次のようになりました．

- A 地点の 6 m 東に C 地点があり，A 地点の 24 m 西に D 地点があります．弟が C 地点から，兄が D 地点から同時に出発したところ，2 人は同時にゴール地点に到着しました．

(2) 兄の速さは秒速何 m ですか．

答　秒速　　m

答　　cm^2

(3) 三角形 JKL の面積を求めなさい．

答　　cm^2

整理番号

小計

えること.

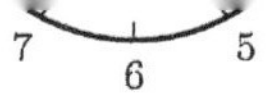

図 1

答　2時　　分　　秒

(2) 1時から2時までの1時間で，短針と長針の間の角度が，図2の点線によって2等分される時刻を答えなさい．ただし，秒の値のみ帯分数を用いて答えること．

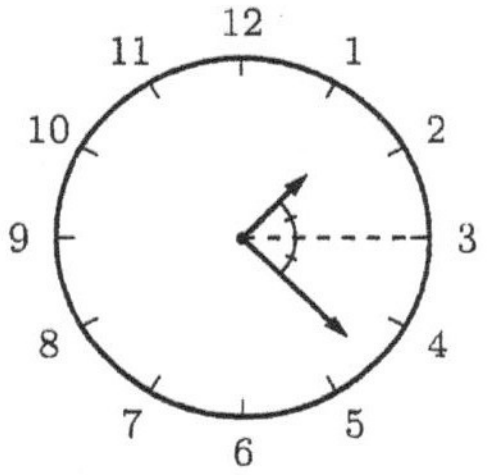

図 2

答　1時　　分　　秒

整理番号

答　　個

(3) 条件に当てはまる4桁の整数のうち，3の倍数であるものはいくつありますか.

答　　個

小計

算　　数　(60分)

（２０２２年度）

《注意》

1．試験開始の合図があるまでは，問題用紙を開けてはいけません．

2．#問題（解答）用紙は３枚あります．試験開始の合図があったら，まず，問題（解答）用紙がそろっているかを確かめ，次に，すべての問題（解答）用紙に「受験番号」「氏名」「整理番号」を記入しなさい．

3．試験中は，試験監督《かんとく》の指示に従いなさい．

4．試験中に，まわりを見るなどの行動をすると，不正行為《こうい》とみなすことがあります．疑われるような行動をとってはいけません．

5．試験終了《しゅうりょう》の合図があったら，ただちに筆記用具を置きなさい．

6．試験終了後，試験監督の指示に従い，解答用紙は書いてある方を表にして，上から，（その１）（その２）（その３）の順に重ね，全体を一緒《いっしょ》に裏返して置きなさい．

7．試験終了後，書きこみを行うと不正行為とみなします．

………………………………………………………………………………

8．問題（解答）用紙の余白は計算などに使ってかまいません．ただし，答えを求めるのに必要な図・式・計算・考えなどは，枠内《わくない》に書きなさい．

9．円周率の値《あたい》を用いるときは，3.14として計算しなさい．

#教英出版 編集部　注
編集の都合上、枚数が異なることがあります。

榊はキャンバスの下につけていたキャプション※⑮の紙の「怒濤」という文字を、人差し指でちろちろちろちろと弄《もてあそ》んでから、イオッシ！　早く帰れよな、と言って、次の見回りへ行った。

榊が出て行ったあと、私はしばらくこの絵に近づくことができなかった。五歩くらい離れた場所から絵を睨《にら》んでは、さっき榊が言っていた言葉を何度も頭の中で繰《く》り返した。右足が自然に浮《う》いて、地面について、それを繰り返す。大きな貧乏《びんぼう》ゆすりをしている自分がいた。何度も足をあげ、おろす、あげ、おろす。指定靴《していぐつ》のスニーカーの底の白いゴムが床《ゆか》につくたびに、きょ、きょ、きょ、と間抜けな音がした。⑩なるほどね。だから、だから私の滝の絵は賞を獲れなかったってことね。私から私が剝《は》がれていく感覚がした。あーあ、そういうことだった。でした。はい。なるほどね。なるほど、なの？　黙《だま》ってニセアカシアの絵を描けばよかったんだろうか。心が安らぐような、夢を抱けるような、希望や絆があって前向きなもの。鳥や、花や、空を、描けば。

⑪「この絵を見て元気が湧いたり、明るい気持ちになって、頑張ろうって思ってもらえたらうれしいです」
と、小さく声に出して言う。言って、左足を下げて、助走をつけて絵に向かって走る。迫力のある滝のしぶきに私が近づいていく。蹴《け》とばそう、と思った。こんなもの、こんなものこんなもの！　私は思い切り右足を後ろに振《ふ》り上げて、その反動を使って勢いよく蹴った。いや、蹴ろうとした。「んら！」と、声が出た。しかし私は絵を蹴ることができなかった。とっさに的をずらし、イーゼルを蹴った。蹴り上げられたイーゼルの左の脚《あし》が動いてバランスが崩《くず》れ、キャンバスの滝がぐらり、と大きく揺れた。私は倒《たお》れ込もうとする滝へ駆け寄った。両手でキャンバスの両端《りょうはし》を支えて持ち上げると、イーゼルだけが鋭《するど》い音を響《ひび》かせて床へ倒れた。

吹奏楽部《すいそうがくぶ》の**dキンカン**楽器が、ぱほおー、と、さっきから同じ音ばかりを出《だ》している。それがそういう練習だと知っていても、間抜けなものだった。⑫夕方の美術室にひとりきり、私は私の滝を抱きしめていた。

（くどうれいん『氷柱《つらら》の声』より）

〈語注〉

※①震災が起きて岩手県はめちゃくちゃになった…地震の被害《ひがい》は岩手県全域におよび、特に太平洋沿岸部は、地震によって発生した津波で大きな被害を受けた。
※②ＣＧ…コンピューター・グラフィックスの略。コンピューターで作成された画像や動画。
※③テレビはＡＣの同じＣＭばかり…当時一般のＣＭは放送されず、代わりにＡＣ（公共広告機構）のＣＭばかりが流されていた。
※④幽霊部員…所属はしているが、実際には活動に参加していない部員。
※⑤イーゼル…キャンバスを立てかける台。
※⑥アタリの線…絵の描き始めにつける、目当てや手がかりの線。
※⑦不謹慎…相手への心配りが足りず、状況《じょうきょう》にふさわしくない。
※⑧ディテール…細部。
※⑨ライフライン…生活に最低限必要な、電気・ガス・水道など。
※⑩怒濤…激しく荒《あ》れる大波。
※⑪作為的…わざとらしい。
※⑫モチーフ…絵のもとになる題材。
※⑬不遇…不幸なめぐり合わせ。
※⑭未曾有…これまでにない。
※⑮キャプション…表題、見出し。

〔設問〕解答はすべて、解答らんにおさまるように書きなさい。句読点なども一字分とします。

一　＝＝線ａ「ジフ」（21行目）、ｂ「シャザイ」（69行目）、ｃ「シャジツ」（142行目）、ｄ「キンカン」（190行目）のカタカナを、漢字で書きなさい。

二　――線①「『大丈夫大丈夫』と独り言を繰り返した」（31行目）とありますが、「私」がこのようなことをしたのはなぜですか。説明しなさい。

三　――線②「うそじゃん。と声が出た」（48行目）とありますが、この時の「私」の気持ちを説明しなさい。

四　――線③「自分のからだのなかに一本の太い滝を流すような、絵のなかの音を描きだすような、豪快で、繊細な不動の滝で、必ず賞を獲りたい。獲る」（63～64行目）とありますが、この時の「私」について述べたものとしてふさわしいものを、次のア～エの中から一つ選んで記号で答えなさい。

ア　大切なものを失う体験をしたので、大好きだった祖母を思い出させてくれる優しい滝の絵を描き、それを評価してほしいと思っている。

イ　かつてない混乱の中にいるので、自分を揺るぎないものにしてくれるような力強い滝の絵を描き、それを評価してほしいと思っている。

ウ　あまりにつらい現実の中にいるので、その現実を忘れさせてくれるような幻想的《げんそうてき》な滝の絵を描き、それを評価してほしいと思っている。

エ　言葉にできないような恐《おそ》ろしい経験をしたので、それが相手に伝わるような激しい滝の絵を描き、それを評価してほしいと思っている。

五　――線④「……描いた方がいいですか」（88行目）とありますが、「私」がこのような態度を示すのはなぜですか。その理由としてふさわしいものを、次のア～エの中から一つ選んで記号で答えなさい。

ア　自分は納得いくまで冷たく厳《おごそ》かな滝を描きたいと思っているので、被災地の人々をいやすような温かく穏《おだ》やかな題材を描くことに対して、自信が持てなかったから。

イ　被害を受けなかったからこそ滝の絵を描くことができている自分が、被災地の人々のためにという名目でさらに新たな絵を描いてもよいのか、分からなくなったから。

ウ　滝の絵を描くことだけで精一杯《せいいっぱい》だったのに加えて、大きな被害を受けたわけでもない自分が安易に被災地の人々を励《はげ》ます絵を描くことに対して、違和感《いわかん》を覚えたから。

エ　滝の絵の制作にようやく集中できるようになった時に、被災地の人々を励ますためとはいえ、教師がテーマの決まった絵を描かせようとすることに怒《いか》りを感じたから。

六　――線⑥「しばらくペンを親指の腹と人差し指の腹でくにくに触り」（108行目）とありますが、――線⑤「いますぐ走り書きができるようにペンを構えて」（104行目）いた「記者」の筆が進まないのはなぜですか。説明しなさい。

七　――線⑦「私はこの絵を見た人に、そう言われたかったのだ」（124行目）とありますが、「私」は「この絵」について、どのような点をほめてほしかったのですか。説明しなさい。

八　――線⑧「ニセアカシアの絵のことを考えるとからだも頭も重くなるから、私は滝の絵に没頭した」（130～131行目）について、

（1）「ニセアカシアの絵のことを考えるとからだも頭も重くなる」のはなぜですか。説明しなさい。

（2）この時の「私」にとって、「滝の絵に没頭」することはどのような意味がありますか。説明しなさい。

九　――線⑨「彼女の言葉には不動の滝を描いていた時の自分とどこか重なるものがある」（153行目）とありますが、「彼女」と「私」とはどのような点で重なっているのですか。説明しなさい。

十　――線⑩「なるほどね。だから、だから私の滝の絵は賞を獲れなかったってことね」（179～180行目）とありますが、「滝の絵」が「賞を獲れなかった」のはなぜだと「私」は理解したのですか。説明しなさい。

十一　――線⑪「『この絵を見て元気が湧いたり、明るい気持ちになって、頑張ろうって思ってもらえたらうれしいです』と、小さく声に出して言う」（183～184行目）とありますが、この時の「私」について述べたものとしてふさわしいものを、次のア～エの中から一つ選んで記号で答えなさい。

ア　賞を獲るためには人々からの期待に応えたふるまいをする必要があるが、それでは自分を偽《いつわ》ることになると思っている。

イ　賞を逃《のが》した理由に気がついてこだわりがなくなり、自分はもともと絵で誰《だれ》かを元気づけたかったのだと改めて感じている。

ウ　今回の経験を通して賞の獲り方が分かったような気がしたので、自分が受賞できた時のことを具体的に思い浮《う》かべている。

エ　賞を獲れない絵を描いていた自分の姿勢について考え直し、これからは人に評価される絵を描こうと固く心に決めている。

十二　——線⑫「夕方の美術室にひとりきり、私は私の滝を抱きしめていた」（191行目）について、

（1）「私の滝」とありますが、〰〰線「不動の滝の大好きな祖母に捧げるような気持ちで、祖母と対話をしているような気持ちで」（19～20行目）描いていた「私」は、震災を経た後に、滝の絵をどのような思いで描くようになっていきましたか。震災以降の絵に向かう姿勢の変化を、二つの段階に分けて説明しなさい。

（2）「ひとりきり、私は私の滝を抱きしめていた」とは、どのようなことを表していますか。説明しなさい。

〈問題はここで終わりです〉

〈以下余白〉

2022(R4) 麻布中
教英出版

国語

（二〇二一年度）

（60分）

麻布中学校

《注意》

一　試験開始の合図があるまでは、問題用紙を開けてはいけません。

二　問題用紙は十二ページまであります。解答用紙は一枚です。

試験開始の合図があったら、まず、問題用紙、解答用紙がそろっているかを確かめ、次に、解答用紙に「受験番号」「氏名」「整理番号」を記入しなさい。

三　試験中は、試験監督《かんとく》の指示に従いなさい。

四　試験中に、まわりを見るなどの行動をすると、不正行為《こうい》とみなすことがあります。疑われるような行動をとってはいけません。

五　試験終了《しゅうりょう》の合図があったら、ただちに筆記用具を置きなさい。

六　試験終了後、試験監督の指示に従い、解答用紙は裏返して置きなさい。

七　試験終了後、書きこみを行うと不正行為とみなします。

次の文章を読み、設問に答えなさい。

「私《わたし》」の住んでいるＱ町の河川敷《かせんしき》にガゼルが現れた。そのことがインターネットで紹介《しょうかい》されて以降、多くの人がガゼルを見に河川敷に集まるようになった。ガゼルの生活領域は柵《さく》で囲われ、大学生の「私」は、その周囲を見張る警備員のアルバイトに応募《おうぼ》し、働き始める。

著作権に関係する弊社の都合により
本文は省略いたします。

教英出版編集部

著作権に関係する弊社の都合により
本文は省略いたします。

教英出版編集部

著作権に関係する弊社の都合により
本文は省略いたします。

教英出版編集部

著作権に関係する弊社の都合により
本文は省略いたします。

教英出版編集部

著作権に関係する弊社の都合により
本文は省略いたします。

教英出版編集部

著作権に関係する弊社の都合により
本文は省略いたします。

教英出版編集部

2021年度

算　　数

（その2）

受験番号	
氏　　名	

3 同じ形と大きさのひし形の紙がたくさんあります．

これらの紙を，縦横何列かずつはり合わせます．このとき，となりのひし形と重なり合う部分はひし形で，その1辺の長さは元のひし形の $\frac{1}{4}$ 倍となるようにします．最後にこの図形の一番外側を太線で囲みます．

例えば，縦2列，横3列の計6枚のひし形の紙をはり合わせてこの図形の一番外側を太線で囲んだ場合は，右図のようになります．太線の内側には，紙が重なり合う部分が7か所あり，紙のない所が2か所できます．

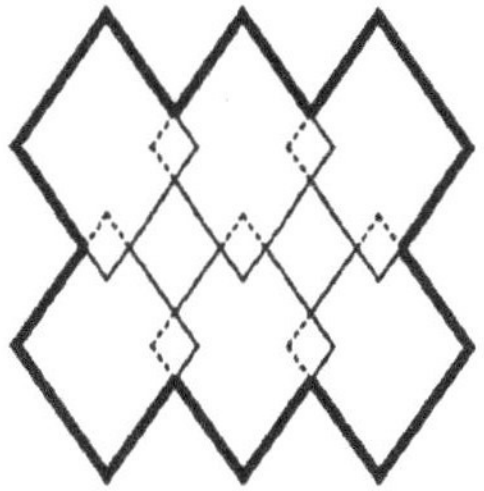

この方法で，縦10列，横20列の計200枚のひし形の紙をはり合わせて，この図形の一番外側を太線で囲みました．以下の問いに答えなさい．

(1) 太線の内側に，紙が重なり合う部分は何か所ありますか．

4 1.07と書かれたカードAと，2.13と書かれたカードBがそれぞれたくさんあり，この中から何枚かずつを取り出して，書かれた数の合計を考えます．

例えば，カードAを10枚，カードBを1枚取り出したとき，書かれた数の合計は12.83です．このとき，12をこの合計の整数部分，0.83をこの合計の小数部分と呼びます．

(1) カードAとカードBを合わせて32枚取り出したとき，書かれた数の合計の小数部分は0.78でした．この合計の整数部分を答えなさい．

答

２０２１年度

算　　数

（その１）

受験番号	
氏　　名	

※60点満点
(配点非公表)

1 下の図のような直角二等辺三角形 ① と台形 ② があります.

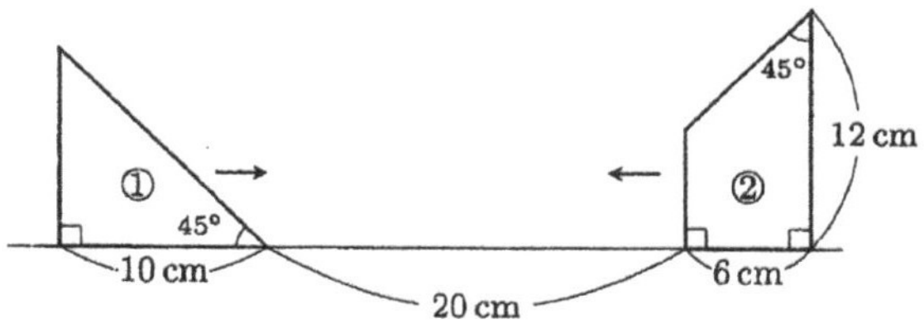

図の位置から ① を毎秒 1 cm で右へ, ② を毎秒 2 cm で左へ, 同時に動かします. 9 秒後に ① と ② が重なっている部分の面積は何 cm^2 ですか.

2 たかし君とまこと君が全長 6 km のマラソンコースを同時にスタートし, それぞれ一定の速さで走り始めました. たかし君はスタートして 3.6 km の地点 P から, それまでの半分の速さで走りました. たかし君が地点 P を通り過ぎた 15 分後から, まこと君はそれまでの 2.5 倍の速さで走りました. まこと君はゴールまで残り 600 m の地点でたかし君を追い抜《ぬ》いて先にゴールしました. また, たかし君はスタートしてから 40 分後にゴールしました.

(1) たかし君がスタートしたときの速さは分速何 m ですか.

２０２１年度
算　　数
（その３）

受験番号	
氏　　名	

5　１から７までの数字が書かれた正六角形のライトが右図のように並んでいて，各ライトを押《お》すと，以下のように点灯と消灯が切りかわります．

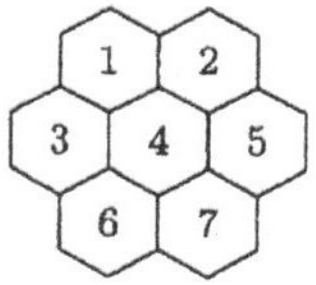

- 押されたライトの点灯と消灯が切りかわる．
- 押されたライトに接するライトのうち，押されたライトより大きい数字が書かれたライトの点灯と消灯が切りかわる．

例えば，下の図のように，1, 7 のライトだけが点灯しているとき，$3 \to 2$ の順でライトを押すと，1, 2, 3, 5, 6, 7 のライトだけが点灯します．

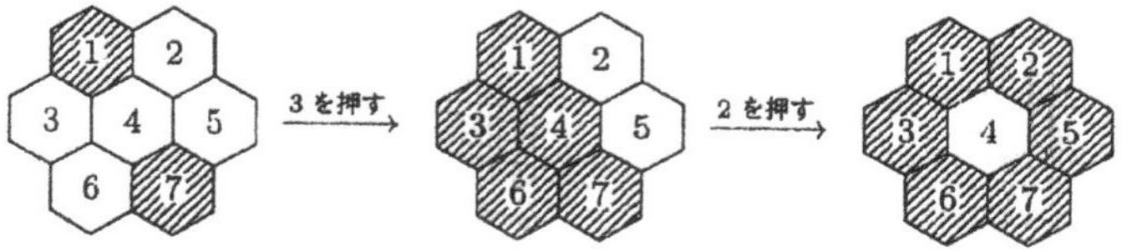

このとき，以下の問いに答えなさい．

(1)　すべてのライトが消灯しているとします．そこから $1 \to 5 \to 6$ の順でライトを押したとき，点灯しているライトの数字をすべて答えなさい．

6　赤色と緑色の２つのサイコロをこの順に振《ふ》り，出た目をそれぞれ A, B とします．ただし，サイコロには１から６までの目が一つずつあります．このとき，$A \times B$ が決まった数になるような目の出方が何通りあるか数えます．例えば，$A \times B = 8$ となるような目の出方は $A = 2$, $B = 4$ と $A = 4$, $B = 2$ の２通りあります．

(1)　$A \times B =$ ア となるような目の出方は全部で４通りありました．ア に当てはまる数をすべて答えなさい．ただし，解答らんはすべて使うとは限りません．

答　　　，　　　，　　　，

(2)　$A \times B =$ イ となるような目の出方は全部で２通りありました．イ に当てはまる数はいくつあるか答えなさい．

下線部①のように変化の方向が決まっている場合、「変化の自然な方向は、状態の数が増える方向である」などと表現することがあります。「状態の数」とはどういった考え方でしょうか。

1滴のインクを管に入れた水に落とす場合を簡単なモデルにして考えてみましょう。図2のようにたくさんの箱を考えます。これらの箱には水の「つぶ」を表す○やインクの色素の「つぶ」を表す●が入るとします。また、これらの箱には位置以外のちがいはなく、どの箱にも○や●のどちらか一方が1個ずつ入ることができるとします。インクを落とした直後を表すために、図3のように●を上の2個の箱に入れます。残りの箱には○が入ります。このように1層目のみに●が入っている状態は1通りしかありません。これを「状態の数が1である」と表現することにしましょう。

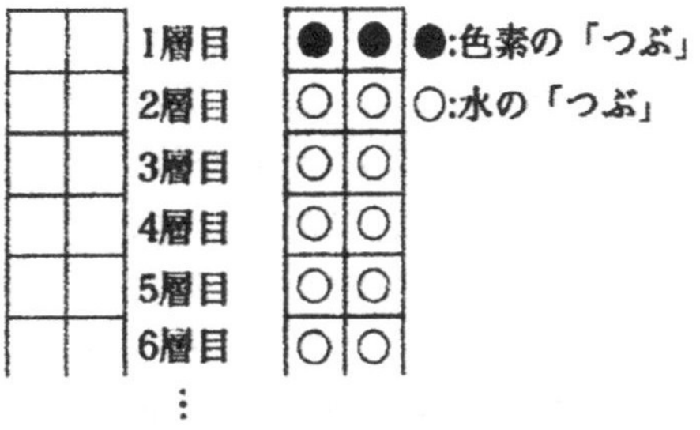

図2　　図3

続いて●と○を動かし、管の中で水とインクが混ざるように、上から2層目まで●が拡散することを考えます。このとき、図4のように位置が異なる4つの箱のうち、2か所に●が入ることになるので、2層目に●が入っていない状態もふくめて、全部で6通りの異なる状態が考えられます。これは「状態の数が6である」と表現すればよいでしょう。同じように、上から3層目まで2個の●が拡散するときは、図5のように全部で15通りの異なる状態が考えられます。これは「状態の数が15である」と表現されます。

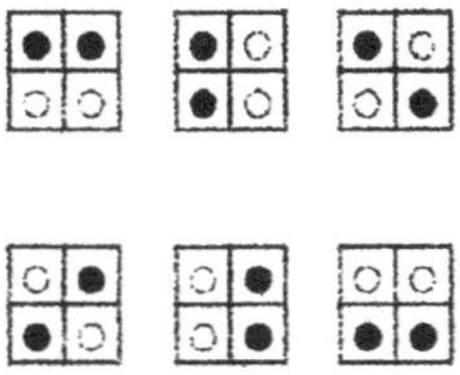

図4

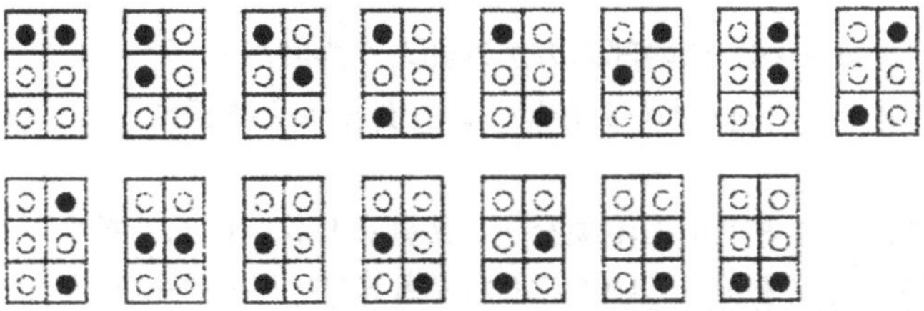

図5

問4　このモデルで上から4層目まで2個の●が拡散するときは、4層目に●が入っていない状態もふくめて、全部で何通りの異なる状態が考えられますか。

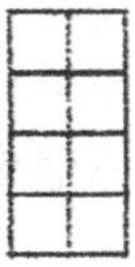

同じように、5層目まで、6層目まで、7層目までと、徐々に●が拡散していくと、状態の数も45、66、91と増えていきます。仮に30層目まで●が拡散できるとすると、状態の数は1770になります。●が拡散する層の数が増えるにつれ、状態の数が急《きゅう》激《げき》に増えることがわかります（図6）。このモデルから、実際の色素が水の中に広がるときも、状態の数が増えることがうかがえます。インクの拡散の例は「変化の自然な方向は、状態の数が増える方向である」という法則で説明できます。

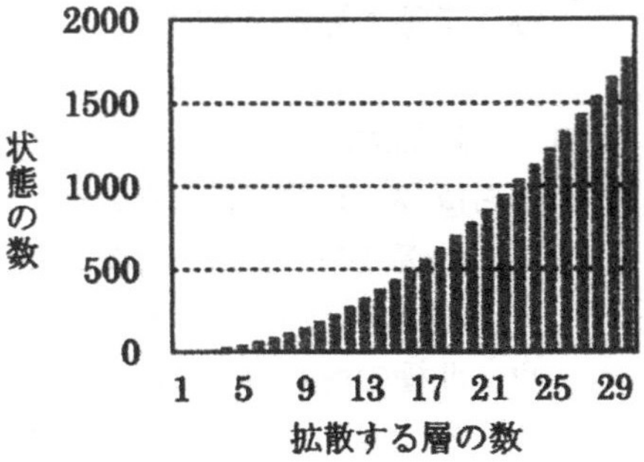

図6

この法則は、物が拡散する現象とは異なるように見える他の現象を理解するときもヒントになります。「青菜に塩」ということわざがあるように、野菜に食塩をかけて塩もみすると、しおれてやわらかくなります。これは野菜の表面が、②特別な膜《まく》でできているために起こる現象です。野菜に食塩をかけると、膜を通して野菜の内部にある水分が食塩のある外部に移動します。これは食塩が水にとけると、食塩の存在できる空間が a〔ア. 広がり　イ. せばまり〕、水分が移動する直前と比べて状態の数が b〔ウ. 増える　エ. 減る〕ために起こります。また、③千切りキャベツは水にひたすと、シャキシャキとした食感に変化します。この変化も野菜の表面の特別な膜を、水が通ることから理解できます。

問5　下線部②について、この膜の性質として正しいものを次のア～エから1つ選び、記号で答えなさい。

ア. 水も食塩も通しやすい　　イ. 水も食塩も通しにくい

ウ. 水は通しやすく、食塩は通しにくい　　エ. 水は通しにくく、食塩は通しやすい

問6　本文中の a, b について、それぞれ〔　〕内の語句から適当なものを1つずつ選び、記号で答えなさい。

問7　下線部③について、この変化を説明する次の文中の c, d について、それぞれ〔　〕内の語句から適当なものを1つずつ選び、記号で答えなさい。

キャベツの内部の方が外部より濃度《のうど》が c〔ア. 高い　イ. 低い〕ために、キャベツの d〔ウ. 内部から外部に　エ. 外部から内部に〕水が移動している。

これまでとは別の現象を同じ法則をヒントにして考えてみましょう。④冬になると道路に白い粉がまかれていることがあります。この粉は水にとける物質です。この粉が雪と接している場合、雪がとけると液体の水が e〔ア. 増加　イ. 減少〕して、とけている物が存在できる空間が f〔ウ. 広が　エ. せばま〕ります。このため、粉をまかないときと比べて、雪がとけ g〔オ. やすく　カ. にくく〕なり、粉をまいたときは雪がとけて液体になり始める温度が h〔キ. 高く　ク. 低く〕なります。

問8　本文中の e～h について、それぞれ〔　〕内の語句から適当なものを1つずつ選び、記号で答えなさい。

問9　下線部④について、このときに起こる現象と最も関係が深いことがらを次のア～オから選び、記号で答えなさい。

ア. 消毒液の成分にふくまれるエタノールは、水よりもはるかに低い温度でこおる。

イ. 湖は表面がこおりやすく、中深くの湖水はこおりにくい。

ウ. 北極の海水中では海水がこおりにくく、水温が0℃を下回る。

エ. 氷におもりを乗せると、氷はとけやすくなる。

オ. かたまりの氷を細かくくだくと、とけやすくなる。

4　私たちのまわりには、電気製品が多くあります。これらを電気の供給源に注目すると、電池から供給する製品と、コンセントから供給する製品に分けることができます。電池は、用途《ようと》に合わせて様々な特徴《とくちょう》や形状のものがつくられており、みなさんにとっても身近なものだと思います。一方で、コンセントから供給される電気は、電線の元をたどっていくと発電所へたどり着きます。そして、そのほとんどは、様々な方法で発電機を回転させることで発電しています。発電所の発電機は、小学校の理科の時間に学習した手回し発電機を大型にしたものであると考えるとよいでしょう。

問1　身のまわりの電気製品のうち、電子レンジは電気の供給源がコンセントです。電池ではなく、コンセントを供給源として採用した理由を簡単に説明しなさい。

問2　家庭のコンセントから供給される電気は、近年では発電所以外でも作られていることがあります。どこで作られていることがありますか。場所を1つ答えなさい。

問3　電池で豆電球を光らせるとき、電池を2つ使うと、豆電球の明るさを変えることができます。そこで、同じ電池2つを次の(1)～(3)のように接続しました。このときの豆電球の明るさは、電池が1個のときと比べると、どのようになりますか。(1)～(3)について最も適当なものを下のア～エからそれぞれ1つずつ選び、記号で答えなさい。

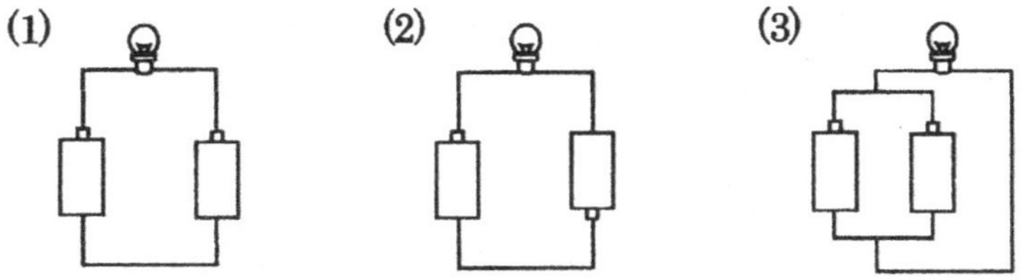

ア．光らない　　　　　イ．より暗く光る
ウ．同じ明るさで光る　エ．より明るく光る

手回し発電機と豆電球を接続し豆電球を様々な明るさで光らせました。手回し発電機をゆっくり回してみると、①豆電球は光りませんでした。徐々《じょじょ》に速く回していくと、ある速さになったとき②豆電球が光り始め、さらに速くするほど③豆電球はより明るくなりました。

問4　下線部①～③のとき、回路を流れる電流はどのようになっていると考えられますか。組み合わせとして最も適当なものを次のア～オから選び、記号で答えなさい。

ア．① 0 mA　② 15 mA　③ 30 mA　　イ．① 5 mA　② 15 mA　③ 30 mA
ウ．① 0 mA　② 30 mA　③ 30 mA　　エ．① 5 mA　② 30 mA　③ 30 mA
オ．① 5 mA　② 5 mA　③ 30 mA

電池では複数個をうまく接続することで、発電機では速く回転することで、豆電球はより明るくなりました。どちらにも同様のはたらきがあり、そのはたらきの強弱を調整することができるといえます。

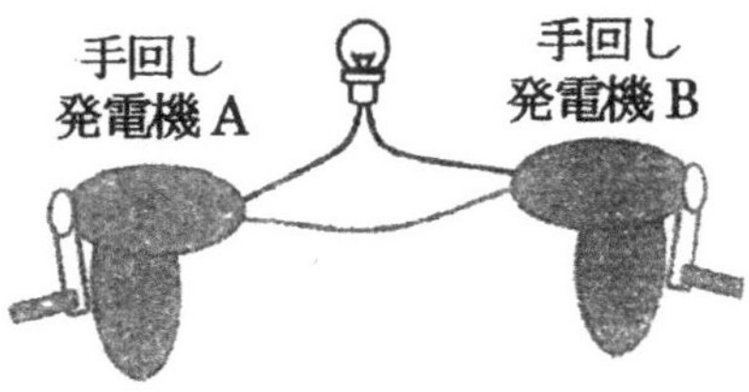

図1

では、発電機を複数台接続するとどのようになるでしょうか。手回し発電機AとBの2つ、および豆電球1つを、図1のように1つの輪のように接続し、次の実験を行いました。

実験・結果Ⅰ　手回し発電機Aだけを回転させたところ、手回し発電機Bは勝手にAよりもおそく回転を始め、豆電球は暗く光った。

実験・結果Ⅱ　実験Ⅰに続いて、Aを回転させたまま、Bが勝手に回転している向きに、BをAと同じ速さで回転させたところ、豆電球が完全に消えた。

以上の実験から、回転している手回し発電機は、④手で回転させていても、電流によって回転していても、いずれの場合でも回転の速さに応じて強くなる電池としてのはたらきをしていると考えてよいのです。ちなみに、複数の発電機のうち、1つを作動させたところ、他の発電機が勝手に回転を始める現象は、1873年のウィーン万博《ばんぱく》で初めて確認されました。これがきっかけとなり、電気を利用して回転するモーターが一気に広まったそうです。

問5　実験Ⅱのように、2つの発電機を同じ速さで回転させているとき、発電機を両方とも電池に置きかえたと考えると、どのように接続していたことになりますか。解答欄《らん》の豆電球と2つの電池を線で結んで示しなさい。

問6　実験Ⅰに続いて実験Ⅱを行ったとき、電流や手回し発電機Bのはたらきは、それぞれどのように変化したと考えられますか。次の(1)、(2)について最も適当なものを下のア～オから選び、記号で答えなさい。

(1) 実験Ⅰと比べたときの、実験Ⅱの電流

ア．増えた　　イ．減った

(2) 発電機Bの電池としてのはたらき

ウ．より強い電池としてのはたらきをするようになった。

エ．より弱い電池としてのはたらきをするようになった。

オ．電池としてのはたらきをしなくなった。

問7　実験Ⅰに続いて、Aを回転させたまま、Bを回転しないように手で止めたとすると、豆電球の明るさはどのように変化しますか。下線部④を参考にして、最も適当なものを次のア～エから選び、記号で答えなさい。

ア．消える　　イ．暗くなる　　ウ．同じ明るさのまま　　エ．明るくなる

問8　実験Ⅰや実験Ⅱのときと同様に接続した２つの手回し発電機を利用し、豆電球をより明るく光らせます。次の操作の中で、豆電球が一番明るく光るのはどれですか。最も適当なものを次のア～オから選び、記号で答えなさい。

ア．Ａを速く回転させ、Ｂを手でとめる。
イ．Ａをゆっくり回転させ、Ｂが回転を始めた向きに、Ｂをゆっくり回転させる。
ウ．Ａを手でとめた状態で、Ｂをゆっくり回転させる。
エ．Ａを速く回転させ、Ｂが回転を始めた向きに、Ｂを速く回転させる。
オ．Ａを速く回転させ、Ｂが回転を始めた向きと逆向きに、Ｂを速く回転させる。

手回し発電機はモーターにもなることがわかりました。そこで、手回し発電機のハンドルの部分を取り外し、その部分の軸《じく》に糸を取りつけ、モーターとして使用します。図２のように糸の先におもりを取りつけ、手回し発電機を電池に接続すると、軸に糸が巻きつきおもりが持ち上がりました。何度か行った実験の結果は次の通りです。

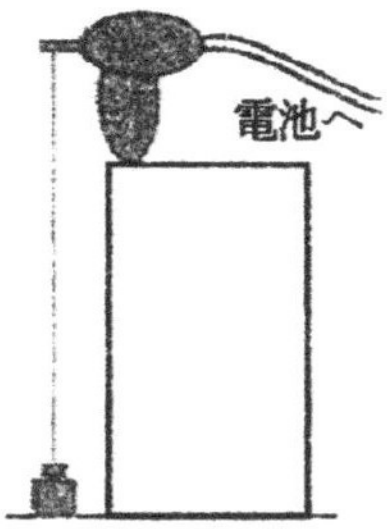

図２

実験・結果Ⅲ　150 g のおもりを 30 cm 持ち上げるのに 10 秒かかった。
実験・結果Ⅳ　180 g のおもりを 30 cm 持ち上げるのに 12 秒かかった。

問9　実験Ⅲと実験Ⅳの結果から次の文のようなことが考えられます。文中の空欄（ あ ）～（ う ）に入る語句を下のア～ウからそれぞれ１つずつ選び、記号で答えなさい。ただし、同じ記号を何度使ってもかまいません。

150 g のおもり６個を 30 cm の高さまで１個ずつ６回持ち上げたときと、180 g のおもり５個を 30 cm の高さまで１個ずつ５回持ち上げたときを比べよう。どちらも 900 g 分のおもりを 30 cm の高さまで持ち上げることになる。持ち上げているときの回転の速さは、150 g のときの方が速いので、流れる電流は（　あ　）。また、すべてを持ち上げるのにかかる時間は（　い　）。つまり、このときの電池の消耗《しょうもう》度合いは（　う　）。

ア．150 g の方が大きい　　イ．180 g の方が大きい　　ウ．どちらも同じになる

問10　モーターを利用している家電製品である洗濯《せんたく》機は、洗濯物の量を容量の８割程度にしたとき、最も省エネで、電気を効率的に使用できるといわれています。その理由を説明する次の文中のａ～ｃについて、それぞれ〔　　〕内の語句から適当なものを１つずつ選び、答えなさい。

容量の８割程度での洗濯を基準にして考えます。８割より少なくすると、２回洗濯することになり、効率的ではありません。一方で、10 割程度に増やすと、洗濯機が回転する速さがａ〔　増加・減少　〕します。そのため、回転させる時間をｂ〔　増加・減少　〕させる必要があります。また、電流はｃ〔　増加する・減少する・変化しない　〕ので、結果としてこの場合も省エネにならないのです。

〈 問題はここで終わりです 〉

【2】次の文章をよく読んで、問10～問16に答えなさい。

食べるとは、食べものとは何か

私たちにとって「食」とは何でしょうか。「食」という言葉には、「食べるもの」や「食べる行為《こうい》」といった意味があります。君たちも、家庭では食事を家族と食べ、学校では給食をクラスの友達と食べることを繰《く》り返《かえ》しています。その時に、これはおいしい、まずい、あるいは好きだ、嫌《きら》いだ、と感じながら毎回食べていると思います。

「食」を考える時、おいしさの要因が目の前にある料理そのものにあるのか、仲間と楽しく食卓《しよくたく》を囲んで料理を食べることにあるのかは人それぞれでしょう。食べることには、その人特有の思いがともないます。

食べることが不安定だった時代

人類は手で道具を作り、動物や木の実を狩猟《しゆりよう》・採集していた時代から、麦や米などを栽培《さいばい》する農耕や、家畜《かちく》を飼う牧畜《ぼくちく》が広まった時代まで、たびたび飢《う》えに悩《なや》まされてきました。望む食べものが手に入らない場合には、「代替《だいたい》食」を食べて、飢えをしのいで生活せざるをえませんでした。たとえば、オランダではチューリップの球根が食料となりましたし、日本ではアワやヒエといった雑穀だけでなく、雑草を食べたりもしていました。食べものが豊かでなかった時代には、人間は食べられるものなら何でもア.工夫《くふう》して食べてきたはずです。

ヨーロッパの人びとは、古くから料理に香辛料《こうしんりよう》を使っていました。しかし胡椒《こしよう》などの香辛料はインドや東南アジアのごく限られた土地でしか生育していませんでした。イ.大航海時代にヨーロッパの人びとが海外に進出したのは、この香辛料を手に入れるためでした。香辛料は当時「万能《ばんのう》の薬」として、ヨーロッパの人びとの生活には大切なものでした。香辛料は今でもさまざまな料理に使われ続けています。

このように人類は長い時間をかけ、さまざまな味を試みたうえで、食べものを選び続けてきました。さらには調理をすることで、安全においしく食べられるような努力もしてきました。人類の長い歴史を考えれば、たくさんの食べものの中から自分の食べたいものを食べられるようになったのは、つい最近のことなのです。

同じ釜《かま》の飯を食《く》う文化

家族や家族以外の人と一緒《いつしよ》に食べることを「共食」といいますが、共食は昔から行われていました。

縄文《じようもん》・弥生《やよい》時代に、ウ.竪穴《たてあな》住居で暮らしていた人びとは、家族単位で食事をしていたと考えられています。原始時代から現代に至るまで、私たちの社会は家族というまとまりで食事をしてきた歴史があります。

これに対して、家族以外の人と一緒に食べることにも長い歴史があります。「同じ釜の飯を食う」という言葉がそのことを示しています。この表現は、家族以外の特に親しい関係にある人との食事に使われます。平安《へいあん》時代には、藤原《ふじわら》氏がお祝いの宴会《えんかい》に皇族や貴族を招待して、料理をみんなで食べていましたし、武士が支配するようになってからも、「椀飯《おうばん》」（今日《こんにち》の「大盤《おおばん》ぶるまい」の元となった言葉です）とよばれる、将軍が武士に食事をふる

まう宴会が開かれました。将軍と武士が酒や食べものを共食することで、主従関係や武士同士の結びつきを確認《かくにん》していました。また、自然とかかわり田畑を耕すことが中心であった農村では、神様に食べものを捧《ささ》げて、神と村人が共食する儀式《ぎしき》を行い、村人たちは結びつきを強めました。このように家族以外との共食は、人間相互《そうご》の関係や仲間の団結を強くするために、非常に大きな役割を果たしてきました。

ところで、食べものの好みや食事のしかたは、場所や地域、エ.時代によっても変わってくることがあります。普段《ふだん》私たちが食事をする時は、あまりそのことを気にしません。「食」を意識するのは、いつもと違った場所で食事をしたり、初めて出会った人とテーブルを囲む時です。旅行で行った外国での食事や、友だちの家でごちそうになる食事、あるいは入院した病院での食事では、いつもと違う何かに気づくことがあるでしょう。

食べものによっては、「食べる」か「食べない」かが、地域によって違っていたりします。日本国内でも、納豆《なっとう》は「食べる」地域と「食べない」地域に分かれる食べものです。また梅干しは、外国の人は食べないかもしれません。正月に食べるオ.雑煮《ぞうに》も、地域によって違いが見られる料理です。こうした「食」による境は、私たちに仲間とそうでない人との区別をもたらす場合があります。時には、同じものを食べる人たちが仲間としてまとまる一方で、そうでない人たちに違和感《いわかん》を持ってしまうこともあるのです。

昔は地域として結びつきを深めるために、祭りや行事の時だけでなく、普段から隣近所《となりきんじょ》の住民同士が料理を分けあっていました。同じ料理を食べることで、さらに結びつきが強まりました。現在では、転勤による引《ひ》っ越《こ》しが増えたり、祭りや行事が少なくなったりして、自分が住む地域の人びとと関わることも少なくなり、地域で共食する機会も減りました。また職場などでも、親睦《しんぼく》を深めるための忘年会《ぼうねんかい》や新年会に参加するのを嫌《いや》がる人が多くなってきました。

食べることの未来

祭りや行事、あるいは仲間や親戚《しんせき》との宴会など、人びとが結びつきを強めるために続けられてきた共食文化は、これからどのように変化していくのでしょうか。今は、ひとり暮らし世帯が増えています。また、一緒に暮らしている家族でも、食卓を囲んで一緒に食べることをしない、あるいはできない生活が増えています。このような社会の変化の中で、共食の重要性は問われ続けています。夕食を満足にとれない子どもたちに食事を提供するカ.「子ども食堂」が各地に見られるようになってきています。そこは、子どもたちに共食の体験をしてもらう場にもなっています。

少子高齢化がすすみ、人びとのつながりが弱まっている地域では、交流できる場所をＮＰＯ団体や市区町村の役所が支援《しえん》することでしか、人びとのつながりが維持《いじ》できなくなってきています。キ.同じ場所で、同じものを一緒に食べる共食文化の未来は、どのようになっていくのでしょうか。みなさんも考えてみてください。

問10　下線部**ア**について。下の表は2012年にイギリスの王立協会が発表した「食の歴史において最も重要な発明トップ20」のうち、おもな発明を３つに分類したものです。それぞれどのようなことに役立った発明でしょうか。表の①と②にあてはまる文を答えなさい。

分類	発明
加熱して食べやすくする	オーブン、食材《しょくざい》を焼くこと、電子レンジ
①	冷蔵、殺菌《さっきん》・滅菌、缶詰《かんづめ》
②	用水路などの設備、脱穀機《だっこくき》・コンバイン（自動収穫機）、品種改良、鋤《すき》

問11　下線部**イ**について。カステラ・こんぺいとう・天ぷらは、このころある国から日本に伝来した食べものです。どこの国から伝来したのでしょうか。国名を答えなさい。

問12　下線部**ウ**について。弥生時代後期の近畿地方の一軒《いっけん》の住居跡《じゅうきょあと》から、下の絵にあるような約40個の土器が発掘《はっくつ》されました。出土した高坏《たかつき》の様子から、ここに住んでいたのは４～５人の家族と推定されています。この時代の人たちは、大きさの違う高坏をどのように使い、食事をしていたのでしょうか。右下の高坏の絵を参考にして、答えなさい。

【大阪府高槻市《おおさかふたかつきし》のある遺跡《いせき》から出土した弥生土器】

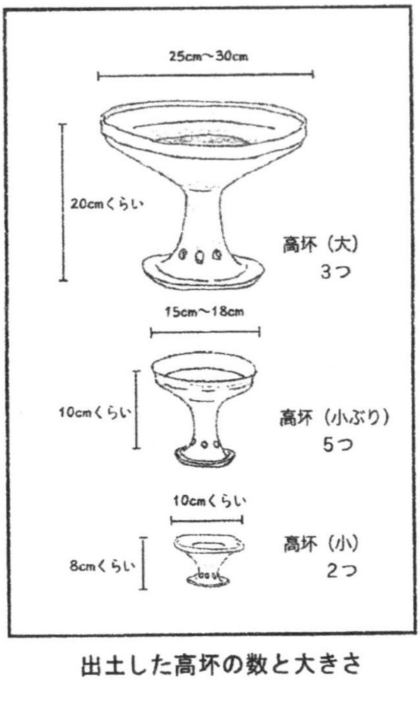

出土した高坏の数と大きさ

問13　下線部**エ**について。鎌倉《かまくら》時代から江戸《えど》時代のあいだに、人びとは、四つ足の動物の肉に下の表にあるような別名をつけて食べるようになりました。このような別名をつけて食べていたのはなぜでしょうか。理由を答えなさい。

動　物	別　名
猪《いのしし》	ぼたん
鹿《しか》	もみじ
馬	さくら

問14　下線部**オ**について。雑煮は、丸餅《まるもち》を食べる地域と角餅《かくもち》を食べる地域に分かれる料理です。東日本は角餅を食べる地域にもかかわらず、山形県酒田《さかた》市は丸餅を食べる地域となっています。酒田の雑煮が丸餅になったことについて説明した下の**あ～お**の文から、最も適切なものを１つ選び、記号で答えなさい。

あ　室町《むろまち》時代に京都から将軍がたびたび訪《おとず》れた酒田では、その影響《えいきょう》により京都文化が根付いたため。

い　江戸時代に開発された西廻《にしまわ》り航路により、京都・大坂《おおさか》との物資のやりとりが活発に行われ、その地域の文化の影響が大きかったため。

う　天然の良港があったこの地は、江戸時代まで日本海交易の中心地だった。その影響で、中国から伝来した餅の形である丸餅を今でも受《う》け継《つ》いでいるため。

え　江戸時代に幕府の命令で長州藩《はん》が酒田に配置換《が》えされたことにより、西国《さいごく》の食文化が根付いたため。

お　この地方は稲作《いなさく》の盛《さか》んな地域で、豪雪《ごうせつ》地帯でもある。このため餅は保存食として用いられており、一口大《ひとくちだい》に丸めて蓄《たくわ》えることが広まっていたため。

※北海道と沖縄《おきなわ》県は、古来よりの伝統的な雑煮文化がないため掲載《けいさい》していない。

農林水産省のホームページを参考にして作成

問15　下線部**カ**について。子ども食堂の一日は、下の表のようになっています。子ども食堂でこのような時間割が組まれているのは、子どもの成長にどのようなことが必要だと考えられているためでしょうか。お腹《なか》を満たすこと以外に２つ答えなさい。

ある子ども食堂の時間割	
14:00	開店（子どもたちが集まる）
14:00～15:00	宿題
15:00～15:30	おやつ
15:30～17:00	大学生ボランティアとの外遊び
17:00～18:00	夕食の調理と準備
18:00～19:00	夕食
19:00～19:30	後片付け
19:30～20:30	将《しょう》棋《ぎ》教室、英語教室、紙芝居《かみしばい》
21:00	閉店（子どもたちが帰る）

問16　下線部**キ**について。現代は共食が行われにくい社会になっていますが、多くの小学校では給食という共食が行われています。君は、学校給食にかかわる問題点にはどのようなものがあると考えますか。また、給食をどのように改善すれば、より意味のある共食となるのでしょうか。君が考える問題点とその改善策を80字以上120字以内で書きなさい。ただし句読点も１字分とします。

〈問題はここで終わりです〉

国語解答用紙

一
a
b
c
d

二
1
2

三

四

五

六

七

八

（２０２１年度）

受験番号	
氏　名	

【解答用

受験番号	
氏　名	

（２０２１年度）

理　科　解　答　用　紙

1

問１	タンポポ			センダングサ		
問２				問３		
問４	記号		理由			
問５						

小　計

2

問１	a		b		c	
問２	d		e			
	X					
問３				m	問５	
問６	あ		い		う	

問４

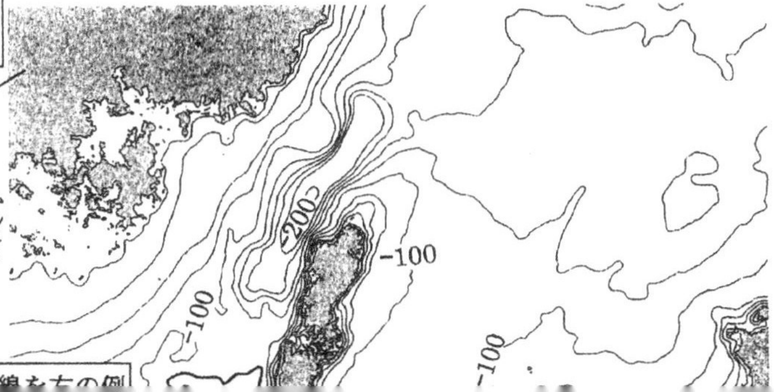

海岸線を左の例

小　計

【解答用

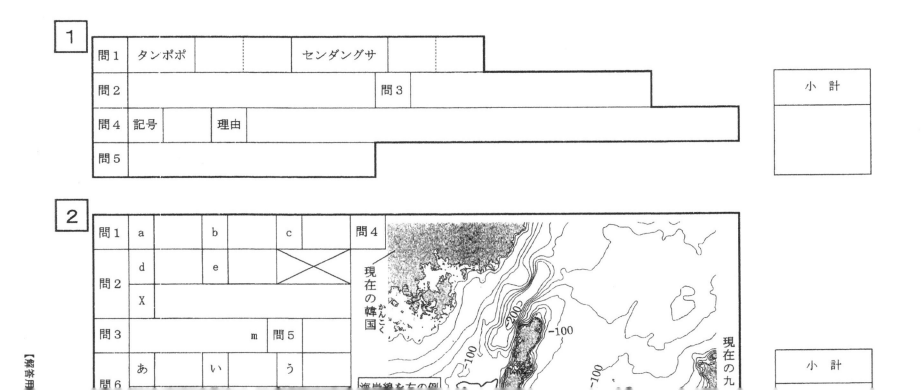

受験番号	
氏　　名	

(2021年度)

社会解答用紙　（その１）

【１】

問１　　問２　　問３

問４　ご当地グルメは　　を目的として

問５

問６　消費者

農　家

【解答用

受験番号	
氏　　名	

(2021年度)

社会解答用紙　（その２）

【２】

問10　①　　　②

問11

問12

問13

問14

問16

(80)

(120)

（整理番号）

小　計

問８

問９　国　内

海　外

※40点満点
（配点非公表）

小　　計

（整理番号）

問7			数字の単位はmです。

3

問1		問2			問3		問4	通り	問5	
問6	a		b		問7	c		d		
問8	e		f		g		h		問9	

小　計

4

問1									問2	
問3	(1)		(2)		(3)		問4		問5	
問6	(1)		(2)		問7		問8			
問9	あ		い		う					
問10	a				b					
	c									

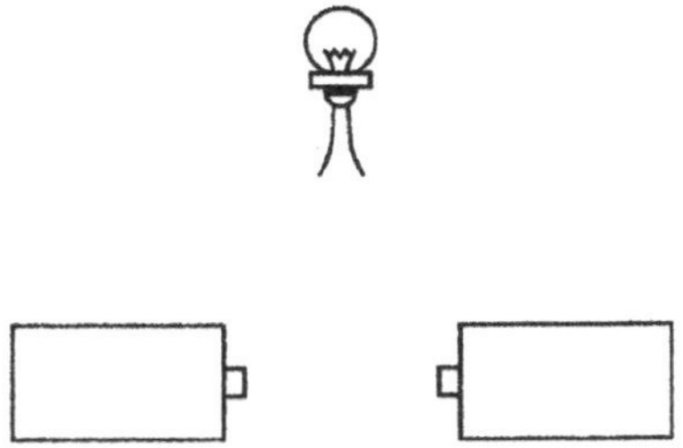

小　計

※40点満点
(配点非公表)

整 理 番 号

合　計

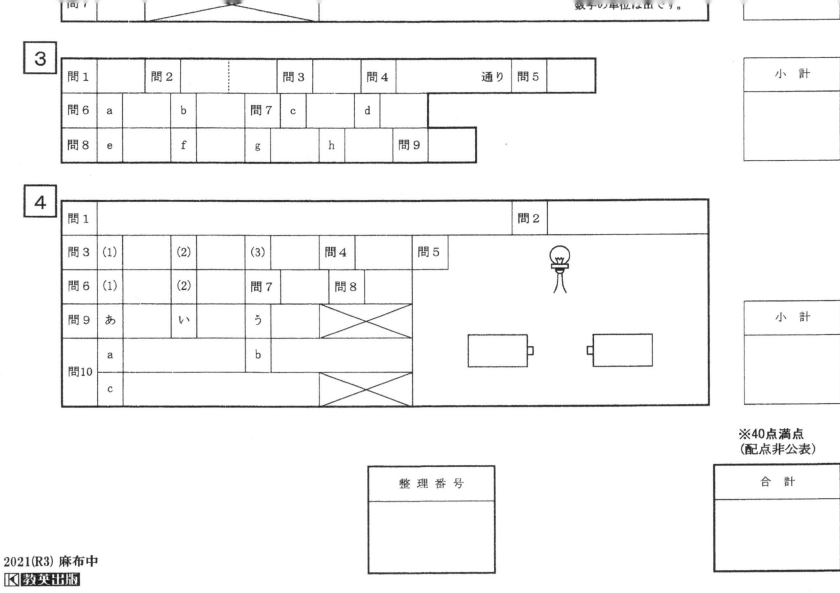

九

十

十一

1

2

※60点満点
(配点非公表)

(合計)

(整理番号)

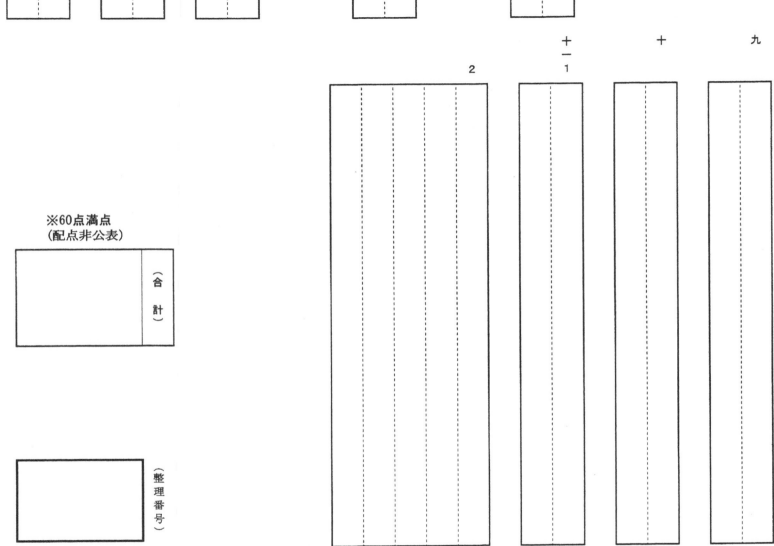

【1】次の文章をよく読んで、問１～問９に答えなさい。

ぼくは今日、麻布《あざぶ》中学校の入試を受けている。今はちょうど昼休みだ。苦手な算数が思ったよりもよくできたので、少しほっとしながらお弁当を食べている。お母さんが作ってくれたお弁当の中身は、**ア**.シャケと昆布《こんぶ》のおにぎりが２つ。卵焼きにウインナー、**イ**.キュウリとワカメの酢《す》の物《もの》、そして自家製の**ウ**.ぬか漬《づ》け。どれもぼくの大好きなメニューばかりだ。本当は鶏《とり》の唐揚《からあ》げも食べたかったけれど、あぶらっこいものを食べ過ぎると午後の社会の時間に眠《ねむ》くなってしまいそうなので、今日はあえて入れてもらわなかった。唐揚げは家に帰ってから夕食に家族といっしょに食べることになっている。今から楽しみで仕方がない。まったく食べもののことを考えている場合ではないというのに。

ぼくの家は都内の私鉄沿線の商店街にある。昭和《しょうわ》30年代から続く商店街の一角にある魚屋で、お父さんとお母さんがお店を切り盛りしている。向かいにあるのは唐揚げ専門店で、ぼくはそこの特製唐揚げが大好物だ。その店は５年ほど前に開店した新しい店で、大分《おおいた》県の名物「中津《なかつ》唐揚げ」が食べられるという人気店だ。テレビの**エ**.「ご当地グルメ」の特集でも取り上げられたことがあり、夕食前の時間には行列ができていることもある。商店街にはうちの店と同じく昭和からやっているお店が少なくないけれど、にぎわっているのはこの唐揚げ屋さんくらいで、それ以外のお店はお客さんが減ってきて困っている。最近、近所にとても大きなスーパーができた。日本中で郊外《こうがい》に大型店ができて**オ**.昔ながらの商店街はどんどん衰退《すいたい》し、「シャッター通り」になってしまったところもあると、学校の授業でも習った。魚屋を営むぼくの家にとって、それは教科書の中だけの絵空事ではない。

と言いつつ、ぼくの家もよくその大型スーパーを利用している。今日のお弁当のおかずのほとんどはそこで買ったものだ。商店街で買うより少し安いのだとお母さんが言っていた。聞けば**カ**.「プライベートブランド」といって、スーパーが独自に契約《けいやく》して販売《はんばい》しているものも多く、そのぶん安く買えるのだという。

実は魚も、全国展開しているスーパーはけっこう安くておいしいらしい。うちは毎朝お父さんが**キ**.豊洲《とよす》市場まで行って魚を仲卸《なかおろし》業者から仕入れているけれど、近所の大型スーパーは、契約した漁港から直接各地の店舗《てんぽ》に運んでいる。だから朝にとれた魚を、その日の午後にはお店に並べることができるということだ。

全国展開のスーパーでは、電話やインターネットで注文すると家まで商品を届けてくれるサービスも行っているそうだ。長年うちの店に魚を買いに来てくれていたご老人が最近それを利用するようになったと聞いて、お父さんも魚の宅配を始めようと考えているらしい。超高齢《ちょうこうれい》社会という言葉をよく聞く。商店街のお客さんだけではなく、お店をやっている人にも高齢化がすすんでいる。商店街では世代交代も大きな課題だという。ぼくはお父さんから、「おまえはこの店を無理に継《つ》がなくても良いからな」と言われているけれど、将来どうしようか迷っているところだ。

ぼくは生まれた時から身近に魚があったから、魚や海がとても好きだ。麻布には生物部があって、珍《めずら》しい生き物を採集したり、飼育したりすることがさかんだと、インターネットで読んだことがある。できればぼくは魚を研究する生物学者になりたいとも思っている。世界の人口はますます増加し続けているけれど、魚介類《ぎょかいるい》の消費量はそれを上回る勢いで増

加しているという。日本は昔から多くの魚をとってきた国だけど、最近は魚を世界中から輸入している国でもある。このまま世界中で魚をとり続けたら、アジやイワシといった庶《しょ》民的《みんてき》な魚も、将来手に入らなくなる可能性があるらしい。逆にそういう魚の漁獲量《ぎょかくりょう》を安定させていくことが、世界の飢餓《きが》や貧困《ひんこん》の問題を解決する可能性があるという報道も見たことがある。今後はとる漁業より**ク**.育てる漁業の重要性が増していくに違いない。最近では近畿《きんき》大学が不可能とされてきたクロマグロの完全養殖《ようしょく》に成功して、「近大マグロ」というブランドで売られるようになっているし、ニホンウナギの完全養殖にも成功したらしい。マグロのお寿司《すし》やウナギの蒲焼《かばや》きは**ケ**.日本の食文化だと思うし、これからもみんながおいしく魚を食べられるように、将来ぼくも何か貢献《こうけん》したいと思っている。

おっと、昼休みの終わりを告げるチャイムが鳴った。麻布の生物部に入るためにも、今はこの入試をがんばるしかない。

問１　下線部**ア**について。下の地図Ａ～Ｃは、サケ類、カツオ類、アジ類の漁獲量が多い都道府県５位までを示したものです。それぞれの地図が示す魚の組み合わせとして正しいものを、下の**あ～か**から１つ選び、記号で答えなさい。

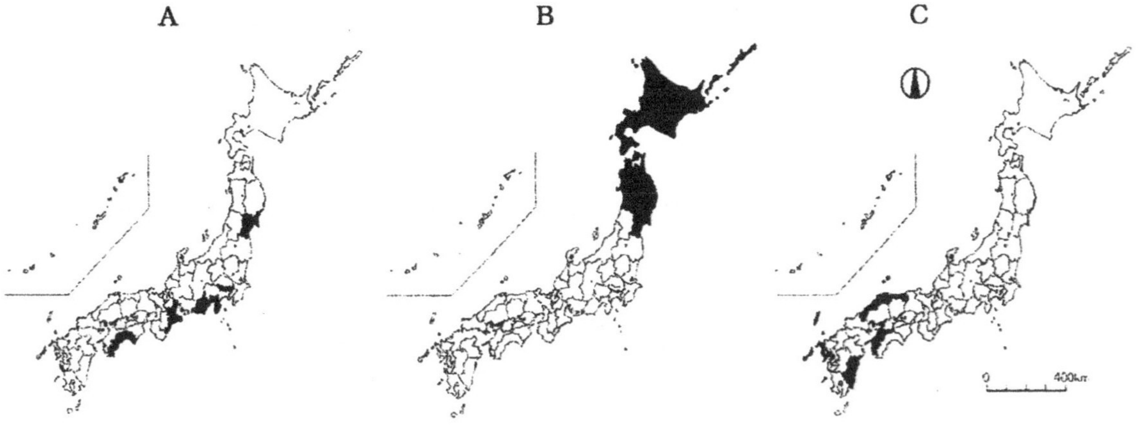

2017年漁業・養殖業生産統計より作成

あ　Ａ－カツオ類　Ｂ－サケ類　Ｃ－アジ類
い　Ａ－カツオ類　Ｂ－アジ類　Ｃ－サケ類
う　Ａ－サケ類　Ｂ－カツオ類　Ｃ－アジ類
え　Ａ－サケ類　Ｂ－アジ類　Ｃ－カツオ類
お　Ａ－アジ類　Ｂ－カツオ類　Ｃ－サケ類
か　Ａ－アジ類　Ｂ－サケ類　Ｃ－カツオ類

問２　下線部**イ**について。下の図は東京の市場に届くキュウリの月別・産地別の入《にゅう》荷《か》実績を示したものです。図中のＡ～Ｃにあてはまる県名の組み合わせとして正しいものを、下の**あ～か**から１つ選び、記号で答えなさい。

キュウリの月別・産地別入荷実績（東京都中央卸売《おろしうり》市場）

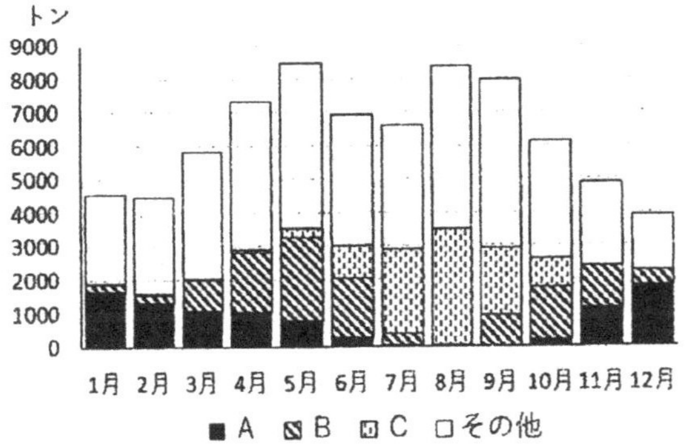

2019年東京都中央卸売市場年報より作成

あ　Ａ－埼玉《さいたま》　Ｂ－宮崎《みやざき》　Ｃ－福島
い　Ａ－埼玉　Ｂ－福島　Ｃ－宮崎
う　Ａ－福島　Ｂ－宮崎　Ｃ－埼玉
え　Ａ－福島　Ｂ－埼玉　Ｃ－宮崎
お　Ａ－宮崎　Ｂ－埼玉　Ｃ－福島
か　Ａ－宮崎　Ｂ－福島　Ｃ－埼玉

問３　下線部**ウ**について。ぬか漬けとは、精米する時に出る「ぬか」を利用した日本の伝統的な発酵《はっこう》食品です。おもに米を利用した発酵食品**ではないもの**を、下の**あ～お**から１つ選び、記号で答えなさい。

あ　みりん　　**い**　日本酒　　**う**　酢《す》　　**え**　しょうゆ　　**お**　甘酒《あまざけ》

問４　下線部**エ**について。最近では、「ご当地グルメ」とよばれる地域の料理が数多くみられます。下の説明文は、「郷土料理」と「ご当地グルメ」の違《ちが》いについて述べています。表を参考にして、説明文の［　　］をうめて文を完成させなさい。

説明文　郷土料理がその地域で伝統的に食べられてきたものであるのに対し、ご当地グルメは［　　　　　　　　　　］を目的として、地域で料理を新しく開発したり、昔からある料理を再発見したものである。

表

郷土料理の例	ご当地グルメの例
山形のいも煮《に》	富士宮《ふじのみや》焼きそば
秋田のきりたんぽ鍋《なべ》	宇都宮《うつのみや》の餃子《ぎょうざ》
下関《しものせき》のふぐの刺身《さしみ》	富山ブラックラーメン

問５　下線部**オ**について。地方都市では、駅前の密集した商店街や住宅地で「都市のスポンジ化」とよばれる現象が問題となっているところがあります。どのような現象でしょうか。答えなさい。

問６　下線部**カ**について。大型スーパーやコンビニのプライベートブランド商品として、袋《ふくろ》入りの便利なカット野菜が増えてきたのはなぜですか。下の写真を参考にして、購入《こうにゅう》する消費者にとっての理由と、スーパーやコンビニと契約する農家にとっての理由を、それぞれ答えなさい。

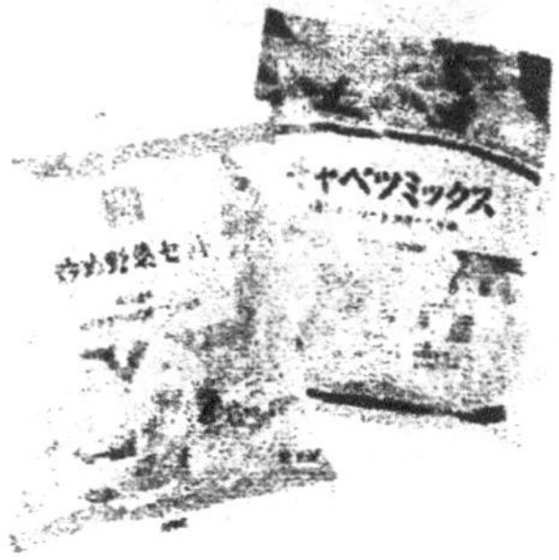

袋入りのカット野菜

加工用のニンジン

問７　下線部**キ**について。東京には豊洲市場や大田市場といった大きな中央卸売市場があります。魚屋や八百屋の多くが、生産者から直接仕入れるのではなく、こうした卸売市場で仕入れを行うのはなぜでしょうか。その理由として**誤っているもの**を下の**あ～お**から１つ選び、記号で答えなさい。

あ　多種・大量の品物が集まり、小売店の必要な量で品物を購入できるため。
い　物流のしくみが整い、産地以外でも新鮮《しんせん》な品物を手に入れやすいため。
う　品物の質と価値を見極《みきわ》める仲卸業者の「目利《めき》き」を信頼《しんらい》しているため。
え　競《せ》りで仲卸業者が交渉《こうしょう》するので、生産者から仕入れるより値段が安くなるため。
お　デジタル化は遅《おく》れているものの、支払《しはら》いや取引《とりひき》のしくみが整っているため。

問８　下線部**ク**について。右の認証《にんしょう》ラベルは、環境《かんきょう》に配慮《はいりょ》した「責任ある養殖により生産された水産物」に付けられています。海で行われる「責任ある養殖」とはどのようなものですか。具体的に答えなさい。

責任ある養殖により
生産された水産物
asc
認証
ASC-AQUA.ORG
TM

※ＡＳＣは水産養殖管理協議会という国際的な非営利団体のことです。

問９　下線部ケについて。2011年に日本政府は「和食　日本人の伝統的な食文化」をユネスコ世界無形文化遺産として推薦《すいせん》し、その後登録されました。政府はどのような効果をねらっていたのでしょうか。国内向けのねらいと海外向けのねらいを、それぞれ答えなさい。

農林水産省のホームページより

社　会

（２０２１年度）

(50分)

《注　意》

1．試験開始の合図があるまでは、問題用紙を開けてはいけません。

2．問題用紙は 10 ページまであります。解答用紙は２枚です。試験開始の合図があったら、まず、問題用紙、解答用紙がそろっているかを確かめ、次に、すべての解答用紙に「受験番号」「氏名」「整理番号」を記入しなさい。

3．試験中は、試験監督《かんとく》の指示に従いなさい。

4．試験中に、まわりを見るなどの行動をすると、不正行為《こうい》とみなすことがあります。疑われるような行動をとってはいけません。

5．試験終了《しゅうりょう》の合図があったら、ただちに筆記用具を置きなさい。

6．試験終了後、試験監督の指示に従い、解答用紙は書いてある方を表にして、上から、（その１）（その２）の順に重ね、全体を一緒《いっしょ》に裏返して置きなさい。

7．試験終了後、書きこみを行うと不正行為とみなします。

1

植物の種はいろいろな方法で運ばれて、生えている地域を広げようとします。タンポポの種（図１左）は、風に乗って飛んでいるのをよく見かけます。センダングサの種（図１右）はタヌキなどの動物の毛にたくさんついていることがあります。タンポポの種とセンダングサの種は同じくらいの大きさです。

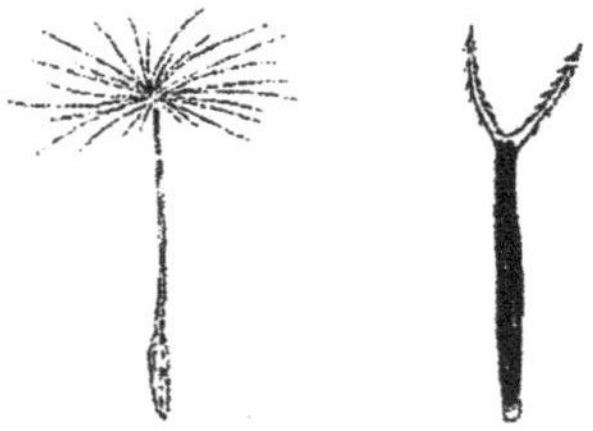

タンポポの種　センダングサの種

図１

問１　タンポポやセンダングサの種が運ばれやすいようにもっている特徴《とくちょう》として適当なものを次のア～カからそれぞれ**２**つずつ選び、記号で答えなさい。ただし、同じ記号を何度使ってもかまいません。

ア．種にしっかりと重みがあること。
イ．種が小さくて軽いこと。
ウ．種が茶色で目立たないこと。
エ．種に細かいトゲがついていること。
オ．種に翼《つばさ》のような部分がついていること。
カ．種にたくさんわた毛がついていること。

オオバコ（図２）は道のはしやグラウンドなど、人にふまれやすい所によく生えています。オオバコは漢字で「大葉子」と書き、大きな葉はしなやかで、ふまれても簡単にちぎれたりしません。種は小さいのですが、吸水すると表面にゼリー質ができてねばつきます。人にふまれた種は靴底《くつぞこ》などについて移動して、生えていたところから遠い場所に運ばれて芽を出します。オオバコは他の草に比べて成長が特に速いことはなく、あまり大きく育ちません。他の大きな草たちが生えやすいところでは、オオバコがたくさん生えていることはありません。

図２

問２　人にふまれやすい所に生えているオオバコがもつ、他の草より有利な点を次のア～キからすべて選び、記号で答えなさい。

ア．　他の草と場所を争うことが少ない。
イ．　他の草と場所を争うときに背が高くなる。
ウ．　他の草と場所を争うときに速く育つ。
エ．　人にふまれても葉がちぎれにくい。
オ．　人にふまれると葉がちぎれやすい。
カ．　種がちぎれた葉に包まれやすい。
キ．　種がねばねばしていろいろなところにつきやすい。

植物の一部は動物が食べられる大きな実をつけ、動物に食べてもらって、消化されない種を運んでもらいます。移動したその動物のふんに種がふくまれていることがあります。

トウガラシは辛《から》いことで有名ですが、トウガラシの仲間がつくる辛さの成分はカプサイシンというものです。これが多く実でつくられると、人が食べたときに辛く感じます。

トウガラシの仲間でシシトウという種類があります。ほとんどのシシトウの実（図3）は辛くないのですが、辛い実やとても辛い実もあります。実の辛さと種の数の関係を224個の実で調べて表にしてみました。

	辛くない	辛い	とても辛い
実の数	206	17	1
種の数の平均	127 (最大 210 最小 75)	76 (最大 139 最小 25)	21

シシトウの実
(断面)
図3

問3　この表から正しいと考えられるものを次のア～クからすべて選び、記号で答えなさい。

ア．調べた中では、種の数が76以下なら必ず辛い。
イ．調べた中では、種の数が75以上なら必ず辛くない。
ウ．調べた中では、種の数が140以上なら必ず辛くない。
エ．調べた中では、種の数が一番少ないものが一番辛い。
オ．調べた中では、種の数が一番多いものは辛くない。
カ．種が少ないほど辛い傾《けい》向がある。
キ．種が多いほど辛い傾向がある。
ク．実の辛さと種の数に関係は見られない。

ネズミやタヌキなどの動物は人と同じで、トウガラシの実にふくまれるカプサイシンを辛いと感じることができるので、カプサイシンをふくむものを積極的には食べません。一方、鳥の仲間はカプサイシンによる辛さをほとんど感じません。ネズミのふんを調べてみると、植物の種はかみくだかれているなどして、消化はされていませんが芽を出せないものが多くなります。鳥はくちばしの中に歯がないので、ふんの中にふくまれる植物の種は消化されず芽を出すものが多くなります。

問4　トウガラシの実は、a <u>ネズミやタヌキなどの動物</u>と b <u>鳥の仲間</u>のどちらに食べられやすいですか。a, bの記号を理由とともに答えなさい。

問5　トウガラシが生える場所を広げるにあたり、問4で答えた生き物に食べられる方がもう一方の生き物に食べられるより有利であると考えられる理由となる文を次のア～クからすべて選び、記号で答えなさい。

ア．ネズミやタヌキなどの動物は鳥より遠くに移動できるから。
イ．鳥はネズミやタヌキなどの動物より遠くに移動できるから。
ウ．ネズミやタヌキなどの動物には歯があるから。
エ．鳥のくちばしの中に歯がないから。
オ．ネズミやタヌキなどの動物は辛いものを好むのでトウガラシをよく食べるから。
カ．鳥は辛いものを好むのでトウガラシをよく食べるから。
キ．ネズミやタヌキなどの動物はトウガラシの種も消化するから。
ク．鳥はトウガラシの種も消化するから。

2

図1は過去35万年の気温変化を表したグラフです。この図からは、およそ10万年ごとに気温の変化がくり返されていることがわかります。この間、気温が現在より5度以上も低く、陸地が氷で広くおおわれる「氷期」がくり返されていました。

今からおよそ100年前、セルビアの地球科学者ミランコビッチは、日射が気候にあたえる効果を精密に計算し、1920年にこれを発表しました。ミランコビッチの計算は、氷期のくり返しをよく説明するものでした。

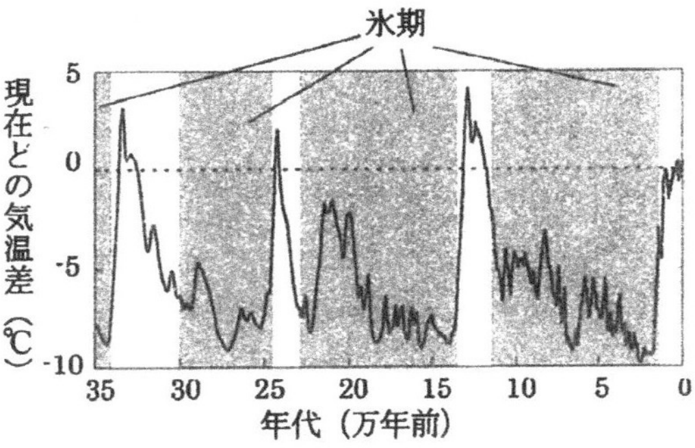

図1

問1　氷期は始まると数万年間も続きます。そのしくみを説明する次の文中の a～c について、それぞれ〔　　〕内の語句から適当なものを1つずつ選び、記号で答えなさい。

日射が弱くなり、陸をおおう氷が一度 a〔ア．増える　イ．減る〕と、氷によって太陽光が b〔ウ．吸収　エ．反射〕されるため、気温が c〔オ．上がる　カ．下がる〕。

問2　氷期の終わりからは気温が急に上がります。そのしくみを説明する次の文中の d, e について、それぞれ〔　　〕内の語句から適当なものを1つずつ選び、記号で答えなさい。また、空欄《らん》Xに入る気体の名前を、漢字で答えなさい。

日射が強くなり、気温や海水温が d〔ア．上がる　イ．下がる〕と、海にとけきれなくなって出てきた（　X　）の効果によって、気温が e〔ウ．上がる　エ．下がる〕。

約15000年前に終わった最後の氷期では、ヨーロッパや北アメリカの大半、地球の陸地の2割から3割が氷でおおわれていました。そのため、当時は海水面の高さが現在より約120m低く、日本列島は大陸と地続きになっていました。①この氷期の終わりごろに、人々は陸地をつたって大陸から現在の日本列島にわたり、日本列島に広く定住しました。

問3　氷期が終わって陸の2割をおおう氷がとけることで、海水面が120m高くなったとします。とけた氷の厚さの平均は何mですか。同じ重さの水と氷の体積比を10:11、海と陸の面積比を7:3として計算し、十の位を四捨五入して答えなさい。ただし、海と陸の面積比は、海水面の高さが変化しても変わらないものとします。

問4　現在より海水面の高さが120m低かった氷期には、多くの大陸や島が地続きになっていました。この当時の海岸線を、解答欄の地図に太線で示しなさい。地図には現在の等高線が示されており、海底の形状はこの当時も変わらないものとします。

問5　下線部①について、最後の氷期に日本列島にわたってきた人々による文化として最も適当なものを次のア～エから選び、記号で答えなさい。

ア．仏教　　イ．土器　　ウ．鉄砲《てっぽう》　　エ．通貨

生物は、子孫を残すときに親と子の特徴《とくちょう》がわずかに変化します。近くの集団同士は、いっしょになって子孫を残すことで似た特徴をもつようになります。いっぽう、遠くはなれた生物の集団同士は、子孫を残すごとにその特徴のちがいを大きくします。

日本列島の島々は、北から北海道、（　あ　）、（　い　）の順に並びます。この並びから、北海道に住むアイヌは（　う　）の人々と近縁《えん》であり、似た特徴をもつと予想できます。これを確かめるため、日本列島と大陸（中国）にいま住む人々のある特徴Aを調べました。その結果を示したものが図2です。予想に反し、アイヌは（　え　）の人々と似ていることがわかります。

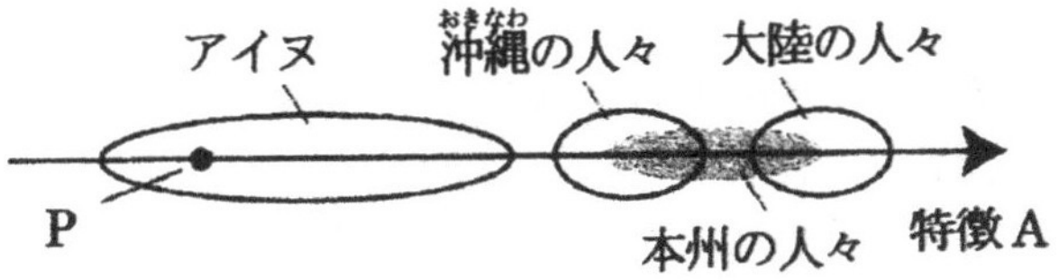

図2

本州の貝塚《づか》から発掘《はっくつ》された約3000年前の人骨を調べると、図2の点Pに位置することがわかりました。この人骨はアイヌの祖先のものだと考えられます。アイヌの祖先は本州にも定住していたのです。そして、別の特徴も調べると、アイヌは沖縄の人々と共通の祖先をもっていることがわかります。

図2からは、いま本州に住む人々は（　お　）や大陸の人々と近縁だともわかります。いま本州に住む人々は、最後の氷期に大陸からやってきた人々の子孫であると同時に、最近になって、海をわたって大陸からやってきた人々の子孫でもあるのです。

問6　本文中の空欄（あ）～（お）に入る語句として最も適当なものを次のア～エからそれぞれ1つずつ選び、記号で答えなさい。ただし、同じ記号を何度使ってもかまいません。

ア．北海道　　イ．本州　　ウ．沖縄　　エ．大陸（中国）

問7　いま日本列島やその周辺に住む人々の由来を示した図として、最も適当なものを次のア～エから選び、記号で答えなさい。

ア．

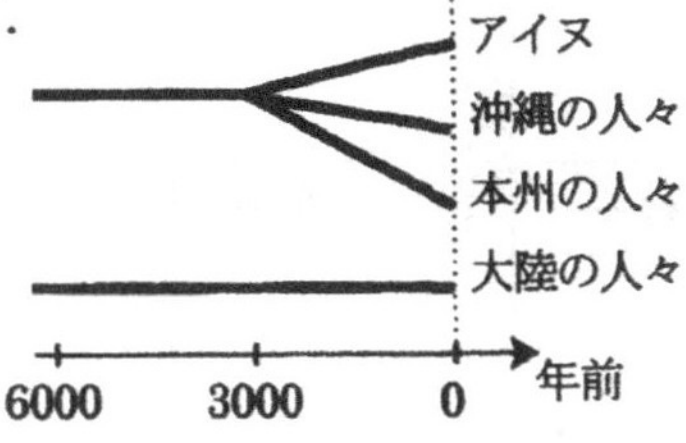

イ．

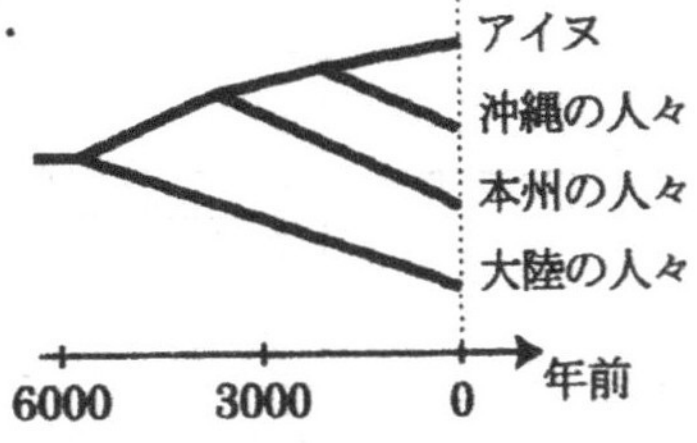

ウ．

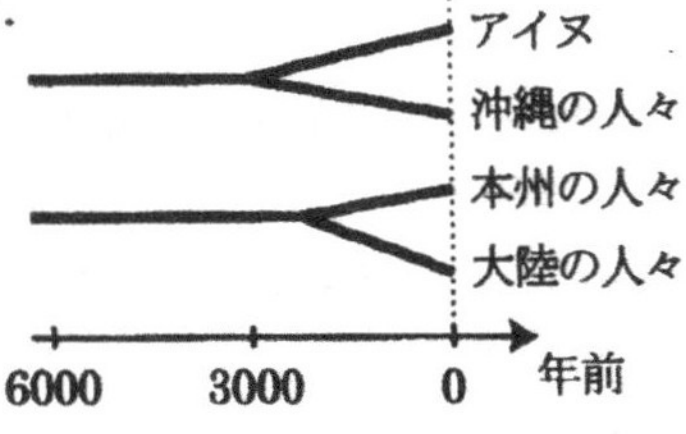

エ．

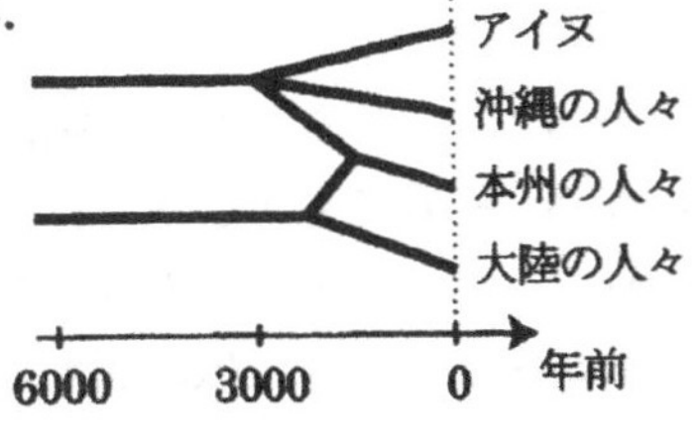

いわゆる「日本人」には様々な祖先をもつ人々がいます。さらに、世界にはより様々な特徴をもつ人々がいます。地球という限られた場所の中で、はだの色など様々な個性を尊重して共生したいものです。

3　みなさんは、食塩やミョウバンなど様々な物が水にとけた水溶液《すいようえき》について、小学校で学習しました。水に物がとける様子について考えてみましょう。

問１　食塩を10%ふくむ食塩水をつくる方法として最も適当なものを次のア～エから選び、記号で答えなさい。

ア．10ｇの食塩を100ｇの水にとかした。
イ．100ｇの食塩を１Ｌの水にとかした。
ウ．10ｇの食塩を水にとかして全量を100ｇとした。
エ．100ｇの食塩を水にとかして全量を１Ｌとした。

問２　水溶液について書かれた文として、誤りをふくむものを次のア～カから２つ選び、記号で答えなさい。

ア．水溶液には、電気を通さないものがある。
イ．水溶液には、加熱して蒸発させたときに何も残らないものがある。
ウ．水溶液の重さは、とけている物の重さと水の重さの合計に等しくなる。
エ．水溶液の体積は、とけている物の体積と水の体積の合計に等しくなる。
オ．水溶液は無色でも、加熱すると水が蒸発し、黒い固体が生じる場合がある。
カ．とけ残りのある水溶液をろ過すると、とけている物と水を分けられる。

水に物がとける様子について、図１のように管に入れた水の中にインクを落とすことを考えます。水に落ちたインクは時間とともに水全体に徐々《じょじょ》に広がり、最終的に水全体が均質でうすく色づいた状態になります。この現象を「拡散」といいます。一度(e)の状態になると、どんなに待っても(b)の状態になることはありません。①管の中の水に広がったインクは自動的に元の位置に集まって1滴《てき》のインクにもどることはありません。

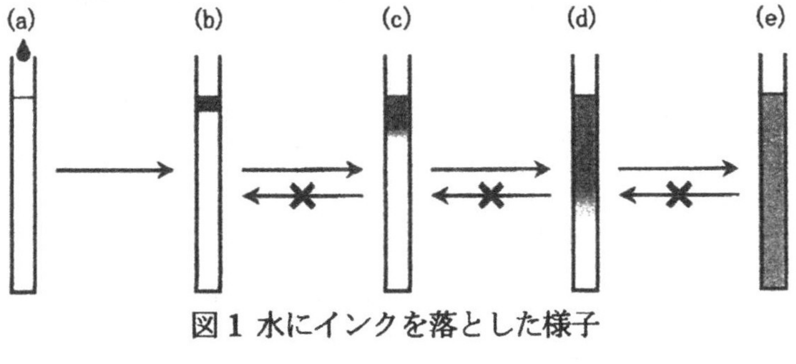

図１ 水にインクを落とした様子

問３　下線部①について、このことがらに関係が深いことわざとして最も適当なものを次のア～キから選び、記号で答えなさい。

ア．急がば回れ　　イ．馬の耳に念仏　　ウ．のれんに腕押《うでお》し
エ．覆水盆《ふくすいぼん》に返らず　　オ．仏の顔も三度まで
カ．笑う門《かど》には福来《きた》る　　キ．犬も歩けば棒に当たる

理　科

（２０２１年度）

(50分)

≪注　意≫

１．試験開始の合図があるまでは、問題用紙を開けてはいけません。

２．問題用紙は10ページまであります。解答用紙は１枚です。試験開始の合図があったら、まず、問題用紙、解答用紙がそろっているかを確かめ、次に、解答用紙に
「受験番号」「氏名」「整理番号」を記入しなさい。

３．試験中は、試験監督《かんとく》の指示に従いなさい。

４．試験中に、まわりを見るなどの行動をすると、不正行為《こうい》とみなすことがあります。疑われるような行動をとってはいけません。

５．試験終了《しゅうりょう》の合図があったら、ただちに筆記用具を置きなさい。

６．試験終了後、試験監督の指示に従い、解答用紙は裏返して置きなさい。

７．試験終了後、書きこみを行うと不正行為とみなします。

８．計算は問題用紙の余白を利用して行いなさい。

答

(2) 2のライトだけが点灯しているとします．そこからすべてのライトを消灯させるには，少なくとも3回ライトを押す必要があります．3回で消灯させる押し方を一つ答えなさい．

答 → →

(3) 1, 4, 6のライトだけが点灯しているとします．そこからすべてのライトを消灯させるには，少なくとも5回ライトを押す必要があります．5回で消灯させる押し方を一つ答えなさい．

答 → → → →

答 個

赤色，緑色，青色，黄色の4つのサイコロをこの順に振り，出た目をそれぞれA, B, C, Dとします．

(3) $A \times B = C \times D$となるような目の出方は全部で何通りあるか答えなさい．

答 通り

整理番号

小計

(2) 太線の内側の面積は，ひし形の紙１枚の面積の何倍ですか．ただし，太線の内側の面積には，紙のない所の面積も含《ふく》むものとします．

答　　倍

さい．ただし，解答らんはすべて使うとは限りません．

答　　，　　，
　　，　　，

整理番号

小計

答 分速 m

答 cm^2

(2) まこと君がスタートしたときの速さは分速何 m ですか.

答 分速 m

整理番号

小計

算　　数

（２０２１年度）

(60分)

《注 意》

1．試験開始の合図があるまでは，問題用紙を開けてはいけません．

2．問題（解答）用紙は３枚あります．試験開始の合図があったら，まず，問題（解答）用紙がそろっているかを確かめ，次に，すべての問題（解答）用紙に「受験番号」「氏名」「整理番号」を記入しなさい．

3．試験中は，試験監督《かんとく》の指示に従いなさい．

4．試験中に，まわりを見るなどの行動をすると，不正行為《こうい》とみなすことがあります．疑われるような行動をとってはいけません．

5．試験終了《しゅうりょう》の合図があったら，ただちに筆記用具を置きなさい．

6．試験終了後，試験監督の指示に従い，解答用紙は書いてある方を表にして，上から，（その１）（その２）（その３）の順に重ね，全体を一緒《いっしょ》に裏返して置きなさい．

7．試験終了後，書きこみを行うと不正行為とみなします．

…………………………………………………………………………………………

8．問題（解答）用紙の余白は計算などに使ってかまいません．ただし，答えを求めるのに必要な図・式・計算・考えなどは，枠内《わくない》に書きなさい．

9．円周率の値《あたい》を用いるときは，3.14 として計算しなさい．

著作権に関係する弊社の都合により
本文は省略いたします。

教英出版編集部

著作権に関係する弊社の都合により
本文は省略いたします。

教英出版編集部

（津村記久子「河川敷のガゼル」（『サキの忘れ物』新潮社刊所収）より）

〈語注〉

※①ガゼル…アフリカなどの乾燥《かんそう》地帯に広く分布するウシ科ガゼル属等のほ乳類の総称《そうしょう》。イラスト参照。

※②一眼…一眼レフカメラの略称。きれいな写真が撮《と》れる高級なカメラのこと。

※③SNS…ソーシャル・ネットワーキング・サービスの略称。インターネット上で、人々が交流するためのサービスのこと。あとで本文に出てくる、ツイッターやフェイスブックなども、その代表例。

※④フォロワー…自分の気に入ったSNSの投稿《とうこう》を閲覧《えつらん》しやすくするために登録をしている人のこと。

※⑤フリーランス…会社などに所属せず、自由に仕事ができる人のこと。

※⑥レクチャー…分かりやすく教えること。

※⑦歩哨…警戒《けいかい》や見張りを仕事とすること。

※⑧朝番…午前中を中心として任務につくこと。

※⑨逡巡…決心がつかず、ためらうこと。

※⑩ウェブサイト…ホームページのこと。

※⑪ブログ…日記形式で作られるホームページのこと。

※⑫テレビカメラ…30行目の中略部分に、テレビ局が取材に来たことが書かれている。

※⑬そつがなかった…不自然でぎこちないところがないこと。

※⑭アドレス…インターネット上の連絡先《れんらくさき》のこと。

※⑮アクセス…主にインターネット上で、自分の求める情報に接すること。

※⑯休学…許可を得て、長い間学校を休むこと。

※⑰くだんの…前に話題にした、例の。

※⑱ゆるキャラ…「ゆるいキャラクター」の略称。見る者をなごませるキャラクターのこと。

※⑲固唾をのんで…ことのなりゆきが気になって緊張《きんちょう》して。

※⑳エポック…話題性のある、みんなが注目しそうな。

※㉑陳情…公的機関に実情を訴《うった》え、対応を求めること。

※㉒サバンナ…雨の少ない熱帯地方の、まばらにしか木の生えていない草原のこと。

※㉓捻出…無理やりに金銭を用意すること。

【設問】解答はすべて、解答らんにおさまるように書きなさい。句読点なども一字分とします。

一　＝＝線a「チャクジツ」（5行目）、b「シアン」（41行目）、c「ユウコウ」（91行目）、d「ハ」（202行目）のカタカナを、漢字で書きなさい。

二　――線①「それ以上に～終わることだった」（21～22行目）とありますが、

（1）「そのこと」とは何を指していますか。本文中から二十字で抜《ぬ》き出して答えなさい。

（2）「少年」が「いつも何も言わずじまいに終わる」のはなぜだと「私」は考えていますか。説明しなさい。

三　――線②「Q町は～利用する気でいた」（31～32行目）、――線③「ファンというよりは～話していた」（35～38行目）とありますが、ここで「Q町」と「女性」は、ガゼルに対してどのように向き合っていますか。次の中からふさわしいものを一つ選んで記号で答えなさい。

ア　Q町はガゼルの生存を気にかけており、お金を集めることで保護しようとしているが、「女性」はガゼルが純粋《じゅんすい》に好きで、その野生の姿を全国に届けてみんなを勇気づけようとしている。

イ　Q町はガゼルのかわいらしさを発信して世の中を明るくしようとしているが、「女性」はガゼルが持つ生命の直線的なエネルギーを発信することで、Q町を有名にしようとしている。

ウ　Q町はガゼルを有名にして、観光客を呼び寄せようとしているが、「女性」はネットを活用して、ガゼルについて、実際にQ町を訪れるよりも多くのことが分かるようにしようとしている。

エ　Q町はガゼルが見物人を集めていることに注目しており、それを利用して町を盛り上げようとしているが、「女性」はガゼルの存在に強くひかれ、その姿を記録し発信しようとしている。

四　――線④「町のウェブサイトに～じっと眺めていた」（50～52行目）とありますが、ここからは、「少年」がガゼルに対してどのように向き合っていることが読みとれますか。説明しなさい。

五　――線⑤「少年は、逡巡を見せたあげく、右手をゆっくりと挙げて、ガゼルに向かってふった」（68～69行目）、――線⑥「少年は、やっとガゼルに対して言いたいことがまとまったようで、そう口にした」（72行目）とありますが、このような「少年」のあり方から、どのようなことが読みとれますか。次の中からふさわしいものを一つ選んで記号で答えなさい。

ア　ガゼルを見ているうちに親近感が増し、心が通じ合ったように思い、自分の望みをガゼルの望みとしてとらえるようになったので、ガゼルも自分と同じ場所に行きたいのだと考え、確かめようとした。

イ　ガゼルが何をしたいのかを考えることを通して、自分自身が何をしたいのかを考えるようになり、それがはっきり言えるようになったことで、ガゼルの望みについても問いかけられるようになった。

ウ　ガゼルが本来いるべきではない河川敷に閉じ込められていることをかわいそうに思うとともに、自分にもどこか遠くに帰る場所があるのではないかと思い、ガゼルにその場所を教えてもらおうとした。

エ　河川敷に現れたガゼルを心配するあまり、他のことが考えられなくなってしまったが、どうしたらよいのかを考え続けた結果、ガゼルは逃げるべきだと思い、その気持ちがあるのかをたずねようとした。

六　――線⑦「彼の叫びが自分の叫びであるような気もした」（75～76行目）とありますが、どういうことですか。具体的に説明しなさい。

七　――線⑧「ガゼルを他県の動物園に引き取ってもらう」（87～88行目）とありますが、「Q町」がガゼルを手放すことにしたのはなぜですか。説明しなさい。

八　――線⑨「女性の～焦りが見えた」（119～120行目）とありますが、ここで「私」は、ガゼルを河川敷に残そうという「女性」の主張にどのような思いを感じとっているのですか。説明しなさい。

九　――線⑩「走りたかったのか！」（134行目）とありますが、かけ出したガゼルを見て、「少年」がこのように言ったのはなぜですか。説明しなさい。

十　――線⑫「行きたければ行ってくれ！」（199行目）とありますが、ここでの「少年」のガゼルに対する思いは、――線⑪「自分はガゼルをよそへ行かせないために活動している」（150行目）という「女性」の思いとどのように違いますか。説明しなさい。

十一　――線⑬「行け、と少年が～ただ幸運を祈った」（208行目）とありますが、

（1）「私」は、ガゼルが柵の外に出た理由をどのように考えていますか。説明しなさい。

（2）柵の外に出て、かけていくガゼルに対する「少年」の言葉を、「私」が受け入れたのはなぜですか。本文全体をふまえ、【　　】（182～186行目）の部分に注目して説明しなさい。

〈問題はここで終わりです〉

〈以下余白〉

国語

（60分）

（二〇二〇年度）

麻布中学校

《注意》

一　試験開始の合図があるまでは、問題用紙を開けてはいけません。

二　問題用紙は十四ページまであります。解答用紙は一枚です。試験開始の合図があったら、まず、問題用紙、解答用紙がそろっているかを確かめ、次に、解答用紙に「受験番号」「氏名」「整理番号（下じきの下方の番号）」を記入しなさい。

三　試験中は、試験監督《かんとく》の指示に従いなさい。

四　試験中に、まわりを見るなどの行動をすると、不正行為《こうい》とみなすことがあります。疑われるような行動をとってはいけません。

五　試験終了《しゅうりょう》の合図があったら、ただちに筆記用具を置きなさい。

六　試験終了後、試験監督の指示に従い、解答用紙は裏返して置きなさい。

七　試験終了後、書きこみを行うと不正行為とみなします。

次の文章を読み、設問に答えなさい。

まだまだ、と思う。まだまだ、この花はほんとうの姿を見せていない。葉の向きを考え、茎《くき》を大きく切って剣山《けんざん》※①の上で角度を確かめる。花菖蒲《はなしょうぶ》のやわらかな紫《むらさき》がふっと霞《かす》む。花びらの向こう、ずっと前の列で一心に花を活《い》けている朝倉くんの背中が目に入る。

朝倉くんが花を活けているとき、まわりの空気がぴんと張る。冷たいような、澄《す》んだような空気の層ができて、そこに触《ふ》れるのが畏《おそ》れ多《おお》い感じがする。遠くから見つめているだけでじゅうぶんだと思う。

朝倉くんは中学の同級生だった。勉強ができて、野球部では一塁手《いちるいしゅ》だった。友達も多そうだったし、女子にもわりと人気があったはずだ。この辺でいちばんの進学校に進んだことも知っている。でも、特に親しかったわけではなく、知っているのはそれくらいだった。野球部らしく丸刈《まるが》りだった髪《かみ》が伸《の》びかけていた。野球は辞《や》めたのかなと思った。

最初に見かけたときは驚《おどろ》きもしなかった。誰《だれ》か、たとえばガールフレンドだとか妹だとかの付《つ》き添《そ》いに来てるんだろうと思った。教室の後、花材を一式持ち帰るのがいつもけっこう大変だったからだ。

朝倉くん、と声をかけると、朝倉くんのほうはちょっとびっくりしたみたいだった。久しぶり、と笑った顔は野草がほころぶときみたいな青さを漂《ただよ》わせた。

「誰を待ってるの？」私は辺りを窺《うかが》いながら訊《き》いた。

「待ってないよ」

誰かを送ってきただけで待っているわけではないということだろうか。それ以上詮索《せんさく》するつもりはなかった。だから、時間になっても朝倉くんが教室にいて、帰るどころか用具を揃《そろ》えはじめるのを見てようやく驚いた。男子が活け花を習いに来ること自体はめずらしいことじゃない。この教室にも何人かは男の子がいるし、朝倉くんが活け花にふさわしくないということでもない。そうではなくて、どうして①最初に見たときに気づかなかったのか、自分は朝倉くんを全然見ていなかったのか、ということを今さらながら知らされたのだ。朝倉くんは、クラスで勉強していた姿より、校庭でボールを追いかけていた姿より、ここで花を活けている背中がいちばん凛々《りり》しい。

視界の隅《すみ》で朝倉くんが動くたびに、私も揺《ゆ》れた。朝倉くんは今、どの花を見て、どの花に触れているだろう、と思いながら手元の花を活ける。うまくはいかなかった。いつもと変わらず、思うようには活けられない。

教室が終わりに近づいて、生徒の作品を鑑賞《かんしょう》しあう時間になると、私は前のほうへ移動し、朝倉くんの席に近づいて彼《かれ》の花を覗《のぞ》いた。

美しかった。私はその花に釘付《くぎづ》けになった。私だけではない。みんな朝倉くんの花を遠巻きにして息をひそめていた。思うように活けられない、と私がいつも思っている、その「思うように」をはるかに超《こ》えた花だった。私が思うことなんか、たかが知れている、と思った。

教室の帰りに朝倉くんを追った。花材と華道具《かどうぐ》を籠《かご》にａツんで自転車に跨《また》ろうとしているところに駆《か》けていき、後ろから声をかけた。「待って」

朝倉くんが振《ふ》り返《かえ》る。

「朝倉くんの花、すごくよかった」

はにかんだような目が、まぶしい。こんな表情もできるひとだったんだ。

「いや、まだまだだよ」日に焼けた顔でそういって片手を挙げると、朝倉くんは自転車で走っていってしまった。

陽射《ひざ》しの中を自転車で走る。今年は春の勢いがいい。汗《あせ》ばむような陽気だ。大きな川のカーブする外側の小さな町の、役場や公民館や商店街のある一角から自転車で十五分。古くからの住宅地に、ぽつんぽつんと店が混じる。そこに、うちがある。通りに面して骨董品《こっとうひん》店。その奥《おく》が住居になっている。

家に入ると、急いで瞬《まばた》きをしなくちゃならないくらい薄暗《うすぐら》い。窓が高くて小さいせいだ。ぼんやりした光に、※②漆喰《しっくい》の壁《かべ》と黒光りする廊下《ろうか》が白黒写真みたいに浮《う》かびあがる。裸足《はだし》で上がると廊下は磨《みが》き込《こ》まれてひんやりしている。

「あら、帰ってたの」台所で母が振り返る。「やだ、また裸足」

肩《かた》をすくめて通り過ぎると、奥の部屋から出てきた祖母に呼びとめられた。「今日の花、さっそく活けてごらんよ」

「待って、あとでね」そそくさと自分の部屋に逃《に》げる。

「あとで、はないよ、あとになったらチャンスはもうないんだよ」祖母の声が追いかけてくる。何をいわれても同じだ。今はぜんぜん活けたくない。朝倉くんのあんな花を見ちゃった後に、自分で活ける気にはなれない。

二階の部屋は庭を挟《はさ》んで土手に面している。部屋の窓を開けて、外を見る。庭に雛芥子《ひなげし》が咲《さ》いている。その向こうに土手の緑が続く。土手の上は桜並木で、向こう側は川原だ。広場や散歩道があって、大きな川がゆるやかに流れる。

幼い頃《ころ》、よく姉妹《しまい》三人でこの土手にすわってお弁当を食べた。そのときの、姉たちの蝶々《ちょうちょう》みたいにひらひら飛びまわる笑い声と、おひさまの光と、川の流れる音とが、今でもこの土手のどこかに残っている感じがする。紗英《さえ》、紗英、と呼んでいた。②紗英はお豆さんだからね、と笑う姉たちの声。

晴れた日の午後には土手の白詰草《しろつめくさ》を編んで冠《かんむり》をこしらえた。花の冠をお互《たが》いの頭に載《の》せあってうっとりする姉たちを覚えている。やがて姉たちは私の頭にも冠を重ねてくれた。お姫《ひめ》さまみたいだよ、紗英、可愛《かわい》いね。冠はやわらかな土と若草の匂《にお》いがした。可愛いね、と姉たちに微笑《ほほえ》まれると、夢見心地《ゆめみごこち》になった。自分はお姫さまなのだと信じて疑いもしなかったあの頃を思うと、つい口許《くちもと》がほころぶ。いずれ現実に直面するときは来る。幼いひととき、自分を可愛いと思《おも》い込《こ》むことができて私はしあわせだった。

昔たしかにあったものは、消えてなくならない、だろうか。上の姉は遠くの大学へ通うために家を出てしまい、下の姉ももう土手にすわってお弁当を広げたりはしない。私だけが土手を見ている。それでも、そのあたりにまだあの頃の光や風がさざめいている気がする。

「紗英はお豆さんだからね」

窓から外に向かっていってみる。お豆さんというのは、お豆みたいに小さい子、という意味らしい。小さくて、面倒《めんどう》を見てあげなきゃいけない子。それは単に三姉妹の一番下だからということだけでなく、いつまでも下の立場に喜んでいる子だったということだろう。姉たちがふたりでなんでも引き受けてくれて、私はのほほんと楽しかった。まだまだお豆さんでいられる、と意識していたわけではないけれど、少なくとも、「まだまだ」を厳しい意味で使ったことはなかった。朝倉くんの花を見るまでは、たぶん一度も。

活け花教室で次に朝倉くんと会ったときに私は訊いた。

「まだまだ、って、どうしてわかるの」

え、と朝倉くんが顔を上げる。

「こないだ、まだまだだっていったよね。どうしてそう思うの。どうしてわかるの。どうしたらまだまだじゃなくなるの」

まだまだ届かない、思うようには活けられない。朝倉くんは自分の花をそう評した。

「ちょっと、紗英」千尋《ちひろ》が私の左肘《ひだりひじ》をついて止めようとしている。千尋は親切だから私が突《つ》っ走《ぱし》り気味になると上手に制御《せいぎょ》してくれる。この活け花教室を紹介《しょうかい》してくれたのも千尋だった。

「わかるときはわかるんじゃないかな」真面目な声で朝倉くんはいった。それからちょっと笑った。

「謙遜《けんそん》だとは考えなかったんだね」

「え、謙遜だったの？」私が驚くと、冗談《じょうだん》だよ、という。

「花を活けてると気持ちがいいだろ。思った通りに活けられると、気持ちのよさが持続する。そのやり方をここに習いに来てるんだ。みんなもそうなんじゃないの」

「なるほど」私は感心して何度もうなずいた。「気持ちのよさが持続する。なるほどね」

朝倉くんは、やめて、恥《は》ずかしいから、といった。

「なるほど。気持ちのよさを持続するために」うなずきながらもう一度私がいうと、朝倉くんはしっしっと追《お》い払《はら》う真似《まね》をした。

思った通りに活ける、と朝倉くんはいったけれど、私の「思った通り」じゃだめなんだと思う。私なんかの思ったところを超えてあるのが花だ。そう朝倉くんの花が教えてくれている。

じゃあ、なるべくなんにも考えないようにして活けてみよう。

その考えは、しかし間違《まちが》いだったらしい。

「津川《つがわ》さん、真面目におやりなさい」先生は巡回《じゅんかい》してきて私の花を見るなりそういった。「しょうがないわねえ」

いつもなら、注意されることはあっても先生の目はあたたかい。しょうがないわねえ、と笑っている。でも、今日は違《ちが》った。③基本形を逸脱《※③いつだつ》したためちゃくちゃな花がよほど腹に据《す》えかねたらしく、剣山から私の花をぐさぐさ抜《ぬ》いた。

「どういうつもりなの」声は怒《いか》りを抑《おさ》えている。周囲の目がこちらに集まっている。

「いつもの津川さんじゃないわね。遊び半分で活けるのは、花を裏切ったことになるの」

すみません、と私は謝《あやま》った。遊び半分なんかじゃなく、④真剣《しんけん》に考えたらこうなったんだけど、普段《ふだん》は穏《おだ》やかな先生の剣幕《けんまく》を見たらやっぱりそれはいえなかった。先生は花を全部抜くと大きくため息をついて、ふいと立ち去ってしまった。

千尋と目が合う。どんまい、と目だけで笑ってくれる。もう一度水切り※4をしなおして、少し茎の短くなってしまった花を見る。またいつもみたいに、習った型の通り順番に差していくんだろうか。型通りなら誰が活けても同じじゃないか。私はこっそり辺りを見まわす。みんな、おとなしく従っているのはなぜなんだろう。――そんなふうに思うなんて不遜《ふそん》だし傲慢《ごうまん》だ。だけど急に、目の前の花が色褪《いろあ》せて見える。もしかしたら⑤活け花はどうしても私がやらなきゃならないことじゃないのかもしれない。

このまま塾《じゅく》に行くという千尋と別れて帰ろうとしたら、市民センターの出口のところに朝倉くんがいた。自然にふたり並んで歩き出す。

「どうして私を待ってたの、とか訊かないか普通《ふつう》」朝倉くんがいうので初めて気がついた。

「そっか、朝倉くん、あたしのこと待っててくれたんだ」

「……いいよなあ、さえこは」

A【さえこ。懐《なつ》かしい呼び名だ。久しぶりに聞いた。さえこ、さえこ、と中学のクラスメイトは呼んだ。ほんとうの名前は紗英なのに、そこになぜか子をつけて、紗英子、それが私の愛称《あいしょう》だった。紗英、と呼び捨てにするほど親しくない同級生たちにとって、子をつけるだけでフェイク※5になる。紗英子なら呼べる。そういうことらしい。彼らは私を呼びたかったのだ。さえこ、さえこ、と気軽に愛称で呼べて、さえこはいいよなあ、なんていえる存在が欲《ほ》しかったんだと思う。事実、私は一日に何度も名前を呼ばれ、さえこ、さえこ、と手招きされる。さえこはいいね、さえこはいいよなあ。何がいいのかよくわからないけど、みんなにそういわれるのがこそばゆく※6て、うふふ、と笑う。そうすると彼らはいよいよもって、いいよなあ、と繰《く》り返《かえ》す。】

「さっきの、先生に注意されてた花、見たよ。びっくりした。あれ、遊んでたんじゃないよな、確信犯※7だよな」

うーん、と私は言葉を濁《にご》す。

「自分でもどうしたいんだかわからなくなっちゃった」

「それもわかった、あの花見たら」朝倉くんはそういって笑う。「やりたいことはなんとなく伝わってきた。面白《おもしろ》いと思ったよ。でも、何百年もかけて磨かれてきた技《わざ》に立ち向かおうと思ったら、足場が必要だろ。いきなり自己流じゃ太刀《たち》打ちできない」

市民センターを出ると陽射しが強い。自転車置き場まで並んで歩く。

（中略）

後ろから肩を叩《たた》かれて、ひゃっと飛び上がる。古典の細谷《ほそや》先生だった。

「そんなにびっくりしないでよ」彼女《かのじょ》は笑って、私が見ていたものに視線を戻《もど》す。図書室の前の廊下に飾《かざ》られた花だ。華道部《かどうぶ》の作品らしく、生徒のクラスと名前の書かれた紙が置いてある。

「お花に興味ある？」

いえ、と私はいう。

「あなた心得《こころえ》があるでしょ。華道部はどう。今、部員募集《ぼしゅう》中なのよ」

いえ、いえ、と私はさらに後ずさる。

「あなたみたいなひとが入部してくれたら、さぞかしひとが集まるんじゃないかと思うの」先生は、ふ、と笑った。笑っているのに口《くち》の端《はし》が下がって見えた。

「わかるでしょう、そんなに真剣にならなくていいの。部活の間、楽しく笑って過ごしてくれればそれでいいの。その代わり、男子なんかも勧誘《かんゆう》してくれるとうれしいんだけどな。そういうの、得意よね」

ああ、こういうことをいおうとする直前にひとの目はいきいきするんだな、と私は先生の光を帯びた目を見て思う。光って、べたべたしている。

「どうかな。考えてみてくれるかな」

いつものあなたみたいに、ふわふわと、気持ちのいいところだけ掬《すく》って。そういわれた気がした。私は壁に凭《もた》れていた背を起こす。

「その花、顧問《こもん》の先生のご指導ですか」

「そうだけど——顧問は私よ」

「それでしたら、けっこうです」

「どういうこと」

「その花、面白くありません」

細谷先生は胸の前で腕《うで》を組んだ。
「それはまた津川さんらしくない感想ね」
「あたしらしくない感想、ですか。もしも普段のあたしらしかったら」いいながら、なぜか笑い出したくなった。
「わあ、このお花、上手ですねぇ、きれいですねぇ、なんてbテキトウに誉《ほ》めて逃げるだろうってことですか」
「あらま」細谷先生は私の目の前まで一足に踏《ふ》み込《こ》んできた。
「自分でよくわかってるんじゃない」
「あたしらしくない、ですよね」
そうなのだ、私らしくないのだ。たぶん、⑥ひとが思う私らしさとは違うところでぐんぐんと根を張っていたものが、今、ひょいと地面から顔を覗かせたんだろう。
B【「あなたの普段の姿は演技ってわけ」細谷先生の眉間《みけん》にくっきりと皺《しわ》が刻まれている。私はできる限りにこやかに笑う。いいなあ、さえこのその※⑧屈託《くったく》のない笑顔《えがお》、つられて笑いたくなっちゃうよ。いつもみんなにそういわれる。その笑顔で、今、笑えているだろうか。】
「演じてなんかいないんですよ」さえこの笑顔のままで、私はいった。「面白くない花は面白くない、それくらい、あたしだっていうんです」
「……ねえ、調子に乗ってるんじゃないわよね」
「ぜんぜん乗ってませんよ、普段通りです」私は平気な顔で※⑨踵《きびす》を返す。先生がまだあの光る目で私を見ている。背中に痛いほど視線を感じる。なんでこんなことになっちゃったんだろ、と思いながら私は階段を下りた。

（中略）

「あたしの花ってどんな花なんだろう」濡《ぬ》れた髪を拭《ふ》き、ほうじ茶を飲みながら漏《も》らした言葉を、祖母も母も姉も聞き逃《のが》さなかった。
「紗英の花？」
私らしい、といういい方は避《さ》けようと思う。自分でも何が私らしいのか、今はよくわからないから。
「あたしが活ける花」

２０２０年度

算　　数

（その１）

受験番号	
氏　　名	

※60点満点
(配点非公表)

1 次の式の□には同じ数が当てはまります.

$$\left(4\frac{1}{4}-\square\right):\left(3\frac{5}{6}-\square\right)=31:21$$

□に当てはまる数を答えなさい.

答

2 下の図のように，半径 5 cm の半円を，4 つの直線によってア，イ，ウ，エ

(2) イとエの面積の和からウとオの面積の和を引くと，何 cm^2 になりますか.

必要ならば，下の図は自由に用いてかまいません.

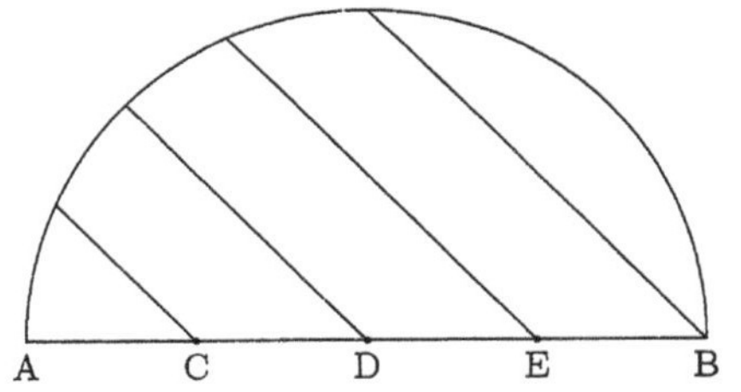

答　　　cm^2

3 1 から 6 までの 6 つの数字を 1 度ずつ使って，6 桁《けた》の整数を作ります．このとき，以下の問いに答えなさい.

(1) 各位の数字を 2 で割った余りを考えると，同じ余りがとなり合うことはありませんでした．このような整数は全部で何個作れますか．ただし，割り切れるときに

２０２０年度

算　　数

（その２）

受験番号	
氏　　名	

4 空の容器Xと，食塩水の入った容器A, Bがあり，容器A, Bにはそれぞれの食塩水の濃《こ》さが表示されたラベルが貼《は》られています．ただし，食塩水の濃さとは，食塩水の重さに対する食塩の重さの割合のことです．

たかしさんは，次の作業**1**を行いました．

作業1 容器Aから120g，容器Bから180gの食塩水を取り出して，容器Xに入れて混ぜる．

このとき，ラベルの表示をもとに考えると，濃さが7％の食塩水ができるはずでした．しかし，容器Aに入っている食塩水の濃さは，ラベルの表示よりも3％低いことがわかりました．容器Bに入っている食塩水の濃さはラベルの表示通りだったので，たかしさんは，次の作業**2**を行いました．

作業2 容器Aからさらに200gの食塩水を取り出して，容器Xに入れて混ぜる．

この結果，容器Xには濃さが7％の食塩水ができました．容器A, Bに入っている食塩水と，作業1のあとで容器Xにできた食塩水の濃さはそれぞれ何％ですか．

円が通った部分のうち，「ほしがた」の外側を青く塗《ぬ》ります．また，円が通った部分のうち，「ほしがた」の内側を赤く塗ります．以下の問いに答えなさい．

(1) 青く塗られた部分の面積を求めなさい．ただし，一辺の長さが1cmの正三角形の面積をⒶcm^2，図2の円の面積をⒷcm^2として，□×Ⓐ＋□×Ⓑ(cm^2)の形で答えなさい．

必要ならば，下の図は自由に用いてかまいません．

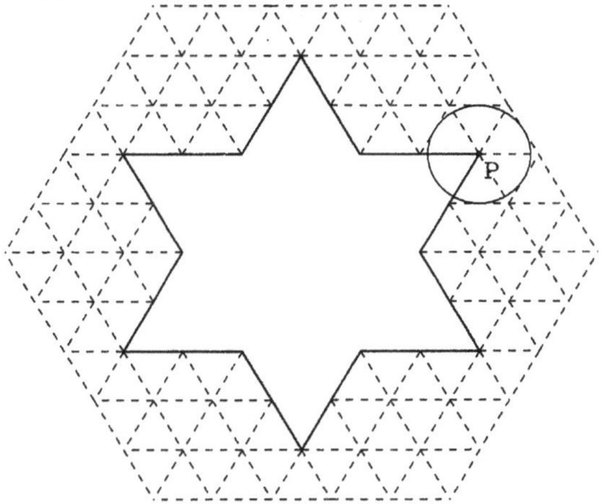

２０２０年度

算　　数

（その３）

受験番号	
氏　　名	

6　周の長さが１ｍの円があります．図１のように，この円の周上を点Ａは反時計回りに，点Ｂは時計回りにそれぞれ一定の速さで動きます．点Ａと点Ｂは地点Ｐから同時に動き始め，２点が同時に地点Ｐに戻《もど》ったとき止まります．以下の問いに答えなさい．

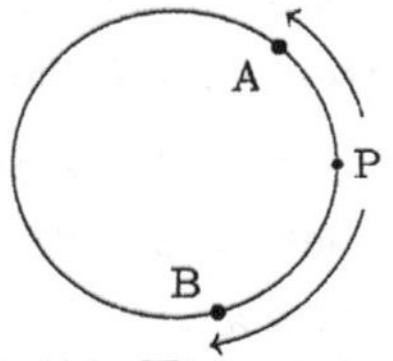

図１

(1)　点Ａの動く速さと点Ｂの動く速さの比が３：５のとき，点Ａと点Ｂが同時に地点Ｐに戻って止まるまでに，２点は地点Ｐ以外で何回すれ違《ちが》いますか．

答　　　　回

(2)　点Ａの動く速さと点Ｂの動く速さの比がア：イのとき，点Ａと点Ｂが同時に地点Ｐに戻って止まるまでに，２点は地点Ｐ以外で14回すれ違いました．このとき，ア：イとして考えられるものをすべて，できるだけ簡単な整数の比で答えなさい．ただし，点Ａよりも点Ｂの方が速く動くものとします．また，解答らん

(3)　点Ａの動く速さと点Ｂの動く速さの比が３：８のとき，点Ａと点Ｂが同時に地点Ｐに戻って止まるまでに，２点Ａ，Ｂが動いた道のりは合計何ｍですか．また，２点は地点Ｐ以外で何回すれ違いますか．

答　　　　m,　　　　回

(4)　点Ａの動く速さと点Ｂの動く速さの比がウ：エのとき，点Ａと点Ｂが同時に地点Ｐに戻って止まるまでに，２点は地点Ｐ以外で６回すれ違いました．点Ａよりも点Ｂの方が速く動くものとすると，ウ：エとして考えられるものは９通りあります．これらをすべて，できるだけ簡単な整数の比で答えなさい．

2020(R2) 麻布中
教英出版

問4　下線部②について、現在では図３のように、発光ダイオード（ＬＥＤ）を用いた信号機が数多く見られるようになりました。一方、図４のように、電球を用いた信号機もあり、この信号機には電球の後方に光を反射する鏡が取り付けられています。図４の信号機に関して、次の（１）と（２）に答えなさい。

（１）図４の信号機では、どのような目的で鏡を取り付けていると考えられますか。

（２）ＬＥＤを用いた信号機にはフードがないタイプのものもありますが、交通安全上の観点から、電球を用いた図４の信号機には、フードが必ず取り付けられています。図４の信号機にフードを取り付けなかった場合、どのようなことが起こって、交通安全が確保されなくなる可能性がありますか。

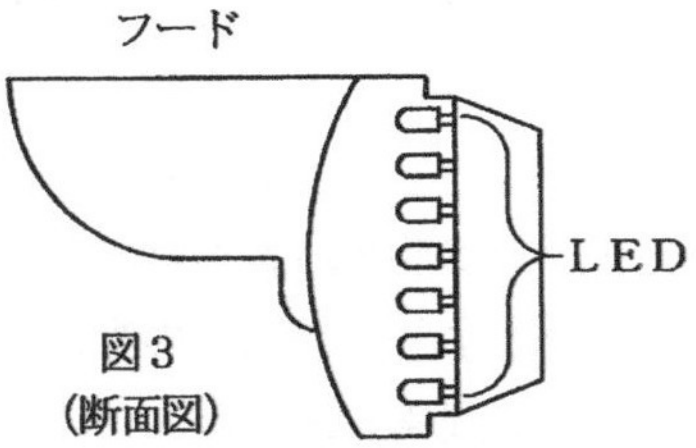

図３
（断面図）

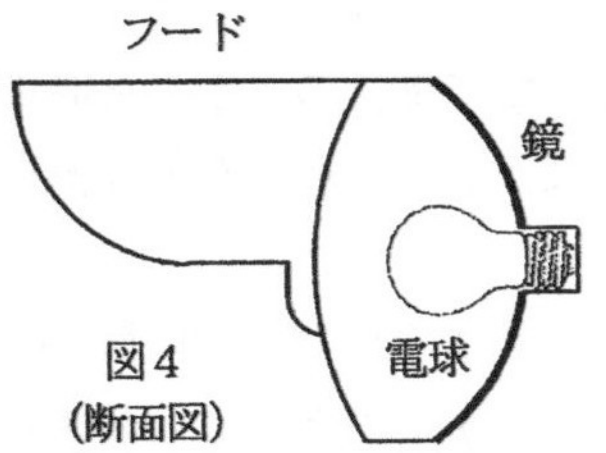

図４
（断面図）

空気中に置かれた光源から水に向かって光が出されると、光は水面で曲がって進むことがあります。また、水中での光の速さは、空気中よりも遅《おそ》く（約$\frac{3}{4}$倍に）なります。フェルマーの考え方を用いれば、これらの関係についても説明できます。たとえば、図５の光源Ｐから出て点Ｑに到達《とうたつ》する光について考えると、Ｐ→Ｒ→Ｑと真っすぐに進むよりも、水面上の点Ｓで曲がってＰ→Ｓ→Ｑと進む方が、点Ｑに到達するまでの時間が短くなります。よって、遠回りになっても、光は途中《とちゅう》で曲がって進むことになるのです。

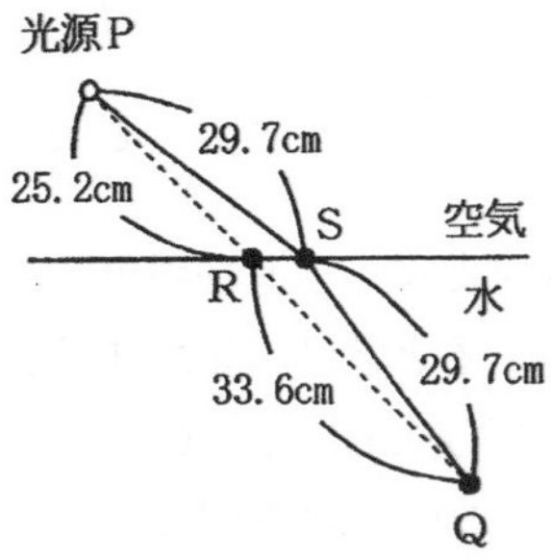

図５

問5　図５において、光源Ｐから出た光が、仮にＰ→Ｒ→Ｑと進む場合に点Ｑに到達するまでにかかる時間と、Ｐ→Ｓ→Ｑと進む場合にかかる時間の比を、最も簡単な整数比で答えなさい。ただし、水中での光の速さは空気中の$\frac{3}{4}$倍であるとします。

問6　図６のように、水中に置かれた光源Ｐから出た光が水面上の点Ａ、Ｂで曲がって進み、それぞれ空気中にいる観測者の左目と右目に入りました。観測者が片目で見たとき、観測者には目に入ってきた光が進む向きの反対側に光源があり、そこから光が真っすぐ進んで目に入ってきたように見えます。観測者が両目で見たとき、光源Ｐはどの位置にあるように見えますか。解答欄《らん》の図に、位置を求めるために必要な線をすべて描《か》いた上で、その位置を小さな丸で示しなさい。

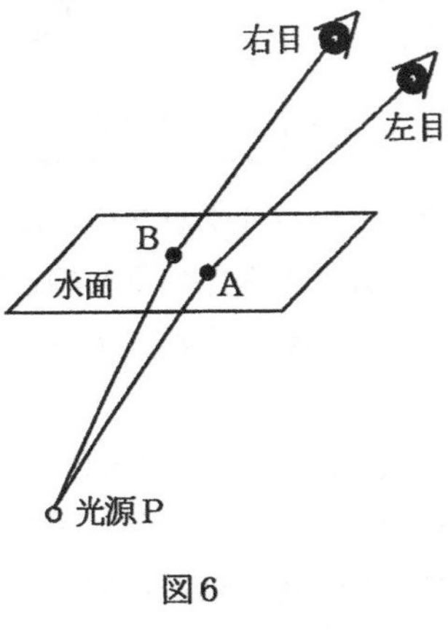

図６

光はガラス中を進むときにも、空気中より速さが遅くなります。このため、空気中にガラスを置くと、光が途中で曲がって進むことがあります。図７において、点線部分にある形のガラスが置かれており、点A～Cから同時に平行な光を出すと、これらの光は交わることなく、それぞれ点ａ～ｃに到達しました。このとき、フェルマーの考え方を用いれば、ガラスの表面での光の曲がり方をくわしく考えなくても、点線部分に置かれたガラスの形の特徴《とくちょう》がわかります。なぜなら、「光が点Aから点ａまで進むのにかかる時間は、実際の経路（図７）を通る方が、それ以外の経路（たとえば、点Aと点ａを結ぶ直線）を通るときよりも短くなる」と考えればよいからです。

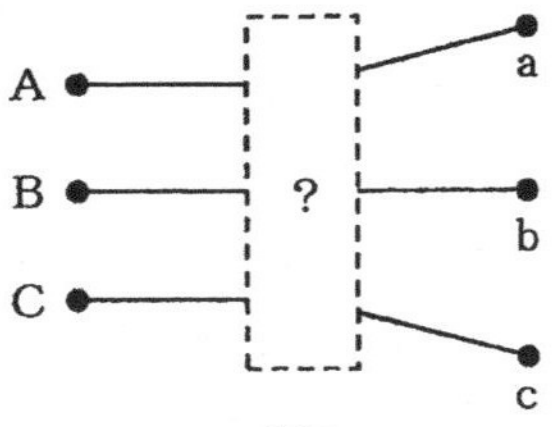

図7

問７　図７の点線部分に置かれたガラスの形や向きとして考えられるものを、次のア～カからすべて選び、記号で答えなさい。

ア.　イ.　ウ.　エ.　オ.　カ.

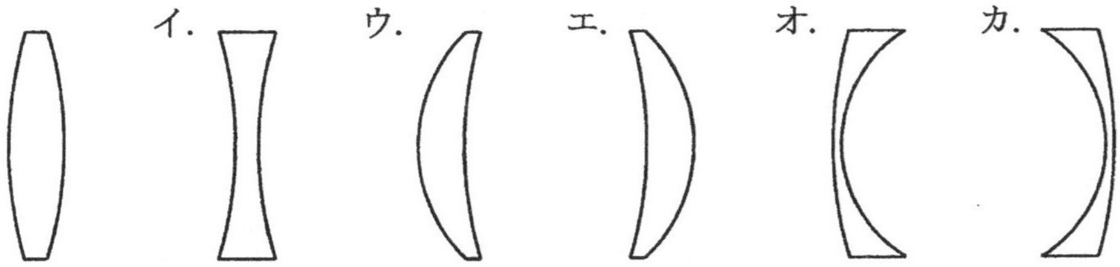

光が曲がって進む現象は、宇宙でも観測されることがあり、太陽などの重い星の近くを通過するときは、光が曲がることが知られています。この原因を、次のように単純化して考えてみましょう。図８は、四隅《よすみ》が固定された軽いテーブルクロスが空中に張られた様子を真上から見たものです。このテーブルクロスの上に球を静かに置くと、図９のように、球の周辺部分のテーブルクロスが伸《の》びてたわみました。ここで、置く球をさらに重いものに交換《こうかん》した後、アリがテーブルクロスの上を、図８の点Pから点Qに向かって、途中で速くなったり遅くなったりせずに、決まった速さで進む場合について考えます。

図8
(真上から
見た図)

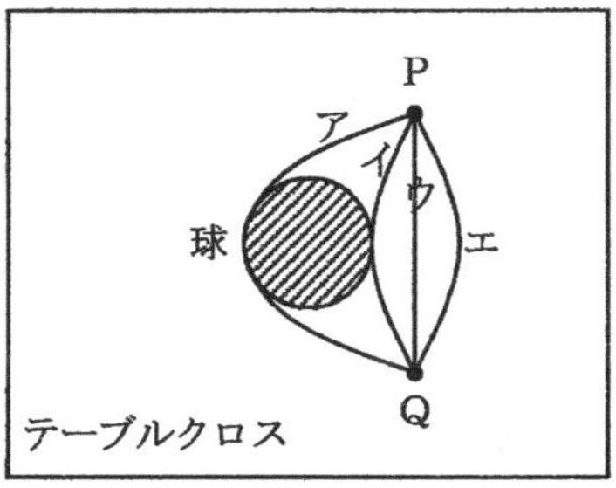

図9

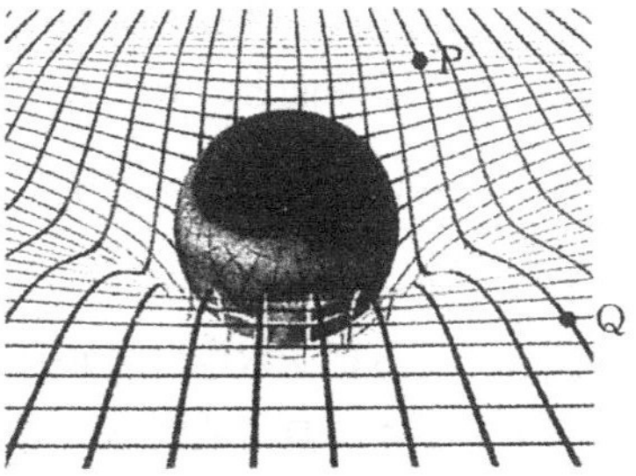

問８　テーブルクロスの上に置かれた球がとても重いとき、点Pを出発したアリは、図８に示した経路のうちのどれを通ったときに、点Qまで到達する時間が最も短くなると考えられますか。ア～エから１つ選び、記号で答えなさい。

20 世紀にアインシュタインは、テーブルクロスが重い球によって伸びてたわむように、重い星によって周囲の「時空」がゆがむのではないかと考えました。そして、重い星の近くで光の経路が曲がるのは、そのゆがみが原因であると説明したのです。

4

月を望遠鏡で見ると、円形のくぼみがたくさん見られます。このくぼみはクレーターといって、いん石の衝突《しょうとつ》などによって形成されます。月が生まれてから、いん石の衝突がくり返されてきた証拠《しょうこ》です。ところで、月は主に岩石でできていますが、その表面は、レゴリスとよばれる砂のようなものでおおわれています。レゴリスは、いん石の衝突によって飛び散った細かい破片《はへん》などが積もったものです。昨年は人類初の月面着陸から 50 周年でしたが、アポロ 11 号の宇宙飛行士が月面のレゴリスにつけた足跡《あしあと》の写真は有名です。

問1　クレーターに関連して述べた文として最も適当なものを、次のア～エから選び、記号で答えなさい。

ア．月では、古い時代に作られた表面ほど、クレーターの数が少ない。

イ．地球を宇宙から見ると、月に見られるよりも多くのクレーターがある。

ウ．地球では、形成されたクレーターが消えてなくなってしまうことはない。

エ．人類は地球以外の天体にものをぶつけて人工クレーターを作ったことがある。

問2　月の表面には、地球のような空気も流れる水もありません。このことに関連して、月のレゴリスに含《ふく》まれる岩石の破片と、地球の川砂（川底などに積もった砂）などに見られる粒《つぶ》とでは、外形にどのような特徴《とくちょう》があると考えられますか。レゴリスと川砂のちがいがわかるように、それぞれ答えなさい。

地球の表面の多くの場所も砂などの粒でおおわれていますが、その主なでき方は、かたい岩石が「風化」によってボロボロになることです。岩石はさまざまな種類の「鉱物」という粒がたくさんくっついてできていますが、風化によって、岩石が破片になったり、鉱物の粒にバラバラにほぐれたりするのです。こうしてできた破片や粒を「さいせつ物」といいます。さいせつ物が積もったものを、たい積物といい、それが固まってできた岩石を、たい積岩といいます。

問3　さいせつ物は、粒の大きさによって、れき・砂・泥《どろ》に区分されています。この区分が粒の大きさによって行われていることは、たい積物やたい積岩を調べる際に、どのような点で役立っているでしょうか。適当なものを次のア～エから２つ選び、記号で答えなさい。

ア．さいせつ物が運搬《うんぱん》される際、粒の大きさによって流されやすさが異なるため、粒の大きさによって、たい積したときの様子を知ることができる。

イ．さいせつ物は時間がたつほど細かくなるため、地球上のさいせつ物やたい積岩の粒の細かさによって、できた年代が古いかどうか知ることができる。

ウ．さいせつ物の粒の大きさによって、たい積物への水のしみこみ方が異なるため、地表での水はけの様子や、地下での水の動き方を知ることができる。

エ．さいせつ物は粒の大きさによって色が決まっているため、たい積物やたい積岩の見た目の色で、それを作っているさいせつ物を特定することができる。

岩石にしみこんだ水の凍結《とうけつ》や、鉱物の体積変化によって岩石がバラバラにほぐれることを、物理的風化といいます。また、岩石中の鉱物が水や空気中の二酸化炭素と結びついて、もろく細かい鉱物に変化したり、岩石の成分（たとえば、カルシウムやナトリウムなど）が水に溶《と》けこんだりすることを、化学的風化といいます。岩石や鉱物の種類によって風化しやすいかどうかは異なり、風化によって生成されたさいせつ物は、多くの場合、もとの岩石とは含まれる成分や鉱物の割合が変化します。一般《いっぱん》に、物理的風化は寒冷な環境《かんきょう》で、化学的風化は温暖な環境や湿《しめ》った環境で進みやすく、①物理的風化が進むと、表面積が増えることで、化学的風化も進みやすくなります。

問4　物理的風化や化学的風化に関連することがらとして適当でないものを、次のア～エから１つ選び、記号で答えなさい。

ア．海水の塩分には、岩石から溶けこんだ成分が含まれている。

イ．岩石の割れ目にしみこんだ水が凍結すると、岩石の割れ目を広げる。

ウ．川の水や地下水は真水なので、岩石から溶けこんだ成分は含まれない。

エ．鉱物は温度の高いところでは体積が増加し、低いところでは体積が減少する。

問5　下線部①に関連して、表面積が 24m^2 の立方体の岩石ブロックが、全て同じ大きさの立方体のブロック８個に分かれるとすると、それらの表面積の合計は何 m^2 になりますか。整数で答えなさい。

石材としてよく利用される花《か》こう岩《がん》を知っていますか。地表に見られる花こう岩には、多くの場合、右の写真のような割れ目ができています。花こう岩は、風化に強い石英《せきえい》という鉱物を含むかたい岩石ですが、長い時間をかけて風化すると真砂《まさ》とよばれるさいせつ物になります。真砂の中にはコアストーンとよばれる巨大《きょだい》な花こう岩のかたまりが残っていることがあります。右図は真砂とその中のコアストーンの様子を示す断面図です。この真砂が大雨などで流されると、土石流となることがあります。さらに、ときには直径数ｍにもなるコアストーンが動くことによって、被害《ひがい》が拡大してしまうこともあるのです。

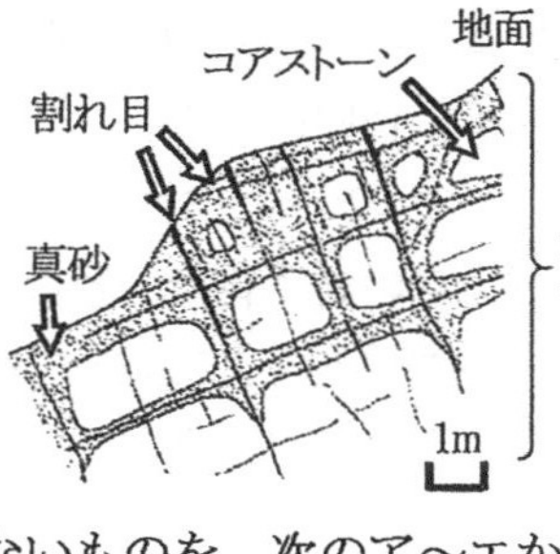

問6　花こう岩の割れ目や風化に関して述べた文として適当でないものを、次のア～エから１つ選び、記号で答えなさい。

ア．花こう岩には、おたがいに垂直《すいちょく》に交わる割れ目ができやすい。

イ．コアストーンと真砂では含まれる鉱物や成分の割合が同じである。

ウ．風化は花こう岩の割れ目に沿って進みやすい。

エ．風化の影響《えいきょう》は地表に近いほど強い。

問7　１辺が 2m の立方体のコアストーンは何 kg になりますか。花こう岩が 1cm^3 あたり 2.7g であるとして、計算して答えなさい。

真砂が分布する地域には、花こう岩の風化によって生成された粘土《ねんど》を利用した焼き物が有名な地域もあります。風化によって生成されたものは、私たちの生活で便利に利用されていることもあるのです。また、岩石の成分が水に溶け出すことは、生物が必要な栄養を得るためにも重要な役割をになっています。さらに、岩石の風化は、②地球の環境に影響をあたえることもあります。

土地の成り立ちは場所によってさまざまですが、地形の変化には風化が大きく関係しています。今みなさんがいる麻布中学校の周辺は、さいせつ物がたい積してできた大地がけずられて形成された土地です。ここに来るまでに、地形を感じたでしょうか。

問8　下線部②について述べた次の文中のa～cについて、それぞれ〔　　〕内の語句から適当なものを1つずつ選び、記号で答えなさい。

気候が温暖化すると、風化によって大気中から取り除かれる二酸化炭素の割合がa〔ア．増加　イ．減少〕し、温室効果がb〔ウ．強まる　エ．弱まる〕。このように、風化にはc〔オ．違う気候への変化を進める　カ．気候を一定に保とうとする〕はたらきがある。

問9　次のア～エは、麻布中学校周辺の地形について、5mごとに標高の等しい地点を結んだ線（等高線）を示すものです。標高の高い順に記号を並べて答えなさい。なお、アの図中の地点は学校と最寄《もよ》り駅の位置を示し、各図は約2km四方の同じ範囲《はんい》です。

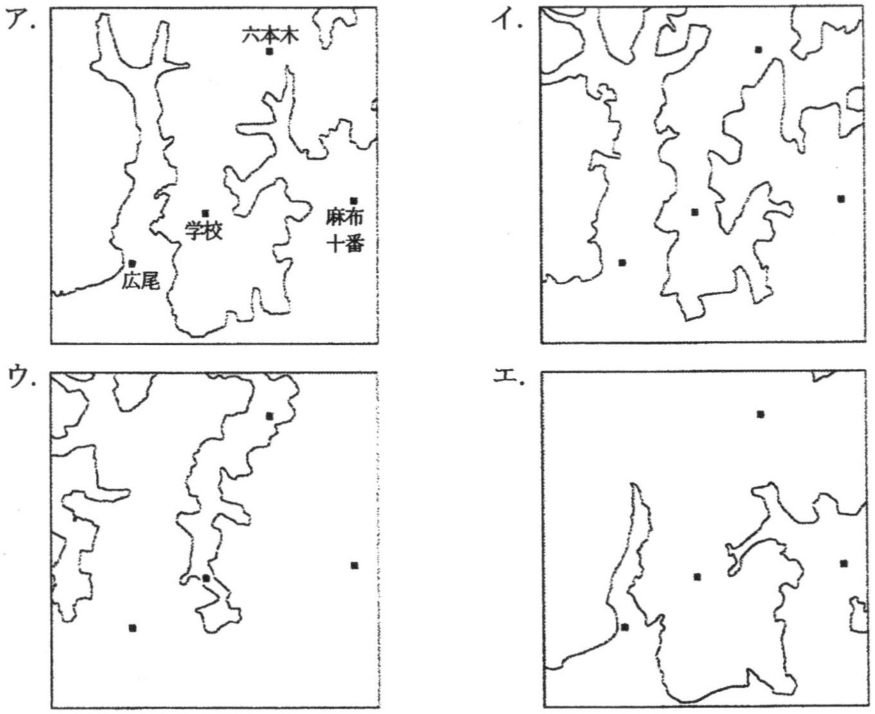

〈 問題はここで終わりです 〉

2020(R2) 麻布中
K 教英出版

問10　下線部ケ．について。なぜ企業は流行している衣服の製造を意図的にやめてしまうのでしょうか。企業のねらいを答えなさい。

問11　下線部コ．について。これまで衣服や身につけるものについて当然だと考えられてきたことでも、近年疑問をもたれるようになっているものがあります。どのようなものがありますか。具体例をあげて説明しなさい。

問12　下線部サ．について。本文では衣服はその社会を映し出す鏡といえるとありますが、衣服によって日本の社会のどのような特徴《とくちょう》が分かりますか。具体例をあげて答えなさい。

問13　下線部シ．について。本文では衣服に対する考え方の違いによって人びとの間に問題が起きると述べられています。

(1)そうした問題の具体例を下から一つ選び、対立する一方の言い分と、他方の言い分を80字～120字で述べなさい。ただし、句読点も1字分とします。

(2)下の二つの具体例では、なぜ双方《そうほう》が歩み寄って問題を解決することが難しいのでしょうか。二つの例に共通する理由を述べなさい。

【例1】レストランや温泉などで、入《い》れ墨《ずみ》が見えることを理由に入店や入浴を拒否《きょひ》されたことに、外国人観光客から抗議《こうぎ》の声があがっている。

【例2】髪《かみ》を染めることを禁止する学校の校則に、生徒から反対の声があがっている。

〈問題はここで終わりです〉

問5　下線部**エ**．について。下の二つの絵は、当時日本に住んでいたフランス人画家が、**鹿鳴館**《ろくめいかん》の様子を描いて、洋服を着た日本人を**風刺**《ふうし》したものです。どのような点を風刺したのでしょうか。二つの絵に共通することを答えなさい。

鏡を見る夫婦《ふうふ》

舞台裏《ぶたいうら》**の女性たち**

問6　下線部**オ**．について。戦後の復興期から高度経済成長期にかけて、都市部を中心に洋服が広まりました。なぜ洋服が人びとに支持されたのでしょうか。時代の様子を考えて二つ答えなさい。

問7　下線部**カ**．について。衣服を自分たちで作るか仕立ててもらう時代から、既製服を買う時代に変化したことで、衣服に対する考え方も変化しました。どのように変化したでしょうか。答えなさい。

問8　下線部**キ**．について。経済発展により賃金が上がっているにもかかわらず、なぜ日本の企業は中国に工場を残したのでしょうか。理由を答えなさい。

問9　下線部**ク**．について。ファスト・ファッションの世界的な広がりは社会にさまざまな問題を生みだしています。どのような問題を生みだしているでしょうか。二つ答えなさい。

問3　下線部**イ**．について。現在でも地域ごとに独自に発展した織物が伝統産業として残っています。下の①～③の織物の産地として適当なものをそれぞれ地図中の**あ**～**お**のなかから選び記号で答えなさい。

① 小千谷《おぢや》ちぢみ

…麻《あさ》を織って作られる布を雪にさらし、白さを際立《きわだ》たせる技法が用いられてきた。

② 結城紬《ゆうきつむぎ》

…かつては汚《よご》れなどで売り物にならなかった繭《まゆ》からつむいだ糸で作られていた。

③ 西陣織《にしじんおり》

…高級織物として知られ、明治時代にいち早く外国製の自動織機《しよつき》が導入された。

問4　下線部**ウ**．について。評判の美人や歌舞伎役者を描いたさまざまな浮世絵を、江戸の人びとは買い求めました。それはなぜでしょうか。以下の浮世絵を参考にしながら答えなさい。

問1　文中の空らん(あ)～(う)にあてはまる語句を答えなさい。

問2　下線部ア．について。下のグラフ①～③は、それぞれある都市の気温と降水量を示したものです。これらの都市で着用されている衣服として適当なものを下の写真あ～えのなかから選び記号で答えなさい。

①

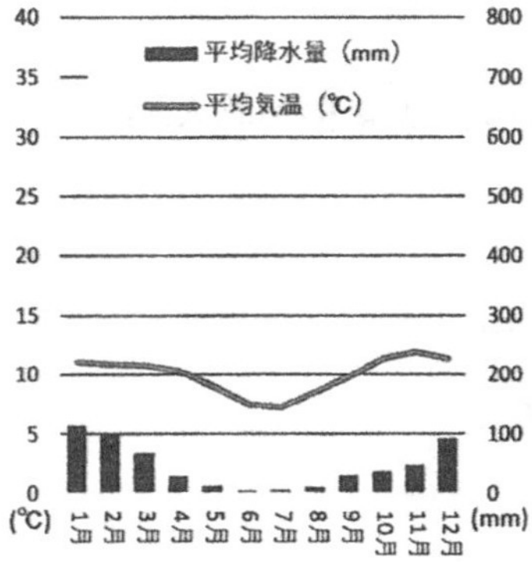

②

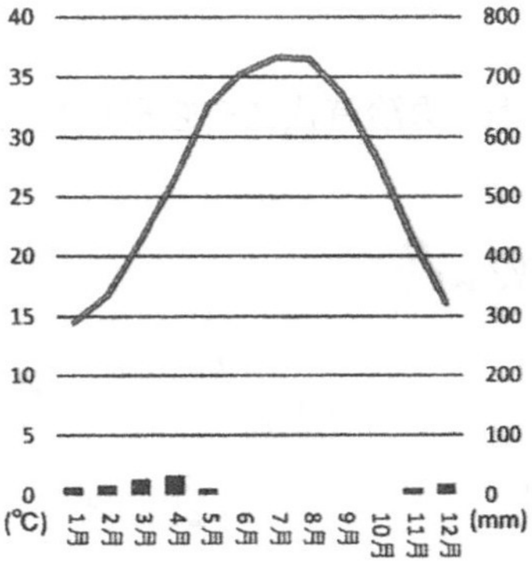

③

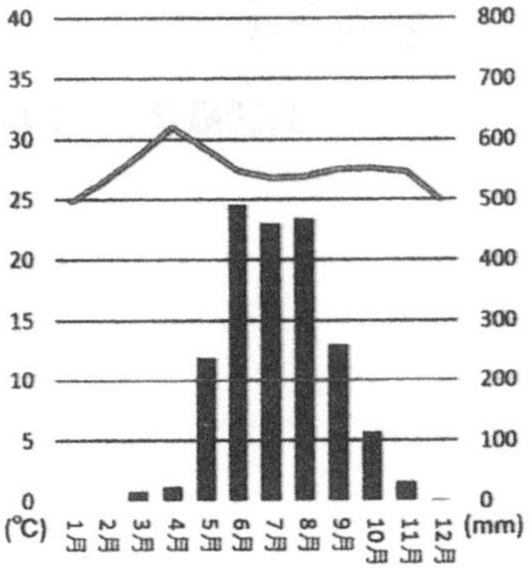

あ

い

う

え

（２０２０年度）

受験番号	
氏　名	

国語解答用紙

一

a

b

c

二

三

四

五

六

七

八

九

【解答用

受験番号	
氏　名	

（２０２０年度）

理　科　解　答　用　紙

1

問１		問２	記号						
問３									
問４		問５		問６		問７		問８	

小　計

2

問１	(油が多い)				(油が少ない)	問２											
問３	(1)	層	(2)	層	問４		問５										
問６	a		b		c		d		問７	a		b		c		d	
問８																	

小　計

【解答用

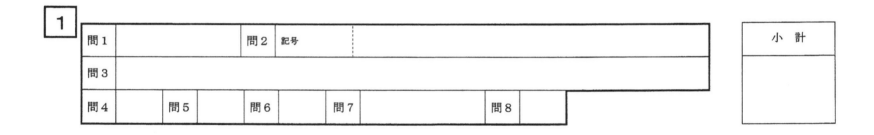

受験番号	
氏　　名	

（2020年度）

※40点満点
（配点非公表）

社会解答用紙（その１）

問１　あ　　　い　　　う

問２　①　　　②　　　③

問３　①　　　②　　　③

問４

問５

【解答用

受験番号	
氏　　名	

（2020年度）

社会解答用紙（その２）

問 9

問 10

問 11

問 12

(80)

(120)

（2）　二つの例に共通する理由

(整理番号)

小　計

問7

問8

（整理番号）

小　計

問１	と	測定が困難なのは	問２		問３	

問４	(1)	
	(2)	
問５	P→R→Qの時間：P→S→Qの時間＝　　　　：	
問６	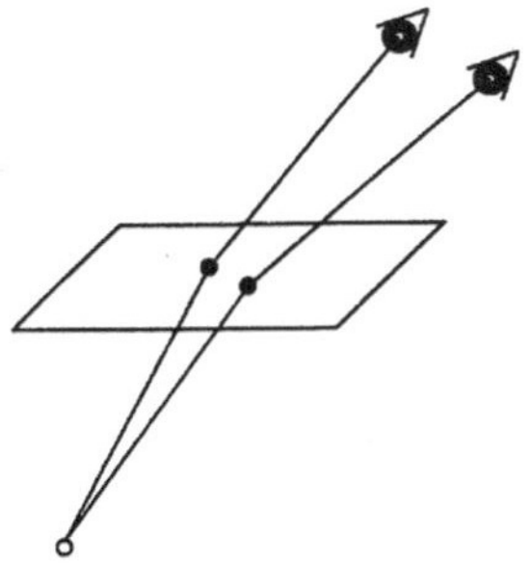	
問７		問８

小　計

4

問１		問２	レゴリスは	川砂は									
問３			問４		問５	m²	問６		問７	kg			
問８	a		b		c		問９	（高い）					（低い）

小　計

整 理 番 号

合　計
※40点満点 （配点非公表）

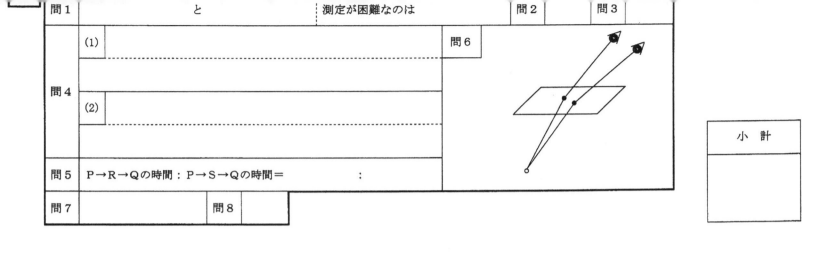

次の文章をよく読んで、5ページから8ページの問いに答えなさい。

今日、皆《みな》さんはどのような衣服を着てきましたか。私たちは毎朝、どのような衣服を着ようかと考えます。暖かいか、寒いか、誰《だれ》と会うのかなどによって衣服は変わります。衣服と社会との間にはどのような関係があるのでしょうか。ここではシャツやセーター、ズボン、靴《くつ》といったものだけではなく、髪型《かみがた》や、口紅などの化粧《けしよう》、ピアスのような装飾品《そうしよくひん》も含《ふく》めて考えていくことにします。

1. 世界各国の衣服

四季がある日本では、暑さや寒さをしのぐために季節にあった衣服を着ます。同様にア．世界各国でも自然環境《かんきよう》に応じてさまざまな衣服が見られます。たとえば、気温や湿度《しつど》が高い地域には男女とも腰巻《こしまき》布を身につける国があります。ズボンよりも風通しがよく、熱を逃《に》がしやすいという性質があるからです。また、日差しが強く乾燥《かんそう》している地域では、あえて全身を覆《おお》うような衣服を着て、頭を布で覆うことがよく見られます。これは日差しから肌《はだ》を守るとともに、身体から水分が蒸発しないようにするための工夫《くふう》です。さらに、寒い地域では動物の毛皮を衣服に利用することもありますし、ポンチョのような、穴の開いた布をかぶるように着ることで熱を逃がしにくくしている衣服も見られます。

一方で、特定の文化のなかで発展した衣服もあります。（　あ　）を信仰《しんこう》する国ぐにのなかには、女性が頭や顔を布で覆っている国もあります。これは（　あ　）の教えに「女性は他人に肌や髪を見せてはならない」というものがあるからだといわれています。このように世界では自然環境や文化にあわせてさまざまな衣服が生まれてきたのです。それでは、日本ではどのように衣服が変化してきたのか、歴史を追って見ていきましょう。

2. 日本における衣服の歴史

昔から日本で着用されていた衣服といえば、まずは着物が想像されるでしょう。たしかに着物は日本の伝統的な衣服といえます。ですがひとくちに着物といっても、平安《へいあん》時代の貴族の女性が着ていた十二単《じゆうにひとえ》のようなものから、私たちが夏祭りのときに着る浴衣《ゆかた》のようなものまで、さまざまな種類があります。現在の私たちが目にする着物は、おもに「小袖《こそで》」とよばれる種類のものです。もともと公家《くげ》や武家が儀礼《ぎれい》の際に着ていた着物を「大袖《おおそで》」というのに対し、「小袖」は江戸《えど》時代以降に定着した普段着《ふだんぎ》であり、身分を問わず広く着られていました。江戸時代もなかばをすぎると、江戸や大坂《おおさか》を中心に町人文化が花開くなかで、イ．さまざまな素材や模様の入った小袖が流行しました。このことはウ．評判の美人や歌舞伎《かぶき》役者を描《えが》いた浮世絵《うきよえ》からも分かります。ただし当時は、町

人や百姓《ひやくしよう》たちが自由に衣服を楽しもうとしても、さまざまな制約がありました。武士以外の人たちが武士の衣服をまねることはできませんでした。また江戸幕府は、町人や百姓たちがあまり派手な衣服や高価な素材を使った衣服を着ないよう、たびたびぜいたくを禁止する命令を出しました。

エ．明治《めいじ》時代になると政府が洋服を普及《ふきゆう》させようとしました。まず軍隊に西洋式の軍服が、さらに警察官や鉄道員、郵便局員にも洋風の制服が採用されていきました。また政府は武士の帯刀を禁止し、政治家や役人が率先《そつせん》して洋服を着るようになりました。着物のことを「和服」とよぶようになったのも、洋服が日本に入ってきてからのことです。男性には職業などを通じて洋服が広まりましたが、女性にはなかなか広まりませんでした。

図1　国民服を着た男性

1929（昭和《しようわ》4）年にアメリカ合衆国《がつしゆうこく》から（　い　）が始まると、日本も経済が行きづまり、土地や資源を求めて対外進出をすすめていきました。戦争が本格化すると生活物資が不足し、衣服も足りなくなりました。1940（昭和15）年になると政府は国民服令を出して、軍服に似たデザインの衣服を国民服とし、男性に着用を義務付けました。やがて洋服店は国民服一色になり、ほとんどすべての成人男性が国民服を着用するようになりました。女性についてはぜいたくやおしゃれが悪いものとされ、戦争が始まるまでは大流行していたパーマが好ましくないものとされました。やがてほとんどの女性が、江戸時代から各地の農村で使用されてきたもんぺというズボンのようなものを着用するようになりました。戦争が長期化し、ますます物資が不足すると、1942（昭和17）年には布地は食料などとともに（　う　）制となり、切符《きつぷ》との交換《こうかん》で割り当てられるようになりました。物資が乏《とぼ》しかったために、これは戦後もしばらく続きました。

図2　もんぺを着用した女性

終戦直後は布地を買う余裕《よゆう》などありませんでしたが、オ．戦後の復興期から高度経済成長期を通じて洋服が広まっていき、和服を着ることがふつうだった女性たちの間でも洋服が定着しました。

戦後しばらくの間は、洋服は家庭でミシンを使って自分たちで作るか、仕立て屋で自分にあわせて作ってもらうことがほとんどでした。しかし1960年代後半になると、サイズや年齢《ねんれい》などに応じて、すでにできあがった洋服が販売《はんばい》されるようになりました。こうして、洋服を製造・販売する産業

が大規模化していきました。**カ**．このようにあらかじめサイズなどが決まっている衣服を既製服《きせいふく》とよびますが、現在では工場で大量生産された既製服を着ることが主流になっているのです。

3．衣服と産業

では、皆さんが着ている衣服はいったいどこの工場で作られたものでしょうか。衣服の内側に付いているタグを見ると書いてありますが、普段着のほとんどは中国《ちゅうごく》(中華人民共和国《ちゅうかじんみんきょうわこく》)やベトナム、バングラデシュなどで作られていることが分かります。

しかし、かつては私たちが着ている衣服はおもに日本国内で作られていました。東京《とうきょう》や大阪《おおさか》などの大都市に衣服工場が集中し、多くの人びとが働いていました。高度経済成長期になると、衣服工場は大都市ではなく東北《とうほく》地方や中国《ちゅうごく》地方などの地方の農村部に多く立地するようになります。人手に余裕があり大都市に比べると賃金が安かったことが理由でした。

1980年代になると、地方の賃金も上がってきたため、日本よりも賃金の安い外国、なかでも日本から近く、労働者も多くいる中国に進出する企業《きぎょう》が現れました。その後、中国も経済が発展して賃金が上がったため、賃金のより安いベトナムやバングラデシュなどに工場を移す企業が多く見られるようになりました。**キ**．それでも日本企業の工場が中国からなくなってしまったわけではありません。

ク．近年、人件費の安いこれらの国ぐにで、衣服がこれまでになかったような規模で大量生産され、世界中で低価格で販売されるようになっています。このような衣服はファスト・フードのように安くて手軽なためにファスト・ファッションとよばれています。ファスト・ファッションを販売する店舗《てんぽ》では毎日のように売れ行きがチェックされ、つねに流行にあわせた売れ筋の衣服が並べられています。以前よりも人びとは格段に多くの店舗で、多くの衣服を低価格で買うことができるようになっています。

衣服を製造する企業は、流行を追って新たな商品を作っています。しかし企業自身が流行をつくりだしてもいます。人びとは流行を自分から追いかけているように思っていますが、実は広告などの力により、企業が生みだした流行を追いかけるように仕向けられてもいるのです。企業にとって流行をつくりだすことは簡単ではありません。しかし、**ケ**．企業は、ある流行をつくりだすことに成功したとしても、流行している衣服の製造を意図的にやめることもあります。

4．衣服と「らしさ」

ところで、学校や会社などでは流行を追った衣服ではなく、制服のように皆が同じ衣服を着ることが好まれます。このようなところでは、生徒らしさや会社員らしさのような「らしさ」が求められま

す。そして、制服が「らしさ」を表す役割を担《にな》っているのです。

この「らしさ」について考えてみましょう。体型に違《ちが》いのない生まれたばかりの赤《あか》ん坊《ぼう》でさえも、男の子は男の子らしい衣服を着せられ、女の子は女の子らしい衣服を着せられます。こうしているうちに、男性はズボンを履《は》きネクタイを締《し》めることが男性らしいと思い、女性は化粧をしたりスカートを履いたりすることが女性らしいと考えるようになります。しかし、世界を見ると男性がスカートのような衣服を着るところもありますので、コ．私たちが当然と思っている衣服についての考え方は、かならずしも当たり前のものではなさそうです。

ここまで、衣服が場所や時代によってさまざまに変化してきたことを見てきました。サ．衣服はその社会を映し出す鏡といえるかもしれません。そして、衣服は暑さや寒さを防ぐといった実用的な目的以外にもさまざまな目的や意味をもっていることも分かったでしょう。たとえば男性のネクタイは実用的とはいえませんが、おしゃれをして自分の趣味《しゅみ》や好みを表現するという役割ももっています。しかし、ときにシ．衣服に対する考え方の違いから、問題が起きることがあります。衣服は「第二の皮膚《ひふ》」といわれるように、私たちにとってあまりにも身近すぎるので、それについてあまり深く考えることがありません。衣服との付き合い方を考えることは、社会そのものを考えることにつながるかもしれません。

十

3

2

1

（合　計）

※60点満点
（配点非公表）

（整理番号）

2020(R2) 麻布中
教英出版

社　会

（２０２０年度）

(50分)

《注　意》

1．試験開始の合図があるまでは、問題用紙を開けてはいけません。

2．問題用紙は８ページまであります。解答用紙は２枚です。試験開始の合図があったら、まず、問題用紙、解答用紙がそろっているかを確かめ、次に、すべての解答用紙に「受験番号」「氏名」「整理番号（下じきの下方の番号）」を記入しなさい。

3．試験中は、試験監督《かんとく》の指示に従いなさい。

4．試験中に、まわりを見るなどの行動をすると、不正行為《こうい》とみなすことがあります。疑われるような行動をとってはいけません。

5．試験終了《しゅうりょう》の合図があったら、ただちに筆記用具を置きなさい。

6．試験終了後、試験監督の指示に従い、解答用紙は書いてある方を表にして、上から、（その１）（その２）の順に重ね、全体を一緒《いっしょ》に裏返して置きなさい。

7．試験終了後、書きこみを行うと不正行為とみなします。

1

最近、ウナギの漁獲《ぎょかく》量が年々減少しており、絶滅《ぜつめつ》も心配されています。減少の理由を考えるために、まずはウナギがどのように成長するかみてみましょう。

日本で一般《いっぱん》的に見られるウナギ（ニホンウナギ）は、日本から2000km離《はな》れたマリアナ諸島西側の深い海で産卵《さんらん》することがわかっています。生まれたばかりのウナギは①レプトセファルスと呼ばれ、海流に乗って西に移動します。そして東アジアの沿岸にたどり着くころには、体長 6 cmほどの②シラスウナギと呼ばれる稚魚《ちぎょ》に姿を変え、③たまたま流れ着いた川をさかのぼります。そして川や湖などでクロコ、黄ウナギと呼ばれる姿に順を追って成長し、淡水《たんすい》で約 10 年を過ごします。黄ウナギは十分成長すると色が変わり銀ウナギになり、川を下り海に出て自分が生まれた場所を目指します。旅の途中《とちゅう》で卵や精子を体内で成熟させ、生まれ故郷で卵を産んだり精子を出したりした後、一生を終えるのです。川や湖に住むウナギを捕《つか》まえるときは、水中の細長い穴をかくれ場所とするウナギの習性を利用します。④ウナギ筒《づつ》と呼ばれる、ウナギが入りやすく出にくい形の細長い筒《つつ》を水底にしずめておくと、そのしかけにウナギがかかるのです。このようにして捕《と》らえたウナギは天然ウナギと呼ばれ、貴重なため非常に高価です。

一方、ウナギの養殖《ようしょく》はどのように行われているのでしょうか。実はまだ、ウナギを人工的にふ化させ成体まで育てる大量養殖の技術は確立されていません。そのためウナギの養殖では、河口にやってきたシラスウナギを捕まえて、これを水質の管理された「いけす」に入れて育てます。成長を早めるために、えさを豊富にあたえ高めの温度で育てた養殖ウナギは、半年から 1 年半ほどで成熟し出荷《しゅっか》されます。天然ウナギではオスとメスがほぼ半数ずつなのに対し、「いけす」で育てたウナギでは、ほとんどすべてがオスになります。

2014 年に、ニホンウナギは絶滅危惧《きぐ》種に指定されました。今後のウナギの減少を止めるために、⑤ウナギを卵から数世代にわたって大量に養殖するための研究が日々進められています。研究の成果を期待するのと同時に、⑥私たちは自然のウナギを増やす努力もしていかなくてはなりません。

問 1　魚には、一生を海で過ごすもの、一生を淡水の川や湖で過ごすもの、川と海を行き来するものなどさまざまな種類があります。次のア～キから、一生を海で過ごす魚をすべて選び、記号で答えなさい。

ア．ドジョウ　　イ．タイ　　ウ．コイ　　エ．メダカ
オ．アユ　　カ．マグロ　　キ．ニジマス

問 2　下線部①、②について、次の写真の一方はレプトセファルス、もう一方はシラスウナギです。レプトセファルスはア、イのうちどちらだと考えられますか。記号で答えなさい。また、その形がどのような点で役立つのか説明しなさい。

ア．
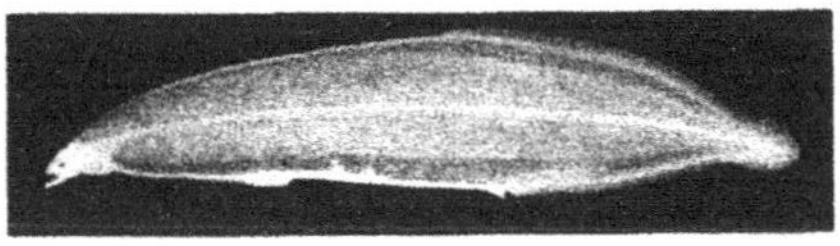
イ．
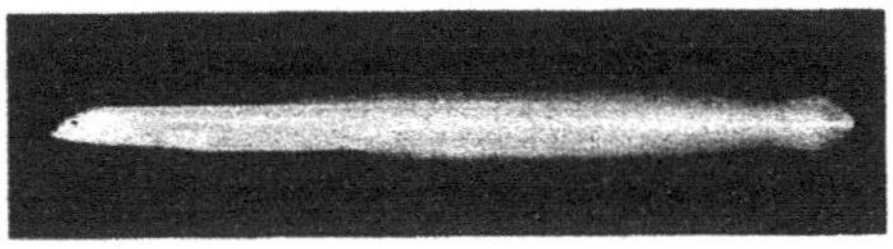

問3　下線部③について、シラスウナギが流れ着いた川の底が、コンクリートですべて固められてしまっていると、ウナギは生活しにくくなってしまいます。その理由を文章中から読み取って答えなさい。

問4　下線部④のウナギ筒の断面図として最も適当なものを、次のア～エから選び、記号で答えなさい。

ア．　　　　イ．　　　　ウ．　　　　エ．

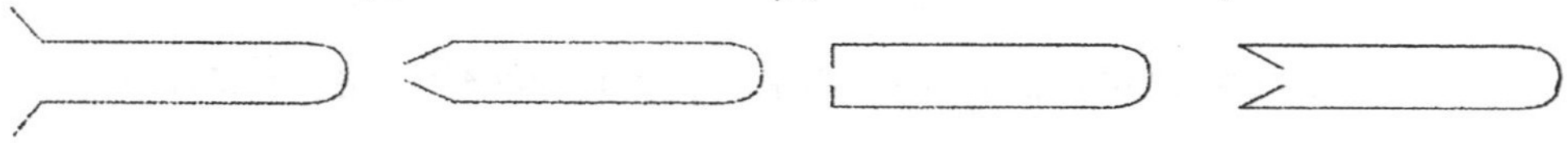

問5　ウナギの性別が決まる時期を、次のア～エから１つ選び、記号で答えなさい。

ア．卵のとき。　　　　　　　　イ．レプトセファルスのとき。

ウ．シラスウナギになったとき。　エ．川をさかのぼり始めた後。

問6　下線部⑤について、卵から成体までの大量養殖が難しい理由の一つは卵を手に入れにくいことです。卵を手に入れることが難しい理由として適当でないものを、次のア～エから１つ選び、記号で答えなさい。

ア．ウナギは日本から遠く離れた深い海で産卵するから。

イ．天然のウナギが減ってしまっているから。

ウ．養殖のウナギの卵と天然ウナギの卵を見分けることができないから。

エ．養殖でウナギを成熟させても卵を産むウナギはほとんどできないから。

問7　2018年の漁獲量を調べると、天然ウナギが68トン、養殖ウナギが15104トンでした。養殖ウナギに比べ天然ウナギが非常に少ないことの説明として適当なものを、次のア～オからすべて選び、記号で答えなさい。

ア．養殖ウナギは、いけすの中で産卵させて数を増やしていくことができるから。

イ．天然ウナギは、一度に大量に捕まえることができないから。

ウ．養殖ウナギと比べ、天然ウナギに育つシラスウナギを探すのは難しいから。

エ．天然ウナギは養殖ウナギよりも成長するのに長い期間がかかるから。

オ．養殖ウナギを育てるためのシラスウナギをたくさん捕まえているから。

問8　下線部⑥について、天然ウナギの数を再び増やすために、今後するべき努力として適当でないものを、次のア～オから１つ選び、記号で答えなさい。

ア．シラスウナギを大量にいけすで育て、成熟させた後に海に放流する。

イ．ウナギのえさになる生物が住みやすい川や湖を維持《いじ》する。

ウ．河川《かせん》の工事の際に、ウナギが川をさかのぼる通り道の部分を残す。

エ．シラスウナギを捕まえる量の上限を決めて、養殖する量を減らす。

オ．ウナギが健康に育つように、河川や湖にゴミや排水《はいすい》を捨てないようにする。

2

あまいお菓子《かし》（スイーツ）には、砂糖以外の材料や作り方によって、いろいろな種類があります。たとえば、バターを使ったパイやパウンドケーキ、クッキーなどです。

みなさんは生クリームの作り方を知っていますか。もともとは、しぼりたての牛乳を放置し、表面に浮《う》かび上がってきた層を生クリームとして利用していましたが、今は①別の方法を用いて、短時間で作っています。生クリームには、製品によって異なりますが20～45%の油が含《ふく》まれています。生クリームをペットボトルに入れて強く振《ふ》ると、さらに大量の水分が離《はな》れて固体の油が現れます。これがバターです。バターの中には約15%の水分が含まれています。牛乳の中の油やバターの中の水分は、それぞれ小さな粒《つぶ》になっています。

問1　生クリーム・バター・牛乳を、油の割合の多い順に並べなさい。

問2　下線部①について、生クリームを短時間で作る方法と関係のある現象として最も適当なものを、次のア～エから選び、記号で答えなさい。

ア．海水を天日にさらして塩を取り出す。

イ．コーヒーの粉に湯を注いでコーヒーを作る。

ウ．ゴマを押《お》しつぶして油をしぼり出す。

エ．泥水《どろみず》を入れたバケツを振り回して泥と水を分ける。

小麦粉には主にデンプンとタンパク質が含まれています。小麦粉と水を混ぜてパイ生地《きじ》を作ると、タンパク質どうしはつながってグルテンと呼ばれるやわらかく弾力《だんりょく》のあるものに変わります。グルテンはそのまま焼くとかたくなります。このグルテンを含んだパイ生地にバターをはさむと、図１のようにパイ生地が２層になります。これを二つ折りにすると、図２のように内側の生地どうしはくっついてしまうので、パイ生地は３層になり、図３のように三つ折りにするとパイ生地は４層になります。このようにバターをはさんだパイ生地を、平らに伸《の》ばしてから再び折りこむことを何度かくり返して、200℃～220℃の高温で素早《すばや》く焼き上げると、たくさんのうすい層を持つパイができあがります。

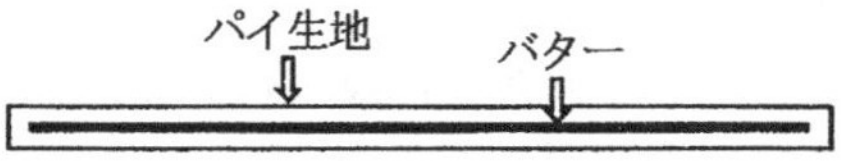

図１

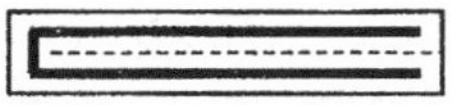

図２

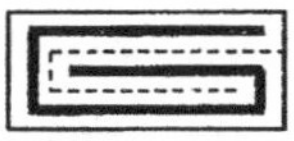

図３

問3（１）図１のパイ生地を２回三つ折りするとパイ生地の層は何層になりますか。

（２）図１のパイ生地を５回三つ折りするとパイ生地の層は何層になりますか。

問4　パイ生地にバターをはさんでオーブンで熱を加えて焼くと、ふくらんでパイになります。その理由として最も適当なものを、次のア～エから選び、記号で答えなさい。

ア．バターが熱で融《と》けてやわらかくなるから。

イ．バターの中の水分が水蒸気になるから。

ウ．パイ生地が焼けて層が多くなるから。

エ．タンパク質がつながりやすくなるから。

問5　パイを焼き上げる時には 100℃ではなく、200℃～220℃の高温で素早く焼き上げます。その理由として最も適当なものを、次のア～エから選び、記号で答えなさい。

ア．バターが短い時間で融けて、パイ生地全体にしみこむから。

イ．バターが短い時間で燃えて、パイ生地が焼けるから。

ウ．パイ生地が短い時間で焼けて、水蒸気をとじこめるから。

エ．パイ生地が短い時間で焼けて、水蒸気が外に出やすくなるから。

小麦粉、バター、卵、砂糖を同じ重さずつ混ぜて作るケーキは、パウンドケーキと呼ばれています。パウンドケーキを作るときには、まず、砂糖を加えたバターをあわ立て器で混ぜ、②白っぽくなるまで空気を含ませます。そこに溶《と》き卵と小麦粉を軽く混ぜ合わせて、四角い型に入れて 180℃で焼いて作ります。また、③クッキーの生地は最初から、小麦粉、バター、卵、砂糖を短時間で混ぜて作ります。

問6　下線部②でバターに空気を含ませたのはなぜですか。次の文中の a～d について、それぞれ〔　　〕内の語句から適当なものを１つずつ選び、記号で答えなさい。

きめ細かいパウンドケーキを作るために、多くの a〔ア．大きい　イ．小さい〕空気のあわを作り、加熱された生地の中で発生した b〔ウ．二酸化炭素　エ．水蒸気〕が、そのあわの c〔オ．体積　カ．数〕を増加させて、生地を d〔キ．均一　ク．不均一〕にふくらませる。

問7　180℃より高い温度や低い温度で焼いたときには、完成したパウンドケーキの大きさはどうなりますか。次の文中の a～d について、それぞれ〔　　〕内の語句から適当なものを１つずつ選び、記号で答えなさい。

180℃より高いと早く焼けすぎて、上部が a〔ア．かたく　イ．やわらかく〕なるので、180℃で焼いたときよりもふくらみ b〔ウ．やすく　エ．にくく〕なる。180℃より低いと上部が焼けるまで時間がかかり、気体がとじこめられ c〔オ．やすく　カ．にくく〕なるので、180℃で焼くよりふくらみ d〔キ．やすく　ク．にくく〕なる。

問8　下線部③について、クッキーはサクサクとした食感が特徴《とくちょう》ですが、バターが少ないとかたくなってしまいます。クッキーの生地に含まれるバターの役割として、最も適当なものを、次のア～エから選び、記号で答えなさい。

ア．バターの中の水分が、タンパク質どうしをつながりやすくする。

イ．バターの中の水分が、タンパク質どうしをつながりにくくする。

ウ．バターの中の油が、タンパク質どうしをつながりやすくする。

エ．バターの中の油が、タンパク質どうしをつながりにくくする。

3

光にはさまざまなおもしろい性質がありますが、そのうちのいくつかを光の進み方とともにみてみましょう。現在では、光は空気中をおよそ秒速30万kmの速さで進むことが知られていますが、光に速さがあると考えられるようになったのは、17世紀になってからであるといわれています。当時、このような考えをもったガリレオは、遠く離《はな》れた二つの山の頂上に光源（光を出すもの）を持った人がそれぞれ立ち、片方の人が光を送って、それを確認《かくにん》したもう一方の人がすぐに光を送り返すことによって、光の速さを求めようとしました。しかし、この方法はうまくいきませんでした。その後も、科学者たちは光の速さを求めるのに苦労しました。

問1　ガリレオの方法で光の速さを求めるためには、何と何を測定する必要がありますか。それぞれ適当な語を答えなさい。また、それらのうち、測定がより困難なのはどちらか答えなさい。

ところで、17世紀後半にフェルマーは、光の進み方に「二点間を進む光は、考えられる経路のうち、進むのにかかる時間が最も短い経路を通る」という決まりがあるのではないかと考えました。たとえば、①光源から出た光は真っすぐに進むという性質がありますが、フェルマーの考え方を用いれば、光がこのような性質をもつのは、真っすぐ進む方が遠回りして進むよりも、かかる時間が短いからであると説明できるのです。

問2　下線部①とは関係がない現象を、次のア～エから１つ選び、記号で答えなさい。

ア．点灯させた懐中《かいちゅう》電灯を壁《かべ》に向けると、壁に円形の明るい領域ができた。
イ．晴れた日に運動場の地面に棒を立てると、棒の影《かげ》が地面に映った。
ウ．遠くにある星でも、近くにある星よりも明るく見えるものがあった。
エ．カーテンのすき間から、太陽の光が差しこんでいる様子が見えた。

また、②光は鏡で反射します（はね返ります）が、このときの光の進み方もフェルマーの考え方で説明できます。図１において、光源Ｐから出て鏡で反射し、点Ｑを通る光について考えましょう。鏡に対して点Ｑと対称《たいしょう》な点をＲとし、鏡上のある点をＳとします。ＳＱとＳＲの長さは等しいため、ＰＳとＳＱを足した長さが最も短いのは、ＰＳとＳＲを足した長さが最も短くなる、Ｐ、Ｓ、Ｒが一直線上に並ぶときだとわかります。光はかかる時間が最も短い経路に沿って進むため、図１で実際に光が反射する点は、直線ＰＲと鏡が交わる点となるのです。

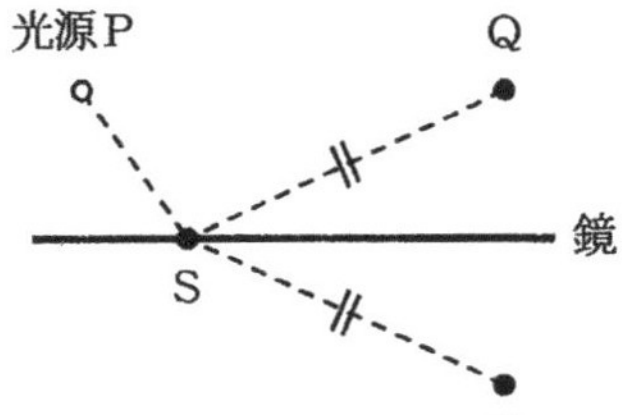

図1

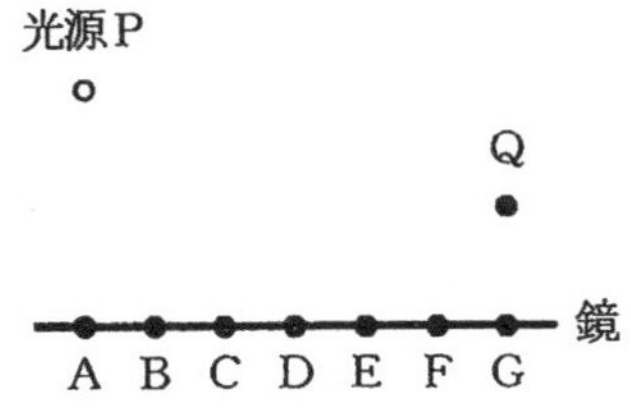

図2

問3　図２において、光源Ｐから出て鏡で反射し、点Ｑを通った光は、鏡のどの点で反射しましたか。図２のＡ～Ｇから１つ選び、記号で答えなさい。

理　科

（２０２０年度）

(50分)

≪注　意≫

1．試験開始の合図があるまでは、問題用紙を開けてはいけません。

2．問題用紙は10ページまであります。解答用紙は1枚です。試験開始の合図があったら、まず、問題用紙、解答用紙がそろっているかを確かめ、次に、解答用紙に「受験番号」「氏名」「整理番号(下じきの下方の番号)」を記入しなさい。

3．試験中は、試験監督《かんとく》の指示に従いなさい。

4．試験中に、まわりを見るなどの行動をすると、不正行為《こうい》とみなすことがあります。疑われるような行動をとってはいけません。

5．試験終了《しゅうりょう》の合図があったら、ただちに筆記用具を置きなさい。

6．試験終了後、試験監督の指示に従い、解答用紙は裏返して置きなさい。

7．試験終了後、書きこみを行うと不正行為とみなします。

8．計算は問題用紙の余白を利用して行いなさい。

答　ア：イ＝ [　：　], [　：　], [　：　],
[　：　], [　：　], [　：　]

次に，周の長さが1mの円を図2のように2つ組み合わせます．これらの円の周上を，点Aと点Bはそれぞれ一定の速さで次のように動きます．

- 点Aは5つの地点P, Q, R, S, Tを，P→Q→R→P→S→T→Pの順に通りながら，繰《く》り返し8の字を描《えが》くように動く．
- 点Bは5つの地点P, Q, R, S, Tを，P→T→S→P→R→Q→Pの順に通りながら，繰り返し8の字を描くように動く．

点Aと点Bは地点Pから同時に動き始め，2点が同時に地点Pに戻ったとき止まります．以下の問いに答えなさい．

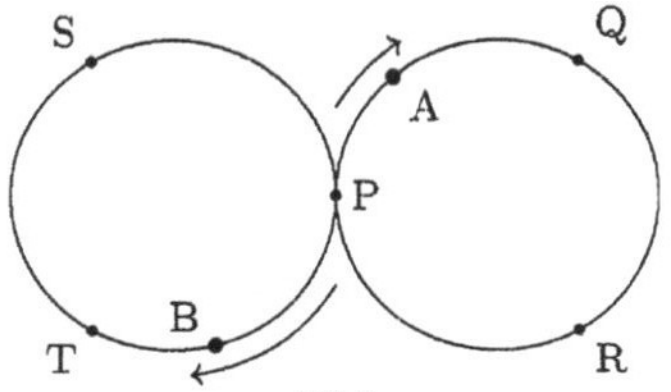

図2

答　ウ：エ＝ [　：　], [　：　], [　：　],
[　：　], [　：　], [　：　],
[　：　], [　：　], [　：　]

整理番号 [　　]　　小計 [　　]

答　A ＿＿ %，B ＿＿ %，X ＿＿ %

5　図1のように一辺の長さが2cmの正三角形を12個組み合わせてできる図形を「ほしがた」と呼ぶことにします．図2のような，一辺の長さが1cmの正六角形に内側から接する大きさの円を，中心が「ほしがた」の周上にあるように点Pから一周させます．

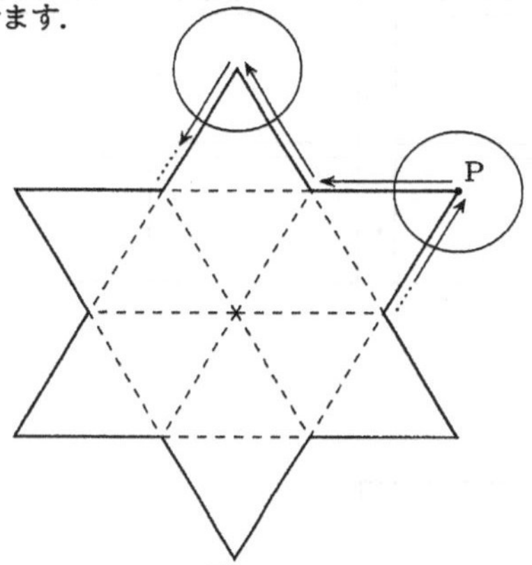

図1

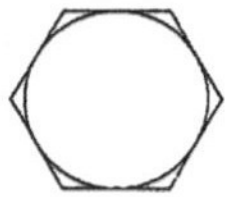

図2

整理番号 ＿＿

(2)　赤く塗られた部分の面積を求めなさい．ただし，一辺の長さが1cmの正三角形の面積をⒶcm^2，図2の円の面積をⒷcm^2として，＿＿×Ⓐ＋＿＿×Ⓑ(cm^2)の形で答えなさい．

必要ならば，下の図は自由に用いてかまいません．

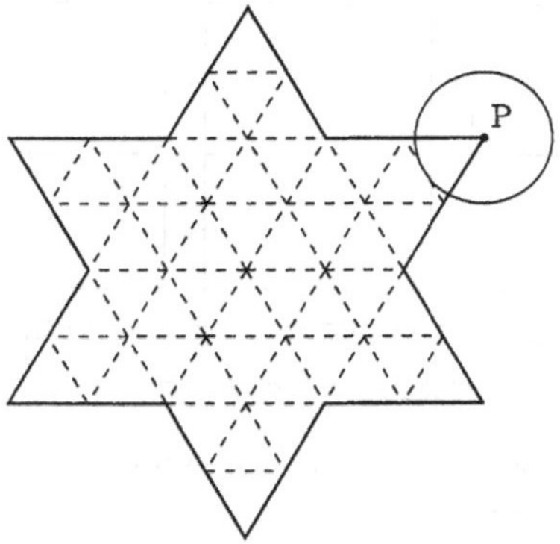

答　＿＿×Ⓐ＋＿＿×Ⓑ(cm^2)

小計 ＿＿

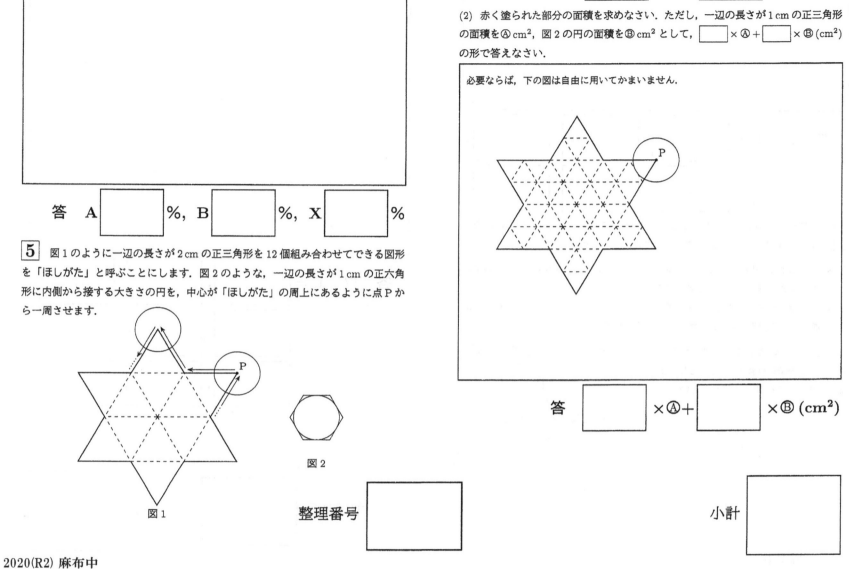

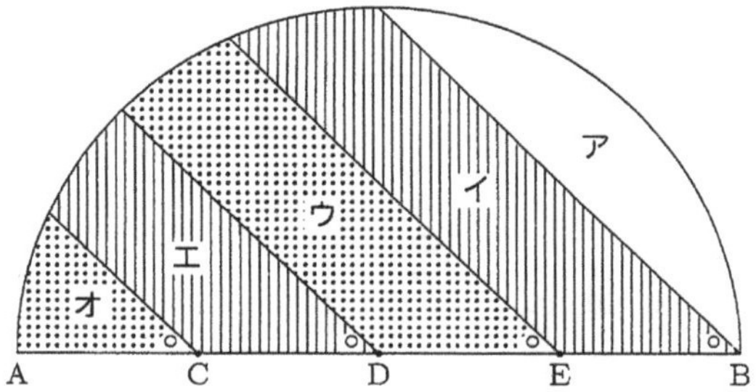

このとき，以下の問いに答えなさい．

(1) アの面積は何 cm^2 ですか．

答　　　　cm^2

整理番号

答　　　　個

(2) 各位の数字を 2 で割った余りを考えると，同じ余りがとなり合うことはありませんでした．また，各位の数字を 3 で割った余りを考えても，同じ余りがとなり合うことはありませんでした．このような整数は全部で何個作れますか．ただし，割り切れるときには余りは 0 と考えます．

答　　　　個

小計

算　数

（２０２０年度）

（60分）

《注意》

1．試験開始の合図があるまでは，問題用紙を開けてはいけません.

2．問題（解答）用紙は３枚あります．試験開始の合図があったら，まず，問題（解答）用紙がそろっているかを確かめ，次に，すべての問題（解答）用紙に「受験番号」「氏名」「整理番号（下じきの下方の番号）」を記入しなさい.

3．試験中は，試験監督《かんとく》の指示に従いなさい.

4．試験中に，まわりを見るなどの行動をすると，不正行為《こうい》とみなすことがあります．疑われるような行動をとってはいけません.

5．試験終了《しゅうりょう》の合図があったら，ただちに筆記用具を置きなさい.

6．試験終了後，試験監督の指示に従い，解答用紙は書いてある方を表にして，上から，（その１）（その２）（その３）の順に重ね，全体を一緒《いっしょ》に裏返して置きなさい.

7．試験終了後，書きこみを行うと不正行為とみなします.

8．問題（解答）用紙の余白は計算などに使ってかまいません．ただし，答えを求めるのに必要な図・式・計算・考えなどは，枠内《わくない》に書きなさい.

9．円周率の値《あたい》を用いるときは，3.14として計算しなさい.

＃教英出版 編集部　注
編集の都合上、白紙ページは省略しています。

「紗英が活ければぜんぶ紗英の花じゃないの」母がいう。私は首を振《ふ》る。

「型ばかり教わってるでしょう、誰が活けても同じ型。あたしはもっとあたしの好きなように」といいかけて、私の「好き」なんて曖昧《あいまい》で、形がなくて、天気や気分にも左右される、実体のないものだと思う。そのときそのときの「好き」をどうやって表せばいいんだろう。

母は察したように穏やかな声になる。「そうねえ、決まりきったことをきちんきちんとこなすっていうのは紗英に向いてないかもしれないわねえ」

そうかな、と返しながら、そうだった、と思っている。すぐに面倒になってしまう。みんながやることなら自分がやらなくてもいいと思ってしまう。

「でもね、そこであきらめちゃだめなのよ。そこはすごく大事なところなの。しっかり身につけておかなきゃならない基礎《きそ》って、あるのよ」

「根気がないからね、紗英は」即座《そくざ》に姉が指摘《してき》する。

「ラジオ体操、いまだにぜんぶは覚えてないし」

「将棋《しょうぎ》だってぜんぜん※⑩定跡《じょうせき》通りに指さないし」

「囲碁《いご》でもおんなじ。※⑪定石無視してるから強くなれないのよ。いっつもあっという間に負かされてるじゃない。長い歴史の中で※⑫切磋琢磨《せっさたくま》してきてるわけだからね、定石を覚えるのがいちばん早いの」

「早くなくてもいい」ただ楽しく打てればいい。そう思って、※⑬棋譜《きふ》を覚えてこなかった。数え切れないほどの先人たちの間で考え尽《つ》くされた定石がある。それを無視して※⑭一朝一夕《いっちょういっせき》に上手になれるはずもなかった。

「それがいちばん近いの」

「近くなくてもいい」

姉は根気よく言葉を探す。「いちばん美しいの」

美しくなくてもいい、とはいえなかった。美しくない囲碁なら打たないほうがいい。美しくないなら花を活ける意味がない。

「紗英はなんにもわかってないね」祖母が呆《あき》れたようにため息をつく。「型があるから自由になれるんだ」自分の言葉に一度自分でうなずいて、もう一度繰り返した。「型があんたを助けてくれるんだよ」

はっとした。型が助けてくれる。そうか、と思う。そうだったのか。毎朝毎朝、※⑮判で押《お》したように祖母がラジオ体操から一日を始めることに、飽《あ》きることはないのかとcフシギに思っていた。そうじゃなかったんだ。毎朝のラジオ体操が祖母を助ける。つらい朝も、苦しい朝も、決まった体操から型通りに始めることで、一日をなんとかまわしていくことができたのかもしれない。楽しいことばかりじゃなかった祖母の人生が型によって救われる。そういうことだろうか。

「いちばんを突《つ》き詰《つ》めていくと、これしかない、というところに行きあたる。それが型というものだと私は思ってるよ」

今、何か、ぞくぞくした。新しくて、古い、とても大事なことを聞いた気がした。それはしばらく※⑯耳朶《じだ》の辺りをぐるぐるまわり、ようやく私の中に滑《すべ》り込《こ》んでくる。

型って、もしかするとすごいものなんじゃないか。たくさんの知恵《ちえ》に育まれてきた果実みたいなもの。齧《かじ》ってもみないなんて、あまりにももったいないもの。今は型を身につけるときなのかもしれない。いつか、私自身の花を活けるために。

今は修業《しゅぎょう》のときだ。そう思ったら楽しくなった。型を意識して、集中して活ける。型を身体に叩《たた》き込《こ》むよう、何度も練習する。さえこも紗英も今はいらない。⑦型を自分のものにしたい。いつかその型を破るときのために。

「本気になったんだ」私の花を見て、朝倉くんがつぶやいた。

桜並木の土手の上を、自転車を押していく。朝倉くんが川のほうを見ながら前輪ひとつ分だけ前を行く。※⑰茴香《ういきょう》が無造作に新聞紙に包まれて籠にある。車輪からの振動《しんどう》で黄色い花が上下に細かく揺れている。

「それで今日の花なんだね。さえこが本気になると、ああいう花になるんだ」ちょっと振り返るように私を見て、朝倉くんがいう。「なんだか、意外だ」

意外だなんてよくいう。私のことなんか知らないくせに。ふわふわのところしか見てなかったくせに。

でもさ、といって朝倉くんは自転車と一緒《いっしょ》に足を止める。川原のほうを指さして、下りる？　と目で訊く。

「意外だったけど、面白くなりそうだ」

土手から斜《なな》めに続く細い土の道を、勢いよく下りはじめる。私は後ろからそろそろと下りる。自転車のハンドルを握《にぎ》って、勢いがつかないよう力を込《こ》める。一歩一歩踏《ふ》みしめて、それでも最後は駆《か》け足《あし》になる。自転車が跳《は》ね、籠から茴香が飛び上がった。

下りきったところに朝倉くんはスタンドを立てる。私が隣《となり》に自転車を停《と》めるのを待って、川縁《かわべり》のほうへ歩き出す。

「さえこが本気になるなんて」

「さえこ、って呼ばないで。ほんとうの名前はさえこじゃないの」

朝倉くんがゆっくりとこちらを向くのがわかる。私は川面《かわも》が新しくなったり古くなったりしながら流れていくのを眺《なが》めている。

「知ってるよ」

「じゃあ、ちゃんと名前で呼んで。これがあたし、っていえるような花を活けたいと思ってるの。さえこじゃないの」

「うん」

「⑧さえこじゃなくて、紗英の花。まだまだ、遠いけど」

さえこの花は、といいかけた朝倉くんが、小さく咳払《せきばら》いをして、いい直す。

「⑨紗英の花は、じっとしていない。今は型を守って動かないけど、これからどこかに向かおうとする勢いがある」

「型通りに活けたのに?」聞くと、大きくうなずいた。

「俺《おれ》、ちょっとどきどきした」

どきどきした、と朝倉くんがいう、その声だけでどきどきした。朝倉くんがまた川のほうを見る。太陽が水面に反射してまぶしい。

なんとなく別れがたくて自転車を押したまま桜並木の下を歩く。土手は紫陽花《あじさい》の盛《さか》りだ。水色や淡《あわ》い紫のぽんぽん※⑱みたいに大きな花が、午前中の雨を残していきいきと咲《さ》き誇《ほこ》っている。

そろそろ引き返さなくては、家に着いてしまう。朝倉くんの家からは遠ざかるばかりだ。でも、ここから、どこへ行こう。どこへも行く宛《あ》てはない。じゃあ、ここで、といわれるのが惜《お》しくて、立ち止まることもできない。朝倉くんも何もいわない。ただずっと歩いている。

紗英、と呼ばれて振《ふ》り向《む》くと、通りの向こうに姉がいた。買い物帰りらしく、紙袋《かみぶくろ》を提《さ》げてこちらに手を振っている。隣の朝倉くんがにわかに緊張《きんちょう》するのが伝わってくる。そんなことはおかまいなしに、姉が近づく。妹がお世話になりまして、とにこにこしている。

「朝倉くん、姉の七葉《なのは》」

振り向いてびっくりした。朝倉くんが顔を真っ赤にしている。ああ。こういうことは何度もあった。まったく、なのちゃんはこれだからだめだ。いや、だめなのは朝倉くんだ。

「お花の帰りだから。もうすぐ帰るから」それだけいって、強引《ごういん》に朝倉くんを回れ右させた。自転車を押してずんずん歩く。何もいわずにずんずん歩く。少し遅《おく》れて朝倉くんがついてくる。ずいぶん歩いて商店街の角まで戻ってから、ようやく思いついたことを口にした。

「自慢《じまん》じゃないけど」私が口を開いて、朝倉くんはほっとした顔になる。

「なに」

「なのちゃんは何かに夢中になると三日ぐらい平気でお風呂《ふろ》に入らないよ」

朝倉くんが声を落とす。「それはほんとに自慢じゃないね」そうして、はは、という。笑ったんじゃない。困って、笑ったふりをしている。

「出かけない日は顔だって洗わないよ」

「そう」

「大食いだし」

「うん」

「それに」

「まだあるの」

「まだまだ、まだまだ」

他に何があったか、姉の弱点を私は必死に思い出そうとしている。まだまだ、⑩私もまだまだだ。いつか私だけの花を活けて、朝倉くんをはっとさせたい。姉のことなんか目にも入らないくらい私の花を見つめてくれたらいい。そっと盗《ぬす》み見たら、朝倉くんはまだ困っているみたいな横顔で籠の中の花を見ていた。

（宮下奈都《みやしたなつ》「まだまだ、」（『つぼみ』光文社 所収）より）

〈語注〉

※①剣山…活《い》け花《ばな》で使う、花をさして根元を固定する道具。
※②漆喰…石灰《せっかい》などから作る、壁を塗《ぬ》る材料。
※③逸脱…外れること。それること。
※④水切り…花を長持ちさせるために、茎を水の中で切ること。
※⑤フェイク…にせもの。代わりのもの。
※⑥こそばゆい…照れくさい。
※⑦確信犯…問題を引き起こすことがわかっていながら、それを行う人。
※⑧屈託のない…なやみがない。
※⑨踵を返す…来た方向へ引き返す。
※⑩定跡…将棋で、昔からの研究により、もっとも有利とされている駒《こま》の動かし方。
※⑪定石…囲碁で、昔からの研究により、もっとも有利とされている石の打ち方。
※⑫切磋琢磨…学問や芸などにはげみ、向上させること。
※⑬棋譜…将棋や囲碁の対局の手順を表した記録。
※⑭一朝一夕…わずかな月日のたとえ。
※⑮判で押したように…いつも同じようなさま。
※⑯耳朶…耳。
※⑰茴香…セリ科の花の一種。
※⑱ぽんぽん…毛糸などで作った丸い玉。

〔設問〕解答はすべて、解答らんにおさまるように書きなさい。句読点なども一字分とします。

一 ══線a「ツ」(30行目)、b「テキトウ」(152行目)、c「フシギ」(199行目)のカタカナを、漢字で書きなさい。

二 ――線①「最初に見たときに気づかなかった」(19～20行目)とありますが、「私」はどのようなことに「気づかなかった」のですか。説明しなさい。

三 ――線②「紗英はお豆さんだからね、と笑う姉たちの声」(53行目)とありますが、ここから「私」と姉たちとの関係がどのようなものであったことがわかりますか。説明しなさい。

四 ――線③「基本形を逸脱しためちゃくちゃな花」(93行目)、――線④「真剣に考えたらこうなった」(97行目)とありますが、「私」がこのような花を活けたのはなぜですか。説明しなさい。

五 ――線⑤「活け花はどうしても私がやらなきゃならないことじゃないのかもしれない」(103～104行目)とありますが、「私」がこのように考えたのはなぜですか。説明しなさい。

六 ――線⑥「ひとが思う私らしさとは～地面から顔を覗かせたんだろう」(156～157行目)とありますが、これはどのようなことを表していますか。次の中からふさわしいものを一つ選んで記号で答えなさい。

ア いままで無理をしておさえこんできた、「ひとが思う私らしさ」とは異なる「私」の姿が、華道部が活けた花に対する皮肉な言動として現れた、ということ。

イ いままで無理をしておさえこんできた、「ひとが思う私らしさ」とは異なる「私」の姿が、華道部への勧誘に対するあからさまな拒否《きょひ》として現れた、ということ。

ウ 知らないうちに自分の中で育っていた、「ひとが思う私らしさ」とは異なる「私」の姿が、先生が指導した花に対する否定的な感想として現れた、ということ。

エ 知らないうちに自分の中で育っていた、「ひとが思う私らしさ」とは異なる「私」の姿が、先生のふるまいに対する反抗的《はんこうてき》な表情として現れた、ということ。

七 ――線⑦「型を自分のものにしたい」(211行目)とありますが、「型を自分のものに」するとはどういうことですか。「型」がどのようなものかを明らかにしながら、説明しなさい。

八 ――線⑧「さえこじゃなくて、紗英の花」(233行目)とありますが、ここで「私」は、「さえこ」をどのような自分だととらえていることがわかりますか。**A**【　】の部分(111～117行目)と**B**【　】の部分(158～160

行目）に注目して、説明しなさい。

九　——線⑨「紗英の花は～勢いがある」（235～236行目）とありますが、ここで「朝倉くん」は、「私」の活け花についてどのように思っていますか。次の中からふさわしいものを一つ選んで記号で答えなさい。

ア　「私」の花を活ける才能を初めて理解し、その作品のすばらしさに恐《おそ》れをいだいている。

イ　「私」の花を活ける技術が向上したことを理解し、その作品のできばえに満足している。

ウ　「私」の活け花に対する熱意の高まりを理解し、その作品の完成度にあせりを感じている。

エ　「私」の活け花に対する姿勢の変化を理解し、その作品の持つ可能性に魅《み》力《りょく》を感じている。

十　——線⑩「私もまだまだだ。～私の花を見つめてくれたらいい」（267～269行目）について、本文全体をふまえて、以下の問いに答えなさい。

（1）〰〰部「まだまだお豆さんでいられる」（66行目）の「まだまだ」と、「私もまだまだだ」の「まだまだ」の使い方のちがいから、自分に対する「私」の考え方がどのように変化していることがわかりますか。説明しなさい。

（2）「私だけの花を活けて、朝倉くんをはっとさせたい」とありますが、どういうことですか。169～240行目をよく読んで、「私だけの花」がどのようなものを表しているかを明らかにしながら、説明しなさい。

（3）「姉のことなんか目にも入らないくらい私の花を見つめてくれたらいい」とありますが、ここで「私」は、姉たちとの関係をどのように変えていきたいと思っていることがわかりますか。説明しなさい。

〈問題はここで終わりです〉

国語

（60分）

（二〇一九年度）

麻布中学校

☆

《注　意》

一　試験開始の合図があるまでは、問題用紙を開けてはいけません。

二　問題用紙は十四ページまであります。解答用紙は一枚です。
試験開始の合図があったら、まず、問題用紙、解答用紙がそろっているかを確かめ、次に、解答用紙に「受験番号」「氏名」「整理番号（下じきの下方の番号）」を記入しなさい。

三　試験中は、試験監督《かんとく》の指示に従いなさい。

四　試験中に、まわりを見るなどの行動をすると、不正行為《こうい》とみなすことがあります。疑われるような行動をとってはいけません。

五　試験終了《しゅうりょう》の合図があったら、ただちに筆記用具を置きなさい。

六　試験終了後、試験監督の指示に従い、解答用紙は裏返して置きなさい。

七　試験終了後、書きこみを行うと不正行為とみなします。

次の文章を読み、設問に答えなさい。

朝、あたたかいミルクの匂《にお》いを嗅《か》ぐとなぜかまた眠《ねむ》くなる。ヒナコはマグカップに口をつけたままで続けざまにあくびをした。

ミオがテーブルの正面からそんな妹をながめる。「ヒナコ、どっちかにしたら？　飲むのかあくびをするのか」パンをほおばりながら「口はひとつなんだからさ」

ヒナコは答えず、またひとつあくびをする。ママがカウンター越《ご》しに「ミオ」と声をあげる。「あんたも同じよ、ミオ。食べながら人をからかってると舌をかむわよ」

「ヒナコに言ってんのに」ミオはママの方に身体の向きを変える。「そんなふうにママが割り込《こ》むからね、姉妹げんかも親子げんかになっちゃうんだよ……昔っからだけどさ」

そんな姉と母のやりとりにもヒナコは知らん顔で、ネコみたいに背を弓なりにそらせて大きく伸《の》びをした。五年生の終わりからヒナコの背は急に伸びはじめた。中学一年生になった今は、自分でも伸びをするたびに腕《うで》が遠くまで届くような気がしている。ヒナコはミルクを飲みながらミオを見る。「今日、会うんだ。前の友だちに」

「あ、今日だったんだ。仲良しの……誰《だれ》だっけ？」

「杏《あんず》とサトちゃん」

「①引っ越《こ》してきてからはじめてじゃないの。ヒナコがあのふたりに会うのって」

「そう」ミルクの白い膜《まく》をつけた口を、ヒナコはほころばせる。ミオもつられてほほえむ。

玄関《げんかん》から大きな声がした。

「おはよぉ。いるかなぁ」

あたふたと玄関にとんでいったママは、しばらくすると袋《ふくろ》をぶら下げて戻《もど》ってきた。「野菜をくれた」

ヒナコが袋とママを交互《こうご》に見ながら聞く。「だれ？」

「近所のおばさん」

「名前は？」

「知らない」

「こんな朝早くにふつうに入ってきちゃうの？　知らないおばさんが」

「顔は知ってる。犬の散歩でうちの前を通ってる」ミオも口をはさむ。

「だいたい玄関があいてるのが、おかしくない？」

ママは泥《どろ》だらけのだいこんや菜っぱの入った袋をのぞきこんで答える。「パパに言ってよ」ランニングに出かけたパパが鍵《かぎ》をかけ忘れたのだろうと言う。

「またランニング？」

「そう。前の家とちがって畑の空気がおいしいとか言って――」

「うそだね」ヒナコがさえぎる。「ぜったいうそだね。**a**ヒリョウをまいたあとの畑ってすごいにおいだよ。空気がおいしいなんて、そんなのパパの負け惜《お》しみに決まってるよ」

「負け惜しみだなんて。勝ったとか負けたとかいう話じゃないでしょ」

「仕事は勝ち負けだって、いつかパパが言ってたよ。それがうまいこといかなかったんでしょ。だったら」

やっぱり負けたのではないか、しかしさすがにそこまで言うのもためらわれて、ヒナコは口をつぐんだ。いきなり引っ越すのだと聞かされたとき、一番抵抗《ていこう》したのはこのヒナコだ。遠くなっても高校は変えずにすんだミオとはちがい、※①転校を余儀《よぎ》なくされたのだ。仕事の都合でやむを得ないとパパに説明されてもなかなか納得《なっとく》はできずにいた。ヒナコは、バターをぬりたくったトーストにシナモンを大量にふり、さらにメープルシロップをやけになったように盛大《せいだい》にかけた。

「太るわよ」と、ママがいすにどしんと座《すわ》った。「確かにね、新しいところに慣れるのって、簡単じゃないわよ。ま、お野菜をくれるのはうれしいけどね」

ミオがママの湯のみにお茶をついだ。「まあ、A※②郷《ごう》に入《い》れば郷にしたがえ、ってことわざもありますし」

「ありがと。ミオ、難しいことば、よく知ってるわね」

「こう見えて、もう高校二年生ですから」

「でもまあ、前はよかったとか、振《ふ》り返ってもはじまらないからね、ここでがんばるしかないってことよね」

ヒナコはだまっていた。うっかり反論して、パパの仕事の事情もわかってやりなさいなどと説教されるのはたまらないし、しゃべった息でシナモンの**b**コナが飛んでむせるのもかなわなかった。ヒナコはトーストをもくもくとほおばった。

インターホンが鳴り、三人がそろってモニターをながめた。

「ヒナコちゃん、いますか」

モニターの魚眼レンズの真ん中に、鼻ばかりが大きく見える女の子の顔が映った。

「だれ？」と聞くミオとママを無視して、ヒナコはティッシュで口をぬぐいながら、玄関に向かった。ドアを開けてみると、同じクラスの山脇多恵《やまわきたえ》さんが外に立っていた。

「多恵さん、どしたの？」

「ちょっと用事があって」

玄関に入り込まれる前にと、いそいでサンダルをつっかけてヒナコの方から外に出た。多恵さんは、冷えはじめてきた十月の空の下で寒そうに肩《かた》をすぼめていた。なぜかいつでもこの人は寒そうだ、とヒナコは小柄《こがら》な同級生を見おろした。

「渡《わた》したいものがあって」多恵さんは一枚のチケットをヒナコにさしだした。「ヒナコちゃん、音楽と踊《おど》りが好きだって言ってたから。今度いっしょに行かないかなと思って」

「え？　音楽と踊り？　だれかのコンサート？」ヒナコはうけとったチケットをあわてて見た。こちらに引っ越してきてからずっと、あやしげな店から流れてくる演歌ぐらいしか生の歌声は聞けなかったので胸がはずんだ。

「コンサートっつうのとはちょっとちがうかもしれないけど。……太鼓《たいこ》。宮前町《みやまえちょう》に伝わる宮前太鼓。今度、市民ホールでやるからその招待券。竜《りゅう》の舞《まい》もあって迫力《はくりょく》があるよ」

「は？」ヒナコは多恵さんに、チケットを返そうかと思った。この人に音楽や踊りの話なんかするんじゃなかった。※③ヒップホップのダンスが好きで、友だちと一緒《いっしょ》にスクールに通っていた、なんて熱く語ってしまった自分はばかみたいだ。多恵さんは続ける。

「前に父さんがｃホゾン会に入ってて宮前太鼓たたいてたんだ」

「お父さん？」

「すごくうまかったんだよ、あたしの父さん」照れたように、多恵さんは短い髪《かみ》をかいた。

②なんで照れるの。お父さんが自慢《じまん》なわけ？　ヒナコは下を向いた。自分はたった今、父親の悪口を言っていたところだったのに。だいたい多恵さんはお父さんと暮らしてはいないはずだ。父親は都心に働きに出ていると彼女《かのじょ》自身から聞かされていた。いつ帰って来られるのかわからないとも。どこかでホームレスになっているらしい、そんな噂《うわさ》を耳にしたことさえもある。噂はともかくとしても、家族の元にも帰らずにいて、自慢できる父

親と言えるのだろうか。ヒナコは目をふせたままで言った。「あのさ、ごめん。これから出かけるんだ」
「出かけるってもしかして、まるはちショッピングセンター？」
「……どこ？　それ」
「まるはち、知らない？　丸の中に八の字でまるはち。今日、売りつくしセールやるんだよ。すごく安いんだから」
「ちがう。前の街の友だちに会うの。こっちに引っ越してからはじめて帰るの」
「帰る？」
「③いや、まちがえた。行く。行くのは三か月ぶりなの」
　多恵さんはさらに電車で行くのかと聞き、そうだと言うと帰りは何時だと聞いてきた。
「どうして？」
　そこまで聞くかな。
　首をかしげるヒナコにかまわず、多恵さんは声をひそめた。まるでだれも知らないひみつを教えてくれるとでも言うように。「帰りは六時過ぎにしたらいいよ。そしたら駅員さんが改札からいなくなるから、お金、足りなくてもだいじょうぶだから」
　転校手続きをしたのは夏休みに入ってからで、新学期からは二か月。友だちを選ぶ余裕《よゆう》はヒナコになかった。近づいてきてくれたクラスメイトが妙《みょう》になれなれしく、おまけに不正行為《こうい》をけしかけるような人だったとしても仕方がない。昼休みにひとりでぽつんと座っているよりはマシだった。
　多恵さんはひそひそとささやく。「あのね、無人駅だったら、お金がなくなっちゃっても、ちゃんとうちに帰って来られるんだよ。ね、いいでしょ。ふとっぱらな駅でしょ」
　それはやってはいけないことなんだよ。見つかったら逮捕《たいほ》されちゃうかもしれないんだよ。ヒナコは胸のうちでつぶやく。
　そんなヒナコの気持ちも知らずに、多恵さんはにこにこする。「ほんと、いい駅だからね。あたし、ひとりでよく行くんだ」
「駅に？」ヒナコは首をかしげた。
「うん」

「……多恵さんって、鉄道マニアかなんか？」
「ちがうけど。なんで？」
「いや。駅によく行くっていうから」
「だって、あの駅、きれいで好きなんだもん」
「あ、そう」
かみあわない話を続けるよりも、これから出かけることを思い出してもらおうと、ヒナコは玄関の時計を見るそぶりをした。
多恵さんはやっと気づいたように、「じゃ、スポーツ大会、がんばろうね。騎馬戦《きばせん》よろしく」と、一歩後ろにしりぞいた。
「あ、そうだね。よろしく」
秋のスポーツ大会では女子も騎馬戦をおこない、体育班ではヒナコたち三人で彼女を背負うことが決まったばかりだった。へへと笑って多恵さんはふぞろいの歯を見せた。多恵さんは手をふって帰っていった。
ヒナコはドアを閉めて鍵をかけた。手の汗《あせ》で湿《しめ》ったのか、招待券はじっとりと重いような気がした。④見もしないでふたつに折るとポケットにつっこんだ。
部屋に戻るとミオが声をかけてきた。「同じクラスの子？」
「体育班が同じの子」
「友だち？」
「ちがう。騎馬戦の騎手《きしゅ》」
「騎馬戦？……ってことは、ヒナコが乗せるってこと？　スポーツ大会の？　それの打ち合わせ？」
「そんなとこ」
「なんて名前の子？」
「知らない」
とまどうミオを尻目《しりめ》に、パン皿とカップを乱暴に重ねると、ヒナコはキッチンにどしどしと足音をたてて向かった。

ヒナコは駅に向かった。都心から二時間ほどの駅は、新しい住宅が増えた何年か前に畑をつぶして建て替《か》えられたという、まだ新しい駅舎だった。

急勾配《きゅうこうばい》の屋根の中心に時計がはめこまれた、どこにでもありそうな建物だった。この駅を好きだと多恵さんは言っていた。しかし新建材だけで造られた建物はぺかぺかと安っぽく、とんがり屋根も何かの※④まがいものめいて見え、ヒナコにはどこがいいのかまるでわからなかった。

待ち合わせた駅では杏とサトちゃんが先にヒナコを待っていてくれた。混雑した改札で人混みをすり抜《ぬ》けると、ふたりはかけ寄ってきた。「あいたかったよぉ」と、ヒナコの手をとってぴょんぴょんとはねた。

元気だった？　また背がでかくなった？　そっちの町はどう？　イノシシ出る？　ふたりは同時に喋《しゃべ》り、同時に笑った。

ふたりともちっとも変わっていないと、ヒナコはほっとした。

（中略）

午後のひざしがかげってきた頃《ころ》に、もう帰らなければならないとヒナコはやっと重い腰《こし》を上げた。少し早めにマンションを出て、三人で駅まで歩くことになった。駅に続く道の途中《とちゅう》に大きな公園がある。三人でダンスの練習をしたこともある場所だった。

「そうだ」と杏がサトちゃんの肩をたたいた。「ハローおじさん、ちょうど来てる時間じゃない？」

「そうか。ヒナコは知らなかったよね」

「ハローおじさん？」

「うん。ちょっとした有名人」

最近、公園に来るようになったおじさんだという。子どもが好きらしく、気安く話しかけてくるのだそうだ。最初の頃こそみんな警戒《けいかい》していたけれど、話してみると別にあぶない人でもないようで、ふたりは缶《かん》ジュースをおごってもらったこともあると言う。

「近くにある※⑤ハローワークに通ってるっていう話でさ、それからはみんな、ハローおじさんって呼んでるんだよ」

サトちゃんがガムをかみながら教えてくれる。
三人で並ぶには道はせますぎる。いつの間にかヒナコはふたりの後ろをついて歩く。公園の入り口で杏があたりを見回した。
「いるかなあ。だいたいいつもこの時間には、ベンチでたばこ吸ってんだけど」
少し不安になっていたヒナコは、ふたりの袖《そで》をひっぱった。「だいじょうぶ？　その人、こわくないの？」
「だいじょうぶだよ。むしろヒナコの方がデカイからこわがらせるかも」尻込《しりご》みするヒナコにかまわず、ふたりは公園に入ると、いたいた、とベンチに座っている人の背中に声をかけた。
「おじさん、こんちは」
「わいはー。いぎなりくっからびっくりしたべ」たばこを吸いながらこちらをふり向いた人は、おじさんというよりおじいさんのように見えた。よれよれのワイシャツの上に古ぼけた上着。どちらもぶかぶかで肩からするりと全部が落っこちてしまいそう。えりから伸びてる細い首や薄《うす》くなった頭の感じはコンドルに似ているとヒナコは思った。
「どしてらー。元気でらが」
ちがう国の言葉みたいだとおかしくなった。杏とサトちゃんはもう笑いだしたいのをがまんして目くばせしている。杏がおじさんの前に身をかがめた。「もう秋なのにおじさん、まだ同じ服だね。寒くないんですかぁ」
おじさんは、指が焼けそうに短くなったたばこを地面でもみ消し、缶に入れてふたをした。「んだきゃ。さぶくてどぉすべの。※⑥おめだぢもさぶいべ」
ふたりはくすくすと笑いながら、「寒いですよ。寒くなったから、おじさんもそろそろ青森とかに帰るんじゃないですか？」
サトちゃんのなまいきなdクチョウにも、おじさんは気を悪くするでもなく笑っている。
「んだなあ。稼《かせ》がねばなあ。家さ帰《け》えるじぇんこがねえと電車も乗れねえ、帰えるに帰えれねえだでなあ」
杏とサトちゃんは、顔の前で手をふった。
「わかんない。おじさん、何言ってるのかわかんないよ」
「じぇんこ、ってなんですかぁ？　イタリア人の名前？」
「ちげえ。じぇんこはじぇんこ。お金のことだがな」

2019(H31) 麻布中
K 教英出版

答　□　度

答　太朗君の速さ：バスの速さ＝□：□

別の日，太朗君がふだんより3分遅く家を出発し，歩く速さの$\frac{5}{2}$倍の速さで走って学校へ向かったところ，A地点より720 m学校に近い地点でバスに追い抜かれました．

(2)　ふだん太朗君が歩く速さは秒速何mですか．

答　秒速　□　m

小計

整理番号

4 整数の中から，3の倍数と7の倍数だけをすべて取り出して小さい順に並べると，次のようになります．

3, 6, 7, 9, 12, 14, 15, 18, 21, 24, 27, …

この数の列について，以下の問いに答えなさい．

(1) 1番目から9番目までの数の和を求めなさい．

答

(2) 77番目から85番目までの数の和を求めなさい．

答

答　　番目

整理番号

小計

(1) 図1の状態から7回【操作】を行うと，7枚のコインの位置と2本の矢印の向きはどうなりますか．下の図に1から7までの数字と2本の矢印をかき入れなさい．

答

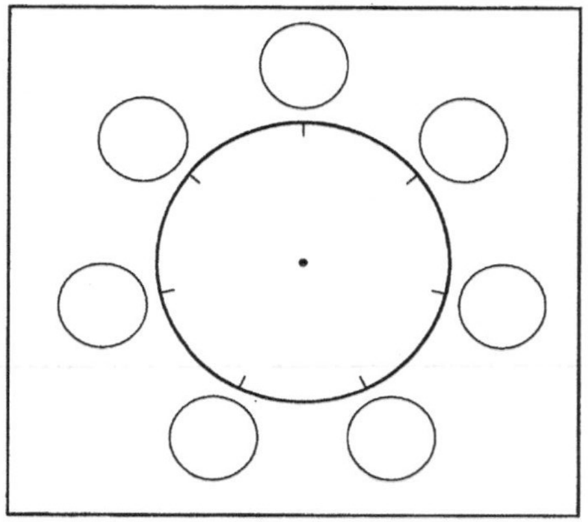

答　　回

次に，円盤の円周を99等分する位置に目盛りを振り直します．さらに，図4のように，1から99までの数字が書かれた99枚のコインを各目盛りの位置に1枚ずつ，1から順に時計回りに置き，2本の矢印を1と2の数字が書かれたコインの方へ向けます．

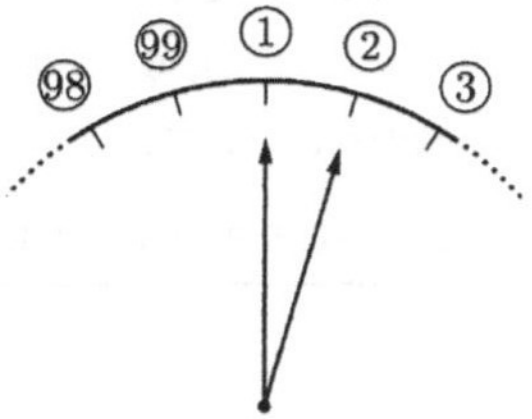

図4

(4) 図4の状態から何回【操作】を行うと，全てのコインの位置と2本の矢印の向きが図4と同じになりますか．最も少ない回数を答えなさい．ただし，【操作】は1回以上行うものとします．

答　　回

整理番号

小計

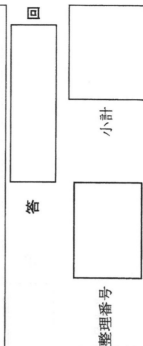

3

　みなさんが学校などで使用する温度計の多くは、温度によって体積が変化する液体を利用した液体温度計です。一方、金属の体積変化を利用した温度計もあり、この温度計ではバイメタルという金属が使われています。

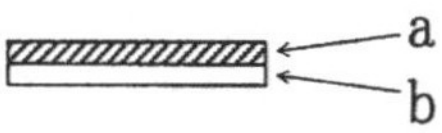

図1

　バイメタルとは、図1のように体積が変化しやすい金属aと体積が変化しにくい金属bをくっつけたもののことをいいます。金属aのみ、または金属bのみをあたためると、それ自体が曲がるなどの変形はほとんどせず、長さだけが伸《の》びます。しかし、図1のバイメタルをあたためると、金属どうしは離《はな》れずに、バイメタル全体が曲がります。このようなバイメタルは図2のような回路で、ドライヤーやこたつなどにも使用されています。ただし、図2のバイメタルPと金属Qは、通常は接点で触《ふ》れていますが、離れることもできます。また、バイメタルPと金属Qの上部は電気を通さない物体によって固定されています。

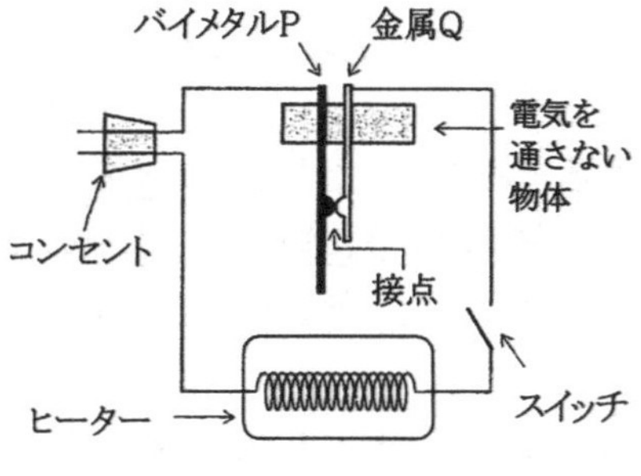

図2

問1　図1のバイメタルの端《はし》を固定してあたためます。このときのバイメタルの曲がり方として正しいものを、右のア、イから選び、記号で答えなさい。

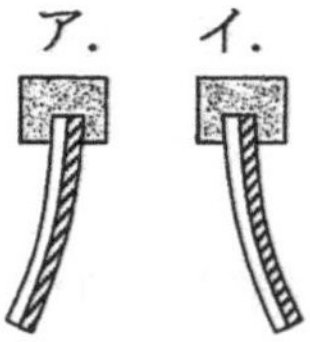

問2　ドライヤーやこたつで、図2の回路を使うとき、バイメタルPはどのような役割を果たすか答えなさい。

　続いて、図3のような形のバイメタルを使用する場合を考えます。図3ではバイメタルの一端《いったん》が A に固定され、もう一方の端は糸に接続し、その糸は回転することのできるBに取り付けられています。このバイメタル部分の温度が変わると、バイメタルは糸を引き、Bが回転します。

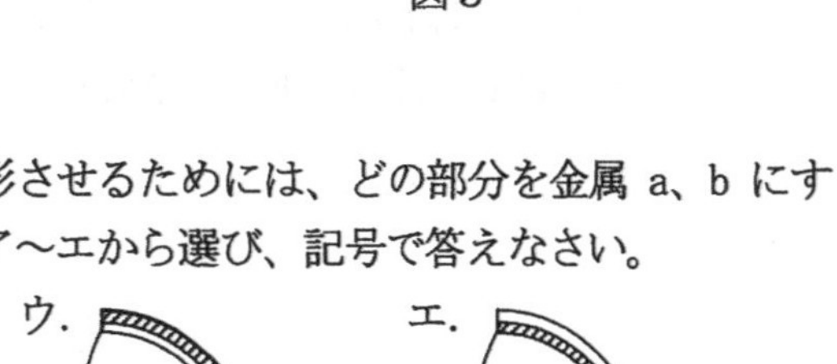

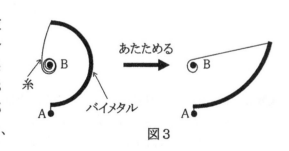

図3

問3　バイメタルをあたためて図3のように変形させるためには、どの部分を金属 a、b にすればよいですか。最も適当なものを、次のア～エから選び、記号で答えなさい。

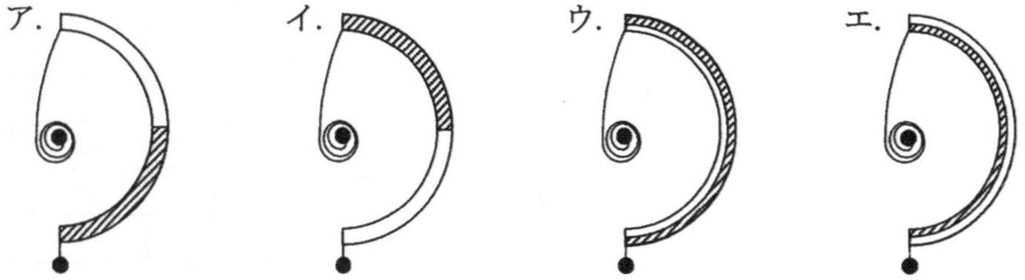

このように、バイメタルによる回転を利用すると、温度計をつくることができます。実際の温度計内では、図4のように、バイメタルの一端をAでケースに固定し、もう一方の端を指針の回転軸《かいてんじく》Bに取り付けます。バイメタルをたくさん巻いているのは、小さな温度変化でも指針の回転する角度を増やして、より精度よく温度を測るためです。ただし、①Xの部分の長さは図4の左側のように短くし、右側のように長くしません。また、熱した油の温度を調べるときは、図5のように先端《せんたん》を入れて温度を測ります。

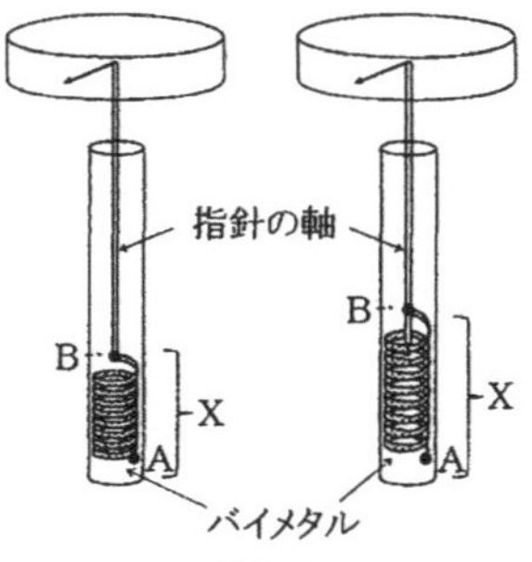

図4

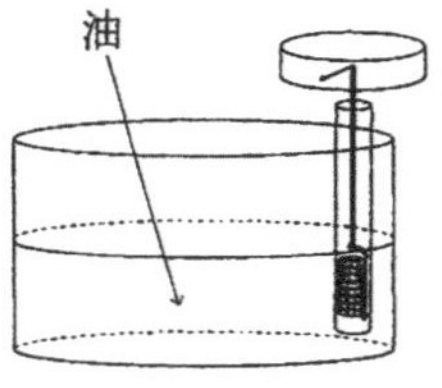

図5

問4　下線部①について、Xの部分を長くしすぎた場合、熱した油の温度を測定すると、どのような問題が生じると考えられるか説明しなさい。

次に、物体の体積変化とは違《ちが》った現象を利用した、白金抵抗《はっきんていこう》温度計について考えます。白金抵抗温度計は、金属の一種である白金（プラチナ）に電気を流すことで温度を調べる温度計です。その仕組みを調べるために、次のような実験を行いました。以下の実験で用いる、mA という単位は、ミリアンペアと読み、1000mA は1A と等しいです。

実験1　図6のような回路を組み、温度0℃の白金1個をあたためていったときの温度と電流の関係を調べた。その結果の一部は、表1のようになった。

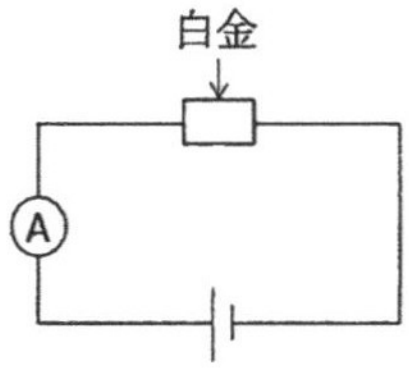

図6

表1

白金の温度〔℃〕	電流〔mA〕
0	120
50	100
125	80
150	75

実験2　同じ形、同じ体積の白金をたくさん用意した。まず、図7のように2個の白金を直列につないだときの電流を調べた。次に、白金の個数を3個、4個と直列に増やしていったときの電流も調べた。このような実験を、すべての白金を0℃にして行った場合と50℃にして行った場合の結果の一部は、表2のようになった。

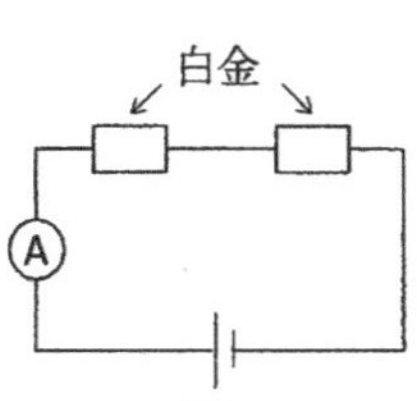

図7

表2

白金の個数	電流〔mA〕	
	0℃	50℃
1	120	100
2	60	50
3	40	33
4	30	25
5	24	20

実験１から白金の温度を高くすると電流は小さくなることがわかります。また、実験２からそれぞれの温度で白金の個数を増やすほどに電流が小さくなっていくことがわかります。これらのことから②温度０℃の白金を（　あ　）個直列につないだときと、温度 125℃の白金を（　い　）個直列につないだときの電流が等しくなることがわかります。

問５　下線部②について、（あ）（い）に入る整数の組み合わせを１つ答えなさい。

さらに、白金の温度を高くしたときの電流の減り方を調べるために、次の実験を行いました。

実験３　白金を 10 個直列につなぎ、この白金 10 個をあたためていったときの電流を調べた。この結果と、実験２の結果を見比べると、電流の大きさが等しくなる組み合わせがみつかった。そのうちのいくつかをまとめると、表３のようになった。

表３

	0℃の白金の個数
50℃の白金 10 個	12 個
100℃の白金 10 個	14 個
175℃の白金 10 個	17 個
350℃の白金 10 個	24 個

問６　温度 350℃の白金１個で電流を調べたときは何 mA になるか答えなさい。

実験３より、あたためた白金と同じ電流になるような、０℃の白金の個数は、規則的に変化することがわかります。また、温度を０℃より下げた場合も、同じ規則で０℃の白金の個数は変化しました。

問７　温度０℃のときの電流と比べ、同じ白金の個数で、電流の大きさが半分になるような温度は何℃か答えなさい。

この実験からわかるように、白金の温度を調べれば白金に流れる電流が計算できます。白金抵抗温度計では逆に、白金を流れる電流の大きさを調べることで白金の温度を計算します。このように、「温度とともに何かが規則的に変化する」という物体の性質を利用してさまざまな温度計がつくられています。それぞれの種類の温度計には長所、短所があり、それぞれに適した場面で使用されています。

問８　白金抵抗温度計は－200℃程の非常に低い温度でもよく利用されます。一方で液体温度計はそのような温度では使用されません。その理由を答えなさい。

問９　実験１～３で使った白金１個を白金抵抗温度計として用いた場合を考えます。この白金に流れる電流が 300mA だった場合、白金温度計は何℃を示すか答えなさい。

4

平成もあと少しで終わりです。「平成 31 年」のように、元号と数字を組み合わせて年を表す方法を和暦《われき》と呼びます。一方、太陽などの天体の運動をもとに、日付や季節を定める方法を暦法《れきほう》と呼びます。たとえば、一年の長さは地球から見た太陽の運動で定められ、正月や節分などの季節の節目となる日は太陽の位置で決まります。これらを予測する方法が暦法なのです。和暦と暦法はともに暦《こよみ》と呼ばれますが、和暦の元号が変わっても、暦法は変わりません。

問１　暦法で定めていないものを、次のア～エから１つ選び、記号で答えなさい。

　ア．立春　　イ．梅《つ》雨《ゆ》　　ウ．春分　　エ．冬至

暦法には、１年の長さや日付を定めるだけでなく、月の満ち欠けや日食など、空の様子を予測する役割もあります。ここで、日食とは、太陽と地球の間を新月が通過することで、図１のように太陽が欠けて見える現象です。特に、太陽が全く見えなくなる日食は皆既《かいき》日食と呼ばれます。

図１

問２　日食と似た現象に、満月が欠けて見える月食があります。月食の説明として最も適当なものを、次のア～エから選び、記号で答えなさい。

　ア．太陽と地球の間を月が通過して、太陽のかげが満月をかくす現象。
　イ．太陽と地球の間を月が通過して、地球のかげが満月をかくす現象。
　ウ．地球と月の間を太陽が通過して、太陽のかげが満月をかくす現象。
　エ．太陽と月の間を地球が通過して、地球のかげが満月をかくす現象。

月は地球の周りを回り、地球は太陽の周りを回ります。このように、ある天体の周りを別の天体が回る現象を公転と呼びます。地球と月が公転する面どうしには、図２のように約５°のかたむきがあります。このかたむきは、地球や月の位置によらず一定です。ここで、公転する地球と月の位置を、図３に示すＡ～Ｄとｅ～ｈの記号でそれぞれ表すことにします。

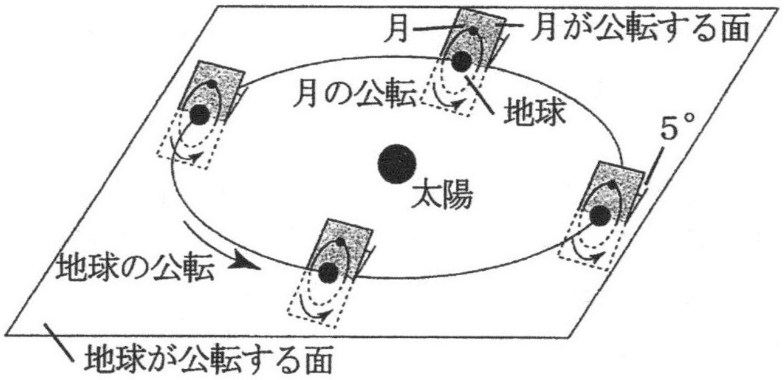

図２

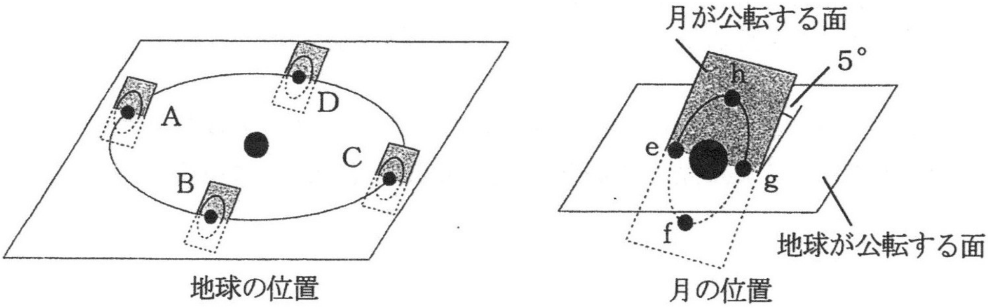

図３

問3　地球と月が公転する面どうしにかたむきがあるとわかるのはなぜですか。その理由として最も適当なものを、次のア～エから選び、記号で答えなさい。

ア．新月のたびに日食が必ず観測されるから。

イ．満月のたびに月食が必ず観測されるから。

ウ．日食をともなわない新月が観測されるから。

エ．半円状に光る月が観測できるから。

問4　次の①、②のとき、地球から月はどのように見えますか。最も近いものを、以下のア～エから選び、記号で答えなさい。

①　地球がAにあり、月がhにあるとき

②　地球がDにあり、月がfにあるとき

ア．満月　　イ．三日月　　ウ．半月　　エ．新月

問5　太陽と地球の中心を結ぶ直線を新月が通過して、皆既日食が生じるとき、地球と月はどこにありますか。地球と月の位置の組み合わせを、A～Dとe～hの記号ですべて答えなさい。ただし、解答欄《らん》をすべて使うとは限りません。

問6　問5で答えた組み合わせのうちの1つで皆既日食が生じてから、再び同じ組み合わせで皆既日食が生じるまでに約18年11日かかります。皆既日食が生じたあとの最初の新月を1回目とすると、約18年11日後の皆既日食は何回目の新月で生じるか答えなさい。ただし、1年を365日、月の満ち欠けの周期を29日12時間（29.5日）とします。

太陽と地球を結ぶ直線を新月が通過すると、皆既日食が生じます。このとき、3つの天体の中心が正確に一列に並ぶとは限りません。図4のように、大きな地球の上に立つ観測者は、太陽と地球の中心を結んだ直線上に立つとは限らないからです。そのため、地球と月が問5で答えた位置から少しずれていても、地球のどこかでは皆既日食が見えます。

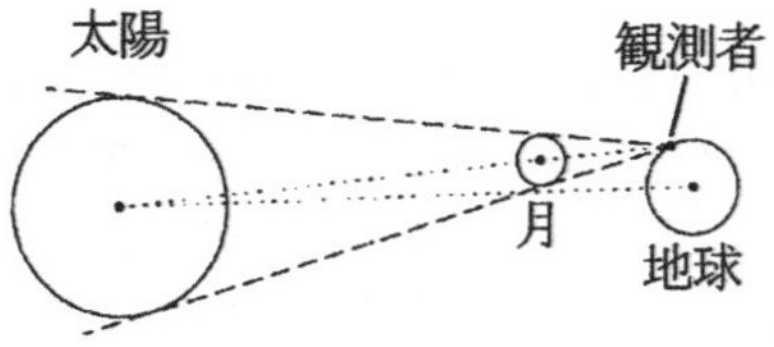

図4

問7　問6の約18年11日の間に、地球から見えるすべての皆既日食の回数として最も適当なものを、次のア～オから選び、記号で答えなさい。ただし、最初の皆既日食は回数に含《ふく》まないものとします。

ア．1回　　イ．2回　　ウ．2回より大きく、問6で答えた数より小さい

エ．問6で答えた数に等しい　　オ．問6で答えた数より大きい

地球は、図5のようにその場でも回転しています。これにより、たとえ太陽・月・観測者が一列に並んでいても、観測者の立つ場所が太陽の出ている時間帯でなければ日食は見えません。たとえば、去年の8月11日にフィンランドから見えた日食は、東京では見えていませんでした。

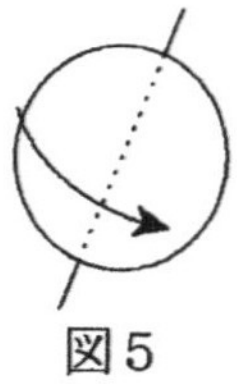
図5

江戸《えど》時代の初めまで、日本では遣唐使《けんとうし》のもたらした暦法が使われていました。この暦法は800 年以上前の古い観測にもとづいたものです。そのため、この暦法で予測した太陽などの天体の運動は、実際のものと１日以上もずれていました。そこで江戸幕府は、元《げん》が定めた新しい暦法を使おうとしました。この暦法では、中国での日食を正確に予測できていました。しかし、この予測と日本で日食を観測できた日は一致《いっち》しませんでした。

問8　下線部の理由として最も適当なものを、次のア～エから選び、記号で答えなさい。

ア．中国と日本の経度の差が、無視できないほどに大きいから。

イ．中国ではさらに新しい暦法が、すでに作られていたから。

ウ．地球と月の公転する面どうしにかたむきがあるから。

エ．太陽と月の動く速さが、中国と日本では異なるように見えるから。

幕府は、中国で作られた暦法のかわりに日本独自の暦法を作らせました。これにより、日食をはじめとした日本の空の様子が正確に予測されるようになりました。この成功を機に、幕府は「天文方《てんもんがた》」という役職をおき、天体の観測や暦法の計算にあたらせました。

天文方の仕事は、暦法を作るだけではありませんでした。たとえば、江戸時代の中ごろに、天文方に弟子《でし》入りして、日本全国の精密な地図を初めて作った人物に（　あ　）がいます。（　あ　）は各地を訪ね、緯度《いど》によって異なる太陽の南中高度を測ることで南北の位置を、経度によって異なる日食・月食の時刻を測ることで東西の位置を決めました。こうして得られた緯度と経度を、自分の足で測った距離《きょり》とあわせて地図を完成させました。

問9　（　あ　）に入る人物名を漢字で答えなさい。

問10　（　あ　）の作った地図では、南北に比べて東西の正確さがおとっていました。その理由として最も適当なものを、次のア～エから選び、記号で答えなさい。

ア．日本列島の東西の移動は、南北の移動よりも難しかったから。

イ．ただでさえ少ない経度を測れる回数が、悪天候でさらに減ったから。

ウ．大きさのある太陽の南中高度を、正確に測れなかったから。

エ．当時の暦法が日食や月食の日付を正しく予測できず、観測をのがしたから。

このように、日本の地図作りの発展には天文方が大きな役割を果たしました。また、一部のカレンダーには今でも、大安や仏滅《ぶつめつ》など、曜日の一種である六曜がのっています。この六曜は、天文方が最後に作った暦法によって計算されています。平成が終わろうとする今ですが、地図やカレンダーを通して江戸時代に思いをはせてみるのも良いでしょう。

〈**問題はここで終わりです**〉

2019(H31) 麻布中
K 教英出版

問12　下線部**コ**．について。企業が社内につくった野球チームの日本一を決める大会として、1927（昭和2）年から「都市対抗野球大会」が開催されています。下の表は1950年代、1970年代、2000年代の優勝チームをまとめたものです。優勝チームの移り変わりは、戦後日本の産業の移り変わりとどのように関係していると考えられますか。この表にある具体的な業種に注意しながら説明しなさい。

	年	都市	企業名	業種
1950年代	1950年	大阪市	全鐘紡	せんい
	1951年	大阪市	全鐘紡	せんい
	1952年	大阪市	全鐘紡	せんい
	1953年	吉原市	大昭和製紙	製紙
	1954年	八幡市	八幡製鐵	鉄鋼
	1955年	大阪市	全鐘紡	せんい
	1956年	横浜市	日本石油	石油
	1957年	東京都	熊谷組	建設
	1958年	横浜市	日本石油	石油
	1959年	松山市	丸善石油	石油
1970年代	1970年	富士市	大昭和製紙	製紙
	1971年	姫路市	新日本製鐵広畑	鉄鋼
	1972年	浜松市	日本楽器	その他
	1973年	川崎市	日本鋼管	鉄鋼
	1974年	白老町	大昭和製紙北海道	製紙
	1975年	千葉市	電電関東	通信
	1976年	川崎市	日本鋼管	鉄鋼
	1977年	神戸市	神戸製鋼	鉄鋼
	1978年	川崎市	東芝	電気機械
	1979年	広島市	三菱重工広島	機械
2000年代	2000年	川崎市	三菱自動車川崎	自動車
	2001年	浜松市	河合楽器	その他
	2002年	藤沢市	いすゞ自動車	自動車
	2003年	川崎市	三菱ふそう川崎	自動車
	2004年	春日井市	王子製紙	製紙
	2005年	川崎市	三菱ふそう川崎	自動車
	2006年	にかほ市	TDK	電気機械
	2007年	川崎市	東芝	電気機械
	2008年	横浜市	新日本石油ENEOS	石油
	2009年	狭山市	Honda	自動車

問13　下線部**サ**．について。企業内のチームに所属した選手は、会社での仕事をしながら練習や試合をこなします。プロ選手のように独立せず企業内のチームに属することは、選手にとってどのような利点がありますか。答えなさい。

問14　下線部**シ**．について。スポーツは社会のなかで時代ごとにさまざまな役割を期待されてきました。今後予想される社会の変化が生み出す問題を、スポーツで解決していくとすれば、どのような役割がスポーツに求められますか。具体例をあげて100字以上140字以内で述べなさい。句読点も1字分とします。

〈問題はここで終わりです〉

問7　下線部**オ**．について。学校にスポーツを取り入れることで、政府は当時おしすすめていたどのような政策に役立て、どのような行動ができるひとを育てようとしましたか。答えなさい。

問8　下線部**カ**．について。スポーツの盛り上がりは政府にとっても都合のよいことでした。どのような点で都合がよかったのでしょうか。下の年表を参考にして答えなさい。

1917(大正6)年	ロシア革命
1918(大正7)年	米騒動《こめそうどう》
1920(大正9)年	第一次世界大戦後の不景気
1924(大正13)年	第二次護憲運動
1925(大正14)年	日本とソ連の国交樹立、普通《ふつう》選挙法成立、治安維持《いじ》法成立

問9　下線部**キ**．について。この映画は単なる映像記録にとどまりませんでした。どのような効果を持ったと考えられますか。答えなさい。

問10　下線部**ク**．について。日本がモスクワ大会に参加しなかったのはなぜですか。答えなさい。

問11　下線部**ケ**．について。下の表は、サッカーのペナルティーキック戦と柔道のポイント制のルールをそれぞれ説明したものです。このような制度はテレビやラジオで中継するうえでどのような利点があるでしょうか。表を参考にして答えなさい。

サッカーのペナルティーキック（PK）戦 同点のまま試合時間が終わった場合、両チームそれぞれ５人の選手が交互《こうご》にペナルティーキックを蹴《け》り、得点の多い方を勝者とする方式。
柔道のポイント制 試合時間４分のなかで、技を決めきる「一本」勝ちが出ない場合、「一本」に近い有効な技に与えられる、「技あり」の判定を多く取った方を優勢勝ちとする方式。

問1　文章中の空らん(**あ**)にふさわしい語句を答えなさい。

問2　文章中の空らん(**い**)と(**う**)に入る現在の国名を答えなさい。

問3　下線部**ア**．について。鹿島神宮のある鹿嶋《かしま》市の場所を下の地図にある**ア～オ**から選び記号で答えなさい。また、そこにある工業地帯の説明としてもっともふさわしいものを下の説明文**1～5**から選び数字で答えなさい。

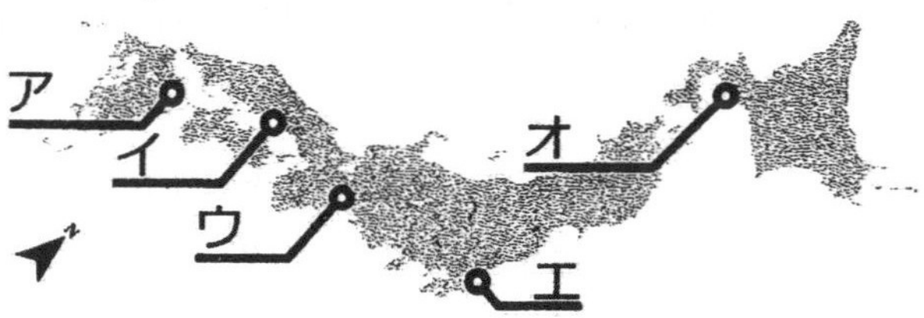

1　砂丘《さきゅう》地帯に大規模な港がつくられ、製鉄所や石油化学コンビナートが立地する。

2　付近で採れる石炭や鉄鉱石を利用した製鉄所が明治時代から立地する。

3　大規模な石油化学コンビナートが立地するが、四大公害病のひとつが発生した。

4　埋《う》め立《た》てや大規模な干拓《かんたく》によってつくられた工業用地に多くの工場が立地する。

5　高度経済成長期につくられた埋立地《うめたてち》に最新鋭《さいしんえい》の製鉄所などが立地する。

問4　下線部**イ**．について。右の絵で描《えが》かれている武士の技術を高める訓練は何とよばれましたか。答えなさい。

問5　下線部**ウ**．について。竹刀が登場することで剣術のあり方はどのように変化したのでしょうか。答えなさい。

問6　下線部**エ**．について。近代的なスポーツにはそれぞれの原型となるものがありました。全体として、近代的なスポーツはスポーツの原型とどのように違《ちが》うのでしょうか。答えなさい。

ーツの商業化といいます。ひとびとが新聞、ラジオ、テレビなどを通じてスポーツを観戦して楽しめるようになると、スポーツでお金を稼ぐプロ選手やプロチームだけでなく、スポーツに関わる企業《きぎょう》もあらわれました。

スポーツ自体のあり方も新聞、ラジオ、テレビ、インターネットなどの登場や計測技術の進歩によって変わっていきました。**ケ**．たとえばサッカーのペナルティーキック戦や柔道《じゅうどう》でのポイント制といった制度の導入がありました。また陸上や水泳など記録を争う競技では、機械の導入により記録の測定が精密になり、人間が感じ取れない差を競うようになりました。球技でも映像による検証やデータをもとにした分析《ぶんせき》が行われるようになり、選手はどうすれば好成績をおさめられるかを考え、ファンはそうしたデータをもとに新たなスポーツの楽しみ方を覚えていきました。このようにスポーツのあり方も変わっていき、多様な楽しみ方が可能となりました。しかしそうした変化の一方で、スポーツの商業化にともなう勝利至上主義の広がりや、選手のプロ化にともなう成績への重圧、記録更新《こうしん》のための競争の激化などから問題も起こっています。

第二次世界大戦後の日本の状況《じょうきょう》をみると、学生のスポーツは学校での部活動を中心に、社会人のスポーツは**コ**．企業が社内に結成したチームを中心に発展していきました。日本の仕組みは世界的にみてもめずらしいものですが、企業スポーツは会社の宣伝に利用でき、同時に従業員たちの一体感を高めることにも役立ち、**サ**．選手にとっても利点がありました。

ところが、1990年代初めに景気が悪化してくると、企業スポーツがさまざまな行きづまりをみせはじめました。こうしたなかで、サッカーのＪリーグやバスケットボールのＢリーグなど、企業スポーツの枠組《わくぐ》みを超《こ》えたプロ化の動きがみられるようになりました。同時にそれは、地域とスポーツとのつながりを生むことを目指したものにもなっています。

このようにスポーツはさまざまな形で広がりをみせ、ひとびとは見たり参加したりして楽しめるようになってきました。世界中でスポーツが愛されてきたのは、スポーツそのものが持つ楽しさだけでなく、そこで育《はぐく》まれるフェアプレーや友情の精神を大切にしてきたからでしょう。

ここまで、**シ**．私たちは、スポーツが時代ごとにさまざまな影響を受け、ときに振り回されたことをみてきました。この意味でスポーツは社会を映し出す鏡であるといえるのです。日本では今秋にはラグビーワールドカップ、そして2020年には東京オリンピック・パラリンピックと、世界的なスポーツイベントが立て続けに開催されますが、ときにスポーツと社会の関係について考えてみることも必要かもしれません。

国語解答用紙

受験番号	
氏　　名	

（２０１９年度）

一
a
b
c
d

二
1
2

三

四

五

六

七
行目

八

九
1
2

【解答

受験番号	
氏　名	

（２０１９年度）

理　科　解　答　用　紙

1

問１	あ		い		う		問２		
問３		問４	チューリップ	うめるもの	生殖方法	ひまわり	うめるもの	生殖方法	
問５	時間	問６	卵が大きい		卵が多い				
問７							問８		

小　計

2

問１		問２		問９		
問３						
問４						
問５						
問６	コーヒーの粉：熱湯	問７	熱湯（１回）：熱湯（３回）	問８		

小　計

【解答

受験番号	
氏　　名	

（2019 年度）

※40点満点
（配点非公表）

社会解答用紙（その１）

問１　あ ［　　　　］ 省

問２　い ［　　　　］　う ［　　　　］

問３　場所 ［　　　］　説明 ［　　　］

問４ ［　　　　　　］

問５ ［　　　　　　　　　　　　　　　　　　］

【解答

問６ ［　　　　　　　　　　　　　　　　　　］

受験番号	
氏　　名	

（2019年度）

社会解答用紙（その２）

問 10

問 11

問 12

問 13

(100)

(140)

(整理番号)

小　計

問7

問8

問9

（整 理 番 号）

小　　計

3

問1		問2						
問3								
問4								
問5	あ		い		問6	mA	問7	℃
問8							問9	℃

小　計

4

問1		問2		問3		問4	①		②	
問5	(地球　,　月)	(地球　,　月)	(地球　,　月)	(地球　,　月)	(地球　,　月)			問6	回	
問7		問8		問9			問10			

小　計

整理番号

合　計
※40点満点 (配点非公表)

2019(H31) 麻布中
K 教英出版

十

十一

十二

十三

1

2

（合計）

※60点満点
（配点非公表）

（整理番号）

教英出版

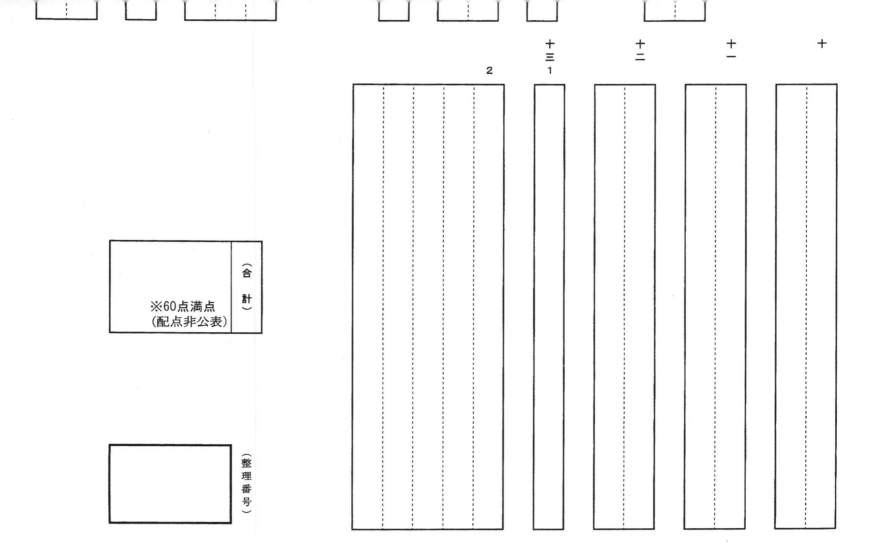

塁《るい》や敬遠をするなど、ずるさを身につけさせる」といった批判が新聞に掲載《けいさい》されたこともありました。そのような批判があっても、学生の野球はひとびとに受け入れられていきました。1915（大正《たいしょう》4）年には大手新聞社が中学野球の全国大会を開催し、これが現在まで続く高校野球の「夏の甲《こう》子園《しえん》」となっていきます。カ. このような国民の熱狂《ねっきょう》を政府も歓迎《かんげい》し、1926（大正15）年には大学野球の優勝校に皇太子（後の昭和《しょうわ》天皇）の名前を冠《かん》した優勝カップを授与《じゅよ》するなど、盛り上がりを後押《あとお》ししました。日本に職業野球（プロ野球）が生まれるのは、1934（昭和9）年になってからのことです。しかし太平洋戦争が始まり戦時体制に移ると、政府は敵国のスポーツである野球への制限を強めていきました。学校でも体育の授業は武道と軍事教練ばかりになり、子どもたちは家に帰っても三角ベース（二塁ベースのない簡略化された野球）を楽しむことすらできなくなってしまいました。

第二次世界大戦が終わると、1945（昭和20）年11月には職業野球の試合が再開されました。日本中が食糧《しょくりょう》不足に苦しみ、戦地から戻《もど》ってこない選手たちも大勢いるなかで行われた、わずか4試合の対抗戦でしたが、球場には何千人もの観客が押し寄せ、ラジオ中継《ちゅうけい》も行われました。ひとびとはスポーツの再開を待ち望んでいたのです。連合国軍総司令部（GHQ）もスポーツを平和で民主的な社会にふさわしいものとして奨励《しょうれい》しました。スポーツは国の都合で制限されたり、一転して奨励されたり、時代に振《ふ》り回されたのです。

多くの選手たちが国を代表して競うオリンピックも、各国の都合にもてあそばれた歴史を持っています。1936（昭和11）年、ドイツのベルリンでオリンピックが開かれました。ベルリン大会は、その後のオリンピックのあり方に大きな影響を与《あた》えました。ドイツを率いていたヒトラーはオリンピックを利用し、スタジアムや選手村、ホテルの建設、道路や鉄道の整備を行いました。初めて行われた聖火リレーが大会を演出し、キ. 記録映画も制作されました。

戦後のオリンピックでは、ク. 1980（昭和55）年のモスクワ大会（ソ連）と、1984（昭和59）年のロサンゼルス大会（アメリカ）で各国の政治的な都合により参加、不参加が分かれ、日本もモスクワ大会には参加しませんでした。

ベルリン大会記録映画のポスター

商業化するスポーツ

20世紀になって、とくにアメリカではスポーツがお金を稼《かせ》ぐ手段になっていきました。これをスポ

た。このような動きは、**エ**. スポーツの原型が近代的なスポーツへと変化するなかでもたらされたのです。

そうした背景のひとつとして、工業が発展していくヨーロッパ社会とスポーツの性格が似ていたことがありました。すなわちスポーツでは工業と同じく、発展や向上がよいものとされ、結果を求めて努力を重ねることが重視されたのです。

近代的なスポーツはヨーロッパから、南北アメリカやアジアなど世界中に広がっていきました。アメリカ合衆国では、ヨーロッパから伝わったスポーツをもとに野球やアメリカンフットボールなどが生まれ、人気を集めました。冬の室内でも行える競技として、新しくバスケットボールやバレーボールなどもつくりだされました。こうしたなかで1896(明治《めいじ》29)年には第1回の近代オリンピックが開催されました。やがてアメリカ合衆国で生まれた競技の一部はオリンピックの競技にも加えられていきました。オリンピックの競技は大会が重ねられるごとに増えていき、スポーツも世界に広がったために参加国も増え、大規模なスポーツの祭典になっていったのです。しかし、最初からすべてのひとにスポーツが開かれていたわけではありません。女性や身体に障がいを持ったひとが本格的にスポーツに関われるようになるのは、20世紀の後半になってからのことです。

近代的なスポーツが日本に伝わったのは明治時代の初めでした。外国人教師や牧師、海外留学からの帰国者によって紹介《しょうかい》され、政府がつくった学校に取り入れられました。

政治と関わるスポーツ

スポーツは国の考えや都合にあわせて、学校や軍隊で行われるようになりました。日本でも明治時代に新たにつくられた学校で、全員で一斉《いっせい》に行う体操が取り入れられ、それまでスポーツに親しんだことのなかったひとびとに課されたのはよい例でしょう。**オ**. スポーツは政府の政策に役立つものと考えられたのです。

全員で一斉に行った体操

現在ではプロチーム同士の対戦が当たり前となっている野球も、日本に伝わったころは課外活動のひとつとして学校のなかだけで行われるものでした。やがてさまざまな学校でチームがつくられるようになると、学校同士での対抗《たいこう》戦が組まれるようになっていきます。初めは大学同士の対抗戦が人気を集め、行き過ぎた応援《おうえん》がみられるなど過熱気味になっていきました。そのため、明治時代の終わりころには「試合に熱中するあまり勉学がおろそかになる」、「勝つために盗《とう》です。

やがて、日本では武士が、ヨーロッパでは騎士《きし》がたたかいの技術を高めるために訓練を行うようになります。鎌倉《かまくら》時代の武士たちはイ. 馬上から矢を放つ技術を訓練で高めようとしました。ヨーロッパでも、馬上で槍《やり》などを振《ふ》るって競い合いました。これを「トーナメント」といいますが、この言葉は「勝ち抜《ぬ》き戦」としていまでもさまざまなスポーツの大会で用いられています。

国王や貴族たちは乗馬、水泳、登山、そしてテニスの原型となる球技も行いはじめました。ヨーロッパではやがて都市に住むひとびとや農民のあいだでも娯楽として、現在のスポーツの原型となる遊びが広がりました。たとえばサッカーの原型とされるフットボールやカルチョは、無数のひとびとが参加してゴールとされた場所までボールを運ぶ競い合いでした。これらは厳格なルールがないためたいへん危険で、たびたび禁止令が出されましたが、おさまる気配はありませんでした。

カルチョの様子

同じころ日本は江戸《えど》時代でしたが、剣術《けんじゅつ》、柔術《じゅうじゅつ》、弓術《きゅうじゅつ》、槍術《そうじゅつ》などが武士にとって身につけておかなくてはならないものとされました。ウ. しかしこれらの武術が実戦で使われることはなくなりました。そうしたなかで剣術の稽古《けいこ》に竹刀《しない》が使われるようになるなど大きな変化がみられました。

世界のあらゆる地域で、昔からスポーツの原型となるものが行われていました。しかし世界全体に広がっていく近代的なスポーツは、ほとんどがヨーロッパで生まれたものでした。ヨーロッパが世界に進出するなかでスポーツも世界中に広がっていったのです。その様子をみてみましょう。

世界に広がるスポーツ

現在世界中で親しまれている近代的なスポーツの多くはヨーロッパ、とくにイギリスで生まれたものです。イギリスで行われていたサッカーやラグビーの原型であるフットボールは村や町同士で行うものでしたが、やがて裕福《ゆうふく》な家庭の子どもたちが通う学校でも好んで行われるようになり、しだいに学校同士でも試合が行われるようになっていきました。さらに工場で働くようになったひとびともクラブをつくるようになり、試合を通じての交流が盛《さか》んになりました。こうして自由参加のクラブを土台とした共通のスポーツの文化がイギリス全土に広がり、現在の競技のかたちができていきました。19世紀の後半から20世紀にかけて陸上競技、水泳、テニスなどでも同じようなことがおこりまし

次の文章をよく読んで、6ページから8ページの問いに答えなさい。

身体《からだ》を動かすことは勉強と並んで重要なことだといわれています。自分で身体を動かすことは苦手でも、スポーツ観戦を楽しみにしているひとは多いのではないでしょうか。テレビでは毎日のように野球やサッカー、そして2020年の東京オリンピック・パラリンピックの話題で盛り上がっています。新聞に目をやればスポーツの記事が何ページも埋《う》め尽《つ》くしています。いまや私たちの生活や社会とスポーツは切っても切り離《はな》せない関係にあるようです。このような私たちとスポーツとの関《かか》わりは、どのように始まったのでしょうか。

スポーツはどこから来たのか

スポーツにはさまざまな競技があります。さまざまなスポーツに共通するのはどのようなことでしょうか。ここでは、「娯楽《ごらく》として遊び（プレー）の要素を含《ふく》み、身体を動かして活動し、競《きそ》い合いの要素を含むもの」としましょう。自分でスポーツをするのが楽しいことはもちろん、試合を観戦することもおもしろく、スポーツは私たちの生活を豊かにしてくれるものです。2015（平成《へいせい》27）年に（　**あ**　）省の下にスポーツ庁が設置されたこともスポーツの影響《えいきょう》の大きさのあらわれといえるでしょう。

スポーツの原型（元になるもの）になった「身体を使う遊びや競技」は、昔から世界各地で行われてきました。現在のオリンピックのモデルになったのは、紀元前の（　**い**　）で生まれ、1000年以上も続いた「オリンピアの祭典」でした。4年に1度、オリンピアという場所で、裸《はだか》で走る、投げる、格闘《かくとう》する男性だけの競技が行われていました。これは神に捧《ささ》げる宗教行事でもありました。

ヨーロッパの地図（国境は現在のもの）

（　**い**　）の西にある（　**う**　）のローマでは、剣闘士《けんとうし》競技や戦車競争を見せ物として開催《かいさい》していました。ひとびとをたくさん集めるために、巨大《きょだい》な競技場が建設されました。大勢の観客に見せるスポーツの始まりといえるかもしれません。

日本では力比べが相撲《すもう》に発展しました。『古事記《こじき》』には**ア．鹿島神宮《かしまじんぐう》**にまつられているタケミカヅチ神が出雲《いずも》のタケミナカタ神とたたかったことが記されています。奈良《なら》時代には宮中の宗教的な行事として、天皇《てんのう》の前で力に自信のある者たちが相撲を取りました。このように、世界各地で宗教的な儀式《ぎしき》として身体を動かす競い合いが行われ、それを観戦することも娯楽になっていったの

2019(H31) 麻布中
K 教英出版

社　会

（２０１９年度）

(50分)

《注　意》

１．試験開始の合図があるまでは、問題用紙を開けてはいけません。

２．問題用紙は８ページまであります。解答用紙は２枚です。試験開始の合図があったら、まず、問題用紙、解答用紙がそろっているかを確かめ、次に、すべての解答用紙に「受験番号」「氏名」「整理番号（下じきの下方の番号）」を記入しなさい。

３．試験中は、試験監督《かんとく》の指示に従いなさい。

４．試験中に、まわりを見るなどの行動をすると、不正行為《こうい》とみなすことがあります。疑われるような行動をとってはいけません。

５．試験終了《しゅうりょう》の合図があったら、ただちに筆記用具を置きなさい。

６．試験終了後、試験監督の指示に従い、解答用紙は書いてある方を表にして、上から、（その１）（その２）の順に重ね、全体を一緒《いっしょ》に裏返して置きなさい。

７．試験終了後、書きこみを行うと不正行為とみなします。

コーヒーを淹れる作業のように、物質の成分を、溶《と》けやすい液体に溶かして取り出す作業を「抽出《ちゅうしゅつ》」といいます。抽出は多量の液体で一度に行うのではなく、少量の液体を数回に分けて行う方が、抽出される成分が多くなります。そのため、コーヒーを淹れるときは、熱湯を少しずつ注ぐのです。

このことをコーヒーに溶けている味の成分を『粒』として単純に考えてみましょう。ここでは、コーヒーの粉と熱湯が十分な時間で触れたとき、コーヒーの粉１ｇあたりに残っている『粒』の数と、触れていた熱湯１ｇあたりに溶けた『粒』の数の比は９：１になるものとします。たとえば、コーヒーの粉１ｇに、熱湯２ｇが十分な時間で触れていた場合を考えます。最初にコーヒーの粉１ｇに『粒』が 11 粒含まれていたとする（実際には十分に多数の粒が含まれています）と、抽出後にこのコーヒーの粉１ｇに十分な時間で触れていた熱湯２ｇには『粒』が２粒溶け、９粒がコーヒーの粉１ｇに残っていると考えられます。

問６　コーヒーの粉１ｇに対して９ｇの熱湯を１回だけ用いて抽出したとき、コーヒーの粉に残っている『粒』の数と、熱湯９ｇに溶けている『粒』の数の比を、最も簡単な整数比で表しなさい。抽出の際は、コーヒーの粉と熱湯は十分な時間で触れていたものとします。

問７　コーヒーの粉１ｇに対して、27ｇの熱湯を１回だけ用いて抽出した場合に熱湯に溶けている『粒』の数と、別々の９ｇの熱湯を計３回用いて抽出した場合に得られた熱湯 27ｇに溶けている『粒』の数の比を、最も簡単な整数比で表しなさい。それぞれの抽出の際は、コーヒーの粉と熱湯は十分な時間で触れていたものとします。

コーヒーの淹れ方には熱湯を少しずつ注ぐ以外の方法もあります。たとえば、エスプレッソは少量の熱湯に少し高い圧力をかけて１回の抽出で淹れた、非常に濃厚《のうこう》なコーヒーのことです。コーヒーは好みに合わせた楽しみ方がまだまだあるので、みなさんも大人の味覚がわかるようになったら、楽しんでみてください。

問８　エスプレッソを淹れる際の豆の挽き方は、粗挽き、中挽き、細挽き、極細挽きのどれがふさわしいか答えなさい。

問９　エスプレッソは図７のような器具を使って淹れることがあります。「水」、コーヒーの「粉」をどこに入れ、「コーヒー」がどこにできるかを解答欄《らん》の図にそれぞれ書きこみなさい。ただし、図７右の破線部分(------)は固形物が通らず、水や水溶液《すいようえき》は通過できるものとします。

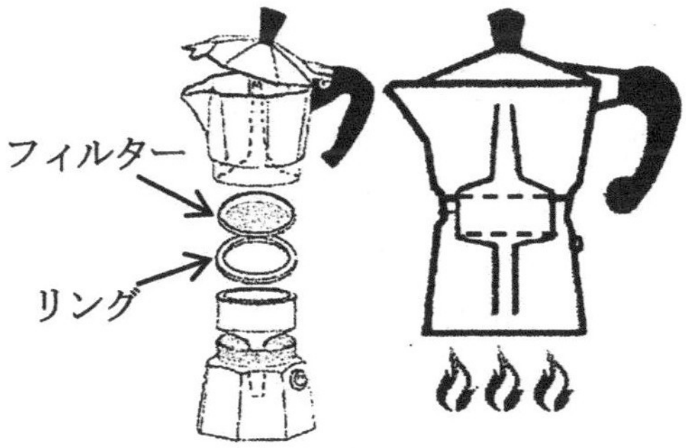

図７

次に、コーヒー豆を図5のミルという装置で細かくすりつぶし、粉状にしていきます。この動作を「挽《ひ》く」といいます。お店で売られているコーヒー豆の粉は、この作業が終わった状態なのです。一般《いっぱん》に、コーヒー豆を保存するときは、豆の方が長持ちし、①粉にすると味が変化しやすくなります。そのため、家庭で豆を挽ける場合は、使う分だけそのつど挽く方がよいのです。残りのコーヒー豆は冷蔵庫で保存すると長持ちしますが、おいしいコーヒーを淹れるためには、焙煎してから3週間以内に使い切るのがよいといわれています。

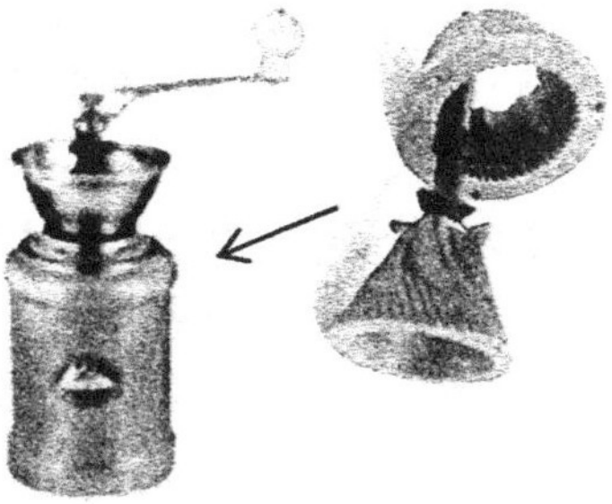

図5

豆を挽くときは、図5のハンドルをなるべく②ゆっくりと回して挽く方がよいといわれています。また、その挽き方には、粗挽《あらび》き、中挽《なかび》き、細挽《ほそび》き、極細挽《ごくぼそび》きなどがあり、粗挽きの粉の粒《つぶ》は大きく、細挽きや、極細挽きの粒は非常に小さいです。これらの挽き方は、図5右側のすりつぶす装置どうしの間の距離《きょり》を変えることによって調節できます。

問3　下線部①について、理由を答えなさい。

問4　下線部②について、高速でハンドルを回して挽くと、コーヒーの味に変化があるおそれがあります。ゆっくりハンドルを回して挽いたときと比べて、味にどのような変化があると考えられますか。どちらも中煎りのコーヒー豆を中挽きにしたものとします。

最後に、コーヒーを淹れましょう。ドリッパーにペーパーフィルター（ろ紙）をセットし、そこに粉状のコーヒー豆を入れます。ここに熱湯を注ぐと、ドリッパーの底にある穴を通ったコーヒーが、下にある容器にたまります。コーヒーをおいしく淹れるには、コツがいくつかあります。まず、コーヒーの粉の中心に少しくぼみを作っておき、そこに 90℃程度の熱湯を「の」の字を描《えが》くように少量注いで 20 秒ほど待ちます（図6）。この作業を「蒸《む》らし」といいます。蒸らしをすると、コーヒーの粉が水を吸って膨《ふく》らみ、中から気泡《きほう》が出てきます。これは、焙煎したてのコーヒー豆が気泡になる成分を含んでいるためです。その後も「の」の字を描くように、中心のくぼみから外側に向けて少しずつ熱湯を注いでいきます。③注ぎ始めからしばらくは、注いだ熱湯がくぼみからあふれて、直接ペーパーフィルターに触《ふ》れてしまわないように気を付けます。さらに、熱湯を少量ずつゆっくりと注いでいき、くぼみの周辺を少しずつくずしながら淹れれば、おいしいコーヒーの出来上がりです。

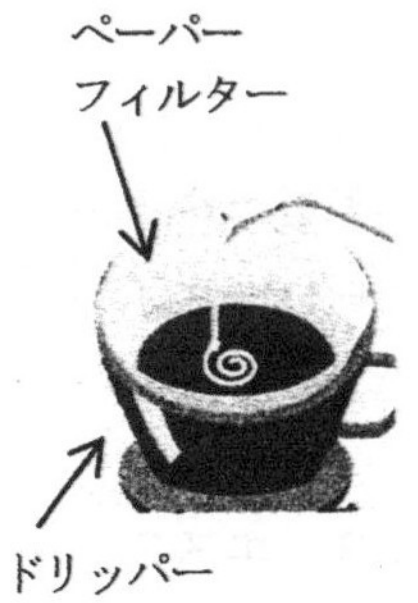

図6

問5　下線部③について、熱湯が直接ペーパーフィルターに触れてしまうと、コーヒーの味にどのような影響《えいきょう》がでますか。理由とともに答えなさい。

2

みなさんはコーヒーを飲んだことがありますか。ほろ苦い大人の味ですから、まだ苦手だという人も多いでしょう。とはいえ、コーヒー飲料やコーヒーゼリーまで含《ふく》めれば口にしたことがある人は多いと思います。今日は、コーヒーに関するさまざまなことを科学的に考えてみましょう。

コーヒーを淹《い》れる際に必要なコーヒー豆は、コーヒーノキにできるコーヒーチェリーという実から、皮を取り除き、その中心にある生豆《きまめ》を取り出したものです。生豆は緑色をしており、苦味も酸味もほとんどありません（図１）。

図１

まず、この生豆を焙煎《ばいせん》（ロースト）します。焙煎とは、コーヒー豆をフライパンや金網《かなあみ》の上に乗せて加熱する作業のことです。これにより、コーヒー豆の酸化（空気中の酸素と結びつく反応）がはやまります。焙煎の度合いに応じて、浅煎《あさい》りの茶色、中煎《なかい》りのこげ茶色、深煎《ふかい》りの黒色などのコーヒー豆になります（図２）。

図２

コーヒーの味は苦味や酸味などが複雑にからみあっており、焙煎度合いに応じて大きく変化します。苦味の原因の一つはカフェインという物質です。他の苦味成分の量は、焙煎が進み、コーヒー豆が酸化するにつれて増加していくといわれています。また、酸味の原因はコーヒー豆に含まれる糖類などの有機物が酸化されることによって生じる有機酸であるといわれています。有機酸は長時間の加熱にともなって、徐々《じょじょ》に気体になったり分解したりする性質を持っています。そのため、深煎りのコーヒー豆には有機酸は少量しか含まれていません。

問１　焙煎は回転式穴あきドラム（図３）を使って行うことがあります。このとき、豆はドラム内に入れ、下部のヒーターで加熱します。金網（図４）とコンロを用いる場合に比べて、コーヒー豆の仕上がりにどのような利点があるか答えなさい。

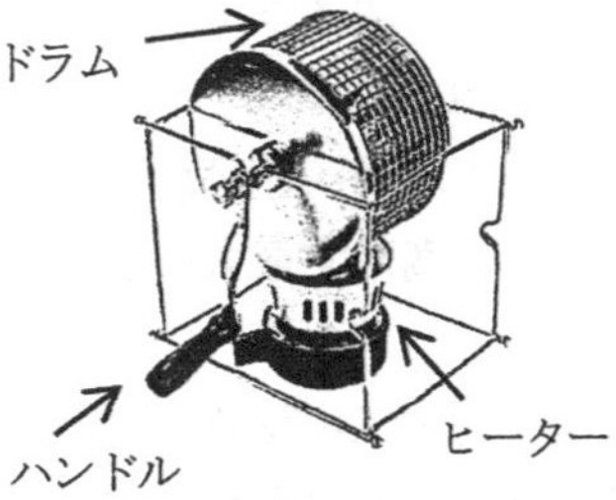

図３

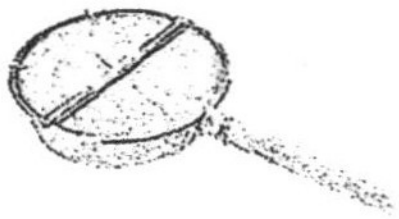

図４

問２　焙煎の度合いに応じて、コーヒーの苦味、酸味はどのように変化すると考えられますか。正しい組み合わせを、次のア～エから１つ選び、記号で答えなさい。

ア．

焙煎度	苦味	酸味
浅煎り	弱い	少し強い
中煎り	少し強い	強い
深煎り	強い	弱い

イ．

焙煎度	苦味	酸味
浅煎り	強い	弱い
中煎り	少し強い	少し強い
深煎り	弱い	強い

ウ．

焙煎度	苦味	酸味
浅煎り	強い	少し強い
中煎り	少し強い	強い
深煎り	弱い	弱い

エ．

焙煎度	苦味	酸味
浅煎り	弱い	弱い
中煎り	少し強い	少し強い
深煎り	強い	強い

このようにしてみると、Aの生殖を行う動物たちの方が、Bの生殖を行う動物たちよりも、圧倒的《あっとうてき》に子を増やしやすいと思われます。しかし、動物が繁栄《はんえい》していくには、子を増やすことと同様にさまざまな環境の変化に対応して生き残っていくことも必要です。つまり、④Bの生殖を行う動物たちは、Aの生殖を行う動物たちよりも環境の変化への対応が優《すぐ》れているため、繁栄しやすいと考えられます。私たち人からみると非常に効率の悪そうな生活や生殖をしているさまざまな動物たちが、滅《ほろ》ぶことなく繁栄し続けている事実は、私たち人とは異なる自然環境や他の生物との関《かか》わりのなかで、それぞれが最良の選択《せんたく》をしているということなのかもしれません。

問2　下線部①で合体するものは何ですか。２つ答えなさい。

問3　問２で答えたものをそれぞれ出す個体どうしの違いが（　　）別です。（　）に入る適当な語を漢字１文字で答えなさい。

問4　植物の生殖方法も、動物の生殖方法AやBと同じように区別できます。チューリップやひまわりを新たに育てるときに、みなさんが土の中にうめるものは何ですか。それぞれ答えなさい。また、それらは生殖方法AとBのいずれによってできたものかも答えなさい。

問5　食中毒の原因となる病原菌《びょうげんきん》が、下線部②と同様の速さで増えていくとします。この病原菌を一度の食事で 10 万個体まで食べても、健康な人であれば消化において殺菌《さっきん》できるため食中毒にはなりません。お弁当が作られたときに、この病原菌が１個体のみ付着していたとすると、作られてから何時間後までにお弁当を食べれば、食中毒にならないと考えられますか。条件を満たす最大の整数を答えなさい。

問6　下線部③について、動物の産む卵が大きいと、どのような利点がありますか。また、一度に産む卵が多いと、どのような利点がありますか。それぞれ答えなさい。

問7　問６のそれぞれの利点があるにも関わらず、ほとんどの動物は、小さい卵を数千個以上も産むものか、大きな卵を数個のみ産むもののいずれかです。なぜ大きな卵を数千個以上も産む動物があまりみられないのでしょうか。考えられる理由を答えなさい。

問8　下線部④の理由として最も適当なものを、次のア～エから選び、記号で答えなさい。
ア．Bの生殖を行う動物は、つねに大きな卵を産むから。
イ．Bの生殖を行う動物は、親と子で持っている遺伝情報が異なるから。
ウ．Bの生殖を行う動物は、一度にたくさんの子をつくれるから。
エ．Bの生殖を行う動物は、脳が発達しているから。

1

地球にはたくさんの種類の生物がいます。見た目や生活の仕方などはさまざまですが、どの生物も生きるために栄養をたくわえ、子をつくる点は共通しています。

私たち人を含《ふく》めた動物は自分自身で栄養を作れません。そのため、自分以外の（　あ　）を食べています。また、（あ）どうしで栄養をうばいあい、たくわえた栄養はさまざまな生命活動の結果、分解されて最終的に（　い　）と水などになります。この（い）と水から新たに栄養を作り出す（あ）がいます。それは（　う　）です。この（う）のはたらきは日光を使っているので、私たち人が得ている栄養のほとんどは、日光の恩恵《おんけい》であるといえます。

問1　文中の（あ）～（う）に入る適当な語をそれぞれ漢字で答えなさい。

生物が子をつくる一連の活動を生殖《せいしょく》といいます。この生殖において、子は自身の体をつくるための情報（遺伝情報）を親から必ずもらいます。私たち人を含めた動物の生殖方法は、細かな部分では違《ちが》いがありますが、次の２つに大きく区別できます。

Ａ：　自分自身の体の一部から分かれたものが成長して、新たな子となる。
Ｂ：　①２つの個体の体の一部からそれぞれ分かれたものが合体し、新たな子となる。
※ 個体とは、１体の生物のことです。

Ａの生殖を行う動物たちは、自分自身の栄養状態や環境《かんきょう》条件が整うと、いつでも子をつくることが可能です。そして、親の体の一部からできた子は、親と同じ情報を受け継《つ》ぐので、外見や体の性質がすべて親と同じになります。たとえば、動物ではありませんが、私たちのお腹《なか》の中（腸内）に寄生している大腸菌《だいちょうきん》という生物は、②20 分に一度の割合で１個体から新たな１個体を切り離《はな》し、２個体になります。私たちの腸内環境がよいと活発に生殖を行い、あっという間に腸内をうめつくしてしまいます。しかし、短時間に無数に増えたこれらの大腸菌はすべて同じ性質のため、腸内の環境が変化すると全滅《ぜんめつ》してしまう可能性があります。

それに対して、Ｂの生殖を行う動物たちは、簡単に生殖を行うことができません。なぜなら、１個体の栄養状態が整うだけでは不十分で、自分以外の相手を必要とするからです。相手を探す苦労があっても、Ｂの生殖を行う動物たちは、他の個体と出会い、お互《たが》いの体の一部を複数出し合えば、一度に２個体以上の子を生み出すこともできます。Ｂの生殖で生まれた子の元になるものが受精卵《じゅせいらん》で、これは、２つの親から遺伝情報をもらうため、親と子が完全に同じ性質になることはありません。この③受精卵の大きさや一度に産む数は、動物の種類によってさまざまです。このように多様であるのは、体の成長の速さや生活の仕方などが異なるからです。

理　科

（２０１９年度）

(50分)

≪ 注　意 ≫

1．試験開始の合図があるまでは、問題用紙を開けてはいけません。

2．問題用紙は 11 ページまであります。解答用紙は 1 枚です。試験開始の合図があったら、まず、問題用紙、解答用紙がそろっているかを確かめ、次に、解答用紙に「受験番号」「氏名」「整理番号(下じきの下方の番号)」を記入しなさい。

3．試験中は、試験監督《かんとく》の指示に従いなさい。

4．試験中に、まわりを見るなどの行動をすると、不正行為《こうい》とみなすことがあります。疑われるような行動をとってはいけません。

5．試験終了《しゅうりょう》の合図があったら、ただちに筆記用具を置きなさい。

6．試験終了後、試験監督の指示に従い、解答用紙は裏返して置きなさい。

7．試験終了後、書きこみを行うと不正行為とみなします。

8．計算は問題用紙の余白を利用して行いなさい。

２０１９年度

算　　数

（その３）

受験番号	
氏　　名	

5　中心に回転できる矢印が２本取り付けられた円盤《えんばん》があります．まず，この円盤の円周を７等分する位置に目盛りを振《ふ》ります．さらに，図１のように，１から７までの数字が書かれた７枚のコインを各目盛りの位置に１枚ずつ置き，２本の矢印を１と２の数字が書かれたコインの方へ向けます．

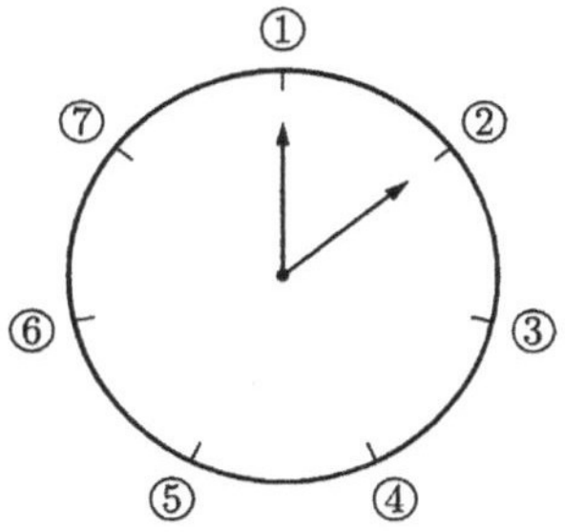

図１

ここで，次の**【操作】**を考えます．

【操作】 矢印が向いている目盛りの位置にある２枚のコインを入れ替《か》え，その後２本の矢印をそれぞれ２目盛り分だけ時計回りに回す．

図１の状態から１回**【操作】**を行うと図２のようになり，さらに１回**【操作】**を行うと図３のようになります．

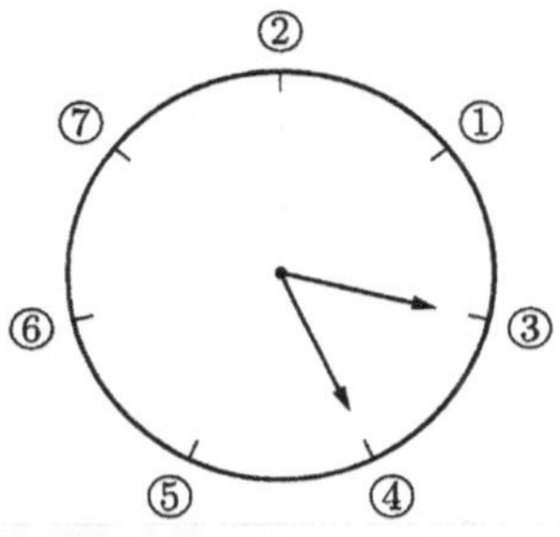

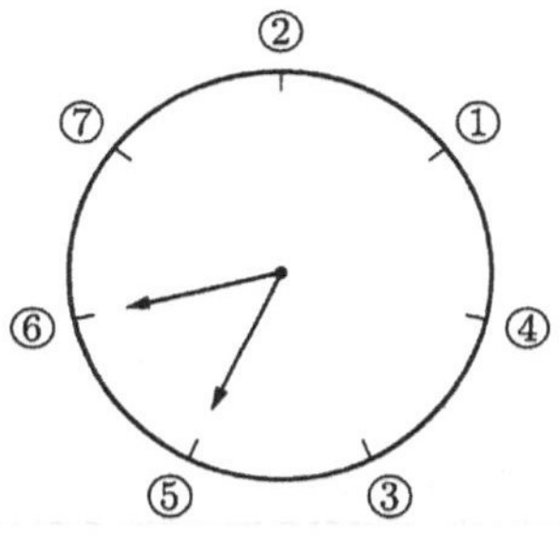

(2) 図１の状態から何回**【操作】**を行うと，１の数字が書かれたコインの位置と２本の矢印の向きが図１と同じになりますか．最も少ない回数を答えなさい．ただし，**【操作】**は１回以上行うものとします．

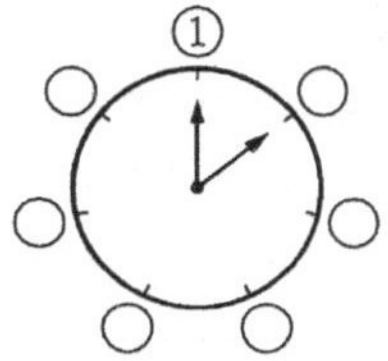

答　　　　回

(3) 図１の状態から何回**【操作】**を行うと，全てのコインの位置と２本の矢印の向きが図１と同じになりますか．最も少ない回数を答えなさい．ただし，**【操作】**は１回以上行うものとします．

2019年度

算　　数

（その２）

受験番号	
氏　　名	

3 同じ高さの直方体の形をした白いもちと赤いもちがあります．右図のように赤いもちの上に白いもちを重ねて立方体を作ります．

2点P, Qはそれぞれ2辺AB, CD上の点で，

$$AP : PB = 4 : 3, \quad CQ = QD$$

です．3点P, Q, Rを通る平面で立方体を切断したとき，切り口の図形の白い部分と赤い部分の面積の比を，最も簡単な整数の比で答えなさい．

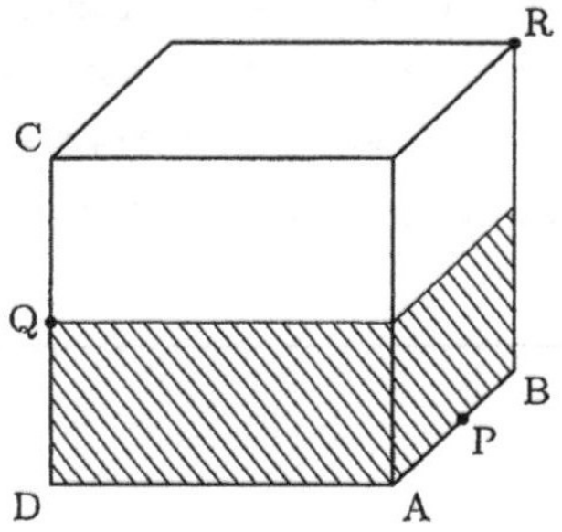

ただし，白いもちはどのように切っても切り口の色は必ず白になり，赤いもちはどのように切っても切り口の色は必ず赤になります．

必要ならば，下の図は自由に用いてかまいません．

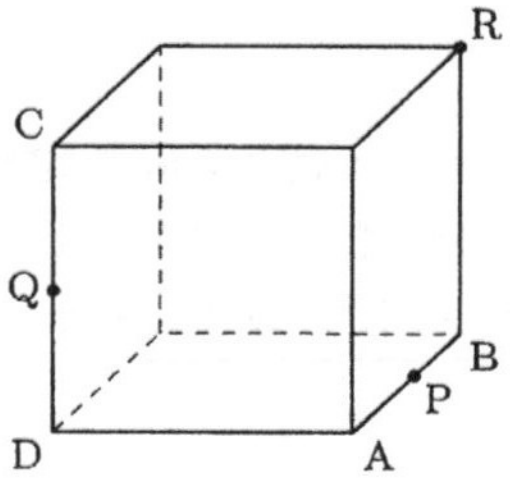

(3) 1番目から99番目までの数の和を求めなさい．

答

(4) この数の列の中で連続して並ぶ99個の数を取り出し，その和を計算すると128205になりました．取り出した99個の数の中で最も小さい数は，数の列全体の中で何番目にありますか．

２０１９年度

算　数

（その１）

受験番号	
氏　名	

※60点満点
(配点非公表)

1 3つの教室A, B, Cがあり，41人の生徒が，それぞれ教室を選んで入っていきます．3つの教室について，次のことがわかっています．

- 教室Aの室温は，生徒が1人も入っていないとき7度で，生徒が1人入るごとに0.3度上がる．
- 教室Bの室温は，生徒が1人も入っていないとき8度で，生徒が1人入るごとに0.2度上がる．
- 教室Cの室温は，生徒が1人も入っていないとき9度で，生徒が1人入るごとに0.1度上がる．

生徒が1人も入らない教室ができてもよいものとして，以下の問いに答えなさい．

(1) 41人全員が教室に入ったところ，2つの教室AとCの室温が同じになりました．このとき考えられる生徒の入り方のうち，Bの室温が最も高くなるのは，AとCに何人ずつ生徒が入ったときですか．

答　教室Aに［　　］人　教室Cに［　　］人

2 太朗君は，バスが走る道路沿いの道を通り学校へ通っています．ふだん，太朗君は7時50分に家を出発し，歩いて学校へ向かいます．すると，8時ちょうどに途中《とちゅう》のA地点でバスに追い抜《ぬ》かれます．

ある日，太朗君がふだんより3分遅《おそ》く家を出発し，歩いて学校へ向かったところ，7時59分40秒にバスに追い抜かれました．

太朗君の歩く速さとバスの速さはそれぞれ一定であり，バスは毎日同じ時刻にA地点を通過するものとします．以下の問いに答えなさい．

(1) 太朗君の歩く速さとバスの速さの比を，最も簡単な整数の比で答えなさい．

算　数

（２０１９年度）

(60分)

《注意》

1．試験開始の合図があるまでは，問題用紙を開けてはいけません．

2．問題（解答）用紙は#３枚あります．試験開始の合図があったら，まず，問題（解答）用紙がそろっているかを確かめ，次に，すべての問題（解答）用紙に「受験番号」「氏名」「整理番号（下じきの下方の番号)」を記入しなさい．

3．試験中は，試験監督《かんとく》の指示に従いなさい．

4．試験中に，まわりを見るなどの行動をすると，不正行為《こうい》とみなすことがあります．疑われるような行動をとってはいけません．

5．試験終了《しゅうりょう》の合図があったら，ただちに筆記用具を置きなさい．

6．試験終了後，試験監督の指示に従い，解答用紙は書いてある方を表にして，上から，（その１）（その２）（その３）の順に重ね，全体を一緒《いっしょ》に裏返して置きなさい．

7．試験終了後，書きこみを行うと不正行為とみなします．

………………………………………………………………………………………

8．問題（解答）用紙の余白は計算などに使ってかまいません．ただし，答えを求めるのに必要な図・式・計算・考えなどは，枠内《わくない》に書きなさい．

9．円周率の値《あたい》を用いるときは，3.14 として計算しなさい．

#教英出版 編集部　注
編集の都合上、白紙ページは省略しています。

絶対わかんないって、とふたりはげらげらと笑いころげた。
⑤おじさんは、三人の顔を順番に楽しそうにながめる。「おらちにも娘《むすめ》っ子がいだんだ。もう今じゃうちさ出て町で働いてるだがなあ」顔をぶるりとなで、「ほんでもおめだぢ見てると、家さ帰《け》えりたくなるだ。まだめ※⑦んこい娘っ子のまんま、家でおらのこと待っててくれる気がしてならねえでなあ」それからおじさんはヒナコを見つめた。「はじめて見るねっちゃだが。これがらどこさいぐの」
　ヒナコがどぎまぎしていると、杏がかわりに答えてくれた。「この子、うちらに会いに来てくれて、今から帰るとこ」
「せば、さ※⑧んぶいで風邪《かぜ》ひかねんでの」おじさんの目がやさしく細くなって、折り紙をたたんだようなしわの中に埋《う》もれた。
　そうだ、とサトちゃんが手をたたいた。「ねえおじさん、この子、これから遠くまで帰るから、あったかいココアでも飲ませてやってほしいんですけど」自販機《じはんき》のある方を指さした。
「えっ？　そんなの悪いよ。いらないよ」ヒナコはあわてて顔の前で手をふった。
　すると、おじさんは笑顔《えがお》で何か言って立ち上がり、ゆっくりと歩き出した。下がり気味の肩がゆれて木立の陰《かげ》に消えていった。
「おじさん、歩くの遅《おそ》すぎでしょ」と、杏が言い、「実はム※⑨ーンウォークで移動、とか？」と、サトちゃんがふざける。ふたりのやりとりにヒナコも笑った。
　しばらくすると、ぽつぽつと雨がふってきた。サトちゃんがバッグを頭の上にかざして木の下に向かい、ヒナコたちも続いた。杏が腕時計《うでどけい》を見た。「ヒナコ、あんま時間なかったよね？」
「そうだ。ヒナコ、もう行かなきゃ、じゃん」
　自分のことを気づかってくれる言葉はうれしかったけれど、「でもおじさんは？」とそちらの方が気になった。
「いいんじゃない。そのまま、帰っちゃったかもしれないし」
「遅すぎるもんね。どうせ自販機のそばを通るから、わかるよ」サトちゃんはヒナコの背中を押《お》した。
　公園の出口のところに自販機はあったが、おじさんの姿はなかった。自販機のココアの下には売り切れの赤いランプがついていた。
「やっぱりいないよ。ほら、もう行こうよ」

ヒナコは後ろをふり返って見た。反対側の出口、うす暗い木立の向こうに小さくおじさんの姿が見えた。あわてて足をとめ、ふたりに声をかけた。

「ちょっと待って。ほら、おじさん、戻ってきたよ」

コンビニの小さい袋をふたつ下げて、おじさんはベンチに向かって歩いている。自販機が売り切れだったので、コンビニまでわざわざ買いに行ってくれたのだろう。

戻ろうとするヒナコを杏はひきとめる。「いいから、行こうよ」

サトちゃんもヒナコの腕をひっぱった。

「袋、ふたつ持ってるじゃん。片方は肉まんかなんかじゃないの」

杏も肩をすくめた。「たしかに。それはやばいかも」

「おじさんのくれる肉まんとかは、ちょっと、ね」

気味悪そうに顔をしかめるサトちゃんの手を、ヒナコはつかんだ。「だって、せっかく買ってきてくれたんだよ」

いいから。めんどうだから。と、ふたりはかけだした。置いていかれそうで、ヒナコもあわててふたりのあとを追った。ベンチが木立にかくれて見えなくなる前に、もう一度ふり返ってみた。おじさんは来たときと同じように後ろを向いて座っていた。ベンチの一部みたいにしんとして。街灯の照らす光の中に雨がきらきら光っていた。

電車の中、ドアの横に立ってヒナコは雨粒《あまつぶ》の走るガラス窓をながめていた。やっぱり戻ればよかったかな。おじさんにココアをもらえばよかったかな。とりとめもなく、そんなことを考えていた。

杏もサトちゃんもおじさんの言葉がわからないと言っていたっけ。ふたりには本当に通じなかったのかな。

⑥おじさんは稼がなければ帰れないと言ったのだ。電車賃さえもなければ帰ることもできない、と。

遠く離《はな》れて暮らすうちには、いつかあたしの言葉もふたりに通じなくなるのだろうか。

ううん、ちがう。ヒナコは首をふった。そして下を向いてくちびるをかんだ。痛くなるまでかまなければいけなかった。だって一緒に笑っていたのだから、あたしは。

途中の駅でドアが開くたび、見知らぬ人が冷たい風を連れてきた。うすうすと寒かった。⑦寒くていい。痛くていい。自分にはそれがちょうどいいのだとヒナコはくちびるをかみ続けた。

窓の外はすっかり暗くなった。好きだった街が遠ざかり、灯《あか》りがまばらになっていく。

――さんぶいで風邪ひかねんでの

ぽつんぽつんとともる灯りの中に、おじさんの笑顔が浮《う》かんだ。

電車が駅についた。雨はまだやまない。六時を過ぎた窓口にはもうシャッターがおりていて、駅員のいるようすはなかった。無人の改札を乗客たちは通りすぎる。カードを機械にタッチする人、切符《きっぷ》を放るように投げていく人、中に、どちらもしないで素通《すどお》りする人もいる。みな押し黙《だま》って歩いていく。ヒナコは、切符を台の上に置いて改札を通りすぎた。顔を上げたとき、見知らぬふたり連れが目にとまった。母親らしき人が、女の子の手をひいて改札の前に立っている。女の子はとじた長い傘《かさ》をささげるように持ち、背伸びをして乗客の顔を見定めている。きっとお父さんを待っているのだろう。ひとりひとりをにらみつけるように見るまなざしが真剣《しんけん》で、ヒナコは思わずほほえんだ。ふっと、多恵さんの言葉が耳によみがえった。

――あのね、無人駅だったら、お金がなくなっちゃっても、ちゃんとうちに帰って来られるんだよ。ね、いいでしょ。

多恵さんがひみつみたいに教えてくれたこと、⑧あの言葉の意味にヒナコははじめて気がついた。あれはヒナコにではなく、父親に伝えたい言葉だったのだ。たとえ仕事がうまくいかなくても、電車の運賃さえも稼げなかったとしても、この駅ならば帰ってこられるから。この駅が好きだと多恵さんは言っていた。だからよく来るのだと。好きなのは、きっとここがお父さんの帰ってくる駅だからだ。父親を待つ女の子に、多恵さんの小柄な姿が重なった。ヒナコは立ちどまった。ポケットに手をつっこんだ。⑨中をさぐり、招待券をとりだすと日にちをたしかめた。それからそっと折りたたんでバッグに入れ直した。

【駅の階段を降りると、ロータリーにはミオがいた。どこに行っても電車に乗る前には、必ず家に連絡《れんらく》しておくのがヒナコの家の決まりごとだった。傘を持たずに出た妹のために、ミオは迎《むか》えに来ていたのだ。ミオは傘をパンと広げた。水滴《すいてき》が飛んで明かりにきらめく。

「おかえり」

「ただいま」

ヒナコはミオの持つ傘の下に飛び込んだ。紺色《こんいろ》の大きいパパの傘。余分な傘を持つのをきらうミオは、誰かを迎えに行くときには必ずこの傘を一本だけ持って出た。】

「楽しかった？」

「うん」

「ふたりとも元気だった」

「うん」

肩を寄せて歩き出すと、

「おねえちゃん、あのね」と、ヒナコはぼそぼそと話しはじめた。「あのね、今朝来てくれた人……体育で同じ班だって言った人」

「ああ、騎馬戦の？」

「騎馬戦の馬に乗る人。おねえちゃんに聞かれたとき、名前、知らないって言ったけど」

ミオはだまって妹の話に耳をかたむけた。

「あれ、うそだった。あの人、多恵さんって言うの」

「そう」

「それに、友だちじゃないって言ったけど」ヒナコはちょっと言葉を切って、「それもうそかもしれない」

それを聞いてミオは笑った。「B馬[※⑩]には乗ってみよ、人には添《そ》うてみよ、だね」

「なに、それ」

「ああ、ヒナコが馬だったっけ。だったら、乗られてみよ、か」

「意味、わかんないよ」

「⑩とにかく騎馬戦、多恵さんといっしょにがんばれ。ぜったい負けるな。帽子《ぼうし》は死んでも敵に渡すな」

駅前の交差点を横切るとき、ヒナコは駅をふり返って見た。雨の下、暗く沈《しず》んだ町の中で、駅舎だけが灯りをともしていた。白いとんがり屋根は明るく輝《かがや》き、お城みたいにきれいだと思った。また雨足が強くなった。

⑪ヒナコは、身体をちぢめるようにしてミオにくっつき、ミオはせまいと文句を言いながら妹をひき寄せた。

（安東《あんどう》みきえ『天のシーソー』（ポプラ文庫版）より）

〈語注〉

※① 転校を余儀なくされた…転校しなければならなかった

※② 郷に入れば郷にしたがえ…その土地に住もうとする人は、その土地の文化に従うべきである、という意味のことわざ

※③ ヒップホップ…アメリカの若者たちの間で生まれた、新しいダンス音楽

※④ まがいもの…にせもの

※⑤ ハローワーク…仕事の紹介《しょうかい》などをする役所

※⑥ おめだち…お前たち

※⑦ めんこい…かわいい

※⑧ さんぶいで風邪ひかねんでの…寒いから風邪ひかないでね

※⑨ ムーンウォーク…ダンスで用いられる特殊《とくしゅ》な歩き方

※⑩ 馬には乗ってみよ、人には添うてみよ…馬が良いか悪いかは乗ってみなければわからないし、人柄《ひとがら》が良いか悪いかは付き合ってみなければわからないので、何事も経験してみないとわからない、という意味のことわざ

〔設問〕　解答はすべて、解答らんにおさまるように書きなさい。句読点なども一字分とします。

一　═線a「ヒリョウ」（30行目）、b「コナ」（46行目）、c「ホゾン」（67行目）、d「クチョウ」（168行目）のカタカナを、漢字で書きなさい。

二　―線①「引っ越してきてから」（14行目）とありますが、

（１）ヒナコの一家が引っ越すことになった原因は何ですか。十字以内で答えなさい。

（２）ヒナコと母は、引っ越し先の町で暮らすことについて、それぞれどのように思っていますか。答えなさい。

三　―線②「なんで照れるの。～言っていたところだったのに」（70～71行目）とありますが、この時のヒナコの気持ちはどのようなものですか。次の中からふさわしいものを一つ選んで記号で答えなさい。

ア　自分とちがって父親を自慢する多恵さんに反発を覚えながらも、うしろめたさを感じている。

イ　自分とちがって父親を自慢する多恵さんにいらだちを覚えながらも、うらやましく思っている。

ウ　自分とちがって父親を自慢する多恵さんに疑問を感じながらも、それをかくそうとしている。

エ　自分とちがって父親を自慢する多恵さんに不満を感じながらも、深く反省させられている。

四　―線③「いや、まちがえた」（81行目）とありますが、ヒナコが「行く」と言うべきところを「帰る」と言ってしまったのはなぜですか。説明しなさい。

五　―線④「見もしないでふたつに折るとポケットにつっこんだ」（111～112行目）とありますが、ヒナコがこのようなことをしたのはなぜですか。説明しなさい。

六　―線⑤「おじさんは、三人の顔を順番に楽しそうにながめる」（175行目）とありますが、「おじさん」が「三人の顔」を「楽しそうにながめる」のはなぜですか。説明しなさい。

七　―線⑥「おじさんは～帰ることもできない」（219行目）とありますが、この内容を「おじさん」が言っているのは何行目ですか。数字で答えなさい。

八　―線⑦「寒くていい。痛くていい。自分にはそれがちょうどいいのだ」（223～224行目）とありますが、ヒナコがこのように思ったのはなぜですか。説明しなさい。

九　―線⑧「あの言葉の意味にヒナコははじめて気がついた」（237行目）とありますが、

（１）ここで「はじめて」気がついたきっかけは何ですか。答えなさい。

（２）ヒナコは、「あの言葉」に多恵さんのどのような思いがこめられていることに気がついたのですか。説明しなさい。

十　――線⑨「中をさぐり、招待券を～バッグに入れ直した」（241～242行目）とありますが、ヒナコがこのようなことをしたのはなぜですか。説明しなさい。

十一　【　】の部分（244～250行目）には、前の街から帰ってくるヒナコに対する、ヒナコの家族のどのような姿がえがかれていますか。説明しなさい。

十二　――線⑩「とにかく騎馬戦、多恵さんといっしょにがんばれ」（268行目）とありますが、ミオは騎馬戦の応援《おうえん》をすることで、ヒナコに対してどのようなことを伝えようとしているのですか。～～線A「郷に入れば郷にしたがえ」（41行目）、～～線B「馬には乗ってみよ、人には添うてみよ」（264行目）というミオの言葉にも注目して説明しなさい。

十三　――線⑪「ヒナコは、身体を～妹をひき寄せた」（271行目）とありますが、

（１）122行目までの場面とこの場面では、この町で暮らすことについて、ヒナコの思いはどのように変化していると考えられますか。答えなさい。

（２）ヒナコがそのように変化したのはなぜですか。この作品の中にえがかれている、さまざまな「家族」に注目して説明しなさい。

〈問題はここで終わりです〉